Direito do Trabalho e Novas Tecnologias

Direito do Trabalho e Novas Tecnologias

2020

Werner Keller

ALMEDINA

DIREITO DO TRABALHO E NOVAS TECNOLOGIAS

AUTOR: Werner Keller
DIAGRAMAÇÃO: Almedina
DESIGN DE CAPA: FBA
ISBN: 9786556270371

Dados Internacionais de Catalogação na Publicação (CIP)
(Câmara Brasileira do Livro, SP, Brasil)

Keller, Werner
Direito do trabalho e novas tecnologias /
Werner Keller. – São Paulo : Almedina, 2020.

Bibliografia.
ISBN 978-65-5627-037-1

1. Direito do trabalho 2. Direito do trabalho - Brasil 3. Direito do trabalho - História 4. Direito do trabalho - Portugal 5. Inovações tecnológicas 6. Relações trabalhistas - Efeito das inovações tecnológicas 7. Tecnologia e direito I. Título.

20-36514 CDU-34:331

Índices para catálogo sistemático:

1. Direito do trabalho 34:331

Cibele Maria Dias – Bibliotecária – CRB-8/9427

Este livro segue as regras do novo Acordo Ortográfico da Língua Portuguesa (1990).

Julho, 2020

EDITORA: Almedina Brasil
Rua José Maria Lisboa, 860, Conj. 131 e 132, Jardim Paulista | 01423-001 São Paulo | Brasil
editora@almedina.com.br
www.almedina.com.br

SOBRE O AUTOR

Werner Keller é Advogado Trabalhista, professor assistente da COGEAE – PUC/SP e convidado de outras instituições. Doutor em Ciências Jurídicas pela Universidade Autônoma de Lisboa, Mestre em Direito do Trabalho pela Universidade Católica de São Paulo, Especialista em Direito e Processo do Trabalho pela Universidade Presbiteriana Mackenzie e em Direito do Consumidor, Ambiental e Processos Coletivos pela Escola Superior de Advocacia da OAB/SP. Consultor da Comissão Especial de Relacionamento entre OAB/SP e o TRT da 2ª Região e ex-conselheiro da Associação dos Advogados Trabalhistas de São Paulo.

AGRADECIMENTOS

Não é possível desenvolver qualquer estudo acadêmico de maneira solitária. Ao findá-lo, observa-se a quantas pessoas devo agradecer nessa longa e desafiante jornada. Assim, sou grato a várias pessoas.

Agradeço, especialmente, à Professora Doutora Stela Marcos de Almeida Neves Barbas, minha orientadora do Doutorado, por quem guardo enorme estima. Agradeço a paciência, atenção, disponibilidade e a dedicação. Agradeço pelo exemplo de professora e de jurista que inspira a todos os seus alunos.

Agradeço à Professora Doutora Cristina Paranhos Olmos, que proporcionou o meu ingresso na atividade docente. Além do estímulo para elaborar este trabalho, agradeço pela amizade.

Agradeço, também, aos Doutores Alexandre de Souza Agra Belmonte e Pedro Paulo Teixeira Manus pelas brilhantes considerações e ensinamentos cujo valor é inestimável para este trabalho.

Agradeço aos amigos Adriana Monteiro Nóbrega de Almeida, Daniel Domingues Chiode, Eduardo Cerdeira e Natacha Rossi, pela amizade e pelo apoio durante a elaboração do trabalho.

Agradeço aos amigos Caio Cesar Infantini e Marcelo Fongaro Araújo Pereira pela amizade e pelo apoio durante todo o período do Doutorado e aos demais amigos.

Agradeço à minha mãe, Norma Atra Keller, e ao meu pai, Wilhelm Keller, *in memoriam,* pelo incansável incentivo ao longo dessa jornada e amor incondicional.

Agradeço aos meus familiares pelo apoio, em especial a minha tia Hildegard Johanna Keller, *in memoriam*, pelo seu incessante companheirismo.

PREFÁCIO

Foi com imenso prazer que recebi o honroso convite do Doutor Werner Keller para ser Orientadora da sua tese de Doutoramento e agora para prefaciar o livro.

As razões que me levaram a aceitar quer orientar a tese, quer elaborar o prefácio, prendem-se não só com a qualidade do trabalho, como também pelo meu apreço pela postura ética e profissional do Autor sempre demonstrada desde os tempos em que foi meu aluno de Doutoramento em Direito (na unidade curricular "Novos Desafios em Sede de Tutela da Personalidade Jurídica").

Durante o período das aulas presenciais e pela sua ativa participação e profícuos debates académicos, pude constatar, desde logo, as extraordinárias capacidades intelectuais deste meu aluno. Posteriormente, ao longo dos anos em que decorreu esta minha orientação da tese tive oportunidade de trabalhar mais de perto com o Autor e consolidar as minhas constatações iniciais.

O Doutor Werner Keller é professor da COGEAE-Pontifícia Universidade Católica de São Paulo (curso de especialização em direito e processo do trabalho), consultor da Comissão Especial de Relacionamento entre Ordem dos Advogados do Brasil – São Paulo e Tribunal Regional do Trabalho da 2ª Região, ex-conselheiro da Associação dos Advogados Trabalhistas de São Paulo e advogado trabalhista.

Nesta sua obra, o Autor mergulha, com maestria, em domínios muito relevantes do Direito do trabalho contemporâneo.

Numa breve síntese, posso adiantar que a tese é constituída por uma introdução e cinco partes seguidas de conclusão. A parte I tem como título "O trabalho", na parte II são tecidas relevantes considerações sobre "O princípio da proteção do trabalhador", na parte III é destacada "A Transformação das relações de trabalho", na parte IV é abordada a importante temática da "Flexibilização das relações de trabalho (Brasil e Portugal) e na parte V são estudadas "As novas tecnologias e o Direito do Trabalho.

A tese aborda o tema inovador e extremamente atual das repercussões das "novas tecnologias" no Direito do Trabalho da Sociedade do século XXI e consequentemente coloca diversas indagações preocupantes, como é o caso de saber se as novas tecnologias podem ser um "fator de precarização do Direito do Trabalho no Brasil e em Portugal no século XXI? e se haverá o risco das novas tecnologias porem em causa "o trabalho e/ou emprego (subordinado)?" Estas e outras problemáticas são analisadas pelo Autor.

Para o efeito, o Autor inicia a obra procedendo a uma profunda abordagem histórica, social e económica do Direito do Trabalho acompanhada do estudo do desenvolvimento das tecnologias em compasso com as transformações industriais.

Procedeu, também, a uma análise sobre a importância do princípio da Proteção do trabalhador e sua crise dogmática mormente nas relações de trabalho do século XXI e a uma pesquisa intensa sobre a evolução das relações de trabalho ao longo das transformações das sociedades humanas a partir da Primeira Revolução Industrial.

Conseguiu, com sucesso, trazer à colação contributos para o que venha a ser a denominada flexibilização das relações de trabalho e suas facetas, inclusive dissociando de que seja um vocábulo sinónimo de precarização. Por último, perscrutou, de modo sublime, mas didático, a relevância das novas tecnologias e os seus efeitos no Direito do Trabalho vigente.

O Doutor Werner apresenta uma enriquecedora composição de conclusões de altíssima relevância jurídica, económica e social que desaguam em breve síntese na conclusão final de que as novas tecnologias não devem ser concebidas como "disruptivas" ao retorno do protagonismo do Princípio da Proteção do Trabalhado no século XXI. Essas tecnologias devem ser compreendidas e aplicadas como coadjuvantes do ser humano e não como uma fonte de exclusão de trabalho, pelo que urge, nalguns casos, uma reformulação dos próprios meios de produção.

Porém, para que isso possa acontecer e haja a mitigação de maiores desajustes sociais, será necessário, ou, mesmo, obrigatório a adoção de políticas públicas efetivas e concretas através de um planejamento educacional continuado que capacite o ser humano face às novas realidades sociais e às demandas impostas pelo século XXI e a requalificação daqueles que certamente perderão seus empregados.

Nesta linha de orientação, o Autor apresenta como proposta a adoção imediata de políticas públicas especializadas que atuem como um ecossistema integrado. Destaca, entre outros exemplos possíveis, a conjugação da tecnologia com a mão de obra humana e o desenvolvimento de ensino continuado, técnico e profissionalizante para as novas gerações que desbravarão o futuro e incógnito mercado de trabalho. Exalta, também, a necessidade de um plano de requalificação dos profissionais que já se encontram a desempenhar as suas funções mas têm necessidade de se aprimorar com demais competências para estarem aptos para fazer face às exigências trazidas pelas novas plataformas de produção.

Para que todas estas ideias se possam concretizar, o Autor sugeriu, com rigor e coerência, propostas legislativas em sede de Direito Português e Direito Brasileiro.

Por tudo isto, felicito o Doutor Werner Keller e recomendo vivamente o Livro para todos aqueles que se interessam não só pelo Direito do Trabalho e Constitucional, mas também pelos rumos das relações de trabalho e suas consequências socioeconómicas que já estamos a vivenciar e que constituirão um Desafio ainda maior no mundo pós-pandemia Covid-19.

Lisboa, abril de 2020

STELA BARBAS

Doutorada em Direito (UAL) e Mestre em Direito Civil (Faculdade de Direito da Universidade de Coimbra). Jurisconsulta. Professora Associada. Leciona nos cursos de licenciatura, pós-graduação, mestrado e doutoramento em universidades portuguesas e estrangeiras.

SUMÁRIO

SOBRE O AUTOR 5

AGRADECIMENTOS 7

PREFÁCIO 9

INTRODUÇÃO 17

I. Tema e delimitação; sua relevância e atualidade/objetivos e problemas da investigação 17

II. Metodologia 34

CAPÍTULO 1 – O TRABALHO 37

1.1. Conceito e sua Evolução Histórica 37

1.2. Grécia Antiga 38

1.3. Império Romano 39

1.4. Idade Média 40

1.4.1. Movimento Renascentista (Iluminismo) 42

1.5. Da Primeira Revolução Industrial (Século XVIII) 43

1.5.1. O Direito do Trabalho após a Primeira e a Segunda Guerra Mundial 46

1.6. Precedentes Históricos dos Direitos Humanos 48

1.6.1. Declaração Universal dos Direitos Humanos de 1948 52

1.7. Proteção dos Direitos Humanos – Sistema Regional 55

1.7.1. Convenção Americana de Direitos Humanos (Pacto de San José da Costa Rica) 56

1.7.2. Convenção Europeia de Direitos do Homem e das Liberdades Fundamentais (Tratado de Roma) 57

1.8. Direito do Trabalho e o Direito Fundamental 58
1.8.1. Evolução Histórica do Direito do Trabalho no Brasil 62
1.8.2. Evolução História do Direito do Trabalho em Portugal 66
CONCLUSÕES PRELIMINARES 70

CAPÍTULO 2 – O PRÍNCIPIO DA PROTEÇÃO DO TRABALHADOR 73
INTRODUÇÃO 73
2.1. Conceito 75
2.2. Fundamento Histórico 76
2.3. Características do Direito do Trabalho Projetadas pelo Princípio da Proteção do Trabalhador 77
2.4. A Crise de seu Paradigma Clássico na Sociedade Pós-Industrial 79
2.5. Valores Axiológicos 85
2.5.1. Núcleo Irredutível de Proteção 86
2.5.2. Princípios-Chaves 88
2.5.3. Subprincípios 96
CONCLUSÕES PRELIMINARES 98

CAPÍTULO 3 – A TRANSFORMAÇÃO DAS RELAÇÕES DE TRABALHO 101
INTRODUÇÃO 101
3.1. A Evolução Histórica da Sociedade Humana até o Aparecimento da Sociedade do Conhecimento 104
3.1.1. Mudanças Estruturais da Economia Relacionadas às TIC 107
3.1.2. Os Principais Reflexos da TIC nas Relações de Trabalho 111
3.2. A Quarta Revolução Industrial (Sociedade do Conhecimento) 114
3.2.1. O Problema da Desigualdade e seus Desafios 117
3.2.2. Os Impactos na Economia 122
3.2.3. Os Impactos na Produtividade 123
3.2.4. Os Impactos no Emprego 125
3.2.4.1. Substituição do Trabalho na Revolução Tecnológica 127
3.2.4.2. Reflexos nos Países em Desenvolvimento 143
3.2.5. Os impactos nas Organizações Governamentais 144
3.2.6. Os Impactos nas Regiões e Cidades 148
3.2.7. Os Impactos Entre Estados e a Segurança Internacional 151
3.2.8. Os Impactos na Coletividade 154

3.2.9. Os Impactos no Homem 155
3.3. Novos Padrões Organizacionais 162
3.4. Desigualdades Sociais 164
3.5. A Importância da Educação e Escolaridade na Sociedade de Conhecimento (Teoria do Capital Humano) 168
3.5.1. A distinção entre Escolaridade e Qualificação 177
CONCLUSÕES PRELIMINARES 184

CAPÍTULO 4 – FLEXIBILIZAÇÃO DAS RELAÇÕES DE TRABALHO (BRASIL E PORTUGAL) 187
INTRODUÇÃO 187
4.1. Efeitos da Rigidez do Mercado de Trabalho (Contrato por Prazo Permanente) 191
4.2. Formas Lícitas de Flexibilização 197
4.2.1. Contrato por tempo determinado (termo) 197
4.2.2. Contrato de Experiência 207
4.2.3. Contrato por Obra Certa 211
4.2.4. Contrato Temporário 211
4.2.5. Contrato por Tempo Parcial 220
4.2.6. Regime de *Lay-Off* (Suspensão do Contrato de Trabalho) 224
4.2.7. Teletrabalho 231
4.2.8. Intermitente 237
4.3. Formas Ilícitas de Flexibilização 242
4.3.1. Trabalho Análogo a Escravo (Escravidão Moderna) 242
4.4. Dicotomia Conceitual entre Flexibilização e Precarização 253
4.4.1. Flexibilização e sua Incidência nos Principais Grupos Sociais 256
CONCLUSÃO PRELIMINAR 257

CAPÍTULO 5 – AS NOVAS TECNOLOGIAS E O DIREITO DO TRABALHO 259
INTRODUÇÃO 259
5.1. As Inovações Tecnologias Impactantes no Atual Mundo do Trabalho 260
5.1.1. Veículos Aéreos Não Tripulados 260
5.1.2. Veículos Automotores Autônomos (sem motorista) 261
5.1.3. Inteligência Artificial 266

5.1.4. A Uberização das Relações – Especialmente nas Relações de Trabalho 272
5.1.5. Nanotecnologia (microeletrônica) 275
5.1.6. *Big Data* 276
5.1.7. Robótica 278
5.1.8. Impressora 3D 283
5.1.9. Internet das Coisas 285
5.1.10. Biogenética 287
5.1.11. Construção Automatizada 289
5.2. Valorização do Princípio Constitucional da Livre-Iniciativa 290
5.3. Valorização do Princípio Constitucional do Lazer (Direito de Desconexão) 292
5.4. O Paradoxo do Desemprego 296
CONCLUSÕES PRELIMINARES 300

CONCLUSÃO GERAL 307
REFERÊNCIAS 321
Sítios Eletrônicos Consultados 327
Periódicos Consultados 327

Introdução

I. Tema e delimitação; sua relevância e atualidade/objetivos e problemas da investigação

O presente ensaio tem propósito inovadora: analisar de que maneira as chamadas "novas tecnologias" impactam o Direito do Trabalho da Sociedade do século XXI.

O polêmico tema em destaque propõe não somente apontar os seus impactos, mas trazer a problemática dos questionamentos essenciais: as novas tecnologias são ou não fator de precarização do Direito do Trabalho no Brasil e em Portugal no século XXI? As novas tecnologias extinguirão o trabalho e/ou emprego (subordinado)?

Essas são as formas sumárias dos problemas que nos colocamos a investigar neste estudo.

Todavia, para iniciar a investigação desse problema, a fim de que se possa explicitar a sua relevância e atualidade, se faz necessário realizar digressão histórica, social e econômica do Direito do Trabalho, juntamente com a evolução histórica da tecnologia, e conjugar esse panorama com as transformações industriais da sociedade humana.

O conceito de trabalho, somente nos últimos 200 anos,[1] passou a exercer papel protagonista nas relações sociais, inclusive como forma de ascensão social.

[1] Média, Dominique, o Trabalho – *um valor em vias de extinção*. Lisboa: Fim do Século, 1999.

Desde a civilização Grega, passando pela Romana, o pensamento filosófico do trabalho era visto como indigno, em todos os sentidos, ao homem.[2]

Nesse sentido, a "Bíblia trouxe, no Livro do Gênesis, a ideia de trabalho relacionada a uma concepção negativa, através da expulsão de Adão e Eva do Paraíso, os quais foram sentenciados a trabalhar".[3]

O Cristianismo trouxe a ideia do Homem como pessoa, mas apenas no Renascimento, através do Humanismo, surgiu a ideia do homem livre, por meio da valorização do ser humano, cuja racionalidade demonstrou a capacidade de o homem ser o responsável por, e não mais subordinado a seu destino.

Assim, o ócio, até então valorizado, passa a ser reprovável e considerado desumano; e o trabalho é visto como uma das éticas do humanismo.

Por conseguinte, os movimentos iluministas e racionalistas foram os precursores da ideia de valorização do trabalho (individual e coletivo).

Para Rousseau,[4] o trabalho trouxe, naturalmente, desigualdades entre os Homens, já que há diferentes aptidões entre eles (ex. alguns são mais fortes, hábeis e capazes); e, para tanto, Rousseau entendia que a solução para essa questão estaria nas leis, a fim de garantirem ao homem os direitos de liberdade e igualdade.

É certo que, atualmente, vivemos a civilização do trabalho (Estado Social), cujos pilares são os direitos sociais: a dignidade do trabalhador, do valor social do trabalho e o trabalho que devem ser assegurados a fim de combater o desemprego e as desigualdades sociais.

Tem-se, nesse modelo de Estado, a proteção do empregado (subordinado) perante o empregador, a fim de deixar aquele em posição de maior igualdade com este, a única maneira de abrandar a diferença econômica das partes. Para tanto, faz-se necessária a intervenção do Estado em prol do empregado. Ou seja, a proteção do trabalhador pelo Estado-

[2] "A origem da palavra "trabalho" é o vocábulo latino *tripalium*, que significa um aparelho de tortura formado por três paus, portanto, relacionou-se ao trabalho o significado de sofrimento e tortura". Keller, Werner, *O Direito ao Trabalho como Direito Fundamental instrumentos de efetividade*, LTr, 2ª edição, São Paulo, 2016, p. 40.

[3] Werner Keller, op. cit., p. 39.

[4] Jacques, Jean – *Discurso sobre a Origem e os Fundamentos da desigualdade entre os Homens*. Lisboa: Plátano, 1999.

-Providência[5] é essencial para a valorização do trabalho com consequente alcance da justiça social.

Esse princípio, direcionado pela economia do pleno emprego, teve seu auge após a II Guerra Mundial, por meio da relação trabalhista taylorista-fordista, em que era imperativa a proteção do empregado por ser a parte hipossuficiente da relação laboral. O empregado remunerado foi compreendido não somente como fonte de riqueza, mas também como uma forma de integração social.

No entanto, o que se viu, desde a década de 1970, foi uma transmutação de um Estado que visava à proteção social para um Estado de austeridade, que adota políticas severas de redução de despesas sociais. Além disso, verificou-se a adoção de políticas extremas de flexibilização das relações de trabalho e da desregulamentação do direito do trabalho com o propósito de atender a competitividade exigida pela econômica globalizada. Tanto o Brasil, como Portugal não ficaram às margens dessas transformações.[6]

Parte da doutrina denomina esse momento de *inflexão*, porque os motivos dessa inflexão são de diversas naturezas, não alheias, contudo, ao Direito do Trabalho. Isto é, não decorrem de desenvolvimentos de certezas sobre essa seara do direito, nem de inovações e descobrimentos tecnológicos, mas derivam "de uma nova configuração do típico trabalhador subordinado, da adaptação do Direito do Trabalho aos novos modelos empresariais de organização do trabalho, bem como, numa fase mais recente, a objetivos e dinâmicas econômicas que apostam na competitividade da economia através da flexibilização das relações laborais".[7]

[5] "[...] sistema de organização social em que o Estado garante o acesso gratuito aos serviços de saúde, educação e outros". [Em linha]. [Consult. 25 Ago. 2018]. Disponível em: https://www.infopedia.pt/dicionarios/lingua-portuguesa/estado-provid%C3%AAncia

[6] "A partir da década de setenta (mais cedo nos países mais industrializados do Norte da Europa, mais tarde nos países do Sul), a orientação protectiva tradicional do Direito do Trabalho vai sofrer uma inflexão, que desencadeou m período de instabilidade na área jurídica. Esta fase, usualmente designada como a época da <<crise>> do Direito do Trabalho, perdura até hoje". Ramalho, Maria do Rosário Palma, *Direito do Trabalho Parte I – Dogmática Geral*, Porto, Almedina, 2ª edição, 2009, p. 59.

[7] Dray, Ricardo – *O Princípio da Proteção do Trabalhador*. Coimbra: Almedina, 2015, p. 307/311.

A *inflexão* ocorreu, primeiramente, porque o trabalhador *subordinado* não é o único modelo existente de trabalhador, existindo, a partir do último quartil do século XX, outras relações de trabalhado (trabalhador autônomo, por termo ou parcial, por exemplo). Em segundo lugar, os modelos taylorista e fordista, consolidados pós a Segunda Guerra Mundial, que consagraram a regulamentação jurídica do trabalho subordinado (contrato por prazo indeterminado), perderam força nas organizações produtivas, fazendo que o Direito do Trabalho, até então avançado e esmerado nesses tipos de organizações industriais, sofresse profundas transformações, já que, até então, tinha o contrato de trabalho por prazo indeterminado como uma de suas bases de sustentação.

Na década de 1980, a maior parte da atividade industrial, tanto na Europa como nos Estados Unidos, passa do setor secundário para o setor terciário (serviços), especialmente, para o setor tecnológico, em que as organizações empresariais são mais flexíveis, rápidas e versáteis, e necessitam flexibilizar as relações laborais para que esse modelo produtivo seja viável. Portanto, o Direito do Trabalho, engendrado sobre os pilares dos modelos rígidos de produção (traylorista-fordista), apresenta dificuldades de acomodação a essa nova realidade produtiva.

Nesse sentido, com o surgimento da sociedade da informação e do conhecimento da informática, o trabalho passou, também, a ser realizado à distância, originando o teletrabalho, por exemplo. Segundo as precisas afirmações de Júlio Vieira Gomes, estamos presenciando um "admirável mundo novo com multidões de colaboradores (...) que perturba a literatura e a visão do direito do trabalho".[8]

Os avanços tecnológicos concebidos pela sociedade de informação e do conhecimento, além da automação, fizeram que determinados postos de trabalho se tornassem ultrapassados.

Assim, há um entendimento doutrinário latente (Erik Brynjolfsson e Andrew MacFee) de que essa sociedade contemporânea apresenta uma contradição, visto que, de um lado, apresenta uma elevada produtividade, e, de outro, a diminuição de postos de trabalho.

[8] Gomes, Júlio Vieira – Da interpretação e integração das convenções coletivas, in *Novos Mundos de Direito do Trabalho*. Coimbra: Wolkers Kluwer Portugal e Coimbra Editora, 2010, pp. 121 e ss.

Nessa vertente, há quem entenda o papel da flexibilização do Direito do Trabalho no tocante à necessidade das organizações produtivas se adequarem ao mundo globalizado, fazendo surgir unidades de pequeno porte de produção e a consequente aproximação entre empregadores e empregados, tornando esvaziada a outrora representação dos empregados no sistema produtivo.

Com efeito, estamos vivenciando, nesse momento, as mundialmente conhecidas *startups* no setor de tecnologia, em que o trabalho é realizado por meio do empreendedorismo dos envolvidos, que assumem riscos pelo negócio que possuem com características como ligeireza e improvisação, além de ser um modelo em que empregadores e empregados possuem interesses comuns, segundo Reid Hoffman, Ben Casnocha e Chris Yeh.[9]

Não obstante, esses mesmos doutrinadores, cujos posicionamentos compartilhamos, entendem ter havido uma mudança de paradigma, já que o modelo de trabalho duradouro e para toda vida ruiu, e deu lugar a modelo em que os trabalhadores são muito qualificados e possuem maior liberdade dentro da organização produtiva na sociedade de conhecimento (contemporânea – século XXI).

Outra visão da *inflexão* diz respeito à economia que passou a determinar as políticas públicas, e, consequentemente, o cotidiano das pessoas.

O Direito do Trabalho, nessa inflexão, é percebido como coadjuvante no sistema político e econômico-social, tendo em vista ter se subjugado aos interesses estatais de manter a sustentabilidade e o alargamento econômico dos países. Para tanto, reduziram os encargos sociais do Estado e adotaram a flexibilização do mercado de trabalho como medidas de impulsionar a competitividade das economias no mundo globalizado.

Por conseguinte, o setor produtivo, intencionando a redução de custos para enfrentar um mercado altamente competitivo, resolveu utilizar mão de obra flexibilizada através de contratos por prazo determinado e por prestadores de serviços em substituição ao trabalhador a termo indeterminado, tornando desnecessários os trabalhadores, o que culminou em aumento de desemprego.

[9] HOFFMAN, Reid; CASNOCHA, Ben; YEH, Chris. *Tours of Duty – The New Employer-Employee Compact. Harvard Business Revue,* June de 2013, pp. 49 ss., in, *Ricardo Dray,* Princípio da Proteção do Trabalhador, Almedina, 2015, p. 308.

Portugal é um Estado Social de Direito, e, portanto, tem como obrigação fundamental, conforme previsão constitucional (Constituição de 1976, arts. 9º, "d" e 81º, "a") "a promoção do bem-estar económico e social da qualidade de vida das pessoas..."; diverso não é o Estado Brasileiro (arts. 1º, 3º, 5º e 170, da Constituição de 1988).

Entretanto, os Estados europeus, dentre os quais Portugal, e o Brasil elegem a inflexibilidade das relações laborais (legislação laboral muito protetora) como responsável pelo desemprego. Portanto, no final do século XX, resolvem flexibilizar e desregulamentar o Direito do Trabalho, com o objetivo de promover a competividade das organizações produtivas em face da proteção do trabalhador.

Isso quer dizer, segundo vaticina Guilherme Dray[10], que "o número de normas imperativas tende a diminuir. O espaço da liberdade conferido aos sujeitos – coletivos e individuais – para efeitos de conformação da situação laboral tende a aumentar". E, o *princípio de tratamento mais favorável ao trabalhador*, enquanto ditame de interpretação ou elemento de aplicação de normas laborais, tende a tornar-se menos atuante.

Com efeito, deixamos de viver em uma sociedade industrial para uma sociedade pós-industrial, onde o conhecimento é o novo paradigma social, e, consequentemente, o setor terciário se sobrepõe ao secundário e ao primário.

Assim, tanto na sociedade contemporânea como, arriscamos dizer, na sociedade "futura", as novas capacidades dos trabalhadores serão inovadas constantemente por meio novos saberes intelectuais tecnológicos que já substituem em alguns setores os empregados assalariados da indústria primária e secundária.

A tecnologia surgiu efetivamente com o movimento Renascentista (séculos XV e XVI), que prestigiou o racionalismo e o desenvolvimento empíricos que originaram descobertas, inclusive de inéditos meios de produção.

No entanto, foi a partir da Primeira Revolução Industrial (século XVIII) que se observou a primeira revolução tecnológica, onde a produção manufaturada foi substituída pelas máquinas a vapor.

Esse fato transformou a organização industrial, porquanto houve aumento extraordinário da produção com redução de custos. A organi-

[10] Dray, Ricardo – *O Princípio da Proteção do Trabalhador*. Coimbra: Almedina, 2015, p. 311.

zação do trabalho passou a ser utilizada em farta quantidade de mão de obra barata e precária, gerando revoltas sociais, levando a eclodir o sindicalismo, dentre outros movimentos sociais.

A partir das décadas de 1960-70, começou a ser desenvolvido um novo sistema tecnológico que adentrou rapidamente a todas as atividades humanas (exemplos: biotecnologia, telecomunicações, nanotecnologia e laser), no campo do processo produtivo ou de serviços, transformando a sociedade em todos os seus campos (social, cultural e econômico).

Houve, para alguns doutrinadores, uma "nova revolução industrial", mais conhecida como "sociedade pós-industrial", a qual, a partir da década de 1980, através da propagação das novas tecnologias, passou a ser conceituada como "sociedade da informação" ou "sociedade do conhecimento".

Segundo o sociológico americano Daniel Bell[11], criador do conceito "sociedade pós-industrial", essa sociedade tem como características: i) uma economia voltada a serviços ao invés da produção de bens; ii) trabalhadores extremamente qualificados; iii) o conhecimento e trabalho teórico considerado como fonte de inovação; e iv) desenvolvimento de tecnologia intelectual cujo a ferramenta é o computador.

A internet é considerada o avanço tecnológico mais revolucionário da sociedade de conhecimento (informação), ocorrido na década de 1990. Por isso, boa parte da doutrina diz que estamos na terceira revolução industrial.

Assim, através da internet foi possível alcançar uma economia global considerada por Castells como sendo uma economia com "capacidade de funcionar como uma unidade em tempo real, numa escala planetária".[12]

Só foi possível atingir esse patamar por meio das novas tecnologias da informação e comunicação.

Entende-se, também, a globalização como associação econômica, social, cultural e tecnológica entre as regiões mais desenvolvidas do

[11] Bell, Daniel. *The Coming of Post-Industrial Society*: A Venture in Social Forecasting, Nova Iorque: Basic Books, 1973.

[12] Castells, M., *A Sociedade em Rede. A Era da Informação. Economia, Sociedade e Cultura.* Volume, I, Lisboa: Fundação Calouste Gulbenkian, 2002, p. 124.

planeta, fazendo que os países mais pobres fiquem desconectados dos demais, e, consequentemente, excluídos.

Não há, ainda, consenso sobre as consequências das tecnologias de informação e comunicação (TIC) nas relações de trabalho.

Vários estudos elaborados desde a década de 1980, acerca das novas tecnologias e o emprego, apresentam grande variável de posições entre países, regiões, setores, e, inclusive, população. Isso faz que sejam afastadas as teorias do determinismo tecnológico.

Nada obstante, existe consenso relativo à redução de empregados tradicionais (subordinados), decorrentes da proliferação das TIC tanto na indústria como nos serviços.

O que sugerimos neste trabalho é o questionamento da possibilidade de se compensar os empregados tradicionais, excluídos, por novos empregos (subordinados) e outras formas de trabalho, geradas pelas novas tecnologias.

Muito embora existam correntes doutrinárias com vieses positivo e negativo sobre o tema, nos filiamos à corrente que entende que essa compensação dependerá de diversas variáveis, como políticas públicas de desenvolvimento social, política, cultural, econômica e educacional.

Portanto, não existe uma única predisposição, e, isto posto, não é possível precisar os efeitos negativos das novas tecnologias na compensação do emprego tradicional por novos empregos e outras formas de trabalho.

O que é certo, contudo, é que a

> [...] tecnologia não é neutra em relação à crise do emprego, ela pode contribuir para reduzi-la ou aumentá-la, segundo o modelo como os atores do sistema socioeconômico quiserem avaliá-la e aplicá-la. Nessa óptica a evolução do desemprego está relacionada com políticas macroeconômicas, estratégias econômicas e contextos sociopolíticos e institucionais.[13]

Sem embargo, as novas tecnologias estão inseridas e repercutem em todas as atividades humanas e muito fortemente nas relações de trabalho.

[13] Kovács, Ilona – *Transformação do contexto socioeconômico, temas atuais da sociologia do trabalho e da empresa*. Lisboa: Almedina, 2014, p. 138.

Como visto, as novas tecnologias possuem relação ambígua com o trabalho, e, como resultado, atormentam não somente os juristas, mas também profissionais de outras áreas de conhecimento científico, como os economistas, já que se sabe que as inovações tecnológicas fecham determinados postos de trabalho diante de suas transformações nos sistemas produtivos, em que máquinas substituem o homem parcial ou totalmente.

Não obstante, comungamos da ideia de que o mercado se inventa com novos produtos e/ou serviços decorrentes da utilização de novas técnicas, surgindo, portanto, novas empresas e novas viabilidades de trabalho.

A globalização trouxe consigo um novo modelo de relação de trabalho, através da individualização nas relações de emprego, a flexibilização do contrato de trabalho, acréscimo do trabalho autônomo, terceirizado e, por conseguinte, um declínio da segurança empregatícia.

Há autores (pesquisadores ingleses Frey e Osborne)[14] que analisaram a função do computador do ambiente laboral, e constatou-se que estes afetavam inicialmente as atividades consideradas rotineiras e esperadas. Todavia, se verifica, atualmente, que os computadores estão substituindo o trabalho do homem em atividades reconhecidas como racionais – como, por exemplo, o veículo que transita sem motorista e as aeronaves não tripuladas (*vant* ou *drone*).

Segundo os mesmos pesquisadores, 47% dos empregados americanos podem ser substituídos por sistemas informatizados, e, quem sabe nas próximas décadas, a informatização poderá extinguir o trabalho humano, como alguns doutrinadores profetizam.[15]

Apesar disso, há outros que questionam não o fim do trabalho humano, mas o fim do emprego determinado (por prazo indeterminado), como vaticinado por um prêmio Nobel de Economia (Becker, 1961).[16]

[14] Frey, Carl B.; Osborne, Michel A. – *The future of Jobs:* how suceptible are Jobs to computerization? Working Paper – Oxford Martin Schoo. [Em linha]. [Consult. 18 Jul. 2018]. Disponível em http://3278as3udzze1hdk0f2th5nf18c1.wpengine.netdna-cdn.com/wp-content/uploads2013/09The_Future_of_Employment_OMS_Working_Paper.pedf

[15] Rifkin, Jeremy – *End of work:* the decline of the global labor force and the draw of the post-market era. Nova York: G. P. Putnam's Sons,1995.

[16] Becker, Gary – *Human capital.* New York: National Bureau of Economic Research, 1961.

Para Becker, o capital humano (conhecimento de educação e treinamento) é a causa da produtividade do trabalhador, dividida em conhecimento geral e conhecimento específico. Ele entende que os empregados que tiverem conhecimento geral são privilegiados em relação aos de conhecimento específicos nas novas organizações produtivas, já que os específicos possuem características de empresas voltadas a um investimento nesse tipo de mão de obra cujo retorno é de longo prazo, e torna mais estável e duradoura a relação; enquanto o geral tem natureza mais instável, muito embora seja mais adequada ao mercado mundial, podendo ser utilizada em qualquer sistema produtivo. Consequentemente, o trabalho de prazos indeterminados será mais escasso.

Com efeito, compartilhamos do entendimento de Guy Dadidov e Brian Langille, nas palavras de Guilherme Dray[17], de que "a crise do Direito do Trabalho deve ser vista não como uma fatalidade, mas como uma oportunidade de repensar e revigorar este ramo do Direito".

Resta evidenciada a atualidade e a pertinência do tema, tendo em vista ser notória a urgente reflexão sobre a importância da evolução tecnologia no mundo globalizado e a necessidade de países enfrentarem essa realidade, a fim de manter não só a empregabilidade (subordinada), como o fomento de outras formas de trabalho que não seja a tradicional (subordinada).

Isso porque as novas tecnologias, ao contrário do que muitos doutrinadores sustentam e até mesmo pressagiam, não podem ser percebidas, obrigatoriamente, como forma de precarização das relações de trabalho.

Até mesmo porque, para saber se as novas tecnologias são ou não forma de precarização das relações de trabalho, se faz necessário, inicialmente, questionar qual tipo de sociedade desejamos, ou seja: mais uniformizada ou mais diversificada?

Desse modo, em que pese que muitos podem entender como sendo forma de precarização das relações de trabalho, a nosso ver, a existência de uma sociedade variada e, consequentemente, tecnológica, almejam-se as mais diversas oportunidades aos trabalhadores por meio de: **i)** políticas públicas de melhor qualidade de ensino, inclusive técnico (escolaridade), requalificação e inserção no mercado de trabalho e consequentemente a geração de trabalhos mais dignos, qualificados e com

[17] Dray, Ricardo – *O Princípio da Proteção do Trabalhador*. Coimbra: Almedina, 2015, p. 304.

melhores remunerações; **ii)** maior produtividade e competitividade no mercado de trabalho globalizado, em que cada vez mais se exigirá mão de obra extremamente técnica e especializada; **iii)** maior satisfação no trabalho (quebra de paradigma de um trabalho monótono, contínuo, desqualificado, mal remunerado e de baixa produtividade), é fundamental ao desenvolvimento social, já fatores irrefutáveis de criação, descoberta e invenção propiciarão benefícios à sociedade como um todo.

Portanto, as novas tecnologias devem ser enxergadas não apenas como simples oportunidade, mas como política de estado multidimensional e inadiável – especialmente no caso em estudo (Brasil e Portugal) – cujo propósito consiste em ser uma fonte tanto de geração e manutenção da empregabilidade (emprego subordinado) como de outras formas de trabalho (autônomo, por exemplo). E, consequentemente, sejam as novas tecnologias compreendidas como pilar de recuperação da dogmática do Princípio da Proteção do Trabalhador na sociedade do conhecimento (século XXI).

Vale consignar, por oportuno, que, para sair dessa crise dogmática, o referido princípio precisará, também, entender qual é o seu atual papel na sociedade de conhecimento que vivemos, uma vez que a sua gama de proteção não envolve tão somente empregados (subordinados) como foi sua essência na sociedade industrial.

Contudo, necessitar-se-á, a partir de agora, proteger, também, outras formas de trabalho que surgiram por meio da maior ***liberalização*** do mercado de trabalho (notória flexibilização), que culminou em nova ordem jurídica, com a criação de contratos a termo e outras formas atípicas de contratação que não sejam mais o contrato de emprego por prazo indeterminado. Isto é, uma maior facilidade para o despedimento, como muitos Estados dogmatizaram, para justificar a flexibilização das leis trabalhistas em prol de uma maior competitividade no mercado globalizado.

Em suma, para que seja resgatado o mencionado princípio e possa produzir seus efeitos plenos, como direito fundamental (humano) que é, na sociedade contemporânea e nas futuras, far-se-á necessário que os Estados evoluam em suas diretrizes e estratégias. Isso ocorrerá especialmente por meio de políticas públicas. Não basta pensar simplesmente na proteção ao vínculo de empregatício (subordinado), disposto na Consolidação das Leis do Trabalho (Brasil) e do Código de Trabalho

Português, mas em todas as formas lícitas de contrato de trabalho, visto que, somente assim, conseguiremos enfrentar, através de trabalhos dignos, qualificados e de maior remuneração, os novos desafios impostos pelo mercado globalizado e em rede (virtual).

Por conseguinte, o Brasil, muito mais do que Portugal, terá que sair da inércia e do comodismo institucional em que se encontra. Para isso acontecer, a nosso ver, precisará realizar profunda reforma no sistema educacional, e fazer que os princípios constitucionais produzam suas devidas eficácias como direitos fundamentais, como é a sugestão da nossa tese.

O Brasil está anos luz atrás das nações consideradas sociedades de conhecimento, e, portanto, para que possa alcançar essas nações algum dia e cumprir os objetivos fundamentos constitucionais que constituem o Estado Democrático de Direito (constituir uma sociedade justa e solidária; garantir o desenvolvimento nacional; erradicar a pobreza e as desigualdades sociais; promover o bem estar de todos), há uma letargia incompreensível de regulamentar o inciso XXVII ("proteção em face da automação, na forma da lei"), do art. 7º, da Constituição Federal, que está aguardando regulamentação há 30 anos.

A regulamentação desse dispositivo constitucional, considerado um direito fundamental, se faz mais do que necessária nesse momento histórico, devido à velocidade desenfreada de inovações tecnológicas que sequer imaginávamos fossem possíveis, muito menos em tão curto espaço de tempo. Sem falar, ainda, em seus reflexos, não só em nossas vidas, mas especialmente nas relações de trabalho, objeto em estudo.

É evidente a existência de inquietação social sem precedentes devido a essa inimaginável evolução tecnológica existente, já que ninguém, exceto em filmes de ficção, pensou que logo vivenciaríamos um mundo em que um veículo ande sem motorista, um avião voe sem piloto e trens e metrôs se desloquem sem maquinistas, como ocorre atualmente.

Nesse sentido, na seara trabalhista, estamos presenciando a controvérsia, mundialmente conhecida, acerca do popularmente conhecido aplicativo Uber, criado nos Estados Unidos e cuja finalidade é o transporte privado urbano consubstanciado em uma tecnologia em rede que oferece serviço conhecido como "carona remunerada".

Essa tecnologia causou uma enorme discórdia em todos os países em que está disponibilizada, como Brasil e Portugal, porquanto os taxistas entendem ser uma forma ilícita de concorrência, e vêm constantemente protestando, inclusive de maneira violenta, contra aqueles que trabalham para a Uber.

Em Portugal, houve a primeira decisão judicial (Tribunal de Lisboa – abril de 2015) proibindo o aludido aplicativo de operar, muito embora posteriormente tenha sido regulamentado o transporte individual e remunerado de passageiros em veículo descaracterizado por meio de plataforma digitais com o advento da Lei 45/2018.[18]

[18] "Segundo a nova lei 45/2018, o início da atividade de operador de transporte em veículo descaracterizado a partir de plataforma eletrónica (TVDE) está sujeito a licenciamento do Instituto da Mobilidade e dos Transportes, licença essa que será válida por 10 anos. Para ser parceiro e poder ter automóveis ao serviço das plataformas, terá, obrigatoriamente, de constituir uma empresa, pois a lei só permite a atividade a "pessoas coletivas".
De acordo com a nova lei, os operadores de plataforma estão obrigados ao pagamento de uma contribuição, que visa compensar os custos administrativos de regulação e acompanhamento das respetivas atividades e estimular o cumprimento dos objetivos nacionais em matéria de mobilidade urbana.
O valor da contribuição prevista no corresponde a uma percentagem única de 5% dos valores da taxa de intermediação cobrada pelo operador de plataforma eletrónica em todas as suas operações.
O apuramento da taxa a pagar por cada operador será feito mensalmente, tendo por base as taxas de intermediação cobradas em cada um dos serviços prestados no mês anterior.
Segundo o diploma, as auditorias para verificar a conformidade das plataformas que operam em Portugal com a legislação nacional e com as regras da concorrência vão ser da responsabilidade da Autoridade da Mobilidade e dos Transportes.
Quanto aos motoristas vão passar a denominar-se motorista de transporte em veículo descaracterizado a partir de plataforma eletrónica, ou motorista de TVDE, e têm, obrigatoriamente, de ter carta de condução há mais de três anos para categoria B com averbamento no grupo dois.
De acordo com a nova lei os motoristas vão ter ainda de completar um curso de formação (número de horas ainda a definir) obrigatório, válido por cinco anos, com módulos específicos sobre comunicação e relações interpessoais, normas legais de condução, técnicas de condução, regulamentação da atividade, situações de emergência e primeiros socorros.
Para estar a trabalhar dentro da legalidade, o motorista vai ter de possuir um contrato escrito com um parceiro, que passa a ser a sua entidade empregadora.
Os motoristas de TVDE estão impedidos de recolher passageiros na rua, não podem circular em faixas BUS e também não podem parar em praças de táxis. Estão proibidos de estar mais de dez horas por dia ao volante, independentemente da aplicação para a qual trabalhem.

Na Colômbia, a Uber, após ficar 20 dias sem funcionar, voltou a oferecer seus serviços a partir do 20 de fevereiro de 2020, entretanto diferentemente do padrão atuante nos demais países em que se encontra. Isso porque, após grande pressão dos taxistas, o governo colombiano entendeu a prática de concorrência por parte da Uber. Assim, retornou suas atividades disponibilizando ao seu usuário a locação de um automóvel com um motorista, o que muito se critica que nada foi alterado de seu modelo de negócio.[19]

No Brasil, a controvérsia foi judicializada em todo o país, como a emblemática decisão proferida, em fevereiro de 2016, pelo Tribunal de Justiça do Estado de São Paulo, autorizando a Uber a continuar prestando seus serviços.[20] Ocorre que a regulamentação do transporte remunerado privado de passageiros foi estabelecida por meio da Lei nº 13.640/2018 com determinadas exigências inclusive de ordem previdenciária.[21]

É certo que essa questão, no mundo todo, não se resolverá até que haja uma regulamentação autorizando ou não a prestação de serviços pela Uber. Vale registrar, por oportuno, a manifestação (09/02/2016) dos motoristas da Uber em Paris, na França, reivindicando o direito de trabalhar. Previsões indicam que, se o referido aplicativo tecnológico for proibido, cerca de dez mil motoristas ficarão sem trabalho.[22] E o debate

A nova lei prevê ainda que as empresas do setor do táxi possam ter carros ao serviço da Uber". Lei que regula Uber e Cabify em vigor a partir de novembro. [Em linha]. [Consult. 04 Ago. 2019]. Disponível em: https://www.jn.pt/nacional/interior/lei-que-regula-uber-e--cabify-em-vigor-a-partir-de-novembro--9713201.html.

[19] "Cómo funcionará Uber en Colombia ahora que regresó? Te explicamos su nuevo modelo". [Em linha]. [Consult. 25 Fev. 2020] Disponível em https://cnnespanol.cnn.com/2020/02/21/como-funcionara-uber-en-colombia-ahora-que-regreso-te-explicamos--su-nuevo-modelo/

[20] Processo nº 2014831-63-2016-8-26-000 – [Em linha]. [Consult. 10 Jun. 2018] Disponível em: https://esaj.tjsp.jus.br/esaj.

[21] "Artigo 3º A Lei nº 12.587, de 3 de janeiro de 2012, passa a vigorar acrescida dos seguintes arts. 11-A e 11-B:
III – exigência de inscrição do motorista como contribuinte individual do Instituto Nacional do Seguro Social (INSS), nos termos da alínea *h* do inciso V do art. 11 da Lei nº 8.213, de 24 de julho de 1991."

[22] Le Monde – [Em linha]. [Consult. 10 Ago. 2018]. Disponível em http://www.lemonde.fr/economie/article/2016/02/09/cinquieme-jour-de-mobilisation-des-vtc_4861882_3234.html.

só ganha mais capítulos de desassossego quando o principal Tribunal Civil francês, 04/03/2020, decide que os motoristas da Uber são seus empregados.[23]

Assim, pergunta-se: no mundo tecnológico em que vivemos, é ainda admissível ignorar a existência dessas novas tecnologias? É correto impedir ou restringir as suas utilizações ou basta apenas serem regulamentadas? Nesse caso em particular da Uber está sendo disponibilizado um serviço desleal, desde que regulamentado, ao monopólio dos taxistas, ou se está fomentando a concorrência saudável a bem do consumir, de uma melhor mobilidade urbana e de geração de trabalho?

Vale destacar que, ao contrário do Brasil[24], Portugal e os demais Estados Membros da União Europeia, através da Agenda de Lisboa (2005), demonstraram politicamente a intenção de competir com os EUA e o Japão no desenvolvimento da Sociedade de Conhecimento, isto é, alavancar o potencial econômico europeu para fomentar a geração de emprego (mais e melhores).

Ocorre, contudo, que, com a crise econômica mundial em 2008, tal estratégia foi prejudicada. No entanto, o Pacote para o Empregado, impulsionado pela Comissão Europeia em 2012 (recuperação e geração de emprego), localizou alguns setores em que a possibilidade de crescimento de emprego fosse maior, dentre elas, serviços de saúde, tecnologias e até domésticos.

Dessa feita, existe estratégia política da União Europeia (Europa 2020) visando ao crescimento sustentável e racional, focado na promessa de facilitar o crescimento de emprego e produtividade, trazendo o espírito da Agenda de Lisboa. Isto é, muito além do que gerar somente

[23] *Une centaine de chauffeurs Uber rassemblés à Aubervilliers pour de meilleures conditions de travail* – [Em linha]. [Consult. 07 Mar. 2020] Disponível em https://www.lefigaro.fr/social/une-centaine-de-chauffeurs-uber-rassembles-a-aubervilliers-pour-de-meilleures-conditions-de-travail-20200306

[24] Estamos presenciando um dos piores momentos históricos da economia, senão o pior, que o Brasil já enfrentou e nenhuma reação governamental até então. Em 2015, foram fechados o equivalente a 1,5 (um milhão e meio) de postos de trabalho e, segundo a OIT, o Brasil, em 2016, será responsável por 1 e cada 3 desempregados no mundo. ECONOMIA – [Em linha]. [Consult. 10 Ago. 2018]. Disponível em http://economia.estadao.com.br/noticias/geral,brasil-tera-maior-alto-do-desemprego-entre-grandes-economias-em-2016--preve-oit,10000007484.

empregos para diminuir a massa de desempregados, deve-se criar empregos melhores em todos os sentidos (qualificado, melhor remuneração, produtivo, melhor nível de vida no trabalho e pessoal), para que possam competir e integrar-se à economia mundial globalizada.

Não será, obviamente, missão fácil para a União Europeia e seus Estados-Membros, muito menos para Portugal, já que cada país possui suas particularidades sociais, econômicas, políticas e culturais; mas, se pretendem participar conjuntamente como protagonistas na sociedade de conhecimento (século XXI), deverão se mobilizar de maneira célere para alcançar a referida estratégia comunitária.

E mais do que isso: não poderão se restringir ao fomento de empregos (subordinados), mas deverão valorizar outras formas de trabalho que surgiram na sociedade pós-industrial. Portanto, a educação, especialmente a científica/tecnológica, será, a nosso ver, um dos vetores para o êxito dessa estratégia.

A França percebeu a relevância do tema, uma vez que, em janeiro de 2016, anunciou um plano de combate ao desemprego (2 bilhões de euros) que estava na ordem de 10% da população economicamente ativa (cerca de 3 milhões de pessoas), um dos mais elevados da Europa, que tem entre seus principais pilares a qualificação (técnica) dos desempregados e jovens, além do incentivo ao trabalho do menor aprendiz, para que estejam aptos a atender às exigências do mercado de trabalho na sociedade do século XXI.

No Brasil, encontramos em vigor a lei ordinária nº 7.232/84 sobre a Política Nacional de Informática, que tem como princípio a adoção de meios e de instrumentos para assegurar o equilíbrio entre os ganhos de produtividade e os níveis de emprego na automação do processo produtivo.

Há, também, a lei nº 9.394/96 (Lei de Diretrizes Base da Educação Nacional), que prevê o ensino tecnológico em todos os níveis (art. 32, II, 36, I e 39); além do Decreto 2.208/97, que regulamentou o parágrafo segundo, do art. 36 da referida no art. 1, II; bem como a lei nº 11.196/05, que criou incentivos fiscais à Pesquisa e Desenvolvimento de Inovação Tecnológica.

Por conseguinte, pode ser mencionado o artigo 218, parágrafos 3º e 4º, da Constituição Federal de 1988, que trata da iniciativa estatal de favorecer e instigar tanto o conhecimento e desenvolvimento científico como a qualificação tecnologia, inclusive na capacitação dos empregados.

Em suma, há no Brasil, além de norma constitucional, leis infraconstitucionais que tratam do impulso e da assistência tanto na geração e qualificação de mão de obra nas áreas de ciência, tecnologia e suas inovações, como na formação da educação tecnológica, com incentivos fiscais à difusão de inovações tecnológicas.

No entanto, o problema é a ausência de interesse, incentivo político e verbas estatais para a implementação dessas iniciativas, imperativas ao desenvolvimento social mais justo no país.

Em sentido contrário, temos um bom exemplo de que, quando há interesse, as expectativas são promissoras. Trata-se do caso da lei do menor aprendiz (arts. 402 e seguintes da Consolidação das Leis do Trabalho), único incentivo que vem sendo cobrado com ênfase por parte do Ministério Público do Trabalho através de fiscalização e adoção de atos administrativos (Termo de Ajuste de Conduta) e até judicialização (Ações Civis Públicas), pelo descumprimento da quota de aprendizes pelas empresas. Ou seja, vem se buscando aplicar essa lei tão importante para a formação técnica-educacional do jovem, essencial na busca de trabalho qualificado e, portanto, melhor remunerado.

Destarte, em que pese esse arcabouço jurídico no Brasil, a regulamentação do art. 7º, inciso XXVII, da Constituição Federal de 1988, como já dito, se faz mais do que oportuna e necessária.

Não porque somos a favor do excessivo positivismo enraizado na cultura jurídica brasileira, muito pelo contrário, mas porque o aludido dispositivo, para produzir seus efeitos jurídicos, necessita ser regulamentado, por ser uma norma constitucional de eficácia limitada.

Sem embargo, tal dispositivo constitucional aguarda há mais de vinte e nove anos para a sua devida regulamentação, e, historicamente, sob a perspectiva social e jurídica, se faz absolutamente necessária, para apaziguar o direito do trabalho diante das novas tecnologias.

Isso porque não podem ser vistas, como muitos refletem simplificadamente, como algozes do desemprego e da precarização das relações de trabalho, incluindo a espécie relação de emprego (subordinado).

Nessa esteira, defendemos regulamentação genérica e abstrata, como vetores (diretrizes) no sentido tanto da automação, espécie do gênero tecnologia, como de toda e qualquer tecnologia e suas inovações, que sejam, tão somente, vedadas se causarem: i) prejuízos à saúde e a segurança individual e/ou coletiva do trabalhador e ii) precarização da mão de obra.

Sugerimos, então, uma regulamentação principiológica, a fim de que seja atemporal, e, portanto, possa acompanhar e assegurar a utilização das inovações tecnológicas em prol do direito do trabalho, e, consequentemente, em favor do fortalecimento do princípio de proteção do trabalhador, de forma que sempre sejam respeitados e valorizados os fundamentos do Estado Democrático de Direito. Ou seja, os princípios da dignidade da pessoa humana do trabalhador e do valor social do trabalho e da livre iniciativa (art. 1º, III e IV, da CF/88).

Pelo exposto, o aludido estudo estará calcado no Direito positivo, especialmente no Direito constitucional e privado brasileiro e português, sem prejuízo de analisarmos direitos consagrados em outros ordenamentos jurídicos e da própria União Europeia. Com efeito, o presente trabalho será pautado, inicialmente, pela metodologia jurídica que nos guiará com segurança no desenvolvimento desse estudo. Posteriormente, na Parte I, trataremos do conceito e da evolução histórica do direito ao trabalho ao longo das civilizações humanas a partir da Grécia Antiga.

Depois, adentraremos a Parte II do presente ensaio, cuja finalidade é não só apontar o surgimento do princípio da Proteção do trabalhador, mas as razões da atual crise dogmática na sociedade do século XXI. Já na Parte III, apresentaremos a evolução das relações de trabalho ao longo das transformações das sociedades humanas a partir da sociedade industrial (Primeira Revolução Industrial). No que diz respeito à Parte IV, o trabalho consistirá em demonstrar as formas de flexibilização das relações de trabalho e sua diferença de precarização. Por fim, trataremos, na Parte V, das novas tecnologias e de seus efeitos com o atual Direito do Trabalho.

Por fim, para o pleno entendimento do tema dessa tese, além de caminhar pela direção cronológica supramencionada, se faz necessário verificar as regras positivas (Constituição Federal Brasileira e Portuguesa, Código do Trabalho Português, Consolidação das Leis Trabalhistas, normas infraconstitucionais de ambos os países, normas da União Europeia, Tratados e Convenções Internacionais).

II. Metodologia

Para a compreensão das perspectivas das novas tecnologias do Direito do Trabalho da Sociedade Contemporânea (Século XXI), se fará estudo multifatorial, isto é, não só analisaremos questões jurídicas, mas também sociológicas e econômicas.

No tocante à análise jurídica, é certo que a interpelação ultrapassará as fronteiras do Direito do Trabalho e adentrará diversas searas jurídicas do Direito (Constitucional, Fundamentais, Civil, Comparado, Sociologia e Filosofia).

Assim, a metodologia a ser utilizada consistirá, inicialmente, em investigação primária (legislativa) sobre a temática, através de legislação constitucional e infraconstitucional (brasileira, portuguesa), da União Europeia, de tratados e de convenções internacionais.

Além disso, serão, ainda, investigados métodos teóricos, proporcionando inclusive um apontamento de pensamentos acadêmicos comparativos e críticos à tese, bem como estudos estatísticos e informações divulgadas pela imprensa escrita.

Vale consignar, por oportuno, ser baseada a pesquisa do referido projeto em informações publicadas oficialmente.

Pelo exposto, o aludido estudo estará calcado no Direito positivo, especialmente no Direito constitucional e privado brasileiro e português, sem prejuízo de analisarmos direitos consagrados em outros ordenamentos jurídicos e da própria União Europeia.

Posteriormente, na Parte I, trataremos do conceito e da evolução histórica do direito ao trabalho ao longo das civilizações humanas a partir da Grécia Antiga.

Ingressaremos, então, na Parte II do presente ensaio, cuja finalidade é não só apontar o surgimento do princípio da Proteção do trabalhador, mas a sua atual crise dogmática na sociedade do século XXI. Já na Parte III, apresentaremos a evolução das relações de trabalho ao longo das transformações das sociedades humanas a partir da sociedade industrial (Primeira Revolução Industrial). No que diz respeito à Parte IV, o trabalho consistirá em demonstrar as formas de flexibilização das relações de trabalho e sua diferença de precarização. Por fim, trataremos, na Parte V, das novas tecnologias e seus efeitos com o atual Direito do Trabalho.

Em suma, como já mencionado alhures, para o pleno entendimento do tema dessa tese, além de caminhar pela direção cronológica supra, se faz necessário verificar as regras positivas (Constituição Federal Brasileira e Portuguesa, Código do Trabalho Português, Consolidação das Leis Trabalhistas, normas infraconstitucionais de ambos os países, normas da União Europeia, Tratados e Convenções Internacionais).

Capítulo 1
O Trabalho

1.1. Conceito e sua Evolução Histórica

É importante demonstrar a concepção de trabalho ao longo da história humana até ser reconhecido como um direito (Primeira Revolução Industrial)[25], e, posteriormente, como *status* de direito humano e fundamental.

Inicialmente, o homem primitivo trabalhava na busca de alimentos para sua sobrevivência, e, depois, passou a fabricar armas rudimentares (ossos de restos de animais), para se proteger de animais e de seus semelhantes.

Acabavam por matar outros homens nos embates entre grupos. Todavia, percebeu que seria muito mais vantajoso escravizar seu inimigo do que matá-lo, assim poderia usufruir do trabalho do capturado.

Os escravos prestavam serviços manuais fatigantes, não apenas porque eram forçados, mas porque esse tipo de trabalho braçal era considerado inapropriado e humilhante aos homens livres.

Esclarece-se, por oportuno, que os ocupantes do topo da pirâmide social, por milhares de anos até o surgimento da era industrial (meados do século XVIII), não trabalhavam, exceto em trabalhos intelectuais.

[25] "O direito do trabalho é, pois, um ramo jurídico jovem se comparado com as áreas clássicas do direito privado comum. RAMALHO, Maria do Rosário Palma – *Da Autonomia Dogmática do Direito do Trabalho*. Coleção teses, Porto: Almedina, 2000, p. 26.

Importante destacar que o trabalho era visto como castigo pela própria Bíblia[26], assim como para Santo Agostinho (que entendia como válida a escravidão) e pelo seu significado axiológico em latim[27]. Todavia, houve uma evolução paradigmática, elevando o trabalho a um direito social.[28]

1.2. Grécia Antiga

Os gregos desprezavam o trabalho como a produção de materiais, inclusive obras de arte; e havia uma hierarquia de prestígio social, como a medicina. Entretanto, o comércio era depreciado e deixado para ser exercido por imigrantes.

Vale destacar que:

> No século V a.C., Atenas contava com 60 mil homens livres, dos quais 20 mil metecos (estrangeiros livres), isto é, estrangeiros. Com as mulheres e os filhos, chegavam a cerca de 200 mil habitantes. Os 40 mil homens livres que eram cidadãos a título integral dedicavam-se quase totalmente à política, ao estudo e à ginástica. Delegavam todo o trabalho prático às donas de casa, aos metecos e aos 300 mil escravos residentes no território, enquanto os intelectuais vagavam por mundos futuros, entre deuses e heróis providos de robôs.[29]

[26] "Nas empresas e nas burocracias, a matéria-prima é essa atividade humana particular que chamamos de trabalho, tão pouco gratificante que os aristocratas procuravam não fazê-lo, absolutamente e a Bíblia consegue explicá-lo apenas como punição pelo pecado original, pai de todos os pecados, misterioso, caprichoso e – o que é pior – contagioso por hereditariedade". Masi, Domenico de – *Futuro do trabalho, fadiga e ócio na sociedade pós-industrial*. Brasília: UNB, p. 49.

[27] "*Tripalium* era originalmente um instrumento constituído por três paus, para dominar cavalos", Xavier, Bernardo da Gama Lobo – *Curso de Direito do Trabalho*. 2ª ed. Santa Catarina: Verbo, 1993, p. 15.

[28] "[...]como o direito que privilegia as pessoas sobre os bens, o Homem sobre o patrimônio (...). Nesse sentido, a ideia de pessoalidade leva a doutrina a exigir não só a proteção dos trabalhadores, economicamente dependentes, como também a pugnar pelo reconhecimento da importância do fenômeno do trabalho em termos jurídicos (o que implica a extensão do regime de proteção a novas categorias de trabalhadores subordinados) e pela assunção, por parte do Estado, da obrigação de condução de uma política pública social", Ramalho, Maria do Rosário Palma, *op. cit.*, p. 256.

[29] Masi, Domenico de, *op. cit.*, p. 76.

Outro ponto interessante de se ressaltar diz respeito ao fato de os gregos, na antiguidade, não se interessavam pela realização de pesquisas tecnológicas, mas somente científica, filosófica, cultural e política.

Em síntese, uma parca minoria, na Grécia Antiga, tinha plenos direitos assegurados, e os cidadãos dessa elite social se dedicam à filosofia e às artes de modo geral, cabendo aos escravos, mulheres e estrangeiros a realização de todos os serviços, tais como agricultura, portuários e domésticos.[30]

Assim, para os gregos, "o trabalho – entendido como trabalho manual, prático ou técnico – é considerado desvalioso. O ócio – contraposto ao negócio (*nec otium*) – enquanto vida contemplativa, eleva o homem que, cultivando o seu espírito, acede ao saber teórico".[31]

Nesse sentido, Aristóteles asseverou "que, para conseguir cultura, era necessário ser rico e ocioso e que isso não seria possível sem a escravidão".[32]

1.3. Império Romano

Na mesma esteira da Grécia Antiga, o Império Romano utiliza-se de mão de obra escrava no exercício de suas atividades laborais não intelectuais e políticas, sendo certo que, entre os séculos 50 a.C. e 150 d.C., havia por volta de dez milhões de escravos, enquanto a totalidade da população era de cinquenta milhões. Vale dizer, ainda, que se chegou a demandar quinhentos mil novos escravos por ano.[33]

Muito se fala da importância demográfica dessa mão de obra ao império, uma vez que a expectativa de vida em Roma era de aproximadamente 25 anos, e metade das crianças morria até aos dez anos de idade.[34]

[30] "Uma casa de rico podia empregar até mil escravos; um ateniense médio tinha uma dezena; não possuir nenhum escravo era sinal de extrema indigência. Na casa, os escravos cuidavam da portaria, da cozinha, da moagem de grãos, da limpeza, da tecelagem e tomavam conta das crianças. Na cidade trabalhavam em limpeza e ordem públicas, mas também em repartições administrativas e na casa da moeda". MASI, Domenico de, *op. cit.*, p. 80.

[31] XAVIER, Bernardo da Gama Lobo, *op. cit.*, p. 19.

[32] SÜSSEKIND, Arnaldo, *et al.* – *Instituições de Direito do Trabalho.* vol. 1, 21ª Edição, São Paulo, Editora LTr, 2003, p. 28.

[33] MASI, Domenico de, *op. cit.*, p. 82-83.

[34] *Idem*, p. 82.

No baixo império, ou seja, em seu momento de declínio, dificultou-se o controle da massa de escravos, e, consequentemente, além das revoltas, muitos se tornaram marginais.

Assim, com o total desarranjo do império e o início da Idade Média, houve, também, maior dificuldade com os custos de vigilância e com a manutenção dos escravos, optando por sua libertação e os tornando servos das propriedades.

Portanto,

> [...] desde o mundo clássico grego e romano, o trabalho, devido ao seu peso e fadiga, é condenado e indigno da essência humana e da liberdade do homem. Em Homero, o trabalho é destinado aos homens que são odiados pelos deuses; para Aristóteles, as artes mecânicas oprimem a inteligência; em Zenão, o facto de o trabalho ser necessário à construção dos templos, profana-os; porém em Antifonte, proclama-se a dura necessidade do trabalho, enquanto se aceita a vida pelo que é (Battaglia – 29-33). O trabalho físico é relatado, desde a antiguidade (Império Egípcio e Romano – Nougier – 1964) pela sua penosidade, causador de enfermidades; fadiga, deformações físicas, maus-tratos do patrão/proprietário, etc".[35]

1.4. Idade Média

Muito embora tenha sido reduzida a escravidão, ela se manteve, também, na Idade Média, inclusive na Idade Moderna (queda de Constantinopla – 1453)[36]. Como já mencionado, muitos escravos foram libertados; contudo, o único direito a que tinham era de trabalhar em seus ofícios ou se alugarem a terceiros, e, consequentemente, foram considerados os primeiros trabalhadores a receber salário.

Esse tipo de trabalho se chamava servidão, uma das características mais marcantes das sociedades feudais. O servo de gleba não dispunha

[35] Rufino, Isabel, *Da História do Trabalho ao Futuro do Trabalho: que papel o da Escola?*, Trabalho Moderno, Tecnologia e Organizações, João Freire e Paulo Pereira de Almeida (Orgs.), Porto, Edições Afrontamento, 2010, p. 181.

[36] "Sob vários pretextos e títulos, a escravização dos povos mais fracos prosseguiu por muitos séculos; em 1452, o Papa Nicolau autorizava o rei de Portugal a combater e reduzir à escravidão todos os muçulmanos, e em 1488 o rei Fernando, o Católico, oferecia dez escravos ao Papa Inocêncio XIII, que os distribuiu entre cardeais". Süssekind, Arnaldo, *et al.* – *op. cit.*, p. 28.

de liberdade, uma vez que esse trabalhador estava relacionado à terra em que nascera (hereditariedade), inclusive por força de uma lei de 393 d. C.[37], tornando muito restrito o seu deslocamento.

Nada obstante, lhes era garantido o direito de herança sobre animais e objetos pessoais; porém, era devido o pagamento de determinada quantia como forma de permissão do senhor feudal para que uma mulher jovem pudesse se casar.

A concepção de trabalho, pela cultura cristã, passa a ser compreendida não apenas como um sofrimento, mas como oportunidade de elevação do homem na participação da obra de Deus, e se distanciando da riqueza[38]. Consequentemente, "o trabalho é resgatado e o ócio assume uma conotação negativa, pecaminosa, reprovável. Jesus era um artesão, os seus apóstolos eram pescadores, São Paulo chegara a sustentar que 'quem não trabalha não tem direito de comer'".[39]

A servidão começou a ruir ao final da Idade Média, quando houve diversas epidemias advindas das Cruzadas.

No mesmo período em que surgiu a servidão, ocorreram também as corporações de ofício, que nada mais eram do que a reunião de um grupo de profissionais que fugiam das agruras da vida rural, e, consequentemente da opressão dos senhores feudais, migrando para as cidades e formaram as corporações de ofício que se destacaram mais na França (*Maítrises*), Alemanha (*Zumften*) e na Espanha (*Gremios*).[40]

O indivíduo deixou de trabalhar para o senhor feudal em suas terras para trabalhar nas cidades por meio de sua profissão, através das corporações, ainda que a liberdade ainda fosse mitigada, em virtude da

[37] Masi, Domenico de, *op. cit.*, p. 85.

[38] "*Epístola de S. Tiago*: Agora ó ricos, pretai-me atenção. Chorai em altos brados devido às desgraças que vão cair sobre vós. As vossas riquezas estão apodrecidas e as vossas vestes estão roídas pelas traças. O vosso oiro e a vossa prata estão cheios de ferrugem, e essa ferrugem vai dar testemunho contra vós e devorar a vossa carne. Acumulastes tesoiros nestes dias que são os últimos. Privastes do salário os trabalhadores que ceifaram as vossas terras. O seu salário clama, e os brados dos ceifeiros chegaram aos ouvidos do Senhor do Universo", *apud* Xavier, Bernardo da Gama Lobo, *op. cit.*, p. 21.

[39] Masi, Domenico de, *op. cit.*, p. 99.

[40] Süssekind, Arnaldo, *et al.* – *op. cit.*, p. 30.

figura do mestre ao qual estavam subordinados[41], tanto os trabalhadores como os aprendizes, por rígidos contratos. Em contrapartida a esse contrato, recebiam salário, socorro em situações de doença e proteção ao seu trabalho, tendo em vista que detinham o monopólio profissional, só podendo exercer o ofício aquele inscrito em determinada corporação.

Em sintonia, as corporações eram constituídas por pequenas oficinas artesanais, comandadas pelo mestre, que regulamentavam a técnica, a matéria-prima, a qualidade dos produtos e os salários, a fim de restringir a concorrência.

De outra banda, as corporações de ofício começaram a se desestruturar quando se iniciou o choque entre capital e trabalho, ocasionando constantes e graves conflitos entre os mestres e oficiais, cada qual defendendo seus próprios interesses. Esses conflitos ocorriam, sobretudo, quando os mestres frustravam a possibilidade de qualificação dos oficiais, além do fato de que os mestres privilegiavam a sucessão familiar, observando-se constantemente a redução de qualidade dos produtos.[42]

Assim, com a derrocada das corporações de ofício e o início da idade moderna, surgem as manufaturas, por meio de unidades fabris organizadas com procedimentos técnicos para produção em escala, cujos equipamentos e insumos pertencem ao proprietário, e os trabalhadores recebem salários e se sujeitam às condições de trabalho.

1.4.1. Movimento Renascentista (Iluminismo)

Foi no século XII, em plena Idade Média, que o feudalismo se consolidou. Foi considerado o século de otimismo, como esclarece com precisão Gustavo Vinay: "se há na Idade Média um século alegre, é exatamente esse: o século em que a sociedade ocidental explode com uma vitalidade, uma energia, uma vontade de renovação assombrosas (...) O século XII é tipicamente o século da libertação, em que os homens expelem tudo aquilo que por um milênio esteve chocando e apodrecendo interiormente".[43]

[41] "Os profissionais estão hierarquizados; aprendizes, companheiros ou oficiais e mestres, os quais têm a titularidade e a responsabilidade da oficina. O mestre, que dirige a produção, sendo embora proprietário das matérias-primas e da utensilagem, trabalha também muitas vezes com os oficiais". Xavier, Bernardo da Gama Lobo, *op. cit.*, p. 21.

[42] *Idem*, p. 22.

[43] Gustavo Vinay, *Il dolore e la morte nella spiritualità dei secoli XII e XIII*, Todi, 1967, p. 13, *apud* Masi, Domenico de, *op. cit.*, p. 95.

O século XII é o século do surgimento das universidades, da escolástica e, consequentemente, de enormes invenções científicas, em que a maior parte da população era analfabeta e poucos (monges, professores e cientistas) representavam a camada intelectual.

Ou seja, "os Humanos deixarem de estar subordinados ao destino e adquirem a capacidade de dominar os fenómenos e vicissitudes da natureza. Nesta concepção do ser humano, responsável pelo seu destino, pela sua vida e pela história, o ócio é condenado como desumano e a ética humanista passa a ser também uma ética do trabalho".[44]

Portanto, pode-se entender o Iluminismo como maneira de o homem sair do papel de coadjuvante e assumir o de protagonista da vida, utilizando-se, para tanto, de sua capacidade intelectual livre (raciocínio) sem estar condicionado a dogmas e a preconceitos.[45]

1.5. Da Primeira Revolução Industrial (Século XVIII)

Reitera-se que, no final do século XVIII, com a aniquilação das corporações de ofício e o surgimento da sociedade industrial, ocasionada mormente pela invenção da máquina a vapor, dando início à produção mecânica, findando-se a Idade Medieval, iniciou-se a Idade Contemporânea.

Assim, a Primeira Revolução Industrial (entre 1760 e 1840) é caracterizada pela utilização das máquinas, e deu à luz ao capitalista que conhecemos, em que o capital comanda a produção almejando lucro, e a atividade humana do trabalhador é apenas simples ferramenta subordinada à produção mecanizada.

É certo que essa mecanização criou conflitos entre capital e trabalho, porquanto a utilização das máquinas gerou o primeiro desemprego tecnológico.

[44] Rufino, Isabel, *op. cit.*, p. 182.

[45] "Os termo luzes e iluminismo 'passaram gradualmente significar o uso leigo da razão na busca filosófica e científica, até se transformarem em palavras de ordem de uma elite de intelectuais que se sentiu investida de uma missão comum: promover o saber antimetafísico e, fundada no sucesso do método experimental, banir preconceitos e as superstições, fazer triunfar o espírito de tolerância iluminar, as consciências, difundir em cada estrato social a educação e a cultura, limitar a influência das igrejas sobre os Estados e a educação'", Masi, Domenico de, *op. cit.*, p. 118.

Diante dessas tensões de classes que levaram o proletariado à miséria[46], tendo em vista que a classe operária se encontrava sem qualquer amparo legal que pudesse resguardá-la contra a vergonhosa exploração em que vendiam sua força de trabalho sem recebê-lo por inteiro (*mais-valia*), apareceu, então, a denominada Questão Social.

O embate e a odiosidade entre os proletariados e os capitalistas fizeram que se abrisse uma vala tão profunda entre essas classes que os tornava pessoas de mundos distintos.

Os trabalhadores que viviam nas cidades, enfurecidos com suas péssimas condições de trabalho, e, consequentemente de vida, após utilizarem atitudes violentas (greves e outras modalidades de reação), decidiram se organizar e unir forças. Então, criaram os sindicatos, cujo propósito central foi aglutinar esforços na luta por melhores condições de trabalho, ou seja, uma esperança para o combate à exploração sofrida pelos proletários.

Daí que surgiu a Questão Social, concepção ideológica voltada à valorização do trabalho e à necessidade de encontrar meios que pudessem

[46] "Vinham do viveiro dos miseráveis, onde a fome e a porcaria eram o rei, onde tísicos tossiam e o ar se tornava grosso com o cheiro das latrinas, couves a cozer e cerveja rançosa, onde crianças gemiam e casais gritavam em incríveis brigas, onde os telhados abriram buracos e as janelas deixavam entrar as frias rajadas do Inverno, onde o recato de uma vida íntima não se podia sequer imaginar, onde, homens, mulheres, avós e crianças viviam em completa promiscuidade, comendo, dormindo, fornicando, defecando, adoecendo e morrendo no mesmo quarto; onde numa panela fervia água para as lavagens entre as refeições, caixas velhas serviam de cadeiras, montes de palha suja serviam de camas e tábuas apoiadas em dois caixotes faziam de mesas; onde algumas vezes nem todas as crianças numa família podiam sair ao mesmo tempo porque não havia roupa bastante para se vestirem; onde famílias decentes tinham de viver entre bêbados, homens que batiam nas mulheres, ladrões, prostitutas; onde a vida era um sobe e desce de desemprego e de infindável trabalho; onde um operário de uma fábrica de charutos e a mulher, ganhando 13 cêntimos por hora, trabalhavam dezessete horas por dia, sete dias na semana, para se manterem a eles e a três filhos; onde a morte era a única saída e a única extravagância e as insignificantes economias de uma vida inteira acabavam por ser dissipada na carreta funerária, com flores e um cortejo de carpideiras que livrassem do anonimato e da ignomínia da vala comum". Barbara Tuchman, *A torre do Orgulho* – um Retrato do Mundo antes da Grande Guerra (1890-1914), trad. Portuguesa (Lisboa 1969), *apud*. Xavier, Bernardo da Gama Lobo, *op. cit.*, págs. 27-28.

cessar a exploração que os proletariados sofriam, surgindo diversas correntes socialistas (socialismo, doutrina social da Igreja Católica[47]).

É importante citar o que disse o Papa Leão XIII, na encíclica *Rerum Novarum* (1891), apontou a questão social, demonstrando a situação vivida dos proletariados em face de o trabalho ter se tornado instrumento de exploração dos proprietários dos meios de produção:

> O século passado destruiu, sem nada substituir, as corporações antigas, que eram para o operário uma proteção; e assim, pouco a pouco, os trabalhadores, isolados e sem defesa, se viram, como o tempo, entregues à mercê de padrões desunamos e à cupidez duma concorrência desenfreada.

No término do século XIX, em virtude das imperfeições do capitalismo e das inúmeras críticas ao sistema, bem como da conscientização da questão social dos trabalhadores e do ponto de vista político, ocorreu a interligação do sindicalismo com potentes partidos políticos (Alemanha – Partido Social Democrata).

No campo jurídico, o trabalho começa a assumir, muito embora de forma embrionária, regulamentação mais específica e expressiva (*factoris acts* – Inglaterra – 1833 – previa limitação aos trabalhos das mulheres e das crianças.).[48]

Desse modo, foi alterado o princípio jurídico da autonomia da vontade nas relações de trabalho, do primeiro momento do capitalismo, para que os contratos de trabalho fossem tutelados por normas de ordem pública, as quais tornam os direitos dos trabalhadores indisponíveis; isto é, não se pode negociá-los, exceto para melhorá-los.

[47] "A Igreja (...) Entende-se que deve ser estimulado o associativismo profissional e exorta o Estado a intervir para evitar o trabalho em condições penosas e os salários escassos. Essa necessidade de intervenção do Estado e a indispensabilidade de uma ideia regulativa nas relações de trabalho dão uma legitimidade ao nascente Direito do Trabalho". *Idem*, p. 33.

[48] "Fora dos Códigos e durante o século XIX, surgem algumas normas laborais. Contudo, trata-se de normas escassas e cuja incidência é limitada às categorias de trabalhadores mais desfavorecidas (as mulheres e as crianças), ou que se revestem carácter incriminatório, como no caso dos fenómenos laborais colectivos, por força da proibição genérica do associativismo". Maria do Rosário Palma, Direito do Trabalho Parte I – Dogmática Geral, *op. cit.*, pp. 40-41.

1.5.1. O Direito do Trabalho após a Primeira e a Segunda Guerra Mundial

O Direito do Trabalho, com o término da Primeira Guerra Mundial (1918), assumiu protagonismo internacional, quando foi criada a Organização Internacional do Trabalho (1919), e aprovadas diversas convenções internacionais de proteção ao trabalho. As lutas, muitas delas sangrentas, do proletariado, sugerem que "o Direito do Trabalho é um *direito conquistado*".[49]

Entretanto, aparecem, na contramão da democracia liberal, Estados autoritários que integram o corporativismo proletariado à ideologia de seus regimes (Espanha, Itália e Portugal).[50]

Isto é, a Primeira Grande Guerra

> [...] veio acentuar a tendência para a alteração das concepções políticas do Estado Liberal, obrigado a mobilizar e a requisitar meios humanos e materiais durante o conflito e a superar as crises e as destruições do pós-guerra.
>
> O Estado Liberal tornou-se intervencionista e regulador da vida econômica, passando, portanto, a produtor de bens, a empresário, a agente de crédito, a organizador de múltiplos serviços e da previdência social, atividades que o transformam em Estado Social.
>
> A cidadania política estabelecida nas Constituições Políticas amplia-se agora à cidadania econômica, que para se tornar efetiva necessita de que a normatividade econômica e social assuma a dignidade constitucional, criando-se assim a Constituição Econômica. A sociedade política integra, pois, nesta perspectiva a sociedade na sua totalidade, ou seja, cria uma comunidade econômica estadual, assente na participação de todos os seus

[49] Xavier, Bernardo da Gama Lobo, *op. cit.*, p. 37.

[50] "As novas ideologias vão trazer para o domínio laboral dois dos seus principais esteios: a substituição do princípio da luta de classes pelo princípio da colaboração interclassista; e o princípio da sujeição dos interesses privados ao interesse geral comum, o que se salda no aumento do intervencionismo do Estados nas situações jurídicas privadas. No domínio laboral, estas ideias-chave – que se apreendem, com facilidade, por exemplo, na *Carta del lavoro* italiana e na AOG (*Arbeitsordnungsgesetz*) alemã de 1934 – alteram a fisionomia da área jurídica num sentido globalmente mais publicista, repercutindo-se em todos os seus centros regulativos". Maria do Rosário Palma, Direito do Trabalho Parte I – Dogmática Geral, *op. cit.*, p. 56.

elementos na satisfação das necessidades sociais e ordenada pela Constituição Econômica.[51]

Não obstante, "após a Segunda Guerra Mundial que a racionalização penetra no domínio da decisão. O trabalho (as formas de produção e o trabalhador) está sujeito a transformações profundas com a racionalização. O trabalhador passa a dispor de maior controlo da sua força física, atenuada pela utilização das máquinas e, ao mesmo tempo, passa a estar mais submetido a formas de dominação social mais ou menos directas e diferentemente sentidas de dominação da sua força de trabalho".[52]

Significa dizer que o intervencionismo estatal criou o constitucionalismo econômico e social, através de normas constitucionais escritas, contemplando tanto direitos civis e políticos como econômicos, sociais e culturais.[53]

As primeiras Constituições da história a garantir esse novo modelo constitucional, e por consequência, os direitos civis e políticos como econômicos, sociais e culturais, foram as do México[54] (31.01.1917) e de Weimar[55] (11.08.1919), na Alemanha.

[51] SANTOS, Antônio Pedro Ribeiro dos – *Movimento Laborais e Constituição.* Lisboa: Instituto Superior de Ciências Sociais e Políticos, 2000, p. 16.

[52] RUFINO, Isabel, *op. cit.*, pp. 182-183.

[53] "[...] a partir daí nenhuma Constituição pôde deixar de estabelecer princípios e normas que regulassem a nova ordem, a econômica-social, declarando e garantindo os diretos econômicos e sociais do proletariado, o que pressupunha a limitação do poderio econômico do patronato industrial, agrícola e pastoral". JASQUES, Paulinho – *Curso de Direito Constitucional.* Rio de Janeiro: Forense, 1987, p. 472.

[54] "A verdade é que o art. 123 da Constituição mexicana de 1917 contempla proteção ao trabalho abrangendo a jornada de trabalho, o salário mínimo, a proteção ao salário, a proteção especial ao trabalho das mulheres e dos menores, o direito sindical, a greve, a previdência social, a higiene e a segurança no trabalho, etc." BELTRAN, Ari Possidonio – *Direito do Trabalho e Direitos Fundamentais*: São Paulo: LTr, 2002, p. 78.

[55] "[...] o trabalho é colocado sob a proteção particular do Estado Imperial, que estabelecerá um direito do trabalho uniforme. A liberdade de associação para a defesa e melhoria das condições laborais e da vida econômica é garantida a cada uma e a todas as profissões. (...) O trabalho é um dever de todos os alemães, devendo ser realizado no interesse da coletividade de ganhar através do trabalho produtivo. (...) Por último, a Constituição procura promover a colaboração, em pé de igualdade, das forças produtivas, estabelecendo que operários e empregados participem na fixação de salários, na elaboração de regulamentação

1.6. Precedentes Históricos dos Direitos Humanos

Vale demonstrar, inicialmente, a inquietude existente até hoje acerca da natureza jurídica dos direitos humanos, ou seja, se são direitos positivos, históricos ou naturais.[56]

Assim, muitos defendem que os direitos humanos são uma construção humana e estão em frequente reconstrução[57], mas há outros que entendem que nascem como direitos naturais universais, e se transmutam como direitos positivos, ou seja, as Constituições absorvem Declarações de Direitos[58], embora Norberto Bobbio nos ensine com sabedoria que a maior dificuldade atualmente dos direitos humanos "não é o de fundamentá-los, e sim de protegê-los"[59].

Verifica-se, portanto, em breves linhas, que o Direito Internacional dos Direitos Humanos tem como escopo o acautelamento da dignidade da pessoa[60], o fundamento dos direitos humanos.

É importante apontar que o Direito Humanitário, a Liga das Nações e a Organização Internacional do Trabalho foram os primeiros vetores do processo de internacionalização dos direitos humanos.

Destarte, para que o Direito Humanitário fosse respeitado, foi considerado como "a primeira expressão de que, no plano internacional, há

laboral e no desenvolvimento da produção". SANTOS, Antônio Pedro Ribeiro dos, *op. cit.*, p. 258.

[56] "Os Direitos Humanos têm sido entendidos como a evolução humana acompanhada de fixação de novos métodos de proteção à vida humana e às suas melhores condições: na seara econômica, social, política, civil e cultural. Sem embargo, é crível desentranhar de cada momento histórico elementos que concebam os direitos humanos". KELLER Werner, *op. cit.*, p. 17.

[57] "Se o direito é uma criação humana, o seu valor deriva, justamente, daquele que o criou. O que significa que esse fundamento não é outro, senão o próprio homem, considerado em sua dignidade substancial de pessoa, diante da qual as especificações individuais e grupais são sempre secundária". COMPARATO, Fábio Konder – *Fundamento dos direitos humanos, Cultura dos Direitos Humanos*. São Paulo: LTr, 1998, p. 60.

[58] BOBBIO, Norberto – *A era dos Direitos*. trad. Carlos Nelson Coutinho. Rio de Janeiro: Campus, 1992, p. 30.

[59] BOBBIO, Norberto, *op. cit*, p. 25.

[60] "A transformação do propósito de bem-estar social numa verdadeira cláusula constitucional vinculativa da atividade pública traduz o propósito de edificação de um modelo de sociedade baseada na dignidade da pessoa humana empenhada na realização da justiça social e da solidariedade:" OTERO, Paulo, Instituições Políticas e Constitucionais, Volume I, edição de setembro de 2007, Porto, Almedina, 2009, p. 339.

limites à liberdade e à autonomia dos Estados, ainda que na hipótese de conflito armado".[61]

A Liga das Nações, criada após a I Guerra Mundial, teve como escopo corroborar a ideia concebida pelo Direito Humanitário no sentido de se fazer necessário relativizar a soberania estatal; ou seja, promovia a manutenção da paz e da segurança internacional[62], e a sua Convenção (1920) previu noções genéricas decorrentes dos direitos humanos, dentre elas o compromisso do Estado em garantir condições dignas de trabalho (homens, mulheres crianças).

A Convenção da Liga das Nações teve papel de destaque na limitação da soberania do Estado, porquanto, se este não cumprisse as diretrizes da referida Convenção, receberia punições de ordem econômica e até mesmo militar, se fosse preciso, pela comunidade internacional.

A Organização Internacional do Trabalho, por sua vez, foi um dos antecedentes que mais contribuiu para o processo de internacionalização dos direitos humanos. Criada após a I Guerra Mundial, "tinha como finalidade promover padrões internacionais de condições de trabalho e bem-estar".[63]

Isto significa dizer que esses institutos foram muito valiosos para a internacionalização dos direitos humanos, e, para tanto, mitigaram o conceito clássico de soberania do Estado. Caso contrário, os direitos humanos não atingiriam o seu *status* internacional, e não seriam protegidos no plano nacional. O ser humano passou a assumir a condição de sujeito de Direito Internacional, tendo em vista que as obrigações internacionais agora visavam a proteger os direitos humanos, e não os Estados, como sujeitos de Direito.[64]

[61] PIOVESAN, Flávia – *Direitos Humanos e o Direito Constitucional Internacional*. 9ª ed. São Paulo: Saraiva, 2008, p. 112.

[62] Preâmbulo da Convenção da Liga das Nações "As partes contratantes, no sentido de promover a cooperação internacional e alcançar a paz e a segurança internacionais, com a aceitação da obrigação de não recorrer à guerra, com o propósito de estabelecer relações amistosas entre as nações, pela manutenção da justiça e com extremo respeito com todas as obrigações decorrente dos tratados, no que tange à relação entre povos organizados uns com os outros, concordam em firmar este Convênio da Liga das Nações".

[63] PIOVESAN, Flávia, *op. cit.*, p. 113.

[64] "Já observamos que, em matéria de trabalho sobre proteção dos direitos humanos, a reciprocidade é suplantada pela noção de garantia coletiva e pelas considerações de *ordre public*.

Além disso, entre as duas grandes guerras mundiais, surgiram outras Constituições europeias, como a de Portugal (1933), a qual gerava ao Estado a obrigatoriedade de assegurar o bem-estar social e cultural, fortificando os direitos sociais, ou seja:

> O Estado social revela ser, por conseguinte, um modelo de aprofundamento da dignificação da pessoa humana, adicionando às garantias de liberdade e aos direitos individuais oriundas das revoluções de bem-estar social, económico e cultural, entretanto elevadas à categoria de direitos (sociais) da pessoa. Não se poderá aqui negar a impregnação dos modelos constitucionais de raiz liberal por uma significativa dimensão social proveniente de reivindicações socialistas.[65]

Entrementes, com o surgimento dos movimentos nazifascista na Europa Ocidental, essa herança do modelo constitucional social originária da Constituição de Weimar na Alemanha foi sufocada com a chegada dos Estados totalitaristas, que romperam com os valores da dignidade da pessoa humana durante a Segunda Guerra Mundial.

No Estados totalitários, o que se vê é:

> [...] a completa desvalorização do papel social e político do indivíduo que, transformado de sujeito em objeto, de pessoa em coisa, se acha totalmente subordinado e instrumentalizado à prossecução dos interesses do Estado: a pessoa humana, deixando de ser um fim em si mesma, passa a ser um mero instrumento ou meio ao serviço dos fins do Estado. [...] Em suma, o totalitarismo envolve o propósito de aniquilamento da pessoa humana.[66]

Tais tratados incorporam obrigações de caráter objetivo, que transcendem os meros compromissos recíprocos entre as partes. Voltam-se, em suma, à salvaguarda dos direitos do ser humano e não dos direitos dos Estados, na qual exerce função-chave o elemento 'interesse público' comum ou geral (ou *ordre public*) superior. Toda a evolução jurisprudencial quanto à interpretação própria dos tratados de proteção internacional dos direitos humanos encontra-se orientada nesse sentido. Aqui reside um dos traços marcantes que refletem a especificidade dos tratados de proteção internacional dos direitos humanos". CANÇADO TRINDADE, Antonio – *A proteção internacional dos direitos humanos: fundamentos jurídicos e instrumentos básicos.* São Paulo, Saraiva, 1991, p. 10-11.

[65] OTERO, Paulo – *Instituições Políticas e Constitucionais.* Volume I. Coimbra: Almedina. 2007, p. 338.

[66] Paulo Otero, *op. cit.*, pp. 305-307.

A consolidação do Direito Internacional dos Direitos Humanos aparece com o término da Segunda Guerra Mundial, isto é, poderiam ter sido evitadas as atrocidades e violações aos direitos humanos realizadas pelo nazismo, caso existisse um sistema de proteção internacional de direitos humanos.

A Segunda Grande Guerra marcou a desconstrução dos direitos humanos. No entanto, o período pós-guerra significou a sua recuperação, haja vista ter sido necessário o surgimento de um novo paradigma dos direitos humanos que resgatasse o valor da pessoa humana abandonado pelos horrores da era Hitler.

Portanto, o indivíduo passou a ser compreendido como tendo o direito a ser sujeito de direitos, como terminologia adotada por Hannah Arendt[67]. Consequentemente, as violações ocorridas aos direitos humanos em um determinado Estado restringem sua soberania, não podendo mais ficarem restritos à jurisdição local, tendo em vista que o indivíduo passar a ser o foco de atenção da comunidade internacional.[68]

Foi, então, criada a Organização das Nações Unidas (ONU), organização internacional que norteia uma nova visão comportamental das relações internacionais, cuja finalidade "é a manutenção da paz e segurança internacional, o desenvolvimento de relações amistosas entre os Estados, a adoção da cooperação internacional no plano econômico, social e cultural, a adoção de um padrão internacional de saúde, a proteção ao meio ambiente, a criação de uma nova ordem econômica internacional e a proteção internacional dos direitos humanos".[69]

[67] Lafer, Celso – *A reconstrução dos direitos humanos:* um diálogo com o pensamento de Hannah Arendt. São Paulo: Cia. Das Letras, 1998.

[68] "Mas, quando o Estado, não raramente, rompe as barreiras jurídicas de limitação e se converte em fim de si mesmo e quando a soberania entra em crise, perante a multiplicação das interdependências e das formas de institucionalização da comunidade internacional, torna-se possível reforçar e, se necessário, substituir, em parte, o sistema de proteção interna por vários sistemas de proteção internacional dos direitos do homem. Com antecedentes que remontam ao século XIX, tal é a nova perspectiva aberta pela Carta das Nações Unidas e pela Declaração Universal dos Direitos do Homem e manifestada, ao fim de quatro décadas, em numerosíssimos documentos e instâncias a nível geral, sectorial e regional". Miranda, Jorge – *Manual de Direito Constitucional*, Coimbra: Coimbra Editora, 1988, p. 30.

[69] Piovesan, Flávia, *op. cit.*, p. 126.

1.6.1. Declaração Universal dos Direitos Humanos de 1948

A Declaração Universal dos Direitos Humanos de 1948 foi aprovada pela Assembleia Geral da ONU em 10 de dezembro 1948, por unanimidade, consagrando sem qualquer questionamento os valores universais a serem cumpridos pelos Estados.[70]

Isto significa dizer que a Declaração Universal 1948 tem como escopo formatar um novo paradigma público de ordem internacional, calcado no direito à dignidade da pessoa humana, cujos titulares (indivíduos) são portadores de direitos iguais e imutáveis (universalidade).

Assim, a condição de ser humano é exclusiva para ser considerado titular de direitos pela Declaração Universal, sendo certo que a universidade dos direitos humanos aponta total rompimento com os preceitos nazistas de que a titularidade de direitos pertencia à raça pura (ariana).

Ademais, a Declaração de 1948 traz, além da universalidade dos direitos humanos, a indivisibilidade destes, ao aglutiná-los (direitos civis e políticos com os direitos econômicos, sociais e culturais).

Isso porque, fazendo uma cronologia histórica, tem-se a divisão entre o direito à liberdade e o direito à igualdade, tendo em vista tanto a Declaração Francesa de 1789 como a Declaração Americana de 1776, concebidas à luz do Estado Liberal. Ambas limitaram os direitos humanos como sendo, apenas, direito à liberdade.

Tal postura foi construída em contrapartida ao Estado absolutista intervencionista, a fim de que houvesse controle dos abusos do Estado, o qual deveria atuar em absoluto respeito às leis, sem interferência na vida do cidadão, cujo primado era o valor da liberdade que representa a categoria dos direitos humanos civis e políticos. Portanto, os direitos social, econômico e cultural foram, nesse momento histórico, deixados de lado, porquanto, para sua aplicação, se fazia necessária a intervenção estatal.

Daí o ineditismo trazido pela Declaração de 1948, que conjugou os *valores de liberdade com o de igualdade*, traduzindo uma nova concepção de

[70] "A Declaração Universal dos Direitos Humanos se impõe com 'o valor da afirmação de uma ética universal' e conservará sempre seu lugar de símbolo e de ideal". ANTUNES, Eduardo Muylaert – *Natureza jurídica da Declaração Universal dos Direitos Humanos*. São Paulo: Revista dos Tribunais. 1972, p. 35.

direitos humanos, que passam a ser analisados de forma interdependente e indivisível.[71]

Com efeito, os direitos humanos são classificados pela doutrina em gerações[72]. Portanto, em virtude de os direitos humanos serem indivisíveis e interdependentes entre si, as suas gerações são cumulativas, ou seja, não se pode mais dissociar o direito à liberdade com o da igualdade, e vice-versa.

[71] "[...] mais acurada é a classificação feita por Jack Donnelly, quando sustenta que a Declaração de 1948 enuncia as seguintes categorias de direitos: 1) *direitos pessoais*, incluindo os direitos à vida, à nacionalidade, ao reconhecimento perante a lei, à proteção contra tratamentos ou punições cruéis, degradantes ou desumanas e à proteção contra a discriminação racial, étnica, sexual ou religiosa (arts. 2 a 7 e 15); 2) direitos judiciais, incluindo o acesso a remédios por violação dos direitos básicos, a presunção de inocência das leis penais, a proteção contra a prisão, detenção ou exílio arbitrários, e contra a interferência na família no lar e na reputação (arts. 8 a 12); 3) *liberdades civis*, especialmente a liberdades de pensamento, consciência e religião, de opinião e expressão, de movimento e resistência, de reunião e de associação pacífica (arts. 13 e de 18 a 20); 4) direitos de subsistência, particularmente os direitos à alimentação e a um padrão de vida adequado à saúde e ao bem-estar próprio e da família (art. 25) *direitos econômicos*, incluindo principalmente os direitos ao trabalho, ao repouso e ao lazer, e à segurança social (arts. 22 a 26); 6) direitos sociais e culturais, especialmente os direitos à instrução e à participação na vida cultural da comunidade (arts. 26 a 28); 7) direitos políticos, principalmente os direitos a tomar parte no governo e a eleições legítimas com sufrágio universal e igual (art. 21), acrescido dos aspectos políticos de muitas liberdades civis". Jack Donnelly, *International human rights: a regime analysis, International Organization*, Massachusets Institute of Technology, Summer 1986, p. 599-642, *apud* José Augusto Lindgren Alves – *O sistema internacional de proteção dos direitos e o Brasil.* Arquivos do Ministério da Justiça, Brasília, v. 46, nº 182 jul./dez. 1993, p. 89) (g.n.)

[72] "Também é essa lição de Paulo Bonavides, que sustenta que os direitos de primeira geração *são os direitos de liberdade*, os primeiros a constar do instrumento normativo constitucional, a saber, os direitos civis e políticos, que em grande parte correspondem por um prisma histórico, à fase inaugural do constitucionalismo do Ocidente. Já os direitos de segunda geração, *característicos do século XX, são os direitos sociais*, culturais e econômicos introduzidos no constitucionalismo do Estado Social. Por sua vez, os direitos da terceira geração não se destinam especificamente à proteção dos interesses de um indivíduo de um grupo ou de um determinado Estado, mas apresentam como destinatário o gênero humano. *São direitos da fraternidade, como o direito ao desenvolvimento, à paz, o meio ambiente, o direito de propriedade sobre o patrimônio comum da humanidade e o direito de comunicação*". Paulo Bonavides, *Curso de direito constitucional*, 4. Ed., p 474-482, *apud.* Flavia Piovesan, *op. cit.*, p. 141. (g.n.)

Nessa vertente, o trabalho é considerado um direito humano de segunda geração, pois está classificado como direito social previsto no art. 23, da Declaração Universal:

> 1. Todo ser humano tem direito ao trabalho, à livre escolha de emprego, a condições justas e favoráveis de trabalho e à proteção contra o desemprego.
> 2. Todo ser humano, sem qualquer distinção, tem direito a igual remuneração por igual trabalho.
> 3. Todo ser humano que trabalha tem direito a uma remuneração justa e satisfatória que lhe assegure, assim como à sua família, uma existência compatível com a dignidade humana e a que se acrescentarão, se necessário, outros meios de proteção social.
> 4. Todo ser humano tem direito a organizar sindicatos e a neles ingressar para proteção de seus interesses. (g.n.)

Além disso, muito se discute sobre qual seria o valor jurídico da Declaração de 1948, que, quando de sua elaboração, tinha o caráter de resolução, e não de tratado, como previsto pela Assembleia Geral das Nações Unidas.

Entretanto, há muitos doutrinadores que sustentam que a Declaração tenha natureza jurídica vinculante, posicionamento ao qual me filio.

Vale descrever os 3 (três) principais pontos argumentativos dessa corrente:

> **a**) a incorporação das previsões da Declaração atinentes aos direitos humanos pelas Constituições nacionais; **b**) as frequências referências feitas por resolução das Nações Unidas à obrigação legal de todos os Estados de observar a Declaração Universal; e **c**) decisões proferidas pelas Cortes nacionais que se referem à Declaração Universal como fonte de direito. Nessa ótica, por exemplo, a proibição da escravidão, do genocídio, da tortura, de qualquer tratamento cruel, desumano ou degradante e de outros dispositivos da Declaração consensualmente aceitos assumem o valor de direito costumeiro internacional ou princípio geral do Direito Internacional, aplicando-se todos os Estados e não apenas aos signatários da Declaração.[73]

[73] Piovesan, Flávia, *op. cit.*, p. 145.

Nessa esteira de raciocínio, tanto a Constituição Federal Portuguesa de 1976 como a Constituição Federal Brasileira de 1988 ratificam a condição de fonte de direito da Declaração Universal de 1948, quando os seus direitos são incorporados nos referidos ordenamentos constitucionais (artigo 16º, 2, da Constituição Portuguesa e artigo 5º, § 3º, da Constituição Brasileira)[74], assumindo o papel de direitos fundamentais.

E, para aqueles que não entendem que seja um tratado internacional propriamente dito, à luz da Carta das Nações Unidas (1945), os Estados se obrigam a respeitar os direitos humanos.[75]

1.7. Proteção dos Direitos Humanos – Sistema Regional

É sabido que a proteção dos direitos humanos vai além do sistema internacional, isto é, há sistemas regionais de proteção (Europa, América e África).

Destaca-se que este estudo se concentrará tão somente na exposição dos sistemas europeu e americano, haja vista serem estes os objetos empíricos deste ensaio.

Muitos estudiosos entendem serem mais vantajosos os sistemas regionais, por, evidentemente, terem um número menor de Estados envolvidos os quais tendem a possuir cultura, idioma e costumes mais semelhantes.[76]

[74] "Artigo 16º (Âmbito e sentido dos direitos fundamentais)
2. Os preceitos constitucionais e legais relativos aos direitos fundamentais devem ser interpretados e integrados de harmonia com a Declaração Universal dos Direitos do Homem".
"Artigo 5º Todos são iguais perante a lei, sem distinção de qualquer natureza, garantindo-se aos brasileiros e aos estrangeiros residentes no País a inviolabilidade do direito à vida, à liberdade, à igualdade, à segurança e à propriedade, nos termos seguintes: § 3º Os tratados e convenções internacionais sobre direitos humanos que forem aprovados, em cada Casa do Congresso Nacional, em dois turnos, por três quintos dos votos dos respectivos membros, serão equivalentes às emendas constitucionais".

[75] "O que resta saber é se o conteúdo da Declaração não pode ser depreendido dessa forma e situação noutra perspectiva. Parte da doutrina contesta tal possibilidade, por não atribuir às cláusulas da Declaração senão o valor de recomendação. Outra, pelo contrário, vê nela um texto interpretativo da Carta, pelo que participaria da sua natureza e força jurídica. E ainda há aqueles que perscrutam nas proposições da Declaração a tradução de princípios gerais de Direito Internacional". MIRANDA, Jorge, *op. cit.* p. 203.

[76] "Enquanto o sistema global de proteção dos direitos humanos geralmente sofre com a anuência de uma capacidade sancionatória que têm os sistemas nacionais, os sistemas

Desse modo, na proteção dos direitos humanos no plano internacional, há um convívio harmonioso e complementar[77] entre o sistema global (Declaração Universal de Direitos Humanos, Pactos Internacionais de Direitos Civis e Políticos e de Direitos Econômicos, Sociais e Culturas, além de outros instrumentos) e o sistema regional, cujo principal instrumento nas Américas é a Convenção Americana de Direitos Humanos de 1969 e, na Europa, a Convenção Europeia de Direitos Humanos de 1950.

1.7.1. Convenção Americana de Direitos Humanos (Pacto de San José da Costa Rica)

É considerado o instrumento mais importante de direitos humanos na comunidade interamericana, assinado em 1969. Somente os Estados pertencentes à Organização dos Estados Americanos têm o direito de incorporar a Convenção.

regionais de proteção dos direitos humanos apresentam vantagens comparativamente aos sistema da ONU: podem refletir com maior autenticidades e peculiaridades e os valores históricos de povos de uma determinada região, resultando em uma aceitação mais espontânea e, devido à aproximação geográfica dos Estados envolvidos, os sistemas regionais têm a potencialidade de exercer fortes pressões em face de Estados vizinhos, em casos de violações (...) Um efetivo sistema regional pode consequentemente complementar o sistema global em diversas formais". Christof Heyns e Frans Vijoen, *An overview of human rights protection in Africa, South Journal on Human Rights,* v.11, part. 3, 1999, p. 423, *apud* Flavia Piovesan, *op. cit.*, p. 238.

[77] "Pode ser afirmado que o sistema global e o sistema regional para a promoção e proteção dos direitos humanos não são necessariamente incompatíveis; pelo contrário, são ambos úteis e complementares. As duas sistemáticas podem ser conciliadas em uma base funcional: o conteúdo normativo de ambos os instrumentos internacionais, tanto o global como regional, deve ser similar em princípios, valores, refletindo a Declaração Universal dos Direitos Humanos, que é proclamada com um código comum a ser alcançado por todos os povos e todas as Nações. O instrumento global deve conter um parâmetro normativo mínimo, enquanto que o instrumento regional deve ir além, adicionando novos direitos, aperfeiçoando outros, levando em consideração as diferenças peculiares em uma mesma região ou entre uma região e outra. O que inicialmente parecia ser uma séria dicotomia – o sistema global e o sistema regional de direitos humanos – tem sido solucionado satisfatoriamente em uma base funcional" *Regional promotion and protection of human rights: twenty-eight reports of the Comission to Study the Organization of Peace,* 1980, in Henry Steiner, International Law and Human Rights, Harvard Law School, 1994, *apud* Flavia Piovesan, *op. cit.*, p. 241.

A Convenção Americana dispõe de um rol de direitos civis e políticos. Em contrapartida, não expressa intrinsicamente qualquer direito social, econômico ou cultural; apenas estabelece aos Estados que adotem medidas efetivas, especialmente legislativas, para assegurar estes direitos.

Por conseguinte, na Assembleia Geral da Organização dos Estados Americanos, em 1988, foi aprovado o Protocolo Adicional à Convenção Americana (Protocolo de San Salvador), atinente aos direitos sociais, econômicos e culturais. Salienta-se, dentre vários direitos relatados no Protocolo, o direito ao trabalho e à justa condições de trabalho (artigo 6, itens 1 e 2).[78]

Por fim, todo Estado-membro deve não apenas respeitar os direitos previstos na Convenção Americana, como também zelar pelos seu efetivo e irrestrito exercício.

1.7.2. Convenção Europeia de Direitos do Homem e das Liberdades Fundamentais (Tratado de Roma)

A Convenção Europeia de Direitos do Homem (Tratado de Roma – 1950) foi celebrada para assegurar o reconhecimento e a aplicação dos direitos humanos estabelecidos na Declaração Universal dos Direitos do Homem (1948), e, consequentemente, evitar eventual ressurgimento de ditaduras, tais como os regimes fascista e nazista.

Isto é, para a garantia os direitos consagrados da Declaração Universal do Homem, se fazia necessária, primeiramente, a união dos Estados Europeus por meio de um espírito democrático e de senso comum em respeito aos direitos do homem.

[78] Artigo 6 do Protocolo de San Salvador "Direito ao trabalho

1. Toda pessoa tem direito ao trabalho, o que inclui a oportunidade de obter os meios para levar uma vida digna e decorosa por meio do desempenho de uma atividade lícita, livremente escolhida ou aceita

2. Os Estados Partes comprometem-se a adotar medidas que garantam plena efetividade do direito ao trabalho, especialmente as referentes à consecução do pleno emprego, à orientação vocacional e ao desenvolvimento de projetos de treinamento técnico-profissional, particularmente os destinados aos deficientes. Os Estados Partes comprometem-se também a executar e a fortalecer programas que coadjuvem um adequado atendimento da família, a fim de que a mulher tenha real possibilidade de exercer o direito ao trabalho". (g.n.)

Tal espectro de coalização surgiu com a fundação do Conselho da Europa (1949), cujo propósito era exatamente fomentar o ideal de democracia entre seus membros. Através deste Conselho, se chegou à conclusão de que era necessário formatar uma Convenção para proteger, efetivamente, os direitos e liberdades proclamados pela Declaração Universal.

É certo, ainda, que a Convenção Europeia é composta por 66 artigos, e seu artigo 4º prevê a proteção ao trabalho.[79]

Vale destacar, por último, um contraste existente entre as Convenções Europeia e Americana, no tocante à competência "*ratione personae*", ou seja, à possibilidade de um Estado membro comunicar a violação dos direitos das Convenções cometida por outro Estado.

O sistema americano determina (art. 45) que um Estado Membro, para intentar uma ação internacional contra outro Estado, somente poderá fazê-lo na hipótese de ambos declararem o reconhecimento da competência da Comissão Interamericana de Direitos Humanos para receber e analisar a comunicação de violação.

Entrementes, a Convenção Europeia (art. 24) não dispõe de qualquer declaração dos Estados membros envolvidos no conflito para que se possa levar denúncia ao conhecimento da Comissão Europeia de Direitos Humanos.

Assim, um Estado parte pode comunicar eventuais violações cometidas tanto contra seus cidadãos como contra cidadãos do próprio Estado acusado, sem que tenham de comum acordo declarar a competência da aludida Comissão.

1.8. Direito do Trabalho e o Direito Fundamental

Vale esclarecer, inicialmente, que, por uma questão didática, não será aprofundado o estudo terminológico dos direitos fundamentais, porquanto o objetivo do presente ensaio é apenas demonstrar as considerações sobre o conceito, conteúdo e características dos direitos fundamentais, e sua relação com o direito do trabalho.

[79] "artigo 4º **Proibição da escravatura e do trabalho forçado**

1. Ninguém pode ser mantido em escravidão ou servidão.
2. Ninguém pode ser constrangido a realizar um trabalho forçado ou obrigatório (...)"

Assim, no tocante ao conceito, trazemos a definição do jurista José Afonso da Silva:

> No *qualificativo 'fundamentais', acha-se a indicação de que se trata de situações jurídicas sem as quais a pessoa humana não se realiza, não convive, às vezes, nem mesmo sobrevive; fundamentais do homem no sentido de que todos, por igual, devem ser, não apenas formalmente reconhecidos, mas concreta e materialmente efetivados.* Do homem não como macho da espécie, mas no sentido de pessoa humana. *Direitos fundamentais do homem significa direitos fundamentais da pessoa humana ou direitos fundamentais.*[80] (g.n.)

A característica dos direitos fundamentais está em sua historicidade, isto é, em sua evolução histórica, que pode ser dividida em três fases.[81]

A primeira etapa diz respeito à conscientização social, em que o homem passa a perceber que é sujeito de direitos universais que foram positivados, pela primeira vez, na Revolução Francesa, através da Declaração dos Direitos do Homem e do Cidadão (1789).

O segundo estágio ocorre com a positivação dos direitos fundamentais nas Constituições dos Estados (exemplo do pioneirismo das Constituições mexicana de 1917 e alemã de Weimar, de 1919), momentos estes em que o direito fundamental ao trabalho atingiu sua condição constitucional.

O terceiro passo refere-se à constatação social dos direitos fundamentais, o que significa dizer a sua efetividade na sociedade. Ou seja, surge uma nova ordem reivindicatória, através de revoltas populares (menos favorecidos) contra um Estado liberal omisso às necessidades sociais, em que se buscava maior igualdade entre os indivíduos, mormente por uma melhor e maior distribuição social (riqueza).

Outra característica importante dos direitos fundamentais é que são indisponíveis, intransmissíveis, já que não dispõem de cunho econômico, além de serem indivisíveis.

Indisponíveis porque os direitos fundamentais possuem valores preponderantes à pessoa humana (como, por exemplo, vida, trabalho e

80 SILVA, José Afonso da – *Curso de direito constitucional positivo.* 18ª ed. São Paulo: Malheiros, 2000, p.182.

81 SALGADO, Joaquim Carlos – *Os direitos fundamentais,* Revista Brasileira de Estudos Políticos, Belo Horizonte: Universidade Federal de Minais Gerais, nº 82, jan/1996, p. 16.

saúde); e indivisíveis, tendo em vista que todos os gêneros de direitos fundamentais são interdependentes entre si, sem os quais não se consagra a dignidade da pessoa humana, e, consequentemente, os pilares do Estado Democrático de Direito.

Por conseguinte, quando se fala em dimensões de direitos fundamentais, nada mais é do que a própria evolução histórica do surgimento dos direitos inerentes ao homem.[82]

Os direitos fundamentais de primeira dimensão ou direitos de liberdade (civis e políticos) foram consagrados no Estado Liberal (século XVIII), quando o homem passou a ser reconhecido como um ser livre e desagarrado do ente estatal.

Significa dizer que os direitos civis compunham os direitos e liberdade. Já os políticos, advindos do século XIX, trazem a ideia de liberdade associativa (sindical) e participação política (eleitoral).

No Estado Social de Direito, o indivíduo passo a ser visto como sujeito de direitos, e, assumindo o Estado um papel intervencionista, a fim de que os direitos de segunda dimensão pudessem produzir seus efeitos, surge, então, a segunda dimensão dos direitos fundamentais, chamada de direitos de igualdade (sociais, econômicos e culturais).[83]

Posteriormente, em meados do século XX, com o Estado Democrático de Direito, advieram os direitos de terceira dimensão, mais conhecidos como direitos de fraternidade ou de solidariedade, assumindo natureza difusa e indeterminada, ou seja, atingindo a toda coletividade sem identificação de seus destinatários (exemplo, meio ambiente).[84]

[82] Bobbio, Norberto – *A era dos direitos*, Trad. Nelson Coutinho. Rio de Janeiro: Campus, 1992, p. 5.

[83] "Claro que no Estado liberal se exigia basicamente a segurança para o exercício das liberdades e a proteção da vida e da propriedade, e *depois se passou a exigir também uma intervenção na vida económica e social (mesmo atualmente, em época de privatização, embora a intervenção seja reguladora e fiscalizadora), para assegurar uma igualdade básica e os direitos fundamentais associados ao bem estar social.*" Andrade, José Carlos Vieira de – *Os Direitos Fundamentais na Constituição Portuguesa de 1976*. Coimbra: Almedina, 2012, p. 69-70. (g.n.)

[84] "O paradigma do Estado Social *prestador* é substituído pelo do Estado Social *regulador, garantidor e incentivador*, que, de 'forma mais inteligente e súbtil' promove a colaboração dos privados na realização das tarefas de interesse público". José Carlos Vieira de Andrade, *op. cit.*, p. 66. (g.n.)

Ademais, podem-se, ainda, identificar quatro períodos na concepção dos direitos fundamentais. O primeiro refere-se à constitucionalização dos direitos fundamentais, através de positivação dos direitos humanos nas Constituições. O segundo trata da universalização[85] dos direitos fundamentais, em que passam a ser defendidos na internacionalmente. Por último, revela-se a necessidade de proteger determinados grupos sociais, especialmente aqueles mais vulneráveis (como idosos e enfermos).[86]

Ultrapassadas as questões acima, adentramos propriamente no fato de identificação do direito do trabalho como sendo tanto um dever como um direito fundamental.[87]

Em síntese, o direito fundamental ao trabalho digno é um meio de proteção ao trabalhador, demonstrando ser ponto comum dos direitos sociais, e, consequentemente, sua eficácia tem que ser imediata, haja vista ser uma fonte precípua do desenvolvimento de um Estado Democrático de Direito, quando se consolida após a Segunda Guerra Mundial, sobretudo nas Constituições alemã, francesa e italiana.

[85] "A nova universalidade procura, enfim, subjetivar de forma concreta e positiva os direitos da tríplice geração na titularidade de um indivíduo que antes de ser o homem deste ou daquele País, de uma sociedade desenvolvida ou subdesenvolvida, é pela sua condição de pessoa um ente qualificado por sua pertinência ao gênero humano, objeto daquela universalidade". BONAVIDES, Paulo – *Curso de direito constitucional.* 10ª ed. São Paulo: Malheiros, 2000, p. 527.

[86] BOBBIO, Norberto –. *Teoria geral da política: a filosofia política e as lições dos clássicos.* trad. Daniela Beccaccia Versiani e org. Michelangelo Bovero, Rio de Janeiro: Campus, 2000.

[87] "As linhas de uma construção jurídica do trabalho são fáceis. *Do fato de ser o trabalho um dever absoluto e inderrogável para o homem, segue-se logicamente que o trabalho é, outrossim, um direito.* Admitido que o sujeito tenha o dever moral de desenvolver uma atividade produtiva, resulta que ele tem também direito a isso, o direito de cumprir aquele seu dever". BATAGLIA, Felice – *Filosofia do trabalho.* Trad. Luiz Washington Vita e Antônio D'Elia. São Paulo: Saraiva, p. 317. (g.n.)

"O trabalho é da essência humana, no sentido de dever de valorização pessoal e de integração social, e *será ao mesmo tempo um dever e um direito, na relação do indivíduo com a sociedade e o Estado.* O direito do trabalho, que regula o trabalho prestado por uma pessoa a outra, deve ter por base, portanto, o respeito à essência do trabalho, e sua existência só terá sentido na medida em que respeitar isso". MAIOR, Jorge Luiz Souto – *O direito do trabalho como instrumento de justiça social.* São Paulo: LTr., 2000, p. 102. (g.n.)

1.8.1. Evolução Histórica do Direito do Trabalho no Brasil

No Brasil, o processo de constitucionalização do direito fundamental do trabalho teve trajetória gradual e vagarosa, de acordo com a evolução histórica do país no tocante à normatização dos direitos humanos.

Assim, é importante traçar um fracionamento histórico que descreva o Direito do Trabalho. Segundo Gomes e Gottschalk, existem três períodos: o primeiro pré-histórico e, os demais, de história.[88]

No período de 1500 a 1888, no Brasil, só se pode falar em pré-história do direito do trabalho, tendo em vista preponderar o regime escravocrata (no qual, em um primeiro momento, os indígenas foram escravizados e, posteriormente, os negros), com escassas normas de proteção do trabalho livre, o que ressoava em toda América Latina nessa época.[89]

A Constituição de 1824 restringia o exercício dos direitos civis e políticos, e nada previa sobre os direitos sociais, em que pese tenha proibido as corporações de ofício, sob o fundamento do direito à liberdade de ofícios.

[88] "a) primeiro período coincide com as datas marcantes da independência e a da abolição da escravatura (1888); b) o segundo período estende-se de 1888 a 1930 (...); c) o terceiro e último período inicia-se em 1930, havendo a intensa elaboração legislativa sobre a matéria (...)". Gomes, Orlando e Gottschalk, Elson – *Curso de Direito do Trabalho.* Rio de Janeiro: Forense. 1998, p. 6-7.

[89] "As principais formas do trabalho existentes em nossa sociedade colonial desenvolveram-se entre os séculos XVI e XIX. Inicialmente, foi utilizado o trabalho indígena por meio dos sistemas conhecido como *encomiendas,* uma espécie de concessão pessoal na qual o colono se comprometia a garantir a subsistência dos indígenas, apropriando-se do seu trabalho. Em especial nas colônias sob domínio espanhol, era comum a exploração do trabalho indígena, um modo de escravidão voltado à extração comum a exploração de metais preciosos (ouro e prata). Além disso, também no mundo colonial difundiu-se o *trabalho escravo africano,* resultado de um intenso tráfico humano da África para a América Latina, sob o controle das burguesias comerciais europeias em constituição que viviam de vários tipos de comércio, inclusive o humano. (...) A diversificação das atividades produtivas e a constituição do mercado interno criaram as condições para a implantação do trabalho assalariado na América Latina. Tal modalidade de trabalho foi estabelecida *apenas ao longo do século XIX, em um momento caracterizado pela expansão do capitalismo industrial* (especialmente o inglês), *que passou a exigir a ampliação do mercado consumidor e a introdução do trabalho assalariado no mundo colonial*". Antunes, Ricardo – *O Continente do Labor.* São Paulo: Boitempo Editorial, 2011, p. 18. (g.n.)

A Constituição de 1891, influenciada pela Constituição dos Estados Unidos da América do Norte (Convenção da Philadelphia), trouxe apenas como novidade o retorno da possibilidade de associação.

No entanto, foi com a Revolução Constitucionalista de 1930 que, de fato, podemos falar na existência de um Direito do Trabalho no Brasil, segundo as palavras do saudoso jurista Amauri Mascaro do Nascimento[90]:

> [...] em nosso País como resultado de vários fatores, dentre os quais o prosseguimento das conquistas que já foram assinaladas, porém com um novo impulso quer no campo político, quer no legislativo. Passara a ater, com a política trabalhista de Getúlio Vargas, maior aceitação as ideias da intervenção nas relações de trabalho, como o Estado desempenhando papel central, grandemente influenciado pelo modelo corporativista italiano de 1927. Sem discutir aqui se os fins visados por Vargas foram de dominação ou de elevação das classes trabalhadoras, o certo é que nesse período foi reestruturada a ordem jurídica trabalhista, adquirindo fisionomia que em parte até hoje se mantém.

A Constituição de 1934 trouxe diversas inovações no que diz respeito ao aparecimento de leis sobre os direitos econômicos e sociais, tais como o salário mínimo e a instituição da Justiça do Trabalho. Entretanto, somente veio a ser implementada pelo Decreto nº 1.327 de 1939, e, mesmo assim, a Justiça do Trabalho apenas passou a fazer parte do Poder Judiciário pelo Decreto-lei nº 9.979 de 1946, ratificado pela Constituição de 1946. Previa: a jornada diária de oito horas; férias anuais remuneradas; repouso semanal remunerado; proibição de trabalho noturno para menores de quatorze anos; proibição de trabalho insalubre para menores de dezoito anos e para mulheres; autonomia e pluralidade sindicais.

Ocorre que a Constituição de 1934 vigorou por pouco tempo, uma vez que veio o Estado Novo, uma nova ordem política antidemocrática, rompendo com os preceitos democráticos (fechamento do Congresso

[90] Nascimento, Amauri Mascaro – *História do Direito do Trabalho no Brasil in História do Trabalho*, do Direito do Trabalho e da Justiça do Trabalho – Homenagem a Armando Casimiro: São Paulo: LTr, 1998 (coord. Irany Ferrai, Amauri Mascaro Nascimento e Ives Gandra da Silva Martins Filho), p. 80.

Nacional), em que pese tenha sido promulgada a Constituição de 1937, inspirada na Carta de *Lavoro* do Estado fascista italiano.

Manteve, via de regra, os princípios direitos sociais da Constituição de 1934, mas proibiu o direito de greve, e colocou na mão do Estado a aprovação dos entes sindicais, bem como introduziu a unidade sindical e a contribuição sindical compulsória.

É certo ainda que, em 1943, foi outorgada a Consolidação das Leis do Trabalho (CLT), que, muito embora atendesse às ideias políticas do governo ditatorial da época, que visava controlar a massa de trabalhadores, foi um notório salto progressista de proteção legal aos trabalhadores.

Com o término da Segunda Grande Guerra, o Brasil se viu inspirado pela reestruturação político-social e econômica emanada por uma nova ordem mundial, em que os regimes autocráticos passaram a ser rechaçados e deram lugar a regimes que adotavam políticas intervencionistas, cujo propósito era garantir e assegurar tanto os direitos civis e políticos como os sociais, econômicos e culturais, abolidos durante a referida Guerra Mundial.

Decerto, o Brasil promulgou uma nova Constituição, em 1946, rompendo com a ordem constitucional autoritária da Constituição de 1937 e reestabelecendo a democracia representativa.

Tamanha foi a importância da Constituição de 1946 que, além de restaurar o direito de greve e prever novos direitos sociais relacionados ao Direito do Trabalho, dispôs expressamente sobre o direito à dignidade da pessoa humana no tocante ao aspecto do direito social do trabalho.

Isso significa dizer que deve ser garantida a possibilidade de todos trabalharem para que possam ter uma vida digna. Portanto, essa disposição constitucional ainda não investia a dignidade da pessoa humana[91]

[91] "Se partimos do pressuposto de que a dignidade da pessoa humana pode ser definida como sendo 'a qualidade intrínseca e distintiva de cada ser humano que o faz merecedor do mesmo respeito e consideração por parte do Estado e da comunidade, implicando, neste sentido, um complexo de direitos e deveres fundamentais que assegurem a pessoa tanto contra todo e qualquer ato de cunho degradante e desumano, como venham a lhe garantir as condições existenciais mínimas para uma vida saudável, além de propiciar e promover existência e da vida em comunhão com os demais seres humanos', ver-se-á que a dignidade não restará suficientemente respeitada e protegida em todo o lugar onde as pessoas sejam atingidas por um tal nível de instabilidade jurídica que não estejam mais em condições de,

como primado fundamental e norteador de todo o sistema jurídico do Brasil.

Novamente, a democracia brasileira recebeu outro duro golpe, agora no famigerado golpe militar, ocorrido em 1964.

Desta feita, foi publicada uma nova Constituição em 1967, a qual, por ser elaborada no regime autoritário militar, teve um caráter paradoxal, haja vista, de um lado, ter restringido direitos civis e políticos, inclusive por meio de severa opressão às manifestações sociais, mas, de outra banda, manteve os direitos trabalhistas dispostos nas Constituições anteriores.

No início da década de 1980, houve um movimento de redemocratização do país, em que se viu "reativação do sindicalismo e das associações civis como um todo. O movimento de anistia possibilitou o regresso dos exilados e a libertação dos presos políticos, ávidos a retomar à pátria e à vida pública, esperançosos em viver em paz e me real democracia".[92]

Com efeito, desse processo surgiu a eleição de uma nova Assembleia Constituinte, cuja finalidade era preparar uma nova Constituição para o país como atributo da ordem democrática brasileira.[93]

É certo, ainda, que o direito do trabalho recebeu grande evidência no texto constitucional de 1988, que ainda privilegiou os princípios da dignidade da pessoa humana (art. 1º, III, CF.), direito ao trabalho (art.

com um mínimo de segurança e tranquilidade, confiar nas instituições sociais e estatais (incluindo o Direito) e numa certa estabilidade das suas próprias posições jurídicas". Sarlet, Ingo Wolfgang – *A Dignidade da Pessoa Humana e os Direitos Fundamentais.* 4ª ed. Porto Alegre: Livraria do Advogado. 2006, 127.

[92] Delgado, Gabriela Neve – *Direito Fundamental ao Trabalho Digno*, São Paulo: LTr, 2006, p. 78.

[93] "A nova Constituição da República inscreve-se como a mais substantiva Carta de Direito produzida pelo constituinte do País, em toda a história política brasileira. Até topograficamente, a Carta de 88 evidencia a prevalência da pessoa humana em seu interior, certificando em seu frontispício, capítulos e normas iniciais, direitos de caráter individual e social, que ocupam o espaço aberto por todas as Cartas anteriores exclusivamente às entidades estatais da União, Estados, Distrito Federal e Municípios. É relevante, social e politicamente, essa distinção no tratamento jurídico, por se saber incompreensíveis o fato e o conceito de cidadania sem o instrumental e estatuto jurídico hábeis a lhes conferir consistência prática. O encouraçamento jurídico da noção de cidadania é aspecto importante à sua efetiva configuração social". Delgado, Maurício Godinho – *Direito do trabalho e modernização jurídica.* Brasília: Consulex, 1992, p. 45-46.

6º, CF.) e justiça social (art. 193, CF.) e valor social do trabalho (art. 170, CF.).

A Constituição de 1988 trouxe, dentre outras novidades, capítulo específico para os direitos trabalhistas ("Capítulo II – Dos Direitos Sociais, do Título II, Dos Direitos e Garantias Fundamentais").

Destarte, a nova perspectiva constitucional é no sentido de assegurar e garantir os direitos do cidadão, tanto pelo Estado como pela própria sociedade. Por isso, o princípio da dignidade humana é imprescindível a todo ordenamento jurídico brasileiro, sem o qual não existiria o Estado Democrático de Direito, e, consequentemente os direitos fundamentais.

Em síntese, a Constituição Cidadã de 1988 trouxe novo *status* ao direito do trabalho, reconhecido como direito fundamental, sem falar que o texto constitucional confirma a aplicação da teoria monista ao invés da dualista, como disposto no parágrafo segundo do art. 5 e do art. 105, III, alínea "a", ambos do texto constitucional.

Isso quer dizer que a teoria monista faz que o ordenamento jurídico interno e o internacional se integrem, havendo interdependência e, consequentemente, unicidade de normas, enquanto a teoria dualista estabelece que a norma internacional, para ter validade e eficácia jurídicas na ordem legal nacional, necessita ser recepcionada por diploma interno, uma vez que são ordenamentos independentes.[94]

1.8.2. Evolução História do Direito do Trabalho em Portugal

O Código Civil de 1867, conquanto tenha deixado de lado questões sociais, previu que os contratos de prestação de serviço não autônomos eram contratos de natureza civil, isto é, deixa de dar importância à tutela do trabalhador.

A situação começa a mudar com a crescente industrialização ocorrida no século XIX, em que se viu os primórdios dos conflitos entre a classe trabalhadora e os empregadores (burguesia), acendendo uma preocupação da classe elitista, que, então, resolveu adotar o Estado Social. Consequentemente, surgiram as primeiras leis trabalhistas.[95]

[94] KELSEN, Hans – *Teoria Pura do Direito*. São Paulo: Martins Fontes. 2000 (tradução de João Baptista Machado), pp. 353 e ss.

[95] "Para o surgimento do Direito do Trabalho, teremos que esperar pelo final do século XIX, já que é nesta época que são publicados os primeiros diplomas com incidência em

Em 1872, foi criada a Associação Internacional de Trabalhadores, nascendo importantes organizações federativas de trabalhadores com intuito reivindicatório[96], inclusive a constituição do Partido Socialista em 1875, apontando a força do movimento operário, em que pese tenham sido muito tímidos os avanços legislativos na seara trabalhista.

O Decreto de 14/04/1891 é compreendido como a primogênita legislação que visava a tutelar o direito do trabalho, ao disciplinar a idade mínima para admissão ao trabalho; trabalho de mulheres e de menores, e período máximo de jornada de trabalho.[97]

Esse singelo avanço legislativo não refrescou as contundentes críticas operárias ao arcabouço jurídico existente nos momentos finais da Monarquia[98], sendo certo, ainda, que os salários eram a metade dos valores pagos nos demais países da Europa, como também a jornada de trabalho era extenuante.

matérias laborais. Tal com sucedeu noutros países, estes diplomas procuravam responder à questão social, que também se fez sentir em Portugal e que suscitou a preocupação de diversos quadrantes e autores, e espraiaram-se pela área regulativa das condições de trabalho, pelas matérias do tempo de trabalho e do descanso semanal, pela proteção especial dos trabalhadores mais vulneráveis (as mulheres e crianças) e, por fim, pelas matérias do associativismo sindical. Uns anos mais tarde, com a proclamação da República, foi também consagrado o direito de greve". Maria do Rosário Palma, Direito do Trabalho Parte I – Dogmática Geral, *op. cit.*, pp. 78-79.

[96] Nogueira, Cesar – *Notas para a História do Socialismo em Portugal* (1871-1910). Lisboa: Portugália, 1964.

[97] Xavier, Bernardo da Gama Lobo, *op. cit.*, p. 55.

[98] "Entre nós, posto que haja a questão operária, com todo o seu cortejo de luta contra a miséria e contra a exploração burguesa, o proletariado, todavia, não se encontra devidamente organizado de modo a impor-se a causar preocupações à gente política, aos emplumados cantadeiros da retórica parlamentar. Por isso, os senhores da política burguesa e dos cofres do estado têm-se entretido mais com as suas pugnas de supremacia governamental e de arranjos financeiros, do que com a sorte e a situação do trabalhador.
A legislação operaria portuguesa é, portanto, *felizmente*, muito escassa, limitando-se a meia dúzia de leis geraes e alguns artigos isolados em leis dispersas, e essas, na sua maioria, caso para notar, decretadas em ditadura, com o fito maquiavélico de subornar a classe operária e de obter dela um apoio ou pelo menos certa benevolência em favor dos governantes absolutos e oligárquicos contra as outras companhias politiqueiras de oposicionistas". Adolfo Lima. *O Contrato de Trabalho*, (Lisboa 1905), pp. 312-313, *apud* Xavier, Bernardo da Gama Lobo, *op. cit.*, p. 56.

Com a queda da Monarquia e o início da República em 1910, não se viu, tampouco, nenhuma melhora de impacto tanto na condição de vida da classe operária como na legislação do ponto de vista social, muito embora tenha sido assegurado o direito de greve e ao *lock-out*, período de trabalho diário. Ainda, houve acréscimo expressivo no número de empregados sindicalizados.

No entanto, não se elaborou, nesse período, qualquer legislação relativa propriamente ao contrato de trabalho.

Para piorar, a Segunda Guerra Mundial trouxe severos efeitos negativos à classe trabalhadora, especialmente com a perda salarial e as parcas oportunidades tanto de trabalho como de consumo, pela escassez de matéria-prima; greves foram duramente reprimidas (1943 e 1944) diante da pobreza e da crise de subsistência vividas pela classe operária.

A situação econômica começou a mudar com o término da Segunda Grande Guerra, com a modernização do país, através do desenvolvimento de infraestrutura de base (obras públicas, elétrica, rede viária).[99]

Com efeito, houve relevante avanço no campo legislativo, primeiramente porque diminuiu-se o controle estatal sobre os sindicatos e foi criada a primeira lei sobre o contrato de trabalho (Decreto-lei nº 47.032, de 1966 revisto pelo Decreto-Lei nº 49.408, de 1969), progressista e nos moldes dos demais países europeus, bem como a obrigatoriedade de férias e ao aviso prévio em caso de dispensas (Lei nº 1952 de 1937 cujas finalidades eram de proteção ao trabalhador).

Nessa toada, fomentou-se a ideia de constitucionalização do Direito do Trabalho, que ocorreu com a promulgação da Constituição de 1976, a qual dispôs sobre várias normas de Direito do Trabalho. Ou seja, o legislador constituinte estabeleceu um Estado Social.[100]

[99] XAVIER, Bernardo da Gama Lobo, *op. cit.*, p. 71-72.

[100] "[...] o princípio da democracia econômica social contém uma imposição obrigatória dirigida aos órgãos de direção política (legislativo, executivo) no sentido de desenvolverem uma atividade econômica e social conformadora, transformadora e planificadora das estruturas sócio-econômicas, de forma a evoluir-se para uma sociedade democrática (cf. arts. 2 e 9). No seu cerne essencial, o princípio da democracia econômica, social e cultural é um mandato constitucional juridicamente vinculativo que limita a discricionariedade legislativa quanto ao 'se' da atuação, deixando, porém, uma margem considerável de liberdade de conformação política ao como da sua concretização (cf. Ac. TC 189/80)". CANOTILHO, J.J. Gomes – *Direito Constitucional.* 7ª ed. Coimbra: Almedina, p. 338.

Assim, verifica-se que a Constituição portuguesa apresenta grande quantidade de direitos, liberdade e garantias ao trabalhador, previstos, especialmente, nos Títulos II (Direitos, Liberdades e Garantias) e III (Direitos e Deveres Econômicos, Sociais e Culturais), merecendo ser evidenciados os seguintes preceitos constitucionais: "art. 53º (segurança no emprego): '*É garantido aos trabalhadores a segurança no emprego, sendo proibidos os despendimentos sem justa causa ou por motivos políticos ou ideológicos*'; art. 54º (comissões de trabalhadores); art. 55º (liberdade sindical); art. 56º (direitos das associações sindicais e contratação coletiva); art. 57º (direito à greve e proibição de *lock-out*); art. 58º (direito ao trabalho); art. 59º (direitos dos trabalhadores); art. 63º (segurança social e solidariedade)".[101]

Por último, salienta-se que o texto constitucional português, assim como o brasileiro, adota a corrente monista já explicitada, quando o nº 1, do artigo 16º da Constituição dispõe que "os direitos fundamentais consagrados na Constituição não excluem quaisquer outros constantes das leis e das regras aplicáveis de direito internacional".

Traduz-se, então, que as fontes de direitos fundamentais não se restringem às previsões constitucionais, podendo se valer de Tratados internacionais, além de Diretivas da União Europeia e da Carta Social dos Direitos Fundamentais da União Europeia, conquanto estas duas últimas não possuírem caráter vinculante.[102]

[101] BELTRAN, Ari Possidonio – *Direito do Trabalho e Direitos Fundamentais*. São Paulo: LTr, 2002, p. 99.

[102] "[...] denominada Carta Comunitária dos Direitos Sociais Fundamentais dos Trabalhadores, foi aprovada como declaração de caráter político por apenas onze Governos comunitários, com exceção do Reino Unido, pelo Conselho Europeu de Estrasburgo de 7 e 8 de dezembro de 1989. Trata-se da mais pretensiosa realização até o momento, com vistas à formação do novo espaço social europeu. *Constitui declaração solene, de relevantíssimo peso político, embora não dotada de força vinculante, ou seja, desprovida de obrigatoriedade jurídica*". BELTRAN, Ari Possidonio, *op. cit.*, p.156. (g.n.)

Conclusões Preliminares

Denota-se que o Direito do Trabalho atingiu sua importância, ao longo da história humana, por meio do seu motivo de existência, o trabalho, que, por sua vez, precisou do advento de regras com o fito de libertar o seu livre exercício. Entretanto, para isso, se fazia necessário, ainda, criar condições de igualdade entre os indivíduos, sob pena de o mais fraco estar, sempre, sendo subjugado pelo mais poderoso.[103]

Com efeito, o Direito do Trabalho contribuiu e contribui para a diminuição de tensões, não só para a classe operária, mas com reflexo na sociedade de modo geral, quando tenta dirimir ou, ao menos, reduzir os conflitos sociais por meio de sua regulamentação, inclusive constitucionalizada, o que o torna um grande protagonista na busca da Justiça Social.

Não obstante, apareceram críticas marxistas ao Direito do Trabalho, dizendo que não se tratava de um efetivo direito do proletário, mas de um direito da burguesia, cuja única intenção era conceder proteção mínima aos trabalhadores, a fim de impossibilitar ou de frustrar conflitos difundidos, e, portanto, desvirtuar a situação precária dos trabalhadores e alijá-los de qualquer ímpeto reivindicatório.[104]

Ademais, o Direito do Trabalho, também, possui importância na economia, quando influencia diretamente a macroeconomia nos custos de produção, dos preços e do trabalho, e, por causa disso, sempre sofre impactos quando há crises econômicas, como recentemente, na célebre crise financeira mundial de 2008.

Vale consignar, por oportuno, ter sido construído o Direito do Trabalho com a finalidade precípua da proteção ao trabalho e do trabalhador,

[103] "Em termos de direito positivo, de conteúdo positivo, o direito ao trabalho traduz-se na obtenção de trabalho, pretensão que ao Estado compete garantir através da definição de políticas de criação de postos de trabalho, de modo a permitir o acesso ao trabalho, rectius, a um posto de trabalho, a todos os cidadãos. Sempre que tal não seja possível compete-lhe assegurar o direito a uma compensação por não satisfação do direito ao trabalho, o que abrange o subsídio de desemprego, assim como as indemnizações por encerramento definitivo do estabelecimento ou de despedimento do trabalhador com violação das suas garantias, entre outras compensações". Almeida, Sérgio e Mendes, Marlene. *O contrato de trabalho*, Lisboa, Livraria Petrony, 2009.

[104] Xavier, Bernardo da Gama Lobo, *op. cit.*, p. 84.

circunstâncias estas que configuram a tradicional relação laboral, baseadas em unidades industriais clássicas e trabalho subordinado.

Desse modo, muito mais do que pelas crises econômicas, presenciamos, ao longo das últimas décadas, uma evolução sem precedentes nos processos produtivos, em especial pelo constante avanço da tecnologia, que alterou o modelo produtivo que conhecemos e, consequentemente, gerou uma turbulência no mercado de emprego. A doutrina denomina tal conjugação de fatores como "a crise do direito do trabalho".[105]

[105] "Essas alterações tiveram repercussões imediatas no domínio laboral, pondo em causa a configuração tradicional da relação de trabalho e a pretensão de universalidade do sistema protectivo. *Por um lado, desenvolveram-se novas formas de organização do trabalho que poucas afinidades têm com a sua estrutura clássica, hierarquizada e compartimentada* (constituição de pequenas sub-unidades produtivas horizontais, trabalho em grupo, pluralidade e rotatividade de funções e *job sharing*). *Por outro lado, proliferaram relações de trabalho marginais, que a doutrina apelida usualmente mas sem grande rigor de atípicas por não corresponderem ao modelo tradicional do trabalho a tempo inteiro*, com integração plena na estrutura empresarial do credor/empregador; algumas destas situações são totalmente novas (como o trabalho temporário ou trabalho por chamado a termo ou o trabalho a tempo parcial), mas a sua frequência aumentou de tal modo que se torna obrigatório perguntar se a relação de trabalho clássica ou típica não terá perdido a sua posição dominante no sistema. (...) Esta situação de crise leva alguns a profetizar o fim do direito do trabalho, a sua reabsorção pelo direito privado comum como consequência inevitável do desaparecimento da sua razão de ser, enquanto *outros, mais modernos, apelam, pelo menos, à sua reconstrução em termos diversos, à sua reorientação global*, como condição *sine qua non* da sua sobrevivência". Ramalho, Maria do Rosário Palma, op. cit. p. 12. (g.n.)

Capítulo 2
O Príncipio da Proteção do Trabalhador

Introdução

O princípio da proteção do trabalhador é considerado um princípio jurídico geral[106], cuja finalidade estrutural é guiar o sistema do Direito do Trabalho, que, consequentemente, surgiu e desenvolveu-se como o ideal de proteção do trabalhador na esfera do contrato laboral.

Este princípio é considerado como a axiologia nuclear do Direito do Trabalho, e, portanto, trata de situação de desigualdade entre as partes contratantes, contrariando os valores do direito comum, que visa a igualdade entre os sujeitos contratantes.

Esta desigualdade, traço característico umbilical da relação laboral, faz que o princípio da proteção tenha, notoriamente, conteúdo dogmático, isto é, assume a autonomia de disciplina jurídica, mormente pelo seu axioma nuclear informador de todo o Direito do Trabalho, o que torna um direito titular.

Ainda assim, o Direito do Trabalho, atualmente, não é mais visto como o direito advindo de seu nascedouro voltado à questão social, tendo em vista que hoje, como observaremos ao longo de todo esse ensaio, vem enfrentando uma crise de "identidade", tendo em vista que os desafios sociais da sociedade contemporânea do século XXI são considerados sem precedentes em toda a história da humanidade.

[106] "[...] valores estruturantes do ordenamento jurídico destinados a optimizar a efectividade do direito na sociedade segundo critérios de justiça, de confiança e de eficiência". Sousa, Miguel Teixeira de – *Introdução ao Direito*, Coimbra: Almedina, 2013, p. 250.

O que se identifica é que o princípio da proteção do trabalhador, atualmente, vem perdendo o valor de sua gênese (proteção ao trabalhador), especialmente após a famigerada crise econômica mundial de 2008, em que se viu acentuada flexibilização e desregulamentação das normas de proteção ao trabalhador em face de políticas públicas de austeridade fiscal, além da diminuição de custos do trabalho, aumento de produtividade, novas plataformas de organizações empresariais, e do inegável avanço tecnológico e seus reflexos nas relações laborais.[107]

Com efeito, estamos presenciando, no sistema juslaboral, o embate entre dois princípios diametralmente opostos: de um lado, o princípio da proteção do trabalhador, cujo objetivo finalístico é assegurar os direitos e garantias do trabalhador, além de sua dignidade; e, de outro lado, o princípio da salvaguarda dos interesses de gestão, como denominado pela jurista Maria do Rosário Ramalho[108], que estabelece uma liberdade na gestão empresarial, fortalecendo o poder de gestão por parte do empregador, e, consequentemente, estimulando a maior flexibilização da relação de trabalho.

Assim, demonstrar-se-á a evolução do princípio da proteção do trabalhador, desde as finalidades históricas, em que os trabalhadores necessitam de uma intervenção estatal, a fim de protegê-los, por serem a parte mais débil da relação de trabalho, até os dias atuais, em que predomina a flexibilização das referidas relações como instrumento de políticas econômicas nacionais, cuja visão é a maior competitividade produtiva no

[107] "O Direito do trabalho, inicialmente concebido com o desiderato de proteção da parte mais fraca, vem caminhando no sentido da diminuição dessa proteção e da criação de novos instrumentos de gestão empresariais mais flexíveis, que apontam para a diminuição dos custos do trabalho e para o reforço dos poderes de gestão empresarial. Por outro lado, não obstante a sua atualidade, o tema em apreço é simultaneamente 'histórico', na exata medida em que joga com o que de mais intemporal se regista na Ciência do Direito – *o princípio da igualdade*, de onde resulta a regra elementar e axiomática que manda tratar o igual de forma igual e o diferente de forma diferente, de acordo com a medida da diferença. E é histórico, também, porque o 'princípio da proteção do trabalhador' está na origem da célebre 'Questão Social', que esteve na génese do Direito do trabalho[...]", Dray, Guilherme, *op.cit.*, p. 29-30.

[108] Ramalho, Maria do Rosário – *Tratado do Direito do Trabalho, Parte I – Dogmática Geral.* 3ª ed. Coimbra: Almedina, 2012, p. 520.

mercado globalizado, e uma maior redução de custos. Para tanto, deve-se reduzir um suposto excesso de proteção aos trabalhadores.[109]

O Direito do Trabalho vem sendo utilizado ultimamente como "*social engineering*", em que a rigidez da proteção da legislação trabalhista impossibilita o empresariado de buscar o lucro desenfreado em uma economia de mercado de escala mundial, em que os próprios Estados, para atrair investimentos internacionais, adotam um novo modal social consubstanciado em regimes laborais mais flexíveis como atrativo.

Sem embargo, se faz necessária, para uma melhor compreensão do aludido princípio protetor, uma análise acerca de seus subprincípios, que nada mais são do que os princípios de efetivação do princípio-chave (da proteção do trabalhador).[110]

Em sintonia, ultrapassadas todas essas análises, será possível identificar os desafios que aguardam o princípio da proteção do trabalhador nos dias atuais, mesmo que o Direito do Trabalho ainda mantenha uma boa propensão axiológica.

2.1. Conceito

O Direito do Trabalho, do ponto de vista sociológico, nasceu, sabidamente, após a Revolução Francesa (1789), quando foi resguardada a liberdade de livre contratação entre as partes. Ou seja, se viu necessária a intervenção estatal nas relações laborais com o advento da Primeira Revolução Industrial, diante da enorme discrepância entre o trabalhador e o empregador, onde só este se fortalecia, tal como sabiamente anotou George Ripert,

[109] "A partir de 2008, a ideia de que o combate à crise econômica e financeira dos Estados, passava, em grande medida, pela revisão do Direito do trabalho e das legislações laborais nacionais tidas como excessivamente protetoras do trabalhador, passou a vingar de forma nunca antes vista – no fundo, passou a vingar a ideia de que a flexibilização e a desregulamentação das relações laborais e do Direito do trabalho levadas a efeito no final do século XX seriam insuficientes para aumentar a competividade econômica dos países, para gerar emprego e para diminuir o flagelo do desemprego", Dray, Guilherme, *op.cit.*, pp. 311-312.

[110] "O princípio da proteção do trabalhador, que se apresenta como sua valoração material fundamentante com eficácia geral. O princípio não é apenas o mais importante princípio específico do direito laboral, mas é um princípio envolvente, que funciona como argumento justificativo geral para os desvios das normas laborais em relação ao direito privado comum e como instância última de justificação dos outros princípios específicos da área jurídica, entendidos como seus derivados". Ramalho, Maria do Rosário – *Autonomia Dogmática do Direito do Trabalho*, op. cit., p. 428.

segundo o qual "a experiência demonstrou que a liberdade não basta para assegurar a igualdade, pois os mais fortes se tornam opressores".[111]

Dessa maneira, dentre várias conceituações, reputamos o conceito trazido por Arnaldo Süssekind como sendo hermenêutica e didaticamente preciso, portanto, segundo suas palavras "o *princípio de proteção do trabalhador* resulta de normas imperativas, e, portanto, de ordem pública, que caracterizam a intervenção básica do Estado nas relações de trabalho, visando a opor obstáculos à autonomia da vontade. Essas regras cogentes formam a base do contrato de trabalho – uma linha divisória entre a vontade do Estado, manifestada pelos poderes competentes, e a dos contratantes. Estes podem complementar ou suplementar o mínimo de proteção legal".[112]

2.2. Fundamento Histórico

O Direito do Trabalho, historicamente, apareceu como necessidade de equalizar as desigualdades de exploração e de abuso decorrentes da liberdade de contratação entre pessoas com grau e com capacidade econômica muito dessemelhantes.

Portanto, o legislador, a partir da Primeira Revolução Industrial, entendeu que a única maneira de assimilar essa diferença econômica, característica entre as partes contratantes da relação laboral, era através da proteção jurídica à parte mais hipossuficiente (trabalhador).

Assim, o Direito do Trabalho se torna a razão existencial do princípio da proteção do trabalhador, mormente porque o legislador pretendeu tutelar o elo mais vulnerável da relação trabalhista, tanto sob a perspectiva social como jurídica.

Vaticina, nessa vertente, Antônio Ferreira Cesarino Junior, ao anotar que "sendo o direito social, em última análise, o sistema legal de proteção dos economicamente fracos (hipossuficientes), é claro que, em caso de dúvida, a interpretação deve ser sempre a favor do economicamente fraco, que é o empregado, se em litígio com o empregador".[113]

[111] Ripert, Georges – *Regime Democrático e o Direito Civil Moderno*. trad. Brasileira. São Paulo: Saraiva 1937, p. 133.

[112] Arnaldo Süssekind, Délio Maranhão, Segadas Vianna e Lima Teixeira, *op. cit.*, p. 144.

[113] Junior, Antônio Ferreira Cesarino – *Direito Social Brasileiro*, 5ª ed. Rio de Janeiro: Livraria Freitas Bastos, 1963, p. 116.

Enfim, o Direito do Trabalho, à luz do princípio da proteção do trabalhador, adota um duplo fundamento na respectiva proteção, como sendo "1) O sinal distintivo do trabalhador é sua dependência, sua subordinação às ordens do empregado; 2) a dependência econômica, embora não necessária conceitualmente, apresenta-se na grande maioria dos casos, pois em geral somente coloca sua força de trabalho a serviço de outro quem se vê obrigado a isso para obtenção de seus meios de vida. A primeira e mais importante tarefa do Direito do Trabalho foi procurar limitar os inconvenientes resultantes dessa dependência pessoal e econômica".[114]

2.3. Características do Direito do Trabalho Projetadas pelo Princípio da Proteção do Trabalhador

O Direito do Trabalho, através da projeção do princípio da proteção do trabalhador, que nada mais é do que princípio norteador de compensação da situação de fragilidade do trabalhador na relação laboral, apresenta cinco características segundo a doutrina, da *unilateralidade*, da *imperatividade tendencial*, da *progressividade*, do *garantirismo* e *da tendência expansionista*.[115]

A primeira característica é da *unilateralidade*, que significa dizer que, muito embora haja normas do trabalho que atendam aos interesses do empregador e ao cumprimento de obrigações pelo trabalhador, o direito juslaboral foi construído como sendo um direito do trabalhador e para protegê-lo. Isto é, o objetivo dessa característica é, exatamente, restringir o poder de domínio (poder diretivo) do empregador no contrato de trabalho, a fim de tutelar o trabalhador.

A segunda característica diz respeito a *imperatividade tendencial* das normas laborais. Sendo sabedor de que há uma relação de dependência do trabalhador no contrato de trabalho, tendo em vista ser considerado a parte hipossuficiente, portanto, aquela que possui pouco poder de negociação, se fez necessário, para que haja uma maior igualdade entre as partes no contrato de trabalho, a imposição de limites à liberdade de negocial, por meio de normas imperativas.

[114] RODRIGUEZ, Américo Plá – *Princípios de Direito do Trabalho*: São Paulo: LTr, 1993, p. 32.

[115] RAMALHO, Maria do Rosário Palma, *op. cit.* pp. 433-441.

Significa dizer que, originalmente, as normas de direito do trabalho são consideradas de ordem pública, ou seja, se sobrepõem à vontade das partes exatamente na tentativa de propiciar menor desigualdade entre as partes contratantes, sobretudo pelo poder econômico do empregador.

A terceira característica é da *progressividade*, cujo propósito é a propagação, ou, melhor dizendo, a universalização da proteção do trabalhador, não só aos trabalhadores subordinados, mas, também, aos demais tipos de trabalhadores (dependentes financeiramente).[116]

A outra característica diz respeito ao *garantismo* que se encontra intrinsicamente ligado à progressividade, tendo em vista que, além de pretender tutelar o maior número de trabalhadores, essa característica visa que não sejam suprimidos os direitos já conquistados pelos trabalhadores, reconhecidos como direito adquirido.

A última, mas não menos importante, característica do direito juslaboral é a da *tendência expansionista*, cuja finalidade é a utilização dos institutos concebidos pelo direito laboral à luz do princípio da proteção do trabalhador em outras searas jurídicas, como, por exemplo, direito constitucional e direito internacional.[117]

Retratadas as mencionadas características, observa-se que o desenvolvimento científico do Direito do Trabalho, por meio de princípio da proteção do trabalhador, obteve um grande avanço nas décadas de 1950 a 1970, mormente no escopo da universalização e de consolidação do

[116] "De uma forma geral, a universalização do estatuto protectivo é ligada pelos autores à ideia da uniformização desse mesmo estatuto, no sentido de que não basta a extensão do regime protectivo a todas as categorias de trabalhadores subordinados mas é também necessário assegurar que nessa extensão se atinja o *standard* de proteção do grupo originário, ou, pelo menos que se reconheça um reduto mínimo de direitos e garantias comum a todos os trabalhadores, diretamente justificado na qualidade de trabalhador subordinado e independente das diferenças inerentes à conformação específica de cada um dos vínculo laborais". RAMALHO, Maria do Rosário Palma, *op. cit.* p. 435.

[117] "Assim, a influência do direito do trabalho no direito constitucional é salientada por autores como FECHNER, *Sazialer Rechtstaat...cit.*, 167, GAMILLSCHEG, *Die allgemeine Lehren... cit.*, ou GIUNGI, *Direito do Trabalho cit.* 352, o primeiro referindo o contributo do direito laboral para o desenvolvimento do pensamento referindo o contributo do direito laboral para o desenvolvimento do pensamento social ao nível constitucional, e o segundo e o terceiro enfatizando a sua importância no desenvolvimento da questão do efeito directo dos direitos fundamentais". RAMALHO, Maria do Rosário Palma, *op. cit.* p. 439.

espírito protetor do trabalhador, em que pese verificaremos, no próximo tópico, que estas conquistas relacionadas ao princípio protetor estão passando por transformações.

2.4. A Crise de seu Paradigma Clássico na Sociedade Pós-Industrial

O modernismo trouxe consigo duas gerações de direitos fundamentais, sendo o primeiro consagrado como o direito de liberdade, que basicamente trata da autonomia privada do indivíduo sem a interferência estatal, e o segundo como direito social, cuja essência axiológica é a igualdade de oportunidades a todos os cidadãos, cujos efeitos só se efetivam através de políticas públicas elaboradas pelo Estado, a fim de propiciar toda e qualquer condição digna que permita a igualdade de direitos aos seus cidadãos.

O Direito Social Europeu nada mais é do que a conjugação de regras e princípios editados pelo Estado, que integra as políticas sociais cuja finalidade é propor uma gama de modalidades de serviços sociais ao bem-estar do cidadão, independentemente de sua origem e condição.

O mencionado Direito Social Europeu desenvolveu-se inicialmente na construção do direito de liberdade de circulação de trabalhadores entre os Estados-Membros da União Europeia, e, posteriormente, a partir da década de 1970, consagrou-se como instrumento imprescindível a políticas de desenvolvimento das condições de trabalho e de emprego. Isso permite asseverar que essa segunda circunstância, ao contrário da primeira, é uma efetiva política social.

Por oportuno, apontaremos o processo de evolução do Direito Social Europeu por meio de seus Tratados circunscritos entre o Tratado de Roma (1957) e o Tratado de Lisboa (2009).

O Tratado de Roma (1957) consagrou a Comunidade Europeia. Entretanto, políticas sociais não compunham seu baluarte, inclusive não dispõe sobre políticas relacionadas às condições de trabalho e ao emprego.

A partir da década de 1970, diante da crise do choque do petróleo, que afetou todos os países, a Europa resolveu reunir esforços do ponto de vista comunitário em matéria social para proporcionar melhores condições de trabalho e geração de emprego.

Surgiu, então, o Ato Único Europeu (1986), que estabeleceu à Comissão Europeia autonomia de organizar uma cooperação entre os

Estados-membros na questão social, por meio de diretivas comunitárias, cujo objetivo era estabelecer um padrão mínimo a todos os Estados, para que melhorassem as condições de trabalho dentre os patamares mínimos.

Posteriormente, veio a Carta Comunitária dos Direitos Sociais Fundamentais dos Trabalhadores (1989), que consagrou a reunião de direitos fundamentais dos trabalhadores (ex. direito à proteção social e direito de igualdade na contratação de homens e mulheres).

É considerado o documento precursor exclusivamente em matéria social[118], daí sua enorme importância como referência à proteção do trabalhador, em que pese não tenha natureza vinculante aos Estados-membros.

O Tratado de Maastricht (1992), além de criar a União Europeia, é considerado também como um marco decisivo no tocante à consolidação da política social europeia.[119]

O Tratado de Amsterdã (1997) trouxe como principal vertente a adoção de política comunitária em relação à geração de emprego e à proteção aos direitos fundamentais como um dos sustentáculos da União Europeia.

A Carta de Direitos Fundamentais da União Europeia (2000) dispõe que a dignidade da pessoa humana é inviolável (art. 1), dentre outros importantes direitos fundamentais a toda comunidade europeia.

Por último, o Tratado de Lisboa (2009) teve como finalidade conferir nova redação ao Tratado da União Europeia, como também aglutinar em uma única entidade a Comunidade Econômica Europeia. Além disso, teve sua referência na proteção dos trabalhadores, quando trata, também, de políticas ativas de criação de emprego digno e na melhoria das condições de trabalho e de vida, dentre outros; ou seja, "visa-se garantir uma sociedade de bem-estar e de elevado nível de proteção social".[120]

[118] RAMALHO, Maria do Rosário – *Direito Social da União Europeia*. Coimbra: Almedina. 2009, p. 38.

[119] LAMOTHE, Dutheiller de – *Du traité de Rome au traité de Maastricht: l'alongué marche de l'Europe Sociale, Droit Social*. Paris: Dalloz, 1993, pp. 194 e ss., *apud*. DRAY, Guilherme, *op.cit.*, p. 294.

[120] DRAY, Guilherme, *op.cit.*, p. 296.

É sabido que tanto Brasil (arts. 1º, 3º e 170, CF) como Portugal (arts. 9º, alínea "d" e 81º, alínea "a" da Constituição de 1976) são juridicamente considerados Estados Social de Direito, como preveem suas cartas magnas.

E, para dotar o Estado Social de condições necessárias de promoção dos direitos fundamentais sociais, as referidas Constituições (art. 104º, nº 1, da Constituição portuguesa e arts. 1º e 3º, da Constituição brasileira) dispõem de um orçamento fiscal para financiar os Estados, a fim diminuir as desigualdades sociais de modo geral.

Ocorre, todavia, que o Brasil, ao longo de trinta anos da promulgação de sua Constituição Cidadã de 1988, foi, e ainda é, bastante negligente na busca da justiça social; ou seja, vem avançando, é verdade, mas de forma insatisfatória, no combate às suas desigualdades sociais, o que faz que ainda haja enorme déficit no tocante à efetividade dos direitos fundamentais sociais, que, para serem concretizados, exigem a intervenção contundente, inclusive financeira, do Estado.[121]

No caso de Portugal, houve aumento substancial, no período de 1995 a 2010, nos gastos e nos déficits estatais relativos ao desenvolvimento do Modelo Social Europeu, que viu sua conservação ameaçada a partir de 2011, não somente em Portugal como também nos demais membros da União Europeia, quando tiveram que reduzir as despesas sociais, sobretudo pela grave crise econômica mundial de 2008 – desencadeada, também, pelas altas dívidas públicas.

Por conta disso, há uma discussão política sobre o futuro do Estado Social de Direito que conhecemos, inclusive do Modelo Social Europeu existente e, consequentemente, até mesmo do Direito do Trabalho existente.

Assim, o que observamos desde a crise financeira mundial de 2008 até o presente momento é uma reestruturação política, visando à

[121] "[...] bem pode afirmar-se que o sucesso ou o malogro do projecto constitucional de sociedade passa pelo grau de realização do modelo de Estado Social de Direito ou Estado de bem-estar. Há mesmo quem diga estar-se (...) na presença de um 'Estado Zorro', isto é, de um Estado que protege os fracos, tirando aos ricos para dar aos pobres, que protege as minorias, impedindo a sua marginalização ou o desrespeito pelas maiorias, que acolhe os deserdados e as vítimas actuais ou potenciais de um desenvolvimento descontrolado". Otero, Paulo – *Lições de Introdução ao Estado de Direito*. I Vol. 1 Tomo Lisboa: Pedro Ferreira, 1998, pp. 121-122.

reforma dos orçamentos públicos e das políticas sociais, seja em Portugal como nos demais países membros da União Europeia, além do Brasil, sendo uma dessas reformas a elevação da idade mínima para se aposentar.

O "Estado Zorro", denominado pelo já citado doutrinador Paulo Otero, passa a ser conhecido como "Estado rigoroso", caracterizado por políticas austeras de controle de despesas públicas, aumento de impostos, e pela conhecida flexibilização das relações de trabalho, este último aspecto para que possa se adequar à economia global, marcada pela severa competitividade e produtividade, além das inovações tecnológicas.

A postura radical das políticas de flexibilização do Direito do Trabalho faz que o seu valor precípuo (proteção ao trabalhador) seja alterado, quando permite, dentre outras mudanças, formas contratuais que se dissociam do paradigma contratual por prazo indeterminado, surgindo o contrato de trabalho a tempo parcial, o contrato por prazo determinado, o contrato de trabalho temporário, o contrato de trabalho intermitente e o contrato de trabalhador autônomo.

A crise financeira mundial de 2008, que abalou severamente a Europa, fez que se criassem desconfianças internacionais sobre a solvência de vários de seus membros sobre as suas capacidades de arcar com o pagamento de suas dívidas, e, para obterem recursos financeiros externos, precisavam demonstrar que estavam comprometidos com a austeridade de gastos, inclusive reduzindo despesas sociais, além de reformas políticas, dentre as quais reformas trabalhistas açodadas e sem qualquer debate social, que serviam como avalistas de que a reforma estavam ocorrendo, com o fito de angariar financiamento internacional.

A inflexão (flexibilização e desregulamentação) do Direito do Trabalho, portanto, se torna objeto a serviço de políticas econômicas, e é utilizado pelos Estados como moeda de troca na obtenção de créditos e de investimentos internacionais, ou seja:

> O Direito do trabalho, vê-se, pois, no meio dessa encruzilhada económico-financeira, assistindo impávido e sereno aos influxos provenientes da economia e dos seus agentes, nacionais e internacionais – mais do que uma reforma juslaboral, pensada, ponderada e assente em moldes científicos, o que a crise das dívidas soberanas os trouxe foi uma repentina e utilitária instrumentalização do Direito do trabalho, a objetivos que o ultrapassam e que

em nada atendem aos seus valores, aos seus princípios basilares e aos elementos histórico-culturais que o marcam e que estão na sua génese.[122]

Com efeito, não somente Portugal, como demais países da União Europeia, assim como os países do denominado BRICS, incluindo o Brasil, através de recente e profunda reforma trabalhista (Lei nº 13.467/2017), tiveram uma reforma laboral que alterou o paradigma histórico (proteção ao trabalhador) do Direito do Trabalho, passando a ser reconhecido apenas com instrumentalização a serviço de políticas econômicas no sentido de contribuir para a maior competitividade econômica dos países no cenário internacional.[123]

Nessa vertente, há institutos internacionais que estimulam a utilização do Direito do Trabalho como mero instrumento de política econômica[124], como se denota, por incrível que pareça, do Banco Mundial, por meio de seu programa *Doing Business Project*. Esse programa consiste, basicamente, em uma compilação de informações para que investidores internacionais possam analisar quais países possuem ambiente regulatório mais favorável para aplicarem seus investimentos. Para tanto, é apresentado um *ranking* composto por diversos tópicos, dentre eles o nominado "*Employing work*", que está subdividido em sub tópicos, dentre os quais estão: *rigidity of employment index* – apresenta o nível de flexibilidade do mercado de trabalho; *difficulty of hiring index* – aponta os vetores de medição do grau de facilidades e dificuldades na contratação de empregados e seus respectivos custos; *difficulty of redundancy index* – apura o nível de dificuldades no despedimento de seus respectivos cus-

[122] DRAY, Guilherme, *op.cit.*, p. 304.

[123] MELGAR, Alfredo Montoya – *Derecho del Trabajo.* 30ª ed. Madrid: Tecnos, 2009, pp. 33-34.

[124] "**4.** Pode-se, nomeadamente, sustentar a necessidade de uma regulamentação do trabalho que favoreça o investimento – que o atraia, mesmo –, que facilite a gestão das empresas e lhes permita reduzir custos, ao mesmo tempo que lhes desembarace os movimentos necessários para prontamente se ajustarem aos caprichos dos mercados. Estar-se-á, então, a atribuir ao direito do trabalho uma clara *instrumentalidade económica* A competividade da economia e das empresas é tomada como um pressuposto da viabilidade de qualquer regulação que se destine a proteger os destine a proteger os direitos e garantias dos trabalhadores; é, pois, necessário garantir essa competividade <<antes de tudo o mais>>." FERNANDES, António Monteiro. *Os sentidos de uma revisão <<flexibilização>> das leis do trabalho*. Questões Laborais, Coimbra Editora, Ano VI – 1999, p. 50.

tos e *rigidity of hour* – mensura o nível de flexibilização na fiscalização da jornada de trabalho.[125]

O que se vê, claramente, é a postura do Banco Mundial de aconselhar que os Estados flexibilizem suas leis trabalhistas para que incentivarem os investidores internacionais a aportarem seus investimentos nos Estados que lhes forem mais atraentes e seguros. Destaca-se que o Brasil se apresenta em 125º lugar, e Portugal em 29º lugar no *ranking* dos países constatados no ano de 2017.[126]

Vale consignar, por oportuno, que, ao contrário do Banco Mundial e de outras institucionais internacionais, a OIT (Organização Internacional do Trabalho) vem criticando as políticas públicas de austeridade fiscal enfatizada como dogma necessário para a retomada do crescimento econômico, tendo em vista que essa situação só leva à deterioração do desemprego; Aqueles que estão empregados serão direcionados, indubitavelmente, para espécies de contratos de trabalho flexíveis (exemplo: contrato por prazo determinado, contrato intermitente, contrato temporário, contrato por tempo parcial), além de autônomas e informais.

E vai além: prevê que haverá um número de indivíduos desempregados em todo o mundo de aproximadamente 201 milhões no ano de 2017, e um aumento adicional de 2,7 milhões de pessoas estimado para 2018. Para o diretor-geral da OIT, Guy Ryder, "Estamos enfrentando um desafio duplo: reparar os danos causados pela crise econômica e social mundial e criar empregados/trabalhos de qualidade para as dezenas de milhões de pessoas que entram no mercado de trabalho a cada ano".[127]

Por conseguinte, verifica-se, também, uma tendência regional discrepante no tocante aos desafios do desemprego, chamando atenção, negativamente, para a situação da América Latina e do Caribe, onde a recessão ainda produz severos efeitos. Entrementes, no que diz respeito aos países desenvolvidos, houve, em 2017, uma redução na taxa de desemprego (de 6,3% para 6,2%); contudo, na Europa, em que pese a redução

[125] Doing Business – [Em linha] [Consult. 13 Ago. 2018]. Disponível em http:www.doingbusiness.org.

[126] Doing Business – [Em linha] [Consult. 13 Ago. 2018]. Disponível em http:www.doingbusiness.org/rankings

[127] Nações Unidas – [Em linha] [Consult. 13 Ago. 2018]. Disponível em https://nacoesunidas.org/oit-estima-que-desemprego-global-tera-aumento-de-34-milhoes-em-2017/

das taxas de desemprego, o número do desemprego de longa espaço de tempo permanece alto.[128]

Em suma, estando o Direito do Trabalho subjugado à intenção de competitividade econômica interna dos Estados, perdendo sua função finalística histórica de proteção da arte mais débil da relação de emprego, fica o questionamento: "quem protege os trabalhadores deste direito do trabalho?"[129]

2.5. Valores Axiológicos

O Direito do Trabalho é um ramo da ciência jurídica cujo efeito finalístico é a proteção do trabalhador, sujeito mais fraco da relação laboral.

Portanto, o Direito do Trabalho, desde sua origem tem como finalidade nuclear a proteção da dignificação do trabalho, mais do que isso, daquele que o presta (trabalhador), e, consequentemente, de seus direitos, mormente o direito de igualdade de condições das mesmas oportunidades de trabalho e de direitos personalíssimos do trabalhador, que, atualmente, já se encontram ameaçados pelo notável desenvolvimento tecnológico.

Essas intenções compõem uma relação de valores do Direito do Trabalho cuja projeção leva a ser considerados como valores de liberdade e igualdade, sendo que o trabalhador tem o direito de exercer a sua atividade de maneira livre, como também a igualdade é assegurada por um associado de direitos que agregam um dos valores essenciais do sistema trabalhista.

Desta feita, o Direito do Trabalho não pode ser apenas visto como instrumento de tutela dos mais pobres e desamparados, contudo "um Direito de pessoa, que se organizam dentro das necessidades do mundo produtivo".[130]

Isto significa asseverar que o trabalhador dos dias atuais é diferente do trabalhador de quando surgiu a Questão Social, especialmente por-

[128] *Idem.*

[129] Ferreira, António Casimiro – *Sociedade da Austeridade e direito do trabalho de exceção.* Lisboa: Vida Económica, 2012, p. 108.

[130] Cordeiro, Menezes. *Tratado de Direito Civil Português,* I, Introdução, Fontes do Direito, Interpretação da Lei, Aplicação das Leis no Tempo, Doutrina Geral. 4ª ed. Reformulado e Atualizado. Coimbra: Almedina, 2012, p. 315.

que as condições de vida e de trabalho do trabalhador melhoraram notoriamente ao longo da evolução histórica do Direito do Trabalho.

Não se pode perder de vista que o Direito do Trabalho, mesmo sofrendo atualização, tem como escopo visceral a proteção a dignidade do trabalhador, e como vetor principal o princípio da proteção ao trabalhador, chamado também pela doutrina como proposição fundamental.[131]

O que se vê, então, é um princípio de proteção do trabalhador não mais compreendido em sua concepção clássica, voltado unicamente para proteger o trabalhador subordinado, desvalido e sem proteção, mas sim um princípio aglutinador de um conjunto de valores que assegura, por meio de seus subprincípios, a proteção da dignificação do trabalho e daquele que o realiza, isto é, o princípio da proteção do trabalhador incorpora a "admissão de valores sociais (a vida digna do trabalhador, o seu bem-estar e a sua adequada inserção na sociedade)".[132]

2.5.1. Núcleo Irredutível de Proteção

O entendimento de "núcleo irredutível" é bastante utilizado no Direito Constitucional, tanto na análise dos limites externos ao poder constituinte originário como aos chamados limites internos, mais conhecidos doutrinariamente como limites materiais de revisão constitucional. Dessa forma, passaremos a adotar a nomenclatura mais utilizada pela doutrina.

Pode-se perguntar qual é a relação entre o princípio de proteção do trabalhador e o núcleo irredutível de direitos. Para responder tal questionamento, é preciso entender o que são limites externos.

Trata-se de uma compreensão de regras e de princípios de direito internacional que devem ser obedecidos pelo legislador constituinte independentemente de estas normas internacionais (normas internacionais peremptórias) serem recepcionadas pelo ordenamento constitucio-

[131] "[...] proposições fundamentais que informam a compreensão do fenômeno jurídico. São diretrizes centrais que se inferem de um sistema jurídico e que, após inferidas, a ele se reporta, informando-o". Delgado, Maurício Godinho – *Curso de Direito do Trabalho*, 9ª ed. São Paulo: LTr, 2010, p. 173.

[132] Melgar, Alfredo Montoya, *op. cit.*, p. 312.

nal interno, como se denota de tratados internacionais cuja aplicabilidade é universal, como a Declaração Universal dos Direitos Humanos.[133]

Portanto, tanto os princípios da dignidade da pessoa humana, da igualdade, de liberdade como o direito ao trabalho (disciplina segundo a qual todos têm direito às mesmas condições e oportunidades de trabalho) são provenientes da Declaração Universal de 1948, e criaram um grupo intransigente de direitos que devem ser aplicados sem qualquer restrição pelos Estados, servindo, então, de limitador externo ao poder constituinte originário.

Com efeito, o princípio da proteção do trabalhador é norma internacional imperativa, e, consequentemente, faz parte do núcleo irredutível de direitos do Homem, tornando-se um limite externo às alterações do Direito do Trabalho no âmbito interno.

Ademais, como referido, existem limites materiais de revisão (internos) que representam o propósito dos preceitos humanos de tutelar incólume o núcleo irredutível de direitos, por isso, deve obediência aos limites externos.

Nesse sentido, encontramos nas lições de Sérgio Resende de Barros que "o dever de manter a constitucionalidade implica que o procedimento da reforma não pode alterar a Constituição fora dos limites e das condições por ela mesma constituídos. Se tanto fizer, não estará reformando, mas deformando a Constituição. (...) É possível incrementar, mas não reduzir os elementos essenciais da Constituição, ali determinados (...)", isto é, o seu "núcleo irredutível".[134]

[133] "[...] a existência de uma comunidade internacional de Estados implica que todos os Estados partilhem regras comuns necessárias à sua coexistência, pelo que a participação em determinados tratados internacionais não é uma mera manifestação do poder soberano dos Estados, mas antes uma condição de efectivação da sua sujectividade jurídica internacional ou, mais do que isso, uma afirmação da sua qualidade de Estado soberano – o exemplo que melhor ilustra esta realidade é, precisamente, o da totalidade dos Estados reconhecidos como tal na Organização das Nações Unidas, cuja qualidade de Estado-membro impõe o respeito por um conjunto de obrigações a que o legislador constituinte se deve sujeitar, como sejam a não utilização da força nas relações internacionais ou o recurso a meios pacíficos de resolução de conflitos internacionais". Dray, Guilherme, *op.cit.*, pp. 827-828.

[134] Barros, Sérgio Resende. "*Como reforma* constitucionalmente". [Em linha] [Consult. 13 Ago. 2018]. Disponível em http://www.srbarros.com.br/pt/como-reformar-constitucionalmente.cont.

Vale consignar a Constituição da Noruega de 1814 como exemplo perfeito da existência do núcleo irredutível, uma vez que prevê (art. 112) a possibilidade de alterações em seu texto somente se não ofender os princípios norteadores que a regem, ou seja, admitindo-se apenas modificações que recaiam sobre dispositivos positivados, e, mesmo assim, pressupõe que não seja violada a essência dos aludidos princípios do núcleo irredutível.[135]

A doutrina diverge sobre os limites de revisão constitucional, entendendo uma parcela[136] a obrigatoriedade de o legislador estar vinculado à proteção plena e todos os direitos, garantias e liberdades. No entanto, para outra parte da doutrina, é possível a redução dessa proteção conferida pela Carta Magna, mas realçando que "*as leis de revisão têm tão-somente de respeitar o conteúdo, nesta prospectiva, desconstitucionalizar alguns direitos, liberdades e garantias de carácter não absoluto ou diminuir o seu elenco ou afectar o conteúdo essencial de alguns deles, desde que não fique prejudicado o sistema global*".[137]

Filiamo-nos à segunda corrente, e, portanto, o princípio da proteção do trabalhador, como qualquer outro princípio fundamental, não tem caráter absoluto, e, consequentemente, o Direito do Trabalho pode sofrer alterações diante de determinadas vertentes político-econômico-sociais, porém o núcleo (espírito e valores-âncoras) irredutível deste princípio protetor é imutável.

2.5.2. Princípios-Chaves

O Direito, como ciência jurídica, é considerado uma ordem de valores. Eis que "nenhuma ordem normativa é pensável sem uma referência a valores", como defende Miguel Teixeira de Sousa[138], assim como também

[135] Bastos, Fernando Loureira – Os limites do poder constituinte. Algumas considerações sobre a feitura e a modificação de uma Constituição de uma Estado de Direito. *RevisTa da Faculdade de Direito da Universidade de Lisboa,* XLVII, nºs 1 e 2, 2006, pp. 55-77.

[136] Gouveia, Jorge Bacelar – *Manual de Direito* Constitucional. 4ª ed. Revista e Atualizada. Coimbra: Almedina, 2011, p. 652.

[137] Miranda, Jorge e Medeiros, Rui – *Constituição Portuguesa Anotada.* Tomo III, Organização do Poder Político/Garantia e revisão da Constituição/Disposições finais e transitórias. Coimbra: Coimbra Editora, 2007, p. 940.

[138] Sousa, Miguel Teixeira de – *Positivismo e Valores.* Estudos de Homenagem ao Prof. Doutor Jorge Miranda, Volume VI, Edição da Faculdade de Direito da Universidade de Lisboa, p. 403.

vaticina Miguel Reale[139] como a "impossibilidade de compreender-se o Direito com abstração dos seus valores constitutivos". Isto é, o Direito possui um conjunto axiológico de valores universais, e, portanto, desobrigado da presença de ramos específicos do Direito.

Ocorre que, além dos princípios gerais que pertencem a todo o sistema (Direito), há inserido em cada seara do Direito, um princípio-mãe norteador, que serve como princípio formador de todas as regras e subprincípios pertencentes a determinado ramo do Direito. No caso do Direito do Trabalho, esse princípio-mãe é o "Princípio da Proteção do Trabalhador".

Assim, por uma questão metodológica, adentraremos, em um primeiro momento, na análise dos valores gerais do sistema (Direito) para, posteriormente, falarmos do subsistema do Direito do Trabalho.

A doutrina reconhece a existência de três valores-âncora[140] como sendo de natureza universal, intertemporal e complementares, quais sejam: a dignidade, a liberdade e a igualdade da pessoa humana.

O autor Guilherme Dray consigna:

> [...] defesa da dignidade do ser humano, diz-nos que este, qualquer que ele seja, é dotado de valor intrínseco, exige a sua *liberdade* e a faculdade de o mesmo se desenvolver livremente, na medida, porém, em que o homem não vive isolado, mas sim inserido na sociedade, o reconhecimento da sua *liberdade* só se tornará possível se lhe reconhecermos uma *igualdade* de tratamento com todos os demais sujeitos da coletividade. Só assim a sua *dignidade* como ser humano poderá ser conservada, sendo esta, em última instância, o valor fundamental desta trilogia de valores.[141]

No sistema juslaboral (Direito do Trabalho), o princípio da proteção do trabalhador aparece como sendo um princípio específico decorrente do metaprincípio da igualdade, cujo dogma trata todos os homens de forma igual, e os desiguais de maneira desigual. O mesmo dogma garante outro princípio-âncora, o da dignidade da pessoa humana.

A *dignidade da pessoa humana* nada mais é, em palavras comezinhas, do que um valor inerente à condição existencial do ser humana, portanto,

[139] Reale, Miguel – *Filosofia do Direito.* 20ª ed. São Paulo: Saraiva, 2002, p. 700.

[140] Sousa, Miguel Teixeira de, op. cit., p. 408.

[141] Dray, Guilherme, *op.cit.*, p. 114.

tem valor absoluto, servindo de pilar a todos os demais direitos fundamentais.

Nas palavras de Paulo Otero, é o "fundamento ou a razão de ser do Direito: é o próprio Homem e na sua dignidade sagrada e inalienável que o Direito encontra a sua razão de ser e o seu fundamento último. Em consequência, um Direito que negue ao Homem a sua qualidade de ser humano e a inerente dignidade que o mesmo encerra, é um Direito que se renega a si próprio".[142]

Ainda, o princípio da dignidade da pessoa humana não é um valor que protege uma pessoa imaginária, mas sim uma pessoa real – desde a sua concepção, e não do seu nascimento, visto que não há bem maior a ser tutelado pelo ser humano do que sua própria vida (art. 24º, nº 1, da Constituição portuguesa e arts. 1º, III e 5º, *caput*, da Constituição brasileira).

Além disso, por ser um princípio axiológico universal, encontra-se presente nas declarações internacionais e arcabouços jurídicos de direitos fundamentais, com o propósito de assegurar proteção a toda e qualquer pessoa, independentemente de sua nacionalidade, como precedentemente dispõe a Declaração Universal dos Direitos do Homem (art. 16, nº 2).

No ordenamento jurídico português, por sua vez, o princípio da dignidade da pessoa humana consolidou-se expressa e plenamente como princípio axiológico fundamental, com o advento da Constituição de 1976 (art. 1º), assim como no Brasil com a Constituição de 1988 (art. 1º).

Isto significa, segundo Jorge Miranda, que "A Constituição confere uma unidade de sentido, de valor e de concordância prática ao sistema de direitos fundamentais. E ela repousa na dignidade da pessoa humana, ou seja, na concepção que faz da pessoa fundamento e fim da sociedade".[143]

Não obstante, os direitos sociais e econômicos perante o Estado desdobram-se, também, no direito da dignidade da pessoa humana, tendo em vista que não se pode falar em dignidade do indivíduo se este não

[142] OTERO, Paulo, *op. cit.*, p. 54.

[143] MIRANDA, Jorge – *Manual de Direito Constitucional, Direitos Fundamentais.* Tomo IV, 5ª ed, Coimbra: Coimbra editora, 2012, p. 219.

tem condições satisfatórias que possam proporcionar meios para uma vida digna.[144]

O princípio da dignidade da pessoa humana possui relação umbilical com o direito juslaboral, haja vista que é desse princípio-âncora que se extrai a obrigatoriedade de assegurar ao trabalhador condições dignificantes, tanto de ordem profissional como pessoal. Consequentemente, influencia outro metaprincípio (igualdade), do qual transcorre o princípio da proteção do trabalho.

O princípio da *igualdade* é compreendido, historicamente, como um marco de superação da desigualdade e aversão à escravidão, tornando-o, também, um princípio fundamental, e, portanto, indispensável à subsistência do ser humano.

A igualdade manifesta-se, pela primeira vez, como conceito de princípio jurídico de que todos são iguais perante a lei nas Constituições americana de 1787 e francesa de 1793. Por conseguinte, é visto "como um verdadeiro axioma político e jurídico que todas as Constituições, até aos nossos dias, e em todas as latitudes, iriam consagrar, com essa mesma formulação ou semelhante".[145]

Por esse motivo, o princípio da igualdade positivado nas aludidas Constituições consiste em retirar os privilégios e construir a obrigação de igualdade a ser fomentada pelo Estado.[146]

[144] "[...] uma tal vertente social do Direito constitui hoje corolário de um modelo de Estado de bem-estar assente na justiça social e na igualdade material, enquanto manifestações do respeito e garantia pela dignidade da pessoa humana". OTERO, Paulo, *op. cit.*, p. 120.

[145] NEVES, Catanheira – *O instituto dos assentos e a função jurídica dos supremos tribunais*. Coimbra: Coimbra Editora, 1983, p. 119.

[146] "A Constituição norte-americana de 1787, a primeira e mais duradoura Constituição escrita em sentido moderno, não incluiu no seu texto uma declaração de direitos ou um elenco dos direitos fundamentais dos americanos, o que terá ficado a dever-se à questão da escravatura e à relutância dos Estados do Sul em admitirem restrições ao comércio de escravos, bem como ao facto de as declarações de direitos constantes das Constituições estaduais serem, na época, consideradas suficientes. Em qualquer caso, a Constituição de 1787, quando à matéria de igualdade, prevê a abolição da atribuição da atribuição de títulos de nobreza, ao estipular na secção 9 do seu artigo 1 (...) É na Constituição de 1793 que resulta, expressamente, a formulação da igualdade perante a lei. A Constituição de 1793 concretiza, de acordo com o seu próprio preâmbulo, uma declaração solene de direitos de sagrados e inalienáveis". DRAY, Guilherme, *op. cit.*, p. 131.

Com o surgimento do Estado Social de Direito, o Estado passou a intervir nas relações sociais, a fim de buscar o equilíbrio e combater a desigualdade social, impulsionar a justiça social e encontrar a denominada igualdade de oportunidades.

Nas palavras de José João Abrantes, o Estado Social assume que "mais importante que a outorga de certos direitos formais e que o reconhecimento de uma liberdade puramente jurídica é a atividade promotora de benefícios sociais e económicos que, facultando aos indivíduos os meios indispensáveis para gozar o seu quinhão de bens na vida, assegure uma liberdade efectiva".[147]

Isto é, esse conceito de igualdade advém de ideias tanto liberais como sociais do princípio da igualdade, e, por assim ser, não é considerada absoluta ou imaculada, porquanto não se prende ao fato de que as pessoas estejam no mesmo patamar, mas sim que elas possam ter as mesmas oportunidades de ser iguais.

Segundo Gustavo Radbruch, "a idéia central em que o direito social inspira não é a da igualdade entre as pessoas, mas a do nivelamento das desigualdades que entre elas existem. A igualdade deixa assim de constituir ponto de partida do direito para converter-se em meta ou aspiração da ordem jurídica".[148]

Para que tal circunstância seja viável na vida real de uma sociedade, o Estado tem um dever assistencialista em relação aos mais necessitados, tendo em vista que estes, somente dessa maneira, terão mecanismos para balancear a situação dos menos favorecidos.

Portanto, as políticas públicas sociais são tão necessárias à mitigação das desigualdades sociais, especialmente de determinados grupos menos favorecidos, como, por exemplo, o acesso ao emprego. Ainda assim, geram questionamentos se realmente as referidas políticas são condizentes com princípio da igualdade.

[147] Abrantes, José João – *A vinculação das entidades privadas aos direitos fundamentais*. Associação Académica da Faculdade de Direito de Lisboa, 1990, p. 20.

[148] Radbruch, Gustavo – *Introducción a la Filosofia del Derecho en México*, 1951, pág. 162, *apud* Américo Plá Rodriguez. São Paulo: LTr, 1993, p. 30.

A resposta a tal dúvida veio da doutrina e da jurisprudência alemã, que criou a teoria da discriminação positiva[149] em favor de um grupo mais indefeso.[150]

Decerto, sendo o princípio da igualdade a exteriorização do princípio da justiça social, no qual se projeta a luta contra a discriminação, seja ela qual for, mesmo assim existem limites legais, haja vista o fato de o Poder Judiciário não ter condão de interferir na elaboração de políticas sociais, seja pelo Poder Executivo ou pela via legislativa. De qualquer modo, tem o dever institucional, quando procurado, de analisar se as referidas políticas se encontram fundamentadas com fulcro no princípio da igualdade. Isso quer dizer que as políticas públicas sociais não são resultado de que o princípio da igualdade esteja sendo respeitado, daí a importância de os Três Poderes procederem em favor desse princípio, além de respeitar o sistema de freios e contrapesos (princípio da harmonia entre os Poderes).[151]

Consigna-se, por oportuno, que o princípio da igualdade, dentro do sistema de valores, ao contrário a maior parte dos direitos fundamentais, não tutela uma qualidade do ser humano propriamente dito, haja vista

[149] "As ações afirmativas consistem em conceder vantagens a certos grupos de pessoas que estão em desvantagem em relação à sociedade. Visam corrigir as desigualdades em certos grupos específicos, *ex vi*, deficientes, homossexuais, entre outros". Discriminação na Relação de Emprego e Proteção contra a Dispensa Discriminatória. Olmos, Cristina Paranhos – São Paulo: LTr, 2008, p. 54.

[150] "Em decisão de 18 de junho de 1975, a Corte Constitucional Alemã, quando chamada a pronunciar acerca da combinação do princípio de igualdade com o Estado de Direito Social e a doção de medidas correctivas de desigualdades sociais, sublinhou que '*não há violação de princípios constitucionais dos artigos nº 1 (Igualdade) e 20 nº 1 (Estado Social) a não ser que o apoio concedido não corresponda às exigências da justiça social, seja porque o campo de aplicação de uma determinada prestação estatal não foi delimitado de forma objetiva, seja porque a proteção social de um grupo importante tenha sido negligenciada*' – Bundesverfassungsgericht, 18 de Junho 1975, 40, 121, pp. 133-134, *apud* Dray, Guilherme, *op.cit.*, pp. 140-141.

[151] "Qualquer ação estatal sem o correspondente calço legal, ou que exceda ao âmbito demarcado pela lei, é injurídica e expõe-se à anulação. Seu campo de ação, como se vê, é bem menor que o titular. De fato, este pode fazer tudo que a lei permite e tudo que a lei não proíbe; aquela só pode fazer o que a Lei Autoriza e, ainda assim, Quando e Como autoriza". Gasparini, Diógenes – *Curso de Direito Administrativo e Constitucional*, 5ª ed. São Paulo: Saraiva, 2000, p. 7.

estipular somente "tratar o igual de modo igual e o diferente de forma diferente, de acordo com a medida da diferença".[152]

Em resenha, o princípio da igualdade[153] não impõe obrigações comissivas ou omissivas, exceto ao Estado, que deve agir em favor da igualdade de oportunidades. Podemos mencionar, nesse sentido, o exemplo da classe trabalhadora (sob os prismas negocial, econômico, jurídico e social). Não à toa, as Constituições brasileira e portuguesa resguardam os direitos dos trabalhadores em capítulos próprios, mais precisamente aos seus direitos, liberdades e garantias fundamentais (Título II, Capítulos I e II, artigos 5º a 17º, da CRFB e Capítulo III do Título II – artigos 53º a 57º, da CRP).

Os direitos sociais, como vimos alhures, expressam a colaboração compulsória do Estado em relação ao indivíduo, na prestação de serviços e bens; entrementes, o exercício do princípio da *liberdade* pelo cidadão independe de qualquer intervenção estatal.

Isso porque é inerente da essência axiológica do direito à liberdade a plena autonomia de vontade da pessoa, tendo em vista ser uma garantia da personalidade de um Homem livre. Isso quer dizer que as liberdades têm um dever de respeito pela ausência de interferência do Estado, ao passo que os direitos sociais (como as igualdades) necessitam de uma prestação comissiva do Estado.

Assevera, nesse sentido, Castanheira Neves, que "não há direito para os escravos, tal como não o há para seres inteiramente disponíveis perante uma qualquer heteronomia e um qualquer domínio ou de

[152] CORDEIRO, Menezes, op. cit. p. 145.

[153] "O conceito formal de igualdade perante a lei surge associado ao constitucionalismo liberal e aos ideiais emergentes das revoluções americana e francesa, que afirma a ideia de que todos os homens são iguais perante a lei, ao nível das relações que mantêm com o Poder, entendido este como a única realidade susceptível de ameaçar a liberdade individual de cada sujeito. (...) O conceito material de igualdade surge, pelo contrário, na sequência das críticas levadas a efeito a propósito do modelo liberal e clássico da igualdade formal perante a lei, traduzindo-se desta forma na ideia até então inexistente de que o princípio deveria actuar no sentido do tratamento diferenciado de situações concretas dissemelhantes, tendo em vista evitar o aprofundamento das desigualdades fáctidas realmente existentes na sociedade". DRAY, Guilherme Machado. *Autonomia privada e igualdade na formação e execução de contratos individuais de trabalho*. Estudos do Instituto de Direito do Trabalho, vol. 1, Coimbra, Almedina, 2001, p. 23.

que esteja ausente a liberdade de auto-assunção ética e a autonomia responsabilizante".[154]

Importante referenciar a autonomia de vontade como uma espécie de liberdade, mais precisamente de uma liberdade negocial entre as partes que celebram um contrato jurídico.[155]

Traduzindo-se, a autonomia privada materializa-se por meio de suas premissas antagônicas, quais sejam: a liberdade *de celebração* e a liberdade de *estipulação.* Sendo que aquela acontece quando um indivíduo demonstra interesse em realizar um negócio jurídico; no entanto, na liberdade de *estipulação*, a pessoa tem a liberdade de celebrar um determinado fato jurídico, escolhendo, inclusive, quais os termos e efeitos do contrato que planeja oficializar.

Visto isto, entende-se, então, que a liberdade de celebração nada mais é do que *ato jurídico*, enquanto a liberdade de estipulação é um *negócio jurídico.* Isso porque o preceito do negócio jurídico está consubstanciado na maior autonomia das partes em estabelecer o conteúdo negocial. No ato jurídico, essa autonomia negocial é muito mais mitigada, já que seu conteúdo advém de maior intervenção estatal (legal).[156]

No que diz respeito ao sistema juslaboral, é heterônomo o conteúdo do princípio da proteção do trabalhador, porquanto o trabalhador se encontra em pé de desigualdade de negociar com o empregador, e depende de sua contraprestação para a sua subsistência e de sua família.

Tal entendimento vem sendo questionado com a crise do Estado de Direito Social (Estado-providência), cujo auge se deu após o término da Segunda Guerra Mundial, em um momento político socializante, no que diz respeito ao Direito do Trabalho, dos países ocidentais, cujo viés era a intervenção estatal a fim de que o trabalhador, a parte mais fraca da relação laboral, estivesse sob o manto dos três metaprincípios (dignidade, igualdade e liberdade).

[154] NEVES, Castanheira – *O Princípio da Legalidade Criminal. in Estudos em Homenagem ao Prof. Doutor Eduardo Correia*, I, Coimbra: Coimbra Editora, 1984, p. 391.

[155] "[...] espaço de liberdade em que as pessoas comuns podem reger os seus interesses entre si, como entenderem, através de negócios jurídicos ou de contratos, sem terem de se sujeitar a diretivas de terceiros". VASCONCELOS, Pedro Pais de – *Teoria Geral do Direito civil*, 2ª ed. Coimbra: Almedina, 2003, p. 15.

[156] VASCONCELOS, Pedro Pais de – *Teoria Geral do Direito Civil.* 2ª ed. Coimbra: Almedina, 2003, p. 259.

Com a flexibilização e desregulamentação do Direito do Trabalho no século XXI em boa parte dos Estados Sociais, como Portugal, além da própria União Europeia (incerteza do modelo social europeu) assim como Brasil (reforma trabalhista – Lei nº 13.467/2017), assistimos à perda de espaço do conteúdo heterônomo dos contratos de trabalho, além da diminuição da interferência estatal.

Assim, as partes voltam a ser protagonistas dos negócios jurídicos laborais, o princípio da autonomia da vontade cuja parte da doutrina[157] entende ser fundamental para que haja dignidade, pois sem liberdade aquela não existe.

Entende-se, então, que a autonomia privada e a livre iniciativa (liberdade empresarial), são princípios constitucionais fundamentais (CRP – art. 6º, nº 2 e CFRB – arts. 1º, IV e 170, *caput)* que não podem ser totalmente suprimidos, porém restringidos quando confrontados com o princípio da proteção do trabalhador, desde que essa restrição ocorra "em nome de um postulado de justiça que vise a igualdade de oportunidades, mas não pode ser posta em causa a sua existência e natureza".[158]

2.5.3. Subprincípios

Advém do princípio da proteção do trabalhador subprincípios, como por exemplo, da "dignidade do trabalhador" e "continuidade da relação de emprego", que, quando estruturado com os princípios-âncoras e o princípio específico da proteção ao trabalhador, motiva todo o sistema juslaboral na elaboração de decisões fundamentadas na resolução de situações concretas.

Com efeito, os fundamentos jurídico-político e social do princípio da proteção do trabalhador se concretizam por meio de subprincípios cuja análise será de forma abreviada a fim de atender os contornos instrutivos da tese.

No tocante à interpretação axiológica relativa ao tratamento mais favorável ao trabalhador na formação do contrato de trabalho, desta-

[157] "[...] *um eventuale retorno del ricorso all'antonomia individuale nell'âmbito del diritto del lavoro non è da demonizzare*". SÁNCHEZ. Sonia Fernández, *L'Autonomia Individuale nelle origini del Diritto del Lavoro, con Prefazione di Mario Napoli*, G. Giappichelli Editore, 2012, p. 153, *apud* DRAY, Guilherme, *op. cit.*, p. 152.

[158] DRAY, Guilherme, *op.cit.*, p. 161.

camos o subprincípio da igualdade no acesso ao emprego, que consiste em não deixar que haja discriminação, não só durante ou no término da relação laboral, mas pode ocorrer, também, no ato da contratação.[159]

No cerne de manutenção (execução) do contrato de trabalho, importa atender o subprincípio da *continuidade*, em que a política social visa tutelar a conservação do posto de trabalho.

Segundo Américo Plá Rodriguez, "Tudo que vise a conservação da fonte de trabalho, a dar segurança ao trabalhador, constitui não apenas um benefício para ele, enquanto lhe transmite uma sensação de tranquilidade, mas também redunda em benefício da própria empresa e, através dela, da sociedade, na medida, em que contribui para aumentar o lucro e melhorar o clima social das relações entre as partes".[160]

Em sede de cessação do contrato de trabalho, observamos o subprincípio da proibição de despedimento sem justa causa no caso de Portugal, já que, no Brasil, a legislação vigente admite a dispensa do empregado sem justa causa, todavia a condiciona ao pagamento de uma multa correspondente a 40% do Fundo de Garantia por Tempo de Serviço (art. 18, parágrafo primeiro, da Lei nº 8.036/90), além de demais verbas rescisórias, como por exemplo aviso prévio.

Em que pese esteja suspenso no Supremo Tribunal Federal o julgamento da Ação Direita de Inconstitucionalidade nº 1625, por pedido de vista do Ministro Dias Toffoli, cuja matéria discutida é determinar o procedimento jurídico a ser adotado pelo Estado brasileiro na denúncia de um tratado internacional, no caso a Convenção nº 158, da Organização Internacional do Trabalho, uma vez que, na prática, o presidente da República revogou unilateralmente a referida Convenção sem o aval do Poder Legislativo.[161]

[159] "A intervenção do Direito não pode deixar de se fazer sentir, até porque o que está em causa, em última instância, é a promoção da *igualdade* e *de oportunidades* (*quality of opportunity*), enquanto '*political ideal*': à luz desta concepção, o acesso ao emprego deve ser livre e, na medida do possível, ser aberto ao maior número possível de candidatos; a seleção entre os mesmos não deve ser feita com base em práticas discriminatórias atentatórias da dignidade das pessoas, mais sim, na medida do possível, como base em respeito e mérito". Dray, Guilherme, *op. cit.*, pp. 556-557.

[160] Américo Plá Rodriguez, *op. cit.*, p. 139.

[161] Supremo Tribunal Federal – [Em linha] [Consult. 13 Ago. 2018]. Disponível em http://www.stf.jus.br/portal/cms/verNoticiaDetalhe.asp?idConteudo=325338.

O que se pode perceber é que o Direito do Trabalho se efetiva no princípio da proteção do trabalhador, e que ele se desdobra em vários subprincípios, que se expandem na interpretação e na aplicação da lei nas etapas de formação, continuidade e encerramento do contrato de trabalho.

Conclusões Preliminares

Averiguou-se que o princípio da proteção do trabalhador tem feição generalista e finalística, materializando-se em subprincípios que se efetivam por meio de regras jurídicas laborais.

Sua concepção genérica tem a ver com sua essência axiológica, ou seja, está intrinsicamente relacionado aos valores que regem o sistema laboral; enquanto as regras jurídicas que o concretizam têm uma limitação conceitual, já que as regras jurídicas, por estarem positivadas, têm um alcance interpretativo reduzido.

Assim, é considerado um princípio *prima facie*, em que sugere uma diretriz a ser seguida na busca da solução desejada, por isso traz valores gerais para que se alcance a maior optimização possível.[162]

O maior valor trazido pelo princípio da proteção do trabalhador, que transcende todos os momentos históricos (intemporal) desde o surgimento do Direito do Trabalho, é a dignificação do trabalhador, o que corresponde dizer que seu valor está consolidado tanto em valores gerais do sistema, como em valores particulares do sistema juslaboral.[163]

Por esses motivos, o princípio da proteção do trabalhador é julgado como superior aos demais princípios do subsistema laboral, e, consequentemente, é a preeminente norma desse subsistema.

Muito embora seja reconhecido como norma principal (prevalência valorativa) do sistema laboral, não quer dizer, obrigatoriamente,

[162] ALEXY, Robert – *Teoria dos Direitos Fundamentais.* 2ª ed. São Paulo: Malheiros Editores, 2011, pp. 24-26.

[163] "Princípio da proteção do trabalhador: é aquele à luz do qual a dignidade do trabalhador deve ser sempre preservada, devendo o empregador, tanto nos preliminares como na execução do contrato de trabalho, respeitar os respectivos direitos de personalidade e o direito do trabalhador de prestar a sua atividade em condições de trabalho e uma retribuição que lhe garantia uma existência condigna[...]". DRAY, Guilherme, *op.cit.*, p. 846.

que possui uma primazia hierárquica, isso porque um princípio, em si mesmo, não tem a força necessária para inutilizar regras jurídicas devidamente positivas pelo poder estatal competente.

Anotam-se as palavras de Miguel Teixeira de Sousa de que "os princípios têm a hierarquia normativa das regras que o consagram ou das regras dos quais eles são inferidos. Portanto, não é a hierarquia que determina a hierarquia normativa, mas precisamente o contrário: é pelo grau hierárquico atribuído pelo legislador ao princípio que se descobre a sua hierarquia axiológica".[164]

Finalmente, deve-se ter em mente que apenas diversas causas de transformações que vêm ocorrendo no Direito do Trabalho, sobretudo pela sua flexibilização, decorrente de causas políticas, econômicas e sociais, além do impacto das tecnologias nessa ciência jurídica, é admissível que haja efeitos que o atualizem em virtude das novas demandas sociais. Contudo, isso não pode ser utilizado como pano de fundo para desorganizar, ou até mesmo destruir, os valores nucleares dessa seara jurídica, até mesmo porque permanecem, sem falar que serão agravadas, a desigualdade e a dependência econômica entre as partes de uma relação trabalhista. Como bem anotado por Guy Davidov, "Isto tem sido o caso no passado e não mudou. O Objetivo das leis trabalhistas é prover proteção para estas pessoas, minimizando tais vulnerabilidades ou evitando resultados indesejados que decorram delas".[165]

[164] Sousa, Miguel Teixeira de, op. cit., pp. 250-251.

[165] *"This has been the case in the past and has not changed. The goal of labour laws is to provide protection to these people, by minimizing such vulnerabilities or preventing unwanted outcomes resulting from them."* (Tradução livre do autor), Davidov, Guy. *"Re-matching Labour laws with Their Purpose", The Idea of Labour Law,* Edited by Guy Daivov & Brian Langille, Oxford University Press, United Kingdom, 2013, pp. 179-189.

Capítulo 3
A Transformação das Relações de Trabalho

Introdução
O mercado de trabalho é um mercado específico, uma vez que a relação de trabalho é absolutamente diversa de qualquer outra relação jurídica, como por exemplo, uma relação comercial ou civil.

Explica-se melhor. O relacionamento laboral apresenta duas peculiaridades, sendo a primeira destacada pelo poder de cada parte na relação empregatícia. Isto é, exceto em casos em que o trabalhador é extremamente qualificado, o que torna sua mão de obra disputada no mercado de trabalho, a grande maioria dos trabalhadores está em pé de enorme desigualdade em relação ao seu empregador, detentor de poder econômico. Como o trabalhador precisa trabalhar, sujeita-se às ofertas de emprego, tornando-se, evidentemente, o hipossuficiente da relação de trabalho, marcada pela subordinação: o empregador determina as diretrizes, e ao empregado cabe acatá-las (art. 3º, da CLT e art. 11, do Código do Trabalho Português).[166]

A segunda idiossincrasia diz respeito ao conflito de interesses das partes contratantes. Diferentemente de uma relação civil de venda e compra de um bem, por exemplo, essa relação se finda com a entrega do

[166] "Art. 3º – Considera-se empregado toda pessoa física que prestar serviços de natureza não eventual a empregador, sob a dependência deste e mediante salário". Consolidação das Leis Trabalhistas Brasileira.
"Art. 11 – Contrato de trabalho é aquele pelo qual uma pessoa singular se obriga, mediante retribuição, a prestar a sua atividade a outra ou outras pessoas, no âmbito de organização e sob a autoridade destas". Código do Trabalho Português.

bem e seu respectivo pagamento. Apesar de a relação laboral estar calcada no silogismo de prestação de serviço por esforço humano, e a sua contraprestação, por pagamento de um salário, resultando na produção de algum bem ou serviço, é sabido que depende de certas circunstâncias para a concretização da produção, seja ela qual for (exemplo: ambiente de trabalho, condições físicas do empregado, etc.), tornando o contrato de trabalho duvidoso no tocante à sua conclusão.

Cria-se, então, um conflito histórico nessa relação. De um lado, o empregador, buscando extrair o máximo da força de trabalho do empregado para estimular a produtividade e, consequentemente, aumentar seus lucros; de outra banda, o empregado, tentando restringir o excesso de trabalho e conseguir a melhor remuneração possível.

Esse desequilíbrio ganhou um novo e importante agente trazido pelos trabalhadores para auxiliá-los a equilibrar as forças de poder com o empregador na relação de trabalho: os sindicatos. Estes engrossaram o coro nas reivindicações por melhores condições de trabalho e, para tanto, utilizam-se de vários métodos para pressionar o empregador, como o poder político e as greves.

Esclarece-se, por oportuno, que os sindicatos (na Europa e nos Estados Unidos da América), inicialmente, dispuseram-se na defesa dos interesses daqueles operários mais qualificados, como sapateiros, ferreiros e caldeireiros, contra a inserção de máquinas nas indústrias, e da evolução da organização científica do trabalho, no sentido de a organização delegar às máquinas a maior parte do processo produtivo, tirando do trabalhador manejo do trabalho e, respectivamente, o tempo de sua efetivação.[167]

Houve, então, um exército de trabalhadores pobres e desqualificados que buscavam, nas fábricas, um meio de sobrevivência. Nesse momento, não havia ainda nenhuma regulamentação das relações laborais. Por isso, essa fase foi chamada de "capitalismo selvagem", tendo perdurado entre os finais dos séculos XVIII e XIX.

Posteriormente, entre os séculos XIX e XX, surgiu o Estado Social, resultante das diversas revoltas e conflitos sociais derivados, sobretudo, das péssimas condições de trabalho a que os trabalhadores eram submetidos. Então, passaram a ser reconhecidos, legalmente, os sindicatos por

[167] KOVÁS, Ilona; et al. op. cit. pp. 76-77.

boa parte dos países ocidentais, no que foi denominado de desenvolvimento do tripartidarismo.[168]

A proteção das relações laborais ganhou força após a Segunda Grande Guerra, quando da sua terceira fase, constituída tanto pela institucionalização da proteção da parte débil dessa relação, como também pelo surgimento do método organização de produção em cadeia, conhecida mundialmente como modelo taylorista-fordista.

Este período foi conhecido como Capitalismo Pesado (modernidade sólida)[169] em que houve uma enorme correlação e interdependência entre o capital e trabalho.

Entretanto, chegamos ao século XXI, denominado como "sociedade do conhecimento", e do capitalismo leve (modernidade líquida)[170], cujos impactos sociais, econômicos e políticos não serão os únicos protagonistas que influenciarão as relações de trabalho. Isso porque tais atores

[168] "Tripartidarismo significa que os três atores (Estados, organizações sindicais e patronais) estão representados em algumas instituições, de que é exemplo a OIT (Organização Internacional do Trabalho), criada pelo Tratado de Versalhes, em 1919. Portugal foi um dos signatários desse Tratado e, nessa qualidade, figura entre os membros fundadores". Kovás, Ilona; et al. op. cit. p. 77.

[169] "Essa parte da história, que agora chega ao fim, poderia ser chamada, na falta de nome da era do hardware, ou modernidade pesada – a modernidade obcecada pelo volume, uma modernidade do tipo "quanto maior, melhor". Tamanho é poder, volume é sucesso". Essa foi a era do hardware; a época das máquinas pesadas e cada vez mais desajeitadas, dos muros de fábricas cada vez mais longos guardando fábricas cada vez maiores que ingerem equipes cada vez maiores, poderás locomotivas e dos gigantescos transatlânticos. (...) A modernidade pesada foi a era da conquista territorial". A modernidade sólida era, de fato, também, o tempo do capitalismo pesado – do engajamento entre capital e trabalho fortificado pela mutualidade de sua dependência. Os trabalhadores dependiam do emprego para sua sobrevivência; o capital dependia de empregá-los para sua reprodução e crescimento." Bauman, Zygmunt, *Modernidade Líquida*, Rio de Janeiro, Zahar, 2017, pp. 144-145-182

[170] "Vivemos agora uma outra "grande transformação", e um de seus aspectos mais visíveis é um fenômeno que é o exato oposto da condição que Polanyi supunha: a "descorporificação" daquele tipo de trabalho humano que serve como principal fonte de nutrição, ou campo de pastagem, para o capital contemporâneo. (...) O trabalho sem corpo da era do software não mai amarra o capital: permite ao capital ser extraterritorial, volátil e inconstante. A descorporificação do trabalho anuncia a ausência de peso do capital. Sua dependência mútua foi unilateralmente rompida: enquanto a capacidade do trabalho é, como antes, incompleta e irrealizável isoladamente, o inverso não mais se aplica". Bauman, Zygmunt, op. cit. pp. 153-154.

vêm acompanhados de uma outra protagonista, a tecnologia, que esteve presente nas anteriores fases históricas das relações laborais, com a diferença, na atualidade, de que seu avanço é tamanho, o que torna incertas e inquietantes as possibilidades de seus reais impactos nas transformações das relações de trabalho.[171]

3.1. A Evolução Histórica da Sociedade Humana até o Aparecimento da Sociedade do Conhecimento

A transformação socioeconômica que de fato gerou uma enorme amplificação industrial se deu após a Segunda Grande Guerra, com a utilização de tecnologias de informação e de comunicação, crescimento econômico globalização, produção simplificada, forte concorrência industrial e consequente exigência de qualidade e de inovação dos produtos e dos serviços produzidos.

O que se vê, claramente, nesse formato organizacional das indústrias, é a busca por um mercado de consumo em massa e por um momento de estabilidade social nas relações laborais, por conta dos Estados de Bem-Estar Social (Estado-Providência).

Ocorreu, todavia, a crise do início dos anos 1970, especialmente pelo choque do petróleo, fazendo que o preço do petróleo e seus derivados subisse significativamente, impactando no aumento da inflação, do desemprego e na paralisação econômica.

Desse modo, o Estado Social, a partir da década de 1980 do século XX, entrou em colapso e foi reduzido. Nessa mesma batuta, o modelo taylorista-fordista de organização de trabalho foi superado por um novo modelo organizacional.[172]

[171] "Bell (1976) anuncia as sociedades <<pós-industriais>> em substituição à sociedade industrial e, com esta, o protagonismo de novos actores detentores de novos saberes – os cientistas, os práticos da nova tecnologia intelectual – onde o sector terciário tomará primazia em relação ao secundário e primário. As novas capacidades profissionais, em constante renovação, revitalizam o papel das universidades, dos centros de inovação e conhecimento, transpondo para planos secundários as indústrias, as empresas de negócios e com elas uma nova classe substituirá os assalariados industriais. Os novos trabalhos requerem saberes não facilmente disponíveis/acessíveis a qualquer trabalhador". RUFINO, Isabel, *op. cit.*, p. 184.

[172] "De fato, parecia não existir alternativa á fábrica fordista, nem algum obstáculo sério a impedir a expansão do modelo fordista até os mais recônditos recessos e fissuras da socie-

O que se viu diante da voraz concorrência pela conquista de mercados foi a necessidade empresarial de introduzir inovações em todas as etapas de produção, ou seja, na qualidade dos produtos e na flexibilização nos procedimentos de produção, para que se pudesse atender, rapidamente, a todas as exigências de mercados.

Neste momento, verifica-se a substituição da economia de escala (massa), voltada para uma produção estandardizada (padronizada), para uma economia industrial e de serviços abrangente e complexa, preparada para alterar seus produtos, se assim o mercado exigir.

Dessa forma, surgiu a produção flexível, considerada um novo modelo em todos os setores da economia relacionados com as transformações tecnológicas, o que teve impacto importante nas relações trabalhistas.

Assim, a terceirização é vista como a nova fonte representativa dos empregados na sociedade pós-industrial. Tanto é que cerca de dois terços da população economicamente ativa dos países mais industrializados está alocada no setor de serviços.

No entanto, deve-se ressaltar uma característica importante desse setor: sua diversidade. Isso porque se verifica, nesse ramo de atividade, a existência de diferentes graus de qualificação dos trabalhadores, como faxineiros, porteiros, consultores financeiros, médicos, advogados etc..

Denota-se que, na sociedade da informação, que antecede a sociedade do conhecimento, já se valorizava o trabalho de profissões relacionadas às tecnologias de informação e de comunicação. Em contraponto, determinados empregados estão sob o risco de serem extintos, como o cargo de secretária, ao mesmo tempo em que outras novas atividades surgem, como as de *web designers*, profissionais ligados aos cuidados das pessoas da terceira idade, entre outras.

dade. (...) O fordismo era a autoconsciência da sociedade moderna em sua fase "pesada", "volumosa", ou "imóvel" e "enraizada", "sólida". Nesse estágio de sua história conjunta, capital, administração e trabalho estavam, para o bem e para o mal, condenados a ficar juntos por muito tampo, talvez para sempre – amarrados pela combinação de fábricas enormes, maquinaria pesada e força de trabalho maciça. (...) A corrente invisível que prendia os trabalhadores a seus lugares e impedia sua mobilidade era, nas palavras de Cohen, "o coração do fordimo". O rompimento dessa corrente foi também o divisor de águas decisivo na experiência de vida, e se associa à decadência e extinção aceleradas do modelo fordista". BAUMAN, Zygmunt, *op. cit.*, pp. 75-76.

Essa diversificação na evolução estrutural de emprego ocorre em vários países e se dá por sua participação na economia internacional, bem como por políticas públicas desenvolvidas por cada país, conforme ensina Castells: "O facto de haver uma proporção mais baixa de emprego industrial ou uma proporção mais elevada de dirigentes nos EUA deve-se, em parte, à criação de emprego industrial fora do país, pelas empresas norte-americanas, assim como à concentração das atividades administrativas e de processamento de informação à custa de atividades ligadas à produção geradas noutros países, devido ao consumo norte-americano dos produtos desses mesmos países".[173]

Nada obstante, houve, com a crise econômica mundial de 2008, uma polarização do empregado nos Estados Unidos e na União Europeia, fazendo que houvesse um considerável número de desempregados com níveis medianos de qualificação profissional e de salários, conquanto já tenha havido uma melhora na reabsorção e na qualidade da mão de obra.

Vale consignar, por oportuno, que o mercado de trabalho na União Europeia, anteriormente ao surgimento da crise de 2008, proporcionava cerca de trinta milhões de novos empregos por ano. Mas, posteriormente, perderam-se seis milhões de postos de trabalho, com uma taxa de desemprego de 11% da população ativa em 2013.

Foi criado, então, em 2012, um Pacto para o Empregado (Estratégia da EU Europa 2020), realizado pela Comissão Europeia, cuja característica principal era fomento racional e sustentável de consideráveis níveis de emprego e de produtividade, identificando atividades promissoras de desenvolvimento, tais como serviços de saúde, inclusive com pessoas da terceira idade e com tecnologias de informação e de comunicação.

Assim, o setor de serviços representa na União Europeia, atualmente, mais de 70% dos empregos, sendo certo que os trabalhos que demandam um uso expressivo do conhecimento (cognitivo) são os que mais geraram empregos, com destaque para dois deles: os profissionais de tecnologia da informação e comunicação (TIC) e os do setor de saúde.[174]

[173] Castells, Manuel – *O Poder da Identidade.* A Era da informação. Economia, Sociedade e Cultura, Volume II, Lisboa, Fundação Calouste Gulbenkian, 2003, p. 303.

[174] Eurofound – O relatório "Fatores determinantes da recente polarização do emprego e da melhoria da sua qualidade na Europa: Observatório Europeu de Ofertas de Emprego

Outro dado interesse tem a ver "com os resultados do Índice de Digitalidade da Economia e da Sociedade (IDES), em 2016, em que Portugal faz parte do grupo de países acima da média da UE e cuja pontuação cresceu a um ritmo mais rápido do que o da UE em comparação com 2015. Na integração da tecnologia digital pelas empresas, Portugal é o 9º país da Europa com maior integração de tecnologia digital pelas empresas, aumentando 3 lugares de 2015 para 2016, posicionamento que mostra a relevância do desafio do trabalho na nova economia digital".[175]

3.1.1. Mudanças Estruturais da Economia Relacionadas às TIC

Muito embora seja um dos objetos empíricos desse trabalho o estudo sobre as consequências da TIC nas relações de trabalho, é importante já deixar esclarecido que os impactos das novas tecnologias no emprego, desde a década de 1980 do século XX, são apresentados de diferentes formas entre países e regiões.

Há, ao menos, um consenso doutrinário de que haverá uma acentuada diminuição dos postos de trabalho tradicionais em detrimento da propagação e do avanço da TIC em todos os setores da economia.

Existe, porém, discussão sobre uma eventual possibilidade de equilibrar a perda dos empregados tradicionais pela geração de empregos decorrentes das novas tecnologias.

Para que possa ocorrer este suposto equilíbrio, é necessária uma equação repleta de variáveis sociopolíticas, "tais como, a estratégia de desenvolvimento industrial, a estrutura do mercado de trabalho, os custos dos factores de produção, as estratégias seguidas pelo poder político e pelos parceiros sociais, a política de mão-de-obra, o sistema de educação e de formação e as formas de organização do trabalho, bem como os métodos de gestão, entre outras. Assim, não há uma única tendência e é impossível predizer com exactidão os efeitos das novas tecnologias quanto ao volume de emprego, ela pode contribuir para reduzi-la ou

2014. [Em linha] [Consult. 13 Ago. 2018]. Disponível em http://www.eurofound.europa.eu/el1419.htm.

[175] Cite – [Em linha] [Consult. 13 Ago. 2018]. Disponível em http://cite.gov.pt/pt/destaques/complementosDestqs2/LIVRO_VERDE_2016.pdf.

aumentá-la, segundo o modo como os atores do sistema socioeconômico quiserem avaliá-la e aplicá-la".[176]

Por essa dicotomia de visão sobre o impacto das novas tecnologias no trabalho tradicional, os otimistas entendem que a sociedade da informação terá um sentido generalista do trabalho cognitivo, operacionalizado em redes de organização versáteis. Já os pessimistas veem a utilização da TIC como um instrumento que tornará obsoletas as atividades humanas na economia, ocasionando, portanto, um alto grau de desemprego.

Um dos maiores expoentes desta corrente pessimista, Jeremy Rifkin[177], defende que a TIC fará que a maior parte dos trabalhadores permaneça desempregada. Contudo, na chamada economia *high-tech* (alta tecnologia), haverá um avanço bastante considerável em setores que demandam atividades cognitivas (conhecimento tecnológico).

Com efeito, esse novo modelo econômico, calcado na TIC, favorecerá somente um restrito grupo de profissionais que dispõe de conhecimentos tecnológicos e dos novos poderes produtivos. A resultante é a eliminação de diversos postos de trabalho, uma vez que os trabalhadores dos setores tradicionais se tornarão superados diante de tamanha transformação das atividades econômicas da sociedade do século XXI. Isso porque os trabalhadores tradicionais não têm qualificação necessária para serem absorvidos nas novas atividades decorrentes da TIC, que exigem altíssimo conhecimento cognitivo.

Ao contrário do que profetizou acima, há que entendimento contrário, como o de Robert Reich, para quem haverá uma relevância dos trabalhadores com baixa qualificação profissional, especificando três espécies de trabalhos e capacidades de gerar valores cognitivos.

O primeiro tipo é conhecido como sendo interpessoal, não tendo qualquer relevância, se analisado sob o ângulo do valor criativo. Trata-se de trabalhos diretamente relacionados com clientes – por isso chamados de interpessoais –, tais como serviços de porteiros, vigilantes, recepcionistas, entre outros, que não têm repercussão global.

O segundo tipo, chamado de "serviços de produção de rotina", dizem respeito às atividades manuais, cotidianas, repetitivas e pouco qualifica-

176 Kovás, Ilona; *et al.* op. cit. p. 138.

177 Rifkin, Jeremy – *The End of Work: The Decline of the Global Labour Force ante the New Post-Market Era,* Nova Iorque, Jeremy P. Tacher, G.P. Putman's Sons, 1995.

das, como as atividades de chefes de seções. Portanto, essa modalidade laboral não desaparecerá e nem será substituída pelo terceiro tipo de trabalho, o denominado de "simbólico-analítico". Como anota Robert Reich, os serviços de rotina "encontram-se mesmo entre o brilho da alta tecnologia. Poucas tarefas são mais enfadonhas e repetitivas do que, por exemplo, encher placas de circuitos de computadores ou conceber código de rotina para programas de computador. De facto, contrariamente aos profetas da 'era da informação' que alegremente previram uma abundância de postos de trabalho bem remunerados mesmo para pessoas com qualificações mais básicas, a verdade nua e crua é que muitas profissões de processamento de informação se ajustam a essa categoria. Os peões da economia da informação são hordas de processadores de dados, instalados em 'escritórios' com terminais de computadores ligados a bancos mundiais de informação".[178]

Por fim, a terceira espécie de trabalho trata dos serviços "simbólico-analíticos" consubstanciados, geralmente, por profissionais pós-graduados, cujos rendimentos não são mensurados por tempo ou quantidade de serviços prestados, mas mormente pela qualidade, versatilidade, celeridade, criatividade com que solucionam as situações que lhes são impostas para serem resolvidas.

Nessa esteira leciona Ilona Kovás no sentido de que, "implicam rendimento e prestígio elevados e podem ser transacionados à escala mundial. Em relação a este segmento, altamente qualificado há um mercado de trabalho global, uma vez que se movimentam entre as redes globais que controlam a economia informacional. Esse tipo de trabalho refere-se a investigadores científicos, professores universitários, advogados, executivos de relações públicas, promotores de investimento imobiliário, engenheiros civis, de projeto, de *software*, de som, biotécnicos, consultores de gestão, financeiros, fiscais, especialistas de gestão da informação, analistas de sistemas, executivos de publicidades, estrategias de *marketing*, arquitectos, diretores de fotografia, montadores de filmes, produtores de televisão e de cinema, diretores artísticos, editores, escritores e redactores, jornalistas e músicos, entre outros".[179]

[178] REICH, Robert – *O Trabalho das Nações*, Lisboa: Quetzal, 1993, p. 250.

[179] KOVÁS; *et al*, op. cit. p. 141.

Denota-se, portanto, a importância fundamental das qualificações do profissional como tema central em uma economia globalizada, em que a capacitação profissional é a mola mestra para que um país possa destacar-se no tão concorrido e disputado mercado internacional.

Indo além, não é mais suficiente para um profissional possuir apenas um diploma de nível superior para assegurar a capacitação profissional necessária para o seu enquadramento como um profissional "analista-simbólico", visto que o mercado de trabalho na economia globalizada exige um profissional de elevadas qualificações que possibilitem a resolução de problemas de forma dinâmica, além de possuir aptidões que o façam estar em constante aprendizado.

Portanto, essas três espécies de trabalho acima explicitados encontram-se em situações dissemelhantes. Os dois primeiros tipos de serviços (rotinas e interpessoais) são de baixa qualificação profissional, de má remuneração, de enfrentamento da concorrência com as máquinas (como no caso do caixa eletrônico, do comércio eletrônico, de reservas de carros, hotéis e aviões etc). Eles podem ser feitos em qualquer parte do mundo, bastando transferir a produção para onde a mão de obra for mais barata. Na contramão, os profissionais de serviços "analista-simbólico", em regra, estão a fazer sucesso na nova organização econômica global.[180]

Entretanto, em desaparecendo muitos dos serviços tradicionais (rotina e/ou interpessoais) decorrentes do avanço tecnológico, outras profissões nessas mesmas áreas aparecerão, repisando-se o exemplo dos cuidadores de idosos, nicho profissional muito valorizado, atualmente, em face do aumento substancial da expectativa de vida do ser humano, dado o alto grau de envelhecimento da população.

[180] "Em 1990, os operadores de teclado nos Estados Unidos ganhavam, no máximo, 6,5 dólares por hora. Mas os operadores de teclado no resto do mundo estavam dispostos a trabalhar por uma fracção deste montante. Assim, muitos postos de trabalho potenciais de processamento de dados estavam a desaparecer e os salários e as regalias nos restantes estavam em declínio. Empresas americanas empregam cada vez mais processadores de dados em Barbados, na República Dominicana, na Irlanda ou programadores de rotina na Índia. Por exemplo a General Motors na década de 80 eliminou 150.000 postos de trabalho rotineiros na produção e mais de 40000 empegados de escritório". REICH, Robert – *O Trabalho das Nações*. Lisboa: Quetzal, 1993, p. 295.

Tamanha é a veracidade desses fatos que o Japão é o primeiro país a desenvolver a sociedade chamada "5.0", fundamentada na tecnologia, uma vez que há alto índice de envelhecimento da população (um quarto dela tem mais de 65 anos), associado à célere diminuição de sua sociedade. Portanto, o país passou a investir em robôs que venham a substituir o trabalho humano em diversos setores, não só nas fábricas, como já é conhecido, como também em casas de repousos, nas residências e em centros de enfermagens. Há, por exemplo, máquinas que possibilitam auxiliar um cuidador a mover um paciente com o menor esforço físico possível. São considerados robôs-amigos, desenvolvidos para interagir com as pessoas, como idosos e crianças.[181]

Em resumo, observa-se que já se faz urgentemente necessário que os países, especialmente os subdesenvolvidos, como o Brasil, adotem políticas públicas educacionais bem diferentes das que vêm sendo adotadas nos currículos escolares, tendo em vista não ser mais concebível que a formação escolar seja baseada na simples transmissão de informações, mas, sim, na construção de alto nível de conhecimento, como também de alto poder de interpretação e resolução de problemas, a fim de que novas capacidades no indivíduo sejam desenvolvidas.

3.1.2. Os Principais Reflexos da TIC nas Relações de Trabalho

Salientamos, uma vez mais, que, após a Segunda Guerra Mundial, houve um grande protecionismo às relações laborais, tanto do ponto de vista de saúde, medicina e segurança do trabalho, que visavam a garantir a integralidade física e psíquica do trabalhador no ambiente de trabalho, quanto do ponto de vista das ameaças relacionadas ao desemprego e a doenças incapacitantes ao trabalho.

O trabalho assalariado e tradicional recebeu uma proteção estatal (Estado Social), que abrange o contrato de trabalho individual e coletivamente, já que o trabalho assalariado era compreendido como uma forma de produção de riqueza e, também, de integração e de paz sociais.

Vale destacar, por oportuno, as principais características desse trabalho assalariado, como "Emprego seguro e regular efectuado a tempo

[181] Estadão – "População encolhe e Japão aposta em robôs", jan. 2018. [Em linha] [Consult. 13 Ago. 2018]. Disponível em http://link.estadao.com.br/noticias/geral,populacao-encolhe-e-japao-aposta-em-robos,70002168226.

integral numa empresa, baseado num vínculo contratual estável e num compromisso a longo prazo entre empregador e empregado; Ciclo de vida laboral longo, sem interrupções e com perspectivas de promoção; percurso profissional previsível; a idade e a antiguidade conferem direitos e garantias crescentes; Tendência para uma certa homogeneização das condições de trabalho e das medidas de proteção social; Empregado enquanto elemento estruturante da cidadania, de integração social e de direitos sociais mais amplos".[182]

Ocorre, todavia, ter caído em crise o modelo assalariado acima retratado a partir da metade da década de 1970 do século XX, diante das colossais transformações da organização socioeconômica mundial. Mencionam-se, inclusive, a relevância e a interferência da TIC em todos os setores da economia, cujos reflexos foram muito sentidos na relação de trabalho tradicional (assalariado).[183]

O que se vê é que a sociedade pós-industrial, também conhecida como neoliberal, em desconformidade com a sociedade industrial, deixa de ter o trabalho como um agente protagonista da vida do cidadão. Na realidade, traz um novo modelo de trabalho, em que cada indivíduo atua isoladamente através de empresa individual em um mundo cada vez mais globalizado.

Para tanto, o trabalhador tradicional (empregado com contrato permanente) está sendo substituído por trabalhadores que dispõem de acumulada variedade de capacidades individuais, caracterizadas pelo capital humano[184] e pela prestação de serviços.

[182] Kovás, Ilona; *et al*, op. cit. p. 150.

[183] "Em suma, *o modelo típico da empresa laboral cede o seu lugar a uma multiplicidade de modelos empresariais e a denominada relação de trabalho típica deixa de ser dominante para passar a ser apenas mais uma entre as diversas situações juslaborais e os diversos estatutos dos trabalhadores subordinados*". Maria do Rosário Palma, Direito do Trabalho Parte I – Dogmática Geral, *op. cit.*, p. 66.

[184] "De origem americana, a <teoria do capital humano> desenvolveu-se no quadro neo-clássico a partir da ideia de investimento humano e da importância da formação ou da educação na explicação do crescimento econômico, pressupondo a universalidade dos comportamentos e um modelo de concorrência perfeita. Os indivíduos, ao investir em si mesmos pela educação, procuram optimizar esse investimento pela escolha de uma formação que, segundo um cálculo racional em que entram as características pessoais do investidor e sua capacidade de financiamento, lhes proporcione a remuneração (salarial) mais elevada. Donde se conclui que é ainda a formação que aumenta a produtividade e proporciona os melhores salários, pelo que esta teoria se pode desdobrar numa teoria da procura de forma-

Decerto, os trabalhadores desse novo modelo de organização pós-emprego são mais independentes e dinâmicos. Encontram-se em uma estrutural empresarial em que possuem mais liberdade de criação, rompendo com o modelo paradigmático da sociedade industrial. O trabalhador atua em prol de um resultado dos negócios empresariais como se figurasse no próprio papel do empregador.

Existe, então, uma tendência transformadora, além de um desafio, na migração da figura do empregado para de um empreendedor, fato que estamos presenciando desde o surgimento das empresas em formato de "*startup*"[185], que são, inclusive, grandes aceleradoras de tecnologia.

Verifica-se, portanto, a criação de um conceito de trabalhador atípico[186], voltado à independência do trabalhador, quando comparado com o emprego típico (assalariado)[187], consolidado nos trinta anos subsequentes à Segunda Guerra Mundial.

ção pelo indivíduo e numa teoria da procura de indivíduos com formação pelas empresas". REDINHA, Maria Regina Gomes – *A Relação Laboral Fragmentada Estudo sobre o Trabalho Temporário*: Coimbra: Coimbra editora, 1995, p. 43.

[185] INFOPEDIA – *Startup* é uma "empresa recém-criada, geralmente ainda em fase de desenvolvimento do seu modelo de negócio e ligada a um setor de tecnologia inovadora". [Em linha] [Consult. 13 Ago. 2018]. Disponível em https://www.infopedia.pt/dicionarios/lingua-portuguesa/startup

[186] "A partir do final dos anos sessenta, este quadro altera-se de uma forma que vai abalar alguns dos equilíbrios tradicionais do Direito do Trabalho. Efectivamente, por nesta época, a crença na relativa uniformidade do estatuto laboral é abalada pelo surgimento, *ao lado do trabalhador típico, de novas categorias de trabalhadores* (como as mulheres, os jovens ou os trabalhadores estudantes, os trabalhadores a termo e temporários, os trabalhadores muito especializados, os quadros técnicos e os trabalhadores dirigentes). Porque não correspondem à imagem do trabalhador subordinado clássico, estes trabalhadores são denominados *trabalhadores atípicos*". Maria do Rosário Palma, Direito do Trabalho Parte I – Dogmática Geral, *op. cit.*, p. 61.

[187] "Em termos gerais, esta relação caracteriza-se como um vínculo por tempo indeterminado, em que atividade laboral é desenvolvida a tempo inteiro e quase sempre em regime de exclusividade e em que se regista uma forte inserção do trabalhador na organização empresarial. Por outro lado, como este tipo de unidades produtivas apresenta, por regra, uma estrutura muito verticalizada e com uma rígida repartição de tarefas e de competências, a relação laboral típica é também tendencialmente um vínculo rígido e hierarquizado. É, pois, para este tipo de relação de trabalho que as normas laborais são essencialmente concebidas". Maria do Rosário Palma, Direito do Trabalho Parte I – Dogmática Geral, *op. cit.*, pp. 63-64.

Esse perfil de trabalhador é considerado como sendo flexível e autônomo, haja vista que o trabalhador é dotado de habilidades, experiências e conhecimentos que proporcionam uma expansão de oportunidades, as quais o levam a trilhar com maior segurança e autoconfiança a sua vida profissional.

3.2. A Quarta Revolução Industrial (Sociedade do Conhecimento)

Devemos fazer, por uma questão didática, uma passagem cronológica sobre as três revoluções industriais antecessoras à quarta revolução industrial, para, então, analisá-la de fato.

Vale esclarecer, antes mesmo de adentrar às referidas revoluções industriais, ter ocorrido a chamada revolução agrícola, há mais de dez mil anos, quando o homem deixou de buscar por alimentos e passou a dedicar-se à agricultura, aprendendo a beneficiar-se da força animal na produção agrícola. Tal fato foi o desencadeador do aumento populacional e da concentração cada vez maior de pessoas, originando o início das cidades.

Assim, a primeira revolução industrial, ocorrida entre 1760 e 1840, rompeu com a força física dispensada na revolução agrícola, passando a utilizar de produção mecânica, tendo em vista utilizar-se da inovação trazida pela invenção da máquina a vapor.

A segunda revolução industrial deu-se entre o final do século XIX e adentrou ao século XX, tendo se caracterizado pela produção em massa, devido à invenção da eletricidade e da linha de montagem nas indústrias.

A terceira revolução industrial iniciou-se na década de 1960 do século XX. Tendo em vista ter sido evidenciada pelo desenvolvimento da computação e da internet (1990), comumente é denominada de revolução digital.

A quarta revolução industrial é conhecida como a revolução tecnológica, a qual estamos iniciando a experimentá-la na forma que vivemos, trabalhamos e nos relacionamos, causando transformações profundas em toda a humanidade. Contudo, é intrigante não saber, ainda, quais serão suas consequências ao homem, muito embora já presenciamos novidades tecnológicas em diversos setores (inteligência artificial, robótica, internet das coisas, nanotecnologia, biotecnologia, entre outras), até então imagináveis apenas em obras e filmes de ficção científica.

Segundo as palavras do renomado economista Klaus Schwab, fundador do Fórum Econômico Mundial, a quarta revolução industrial, "no entanto, não diz respeito apenas a sistemas e máquinas inteligentes e conectadas. Seu escopo é muito mais amplo. Ondas de novas descobertas ocorrem simultaneamente em áreas que vão desde o sequenciamento genérico até a nanotecnologia, das energias renováveis à computação quântica. O que torna a quarta revolução industrial fundamentalmente diferente das anteriores é a fusão dessas tecnologias e a interação entre os domínios físicos, digitais e biológicos".[188]

O que se vê na quarta revolução industrial, diferentemente das anteriores, é a célere propagação das inovações trazidas por ela, especialmente em comparação com a terceira revolução, que já utilizava da computação e da internet. A quarta revolução é muito mais complexa e integrada à tecnologia digital, às redes e aos *softwares*, transformando, portanto, a sociedade e a economia globais.

Ainda assim, há locais que ainda passam pelo processo das demais revoluções. A segunda revolução industrial, por exemplo, necessita ser ainda efetivamente desfrutada por 17% da população do planeta, sendo certo que aproximadamente 1,3 bilhão de pessoas sequer têm acesso à energia elétrica. Além disso, a terceira revolução industrial não está ao alcance de metade da população do mundial, uma vez que esse número de pessoas reside em países que não têm acesso à internet.

Sabe-se que a primeira revolução industrial demorou por volta de cento e vinte anos para se expandir além das fronteiras da Europa. Entrementes, a internet se propagou, globalmente, em um período inferior a uma década[189]. Muito embora tenha sido lenta a irradiação da primeira revolução industrial sobre todo o mundo, é certo ter deixado uma advertência importante: a sociedade como um todo (governo e setor privado) deve entender que sejam benéficos os reflexos das inovações tecnológicas para haver o progresso da sociedade.

[188] Schwab Klaus – *Quarta Revolução Industrial*. São Paulo: Edipro, 2016, p. 16.

[189] Schwab Klaus, *op. cit.*, p. 17.

Denota-se que as inovações tecnológicas trazidas pela quarta revolução industrial transformarão, de forma sem precedentes históricos, todas a relações sociais no mundo, mormente as relações de trabalho.[190]

A velocidade das mudanças tecnológicas e digitais é tamanha do ponto de vista de seus desenvolvimentos que romperam com os paradigmas tecnológicos gerados nas anteriores revoluções industriais. A exemplo disso, encontramos alguns disruptores tecnológicos, tais como Uber e Airbnb, atualmente conhecidos por todos, mas que eram desconhecidos poucos anos atrás.

Esses novos modelos tecnológicos desconstroem os conceitos de tecnologia e sua interação com o homem até então conhecidos de maneira avassaladora. Exemplifica-se com a notícia da gigante da internet (Google), em 2010, quando anunciou à sociedade mundial a construção de um veículo autônomo. A descrença sobre esse comunicado só foi superada com a sua concretização, por meio de testes bem adiantados. Veremos o tema com maior vagar em seu tópico próprio neste trabalho.

Importante mencionar um exemplo, do reflexo da disrpução tecnológica no mercado de trabalho, quando comparamos que, em 1990, as três maiores empresas da cidade de Detroit, nos Estados Unidos da América, ou melhor dizendo, as maiores montadoras de veículos deste país, capitalizavam um mercado de US$ 36 bilhões de dólares norte-americanos e empregavam em torno de 1,2 milhão de empregados. Já em 2014, as três maiores empresas localizadas no Vale do Silício, na Califórnia, tinham uma capitalização de mercado por volta de US$ 1,09 trilhão de dólares norte-americanos e empregavam dez vezes menos empregados (137 mil), o que demonstra ser possível, com os avanços tecnológicos atuais,

[190] "A sociedade que entra no século XXI não é menos "moderna" que a que entrou no século XXI; o máximo que se pode dizer é que ela é moderna de um modo diferente. O que a faz tão moderna como era mais ou menos há um século é o que distingue a modernidade de todas as outras formas históricas do convívio humano: a compulsiva e obsessiva, contínua, irrefreável ie sempre incompleta modernização; a opressiva e inerradicável, insaciável sede de destruição criativa (ou de criatividade destrutiva, se for o caso: de "limpar lugar" em nome de um "nov e aperfeiçoado" projeto; de"desmatelar", "cortar", "defasar", "reunir" ou "reduzir", tudo isso em nome da maior capacidade de fazer o mesmo no futuro – em nome da produtividade ou da competitividade)." BAUMAN, Zygmunt, *op. cit.*, p. 40.

produzir muito mais riqueza econômica com um número muito menor de empregados, em comparação com uma ou duas décadas atrás.[191]

O que se vê é que as empresas disruptoras de tecnologia não necessitam de muito capital, inclusive capital humano, para se desenvolver, como no caso da empresa mundialmente conhecida, WhatsApp.

Sem embargo, a quarta revolução industrial é ímpar, não só pela sua velocidade e extensão, mas também pela interdependência de várias novas disciplinas tecnológicas, sendo certo que a inteligência artificial (IA)[192], figura esta que será abordada em tópico específico, vem prosperando de maneira inimaginável, em virtude do alto poder de armazenamento de dados, como também por algoritmos que já possuem a capacidade de adivinhar os nossos interesses nas mais diversas predileções, como na música, comida, viagens, roupas, livros etc.

3.2.1. O Problema da Desigualdade e seus Desafios

Apontamos no tópico anterior o conceito da quarta revolução industrial e algumas das tecnologias surgidas com ela. No entanto, passamos a analisar agora que tal revolução gera muitos benefícios, mas traz consigo, também, questões problemáticas e desafiadoras.

Podemos entender que um dos maiores benefícios criados pela quarta revolução industrial está na seara consumerista, tendo em vista ser notável a existência de novos e revolucionários produtos e serviços.

Atualmente, é possível, por exemplo, pedir um táxi ou pedir um motorista por meio de um aplicativo, ouvir música, assistir a filmes, comprar comida e outros produtos, além de outros vários serviços por

[191] Manyika, James e Chui, Michael – *"Digital Era Brings Hyperscale Challenges"*, *The Financial Times*, 13 de agosto de 2014.

[192] "A cada geração, a ciência ajudou a descobrir novas fontes de energia, novos tipos de matéria-prima, melhor maquinaria e métodos de produção inovadores. Consequentemente, em 2016 o gênero humano tem domínio sobre muito mais energia e matéria-prima do que jamais teve, e a produção dispara. Invenções como o motor movido a vapor, o motor de combustão interna e o computador criaram indústrias totalmente novas. Quando olhamos para o futuro daqui a vinte anos, esperamos confiantes produzir e consumir muito mais em 2036 do que produzimos e consumimos na atualidade. Confiamos na nanotecnologia, na engenharia genética e na inteligência artificial para revolucionar a produção ainda uma vez e para abrir seções totalmente novas em nossos supermercados sempre em expansão". Harari, Yuval Noah – *Homo Deus Uma breve história do amanhã*. (tradução Paulo Geiger), 3ª reimpressão, São Paulo: Companhia das letras, p. 219.

diversos aplicativos, por meio de acesso remoto pela internet, seja por computador, celular (*smartphone*) ou *tablet*, tendo este último a capacidade de armazenamento correspondente a 5 mil computadores, modelo *desktop*, de trinta anos atrás.

Desta feita, a internet e os outros meios telemáticos trouxeram, irrefutavelmente, inúmeras facilidades aos consumidores. No entanto, talvez o maior desafio da quarta revolução industrial esteja na relação de trabalho.

Isso porque vimos acompanhando, nos últimos anos, não só nos mais considerados países de primeiro mundo, como também em alguns países em desenvolvimento, uma queda muito acentuada da mão de obra em relação ao percentual do PIB. Com o avanço das inovações tecnológicas, as empresas se veem forçadas a trocar o trabalhador tradicional (contrato por prazo indeterminado) e inserir o capital humano intelectual, flexível e inovador.

Nesse espeque, consignam-se os dizeres do renomado escritor norte-americano Steven Hill, em sua famosa obra *Raw Deal*, de que "Inquestionavelmente, para mais e mais americanos a vida de trabalho se tornou uma grande aposta. Alguns desses *freelancers*, contratados, temporários e empreendedores solo conseguirão seguir em uma nova carreira, mas, estatisticamente, a parte maior fracassará. Outros ficarão no meio, presos a uma existência precária. Mas quase todos terminarão com uma vida menos garantida e segura, se perguntando, mês após mês, se eles terão clientes suficientes para pagar por suas vidas. Muitos deles terão que lidar com exaustão física, falta de certeza de sono e perda de tempo livre e montanha-russa emocional que vem com a repentina mudança para uma vida precária de um trabalhador 1099 *(i.e. sem vínculo)* ou autônomo. E, naturalmente, eles não terão nenhum dos amparos de um emprego tradicional, a menos que possam pagar para tal por si mesmos. Eles também não são elegíveis, não têm direito a indenização por desemprego, por doença ou acidente de trabalho e não recebem enquanto procuram o próximo trabalho. Mesmo um crescente número de trabalhadores empregados regularmente, empregados em tempo integral, estão sentindo pressão, com menos segurança de emprego, salários diminuindo e proteções sendo retiradas. Em várias formas, a realidade dos trabalhadores independentes ou autônomos é exatamente o oposto do que os evangelistas da nova economia vêm promovendo. As origens desta crise em curso são claras: as empresas estão usando todo tipo de brechas e truques legais para transformar seus empregados em autônomos ou terceiros a fim de fugir da responsabilidade de prover empregos decentes para classe média. Empregadores estão levando vantagem de políticas trabalhistas econômicas destrutivas que permitem ligar e desligar sua mão-de-obra como se abre e fecha o registro de uma torneira. O movimento trabalhista, uma vez guardião dos trabalhadores americanos, foi reduzido a resquícios de sua essência antiga. De forma crescente, robôs intrusivos, automação e IA (inteligência artificial) estão criando mais oportunidades para os negócios funcionarem com menos trabalhadores e descartando do contrato social entre empregadores e empregados. E na última tendência disruptiva, as tecnologias baseadas em Web e aplicativos da economia 'colaborativa' tornam assustadoramente fácil contratar prestadores independentes, autônomos, *freelancers*, temporários. Por que um empregador não substituiria todos seus empregados W-2 (i.e. CLT) pelo máximo possível de robôs e trabalhadores 1099 (i.e. autônomos ou terceiros)? Um empresário seria louco se não o fizesse, assistindo seus concorrentes tomar essa medida e drasticamente reduzir seus custos trabalhistas em um terço a mais. Essas estratégias são os esteroides da economia – uma vez que seus concorrentes estão fazendo isso, você não arrisca não fazer. Com o mundo correndo para a convergência entre mundos desenvolvidos e em desenvolvimento, e desigualdade crescendo pelo globo, ainda mais no mundo pós-pandemia Covid-19, mais e mais pessoas – mesmo aquelas acostumadas a uma condição de classe média – estão se tornando "contingentes". Seja você um faz tudo, um temporário permanente, fazedor de bico, trabalhador casual, autônomo, empreendedor individual ou qualquer outra denominação, chega-se ao mesmo: mais e mais trabalhadores estão encontrando um mundo onde são tratados como mais um insumo pelos empregadores para que suas máquinas empresariais funcionem. Consequentemente, milhões de trabalhadores americanos estão nesse terreno instável e movediço da nova economia".[193]

[193] "Unquestionably for more and more Americans, the working life has become a greater gamble. Some of the freelancers, contractors, temps and solo-preneurs will make it in their new careers, but, statistically speaking, more will fail. Others will end up somewhere in between, holding on to a precarius existence. But nearly all of them will end up with a less secure life, wondering month after month if they will be able to find enough new clients or customers to pay for their lives. Many of them will have to cope with the physical exhaus-

Assim, as novas organizações industriais dependem muito mais do trabalho dos inovadores que compreendem os investidores e os acionistas que se deparam com aumento considerável de seus ganhos, pois são os possuidores do capital intelectual.

Isso explica o enorme fosso entre o trabalhador tradicional e o capital intelectual, que vem causando muita frustração entre aqueles trabalhadores que não enxergam um futuro promissor, inclusive no tocante ao

tion, lack of certainy and sleep and loss of free time and the carious life of being a 1099 worker or self-employed. And naturally they will have none of the safety-net suports that come with tradicional job, unless they don't get paid while they continually look for their next job. Even an increasing number of regularly employed, full-time workers are felling the squeeze, with less job security, declining wages and a shredding safety net to catch them if they fall off path. In so many ways, the reality of the indie worker's life is the exact opposite of what the evangelists of the new economy have been promoting.
The origins of this crisis-in-progress are clear: business are using all sorts of legal loopholes and tricks to "1099" their employees as a way of dodging responsibility for providing good, decent, middle-class jobs. Employers are taking advantage of ruinous labor and economic policies that allow them to turn their workforces on and off at will, like one switches off a water faucer. The labor movement, once the guardian of Amercan workers, has been whittled back to a remanant of its former self. Increasingly, intrusive robots, automation and AI are creating ever more opportunities for businesses to function with fewer workers and to deep-six the social contract between employers and employess. And in the latest troubling trend, Web-and app-based Technologies of the so-called "sharing" economy have made it astronish-ingly easy to hire indie contractors, freelancers, temps and part-timers. Why wouldn't every employer eventually replace all of their regularly employed W-2 workers with as many robots an 1099 workers as possible? As a business owner one would be crazy not to, watching as competitors go this route and dramatically slash their lanor costs by a third or more. These estrategies are the new performance steroids of the economy – once the competing businesses in your industry or occupations are doing it, you don't dare not do it.
With the world rushing toward a convergence between the developed and developing worlds, and inequality mounting around the globe, more and more people – even those used to a middle-class existence-are becoming "contingent". Whether you are a task rabbit, perma-temp, gig-perneur, casual labor, self-employed, solo-preneur or some other name, it all pretty much adds up to the same thing: more and more workers are facting a work world in witch they are treated like just another input for employers to feed into their business machines. Consequently, millions of U.S. workers are on increasingly shaky ground in this new economy" (tradução livre do autor). Hill, Steven. *Raw Deal How the "uber Economy" and runaway capitalism are screwing American workers*. New York, St. Martin's Press, 2015, pp. 256--257.

aumento de sua renda, nem mesmo que a vida de seus filhos possa ser melhor do que a deles.

Tamanha é a importância desse tema que tal fato foi um dos pilares da sucedida campanha política que elegeu, em 2016, Donald Trump, para presidente dos Estados Unidos da América.

Isso porque a campanha do presidente norte-americano D. Trump, ao contrário dos demais concorrentes, soube muito bem identificar a transformação ocorrida no mercado de trabalho dos Estados Unidos, em que o setor industrial, em três décadas, passou a ser coadjuvante no lugar de maior empregador dos Estados Unidos. Entre o final da década de 1980 do século XX até o início da década do século XXI, cerca de seis milhões de empregados foram eliminados na indústria norte-americana.

A transição restou mais clarividente com a crise econômica mundial de 2008, em que cinco milhões de vagas de empregos com menor qualificação profissional foram perdidas. Com efeito, apenas oitenta mil postos de trabalho que requerem somente o ensino médio foram originados, sendo que a maior parte das vagas disponibilizadas desde 2010, ou seja, onze milhões e meio foi destinada para trabalhadores com ensino superior, segundo um estudo da Universidade de Georgetown.[194]

Portanto, a única alternativa para grande parte dos desempregados da indústria tradicional, não só nos Estados Unidos, foi tentar se recolocarem em trabalhos com menores salários, fazendo com que caísse a renda desse nicho da população e, consequentemente, gerasse uma enorme revolta e insatisfação político-social.

Em síntese, a criação de novas vagas de trabalho, tanto em setores que se modernizaram, como em novos setores da economia, todos provenientes do avanço da tecnologia, necessitam de candidatos altamente qualificados. Todavia, é sabido que boa parte dos empregados advindos da indústria tradicional não têm capacitação profissional para preenchê-las.

A situação ora apontada serve para mostrar como essas mudanças tecnológicas atingiram diretamente o sistema econômico, social, cultural e político da maior nação capitalista do mundo, em que pese não

[194] Exame Abril – Artigo publicado na Revista Exame, em 04/11/2016, "Nos EUA, a classe média baixa já venceu as eleições". [Em linha] [Consult. 13 Ago. 2018]. Disponível em https://exame.abril.com.br/revista-exame/eles-ja-venceram/.

seja exclusividade desta nação, mas um processo que já contagia todo o mundo globalizado.

3.2.2. Os Impactos na Economia

Aprofundando a questão lançada em linhas gerais no tópico anterior, a ruptura da quarta revolução industrial com o atual modelo econômico capitalista será grandiosa.

A quarta revolução industrial gera reflexos no lento crescimento econômico, em que se constata que, anteriormente à crise econômica mundial de 2008, a economia global crescia em torno de 5% ao ano. Na hipótese de ter sido mantido este ritmo nos anos posteriores, o mundo teria dobrado seu PIB em média a cada quinze anos e retiraria, talvez, bilhões de pessoas da faixa de pobreza.

Ocorre que a lentidão no crescimento econômico possui como principais causadores, dentre outros, o envelhecimento da população e a produtividade do trabalhador, ambos fatores relacionados com o avanço tecnológico.

Acredita-se que a população mundial esteja em aproximadamente 7,2 bilhões de pessoas e crescerá para 8 bilhões até 2030. No entanto, há um fator demográfico altamente relevante, o envelhecimento da população.

Assim, enquanto a população envelhece, a população economicamente ativa diminui, havendo um número bem menor de jovens adultos e, consequentemente, uma redução na compra de bens duráveis com maior valor agregado, como imóveis e automóveis.

Ademais, boa parte dos trabalhadores com maior faixa etária não pensa em empreender, quando se aposentar. Esses trabalhadores preferem deixar suas economias guardadas, para desfrutar de uma aposentadoria com maior tranquilidade, do que serem empresários e assumirem os riscos como tais. Essa situação faz que haja, também, menor oferta de trabalho àqueles jovens adultos que estão na idade ativa.

Outra questão relevante a ser colocada diz respeito ao fato de que os avanços tecnológicos da quarta revolução industrial farão, em tese, que haja maior possibilidade de que a vida seja mais longa e ativa. Estima-se, portanto, que mais de um quarto das crianças nascidas atualmente nos países desenvolvidos consigam viver até os cem anos de idade, o que, certamente, levará a uma nova reflexão sobre alguns pontos, como, por exemplo, o aumento da idade ativa e o retardamento da aposentadoria[195]. No entanto, muitos países não se aperceberam dessa situação e muito menos estão aptos a aceitar essas modificações.

3.2.3. Os Impactos na Produtividade

A produtividade mundial, ao longo da última década, foi lenta, conquanto o avanço do processo tecnológico tenha crescido de forma surpreendente. Essa contradição não tem uma resposta satisfatória, já que se questiona como as inovações tecnológicas não fizeram que aumentasse necessariamente o grau de produtividade.

Portanto, exemplifica-se tal situação nos EUA, em que houve um aumento em média de 2,8% na produtividade do trabalho, no período de 1947 a 1983; de 2,6% entre os anos de 2000 e 2007, e, entretanto, de 1,3% nos anos de 2007 a 2014.[196]

Há uma preocupação em face dessa queda de produtividade, quando se observa que, no mesmo período, as cinquenta maiores empresas americanas angariaram um patrimônio pecuniário superior a US$ 1 trilhão de dólares norte-americano, mesmo considerando as taxas de juros terem se mantido praticamente em zero em quase cinco anos[197], sem falar que a primeira empresa do mundo prestes a atingir, individualmente, um valor de mercado de US$ 1 trilhão de dólares norte-americano, também é americana.[198]

Umas das explicações mais interessantes para entender essa discrepância consiste em que a produtividade gerada com a terceira revolução

[195] Onsgov – UK Office of National Statistics, "Surviving to Age 100". [Em linha] [Consult. 13 Ago. 2018]. Disponível em http://www.onsgov.uk/ons/rel/lifetables/historic-and-projectes-data-from-the-period-and-cohort-life-tables/2012-based/info-surviving-to-age-100.html.

[196] Bureau Of Labor Statistics – "Preliminary Multifactor Productivity Trends, 2014", Departamento de Estatística do Trabalho do Deparamento do Trabalho dos Estados Unidos. [Em linha] [Consult. 13 Ago. 2018]. Disponível em http//www.bls.gov/News.relase/prod3.nr0.hm.

[197] OECD – *The Future of Productivity*. [Em linha] [Consult. 13 Ago. 2018]. Disponível em http//www.oecd.org/eco/growth/The future-of-productivity-policy-note-July-2015.pdf.

[198] G1 Globo – "Apple é a 1 primeira empresa a ultrapassar US$ 800 bilhões em valor de mercado". [Em linha] [Consult. 13 Ago. 2018]. Disponível em https://g1.globo.com/economia/negocios/noticia/apple-e-a-1-empresa-a-ultrapassar-us-800-bilhoes-em-valor-de-mercado.ghtml.

industrial esteja efetivamente se dissipando, enquanto o *boom* da produtividade gerada pelas novas tecnologias advindas da quarta revolução industrial ainda está por vir.

Muito embora exista esta dicotomia entre produtividade e quarta revolução industrial, salienta-se haver economistas que acreditam no resultado positivo da referida revolução.

Nesse sentido, Klaus Schwab entende existir três principais fatores que alimentam o seu otimismo com a quarta revolução industrial, anotando-se, assim, que "Em *primeiro lugar*, a quarta revolução industrial oferece a oportunidade de integrar à economia global as necessidades não satisfeitas de 2 bilhões de pessoas, criando demandas adicionais para serviços e produtos existentes ao capacitar e conectar, umas com as outras, as pessoas e comunidades de todo o mundo. Em *segundo lugar*, a quarta revolução industrial permitirá aumentar significativamente nossa capacidade para resolver as externalidades negativas, e durante esse processo, aumentar o potencial de crescimento econômico. Tomemos como exemplo as emissões de carbono, uma grande externalidade negativa. Até recentemente, o investimento verde só era atraente quando fortemente subsidiado pelos governos. Esse é cada vez menos o caso. (...). Em *terceiro lugar*, (...), todas as empresas, os governos e os líderes da sociedade civil com quem me relaciono dizem que estão se esforçando para transformar suas organizações para que elas possam cumprir plenamente as eficiências oferecidas pelos recursos digitais. Ainda estamos no início da quarta revolução industrial, mas ela exigirá a completa reformulação das estruturas econômicas e organizacionais para que possamos compreender todo o seu valor".[199] (grifos nossos)

Portanto, denota-se serem distintos os métodos da competividade econômica da quarta revolução industrial das demais revoluções, sobretudo porque as empresas e até mesmo os Estados, para serem competitivos nessa nova era, necessitam inovar em todas as áreas e, para tanto, aqueles que ainda privilegiarem a diminuição de custo em detrimento de inovações em serviços e produtos, serão menos eficientes.

Essa situação é, evidentemente, agravada em países emergentes e não desenvolvidos, e há uma perspectiva no Brasil, segundo Agência Brasileira de Desenvolvimento Industrial (ABDI), de que, em dez anos,

[199] Schwab Klaus, *op. cit.*, p. 40.

15% das indústrias brasileiras estejam operando no formato da quarta revolução industrial[200]. E de acordo com estudo inédito, realizado pela Confederação Nacional da Indústria (CNI), de 24 setores industriais brasileiros, mais da metade (14) está muito atrasado na utilização de tecnologias digitais[201], o que comprova que estes setores correm um sério risco de se verem incapacitados de competir na econômica digital, sem falar, ainda, ser um avanço muito tímido, se compararmos com os países desenvolvidos e outros países em desenvolvimento, tais como China[202] e Coreia do Sul.

3.2.4. Os Impactos no Emprego

As repercussões do avanço tecnológico sobre o emprego não são novidades, mas tal questão vem sendo debatida com maior vigor nos últimos anos, tendo em vista que o trabalho humano vem sendo substituído pelas inovações tecnológicas, como pelos computadores, que já vêm se sobrepondo aos operadores de telefonia.

Seria possível indagar o que há de diferente na quarta revolução industrial. A resposta é um tanto simples, estando calcada em três pilares. O primeiro diz respeito à *velocidade* das informações com que tudo ocorre: nunca se viu tamanha rapidez anteriormente. A segunda con-

[200] ECONOMIA ESTADÃO – *Para garantir competitividade, empresas brasileiras se adaptam à indústria 4.0.* [Em linha] [Consult. 13 Ago. 2018]. Disponível em http://economia.estadao.com.br/noticias/geral,para-garantir-competitividade-empresas-brasileiras-se-adaptam-a-industria-40,70002150845.

[201] ECONOMIA ESTADÃO – *Mais da metade da indústria brasileira está atrasada na corrida tecnológica.* [Em linha] [Consult. 13 Ago. 2018]. Disponível em http://economia.estadao.com.br/noticias/geral,mais-da-metade-da-industria-brasileira-esta-atrasada-na-corrida-tecnologica,70002176605.

[202] "Como tudo na China, o governo teve papel decisivo na arrancada da inovação no país. Em 2006, começou a dar subsídios à pesquisa e prêmios às patentes. (....) Os investimentos em pesquisa e desenvolvimento passaram de 20 bilhões de dólares, na virada do século, para quase 200 bilhões. Em 2015, o Partido Comunista lançou o programa *Made in China* 2025, inspirado no alemão indústria 4.0, de 2013. Neste ano, veio um novo plano de tomar o país líder global em inteligência artificial até 2030. Segundo estimativas da consultoria McKinsey, o projeto poderá aumentar o crescimento da economia chinesa de 0,8 a 1,4 ponto percentual por ano. Metade dos trabalhos no país pode ser automatizada, numa mudança que altera principais cadeias globais de produção". É HORA DE COPIAR A CHINA, 06. dez. 2017. Exame Revolução dos Negócios, Editora Abril, São Paulo, pp. 62-63.

siste na *extensão* e na *complexidade* dos impactos tecnológicos que são profundos. A terceira refere-se às *transformações* integrais que estão afetando todo um sistema econômico-social e político.

Com efeito, a única certeza que já se tem é que haverá uma brusca transformação na natureza da relação de trabalho, por conta das novas tecnologias. Contudo, a grande incerteza é se haverá ou não um aumento do número de desempregados pela utilização da automação em todos os níveis conhecidos, ainda a se conhecer, e, se sim, em quanto tempo essa transformação será impactante na sociedade do século XXI.

Para melhor compreensão, se faz necessário analisar dois efeitos simultâneos da tecnologia na relação de trabalho.

O primeiro efeito é negativo e ocorre quando o trabalho humano é sucedido pela tecnologia em seus mais variados graus, aumentando a massa de desempregados ou fazendo que haja uma migração do trabalhador com suas capacitações profissionais para outras áreas. Em acontecendo essa última hipótese, normalmente esta recolocação é maléfica ao empregado, por ter que se sujeitar a uma pior condição de trabalho, especialmente, de remuneração para não engrossar a estatística do número de desempregos.

O segundo efeito possui um viés positivo, tendo em vista que as inovações tanto nos serviços como nos bens produzidos farão com que haja um aumento de procura pelos mesmos e, consequentemente, haverá o surgimento de novas profissões e empresas de um modo geral.

As dúvidas que surgem na doutrina são, basicamente, se os efeitos positivos conseguirão desbancar ou, no mínimo, contrabalançar os efeitos negativos, e, em havendo, em quanto tempo essa comutação se daria.

Como mencionado, é sabido que existirão profundas consequências das novas tecnologias nas relações de trabalho. O que não se sabe é qual dos efeitos (negativo ou positivo) repercutirá nas relações de trabalho, haja vista existir uma divergência doutrinária, a qual será abordada, pormenorizadamente, mais adiante.

O que se pode antecipar é que toda e qualquer inovação tecnológica pode, ao mesmo tempo, aniquilar determinados tipos de trabalho e criar novas oportunidades de trabalho dentro do próprio empregador, sendo capaz de gerar, também, novos empregados e até mesmo em outras localidades, algo já visto nas revoluções industriais anteriores. Evidentemente, esse fato ocorrerá com maior profusão nessa revolução tecnológica sem precedentes.

Nesse compasso, podemos exemplificar tal assertiva com o fato de que no início do século XX, nos EUA, 90% da força de trabalho estavam concentrados na agricultura. No entanto, somente 2%, atualmente permanecem trabalhando no campo.

Outro exemplo contemporâneo diz respeito à economia dos *apps* (aplicativos) para *smartphones* (celulares), cujo nascedouro ocorreu em 2008, quando a Apple permitiu que os aplicativos para o seu iPhone fossem criados por empresas terceiras (*startups* de tecnologia).

O que se viu foi uma nova biodiversidade nas relações de trabalho, em que a empresa produtora de celular preferiu delegar a outras empresas de tecnologia o desenvolvimento de aplicativos para serem utilizados em seus aparelhos e, consequentemente, aumentar o valor agregado de seu produto. Em outras palavras, a Apple deixou que empresas especializadas elaborassem suas tecnologias, focando, então, em sua atividade preponderante: a fabricação de aparelhos celulares.

Estima-se que, em 2015, a economia global de aplicativos tenha gerado mais de US$ 100 bilhões de dólares em receitas, ultrapassando a secular indústria cinematográfica.[203]

Isso demonstra que a quarta revolução industrial, muito embora vá, inevitavelmente, fechar postos de trabalho em diversos setores da economia, em contrapartida, criará empresas e novos empregados, por meio das inovações tecnológicas até então desconhecidas.

3.2.4.1. Substituição do Trabalho na Revolução Tecnológica

Há um entendimento consolidado de que se encontram em processo de automatização categorias profissionais, mormente, aquelas em que o trabalho é repetitivo, mecânico e manual de exatidão.

É certo que outras atividades profissionais seguirão tal processo, antes mesmo do que muitos estudiosos previam, seja por meio de automatização parcial ou total. Dentre elas, podemos citar advogados, médicos, jornalistas, contadores etc.

O que presenciamos, nesse início da quarta revolução industrial, é uma menor expansão na geração de novos postos de trabalho do que

[203] SCHWAB Klaus, *op. cit.*, p. 43.

houve nas anteriores. Tanto é que a Google, em 2012, faturou US$ 14 bilhões de dólares norte-americanos, empregando trinta e oito mil empregados, enquanto a General Motors, em 1979, tinha aproximadamente oitocentos e quarenta mil empregados, faturando apenas US$ 11 bilhões.[204]

Constata-se, portanto, que as novas tecnologias disruptivas com o modelo tradicional de organização produtiva inclinam-se a ascender a produtividade industrial, desfazendo-se da mão de obra existente. A inovação de produtos e serviços não necessariamente gerará novos postos de trabalho, ainda mais no mundo pós-pandemia Covid-19.

Desse modo, verifica-se uma relação direta entre desenvolvimento tecnológico e desemprego e este nexo causal não é um fato isolado dos EUA, mas vem acontecendo em todo mundo capitalista.

A pesquisa da *Oxford Martin School* demonstra estarem em grau de risco 47% todos os empregos nos EUA, situação que pode acontecer em até daqui a duas décadas. Caso esteja correto esse prognóstico, certamente haverá um desmantelamento acelerado dos postos de trabalho, diferentemente do que houve com as demais revoluções industriais. Ademais, tende-se a aumentar o emprego em funções cognitivas e criativas de elevados salários e de trabalhos e manuais de tacanhos salários. Reduzir-se-ão, contudo, os empregos cujos trabalhos sejam repetitivos e mecânicos.[205]

Corrobora o entendimento da mencionada pesquisa da *Oxford Martin School* o estudo denominado *The Future of Jobs Report 2018*, desenvolvido pelo Fórum Econômico Mundial, no sentido de que as inovações tecnológicas, até 2022, devem suprimir cerca de 75 milhões de empregados. Entrementes, deve criar, em cinco anos, aproximadamente 133 milhões novos postos de emprego, em virtude das novas tecnologias. Em que pese haja um saldo positivo na geração de novos postos de trabalho, segundo a pesquisa, é certo que, para conquistar estes novos empregos,

[204] FORD, Martin – *Rise of The Robots Technology and the threat os a jobless future.* New York: Basic Book, 2015, p. 76.

[205] "The Future of Employment: How Susceptible Are Jobs on Computerisation?", *op. cit.*

o candidato obrigatoriamente necessitará de muito mais habilidades e melhor qualificação profissional.[206]

Tal situação foi um dos principais temas evocados pela campanha presidencial de 2016, do atual presidente dos Estados Unidos da América, Donald Trump, em que prometeu trazer os empregos de volta, restaurando os bons tempos da indústria americana da década de 1960. Entretanto, esqueceu de dizer à sua base eleitoral que seria impossível a criação de milhões de postos de trabalho, uma vez que o setor de manufatura, especialmente aquele de maior valor agregado, não mais necessita de um exército de trabalhadores como no passado, para ser competitivo e producente.

Ressaltam-se, por oportuno, as tabelas abaixo, extraídas da referida pesquisa da *Oxford Martins School*[207], em que se apresentam as profissões com maiores e menores possibilidades de serem automatizadas:

Tabela. Exemplos de profissões mais e menos propensas à automação	
Mais propensas	
Probabilidade	Profissão
0,99	Operadores de telemarketing
0,99	Responsável por cáculos fiscais
0,98	Avaliadores de seguros, danos automobilísticos
0,98	Árbitros, juízes e outros profissionais desportivos
0,98	Secretários jurídicos
0,97	Hosts e hostesses de restaurantes, loungues e cafés
0,97	Corretores de imóveis
0,97	Mão de obra agrícola
0,96	Secretários e assistentes administrativos, exceto jurídicos, medícos e executivos
0,94	Entregadores e mensageiros

206 "The Future of Jobs Report 2018". Em linha] [Consult. 19 Set. 2018] Disponível em: http://www3.weforum.org/docs/WEF_Future_of_Jobs_2018.pdf.

207 "Tecnhology At Work v 2.0 The Future Is Not It Used to Be", jan. 2016. [Em linha] [Consult. 13 Ago. 2018] Disponível em: https://www.oxfordmartin.ox.ac.uk/downloads/reports/Citi_GPS_Technology_Work_2.pdf.

Menos propensas	
Probabilidade	Profissão
0,0031	Assistentes sociais de abuso de substâncias e saúde mental
0,004	Coréografos
0,0042	Médicos e cirurgiões
0,0043	Psicólogos
0,0055	Gerentes de recursos humanos
0,0065	Analistas de sistemas de computador
0,0077	Antropólogos marinhos e arqueólogos
0,01	Engenheiros marinhos e arquitetos navais
0,013	Gerentes de vendas
0,015	Diretores

Denota-se, ainda, que as alterações do trabalho tradicional não estão ocorrendo tão somente por conta das inovações tecnológicas (exemplo: robótica, algoritmos, automação, inteligência artificial, etc.), mas, também, pela maneira com que as novas organizações empresariais vêm agindo para otimizar e tornar mais simples os empregos nos últimos tempos, utilizando-se da terceirização e do chamado *crowdsourcing*.[208]

[208] "De acordo com De Stefano, citado por Juan Raso, a nova economia gerará empregos, ainda que de modesta qualidade, nesse ambiente de "*gig economy*"; trata-se de uma economia de pequenos encargos ou miniempregod, com espaço ao menos para duas modalidades: o *crowdwork* e o trabalho por demanda via aplicativos (Delgue, 2017, p. 6). Ou seja, de um lado, surgirão plataformas comunitárias – *crodwork*, com as diversas atividades oferecidas pela internet. De outro, o trabalho sob demanda, as chamadas aplicações "work-on-demand via apps", cuja aproximação com o Direito do Trabalho é mais complexa, pois permite conectar provedores de serviços tradicionais com potenciais consumidores.
Crowdsourcing, para Jef Howe, citado por Gracie-la Bensuán, equivale ao "ato de tornar um trabalho, tradidicionalmente desempenhado por um agente determinado (geralmente um trabalhador), e subcontratá-lo a um grupo indefinido e geralmente grande de pessoas, por meio de convocação aberta". Embora classificado como autónomo, o *crowdsourcing* reúne características de três modalidades atípicas de emprego: trabalho temporário, a tempo parcial ou por meio de agência (Benusán, 2016, pp. 20-22". Mannrich, Nelson. *Futuro do Direito do Rbalho, no Brasil e no Mundo. Futuro do Direito do Trabalho, no Brasil e no Mundo.* LTr: revista legislação do trabalho. São Paulo, v. 81, nº 11, p. 1293, nov. 2017.

Este termo, embora não tenha tradução para língua portuguesa, refere-se à utilização de uma modalidade de trabalho de um conjunto de pessoas que não fazem parte de uma mesma entidade ou instituição, mas que buscam, de forma colaborativa e individual, desenvolver com seus conhecimentos a concretização de um determinado projeto.

Isso quer dizer que as novas organizações empresariais desejam trabalhar com grupos aleatórios de pessoas, de maneira colaborativa, sem estruturas físicas e fixas, já que a tecnologia permite que a empresa esteja em Portugal. Seus parceiros de projeto – não seus empregados – podem estar em qualquer parte do mundo.

Essa nova dinâmica nas relações de trabalho, em que é privilegiada a contratação de prestadores de serviços em detrimento do empregado, tem como principais características as especialidades técnicas, além de suas autonomias.

Segundo anota o professor Arun Sundararajan, citado por Farhad Manjoo, em seu artigo publicado pelo jornal *The New York Times*, "Podemos terminar com um futuro em que uma fração da força de trabalho faria um portfólio de coisas para gerar uma renda – você poderia ser um motorista de Uber, um comprador Instacart, locador da Airbnb e trabalhar para a TaskRabbit".[209]

Em resumo, nasce uma nova plataforma nas relações de trabalho, denominada de "nuvem humana", a qual consiste em trabalhadores independentes, que não ganham salário mínimo e que não têm vantagens sociais, já que não são empregados. Observa-se, portanto, que a economia digital gerada pela quarta revolução industrial cria imensas vantagens para as empresas, em especial para as *startups*, com a redução considerável de seus custos de produção.

As principais vantagens para os indivíduos que trabalham em nuvem humana estão compreendidas, basicamente em dois vetores: a liberdade (podendo escolher se querem ou não trabalhar) e a flexibilidade (estarem integrados em uma rede mundial digital). Na realidade, pode-se

[209] New York Times – "*We may end up with a future in which a fraction of the work force would do a portfolio of things to generate an income – you could be an Uber driver, an Instacart shopper, an Airbnb host and a Taskrabbit*". (tradução livre do autor). Arun Sandararajan, citado em: Farhad Manjoo, "Uber's Business Model could Change your Work", *The New York Times*. [Em linha] [Consult. 13 Ago. 2018]. Disponível em https://www.nytimes.com/2015/01/29/technology/personaltech/uber-a-rising-business-model.html.

entender que a nuvem humana nada mais é do que uma terceirização internacional silente. Não se sabe quem são e quantos são os envolvidos nessa nova plataforma de trabalho virtual.

Surgem duas dúvidas que somente o tempo do desenrolar da quarta revolução industrial, que está apenas em seu início, poderá responder com precisão. Será que essa nova plataforma de trabalho flexível será mais uma fórmula de precarização das relações de trabalho ou será que a expansão das nuvens humanas, ao invés de mitigarem os direitos do trabalhador, fomentará o avanço da automação e consequente perda de inúmeros dos postos de trabalho?[210]

Como se vê, os desafios são inúmeros, mas é certo que a quarta revolução industrial, inevitavelmente, estabelecerá novos contratos de trabalho, como é o caso da nuvem humana, dentre outras que surgirão. Todavia, para que a nuvem humana, por exemplo, não seja vista como forma de precarização, faz-se necessária a existência de políticas públicas reguladoras a serem adotadas pelos Estados, cujo especial propósito não seja a proibição dessa nova modalidade de trabalho, para quem deseja trabalhar nesse moldes, mas sim, proveja ferramentas sociais que possam auxiliar esse tipo de trabalhador, quando estiver sem trabalho até a sua recolocação profissional, na tentativa de não deixar desamparadas socialmente essas pessoas, evitando, até mesmo, as suas exclusões sociais em face aos novos poderes disruptivos trazidos pelas inovações tecnológicas nas relações laborais.

É sabido que essa nova plataforma de nuvem humana já vem ocasionando litígios judiciais. Trabalhadores autônomos que prestam serviços dessa forma entendem ser empregados e, portanto, pleiteiam judicialmente direitos trabalhistas que lhes foram sonegados, inclusive nos EUA, em que os direitos trabalhistas são mitigados, em comparação com demais países capitalistas, como Brasil e Portugal.

[210] "Se por um lado, os novos formatos de trabalho ligados à chamada "gig economy" nos deixaram mais livres das amarras da gestão tradicional, por outro, estão criando profissionais mais inseguros e frágeis do ponto de vista financeiro, físico e emocional". *O novo mundo do trabalho mais escraviza do que liberta*. Em linha] [Consult. 23 Set. 2019]. Disponível https://valor.globo.com/carreira/noticia/2019/09/23/o-novo-mundo-do-trabalho-mais-escraviza-do-que-liberta.ghtml

Nessa linha, encontramos tal situação anotada no artigo *The human cloud: A new world of work*, publicado pelo jornal *The Financial Times*, em que "... os advogados e os trabalhadores estão desafiando-os: no ano passado, uma plataforma em nuvem chamada Crowdflower ofereceu mais de US$ 500.000 para resolver um processo, de ação coletiva nos EUA de trabalhadores que entendiam ser empregados na realidade e, portanto, tinham direitos com tais".[211]

Essa situação já vem, também, ocorrendo, como se vê tanto na Inglaterra, em que a Justiça reconheceu (processo nº 2202550/2015) o vínculo trabalhista de motoristas da Uber[212] e nos Estados Unidos da América, mais precisamente no Estado da Califórnia, foi aprovado, em setembro de 2019, pelo Senado deste Estado, uma legislação (AB5)[213] que considera os motoristas de Uber, Lyft, DooDash, Instacart e Postmates como sendo empregado dessas empresas.[214] A AB5 entrou em vigor em janeiro de 2020.[215]

É certo dizer, por oportuno, que a Uber, em resposta a aprovação da AB5 (lei que estabelece o motorista como empregado) pelo Estado da Califórnia, passou a fazer testes com alguns motoristas e em determinados percursos, dando-lhes mais autonomia e consequentemente demonstrar, em ações judiciais em trâmites, não se enquadrarem como empregados. Ou seja, em dezembro de 2019 passou a permitir que escolham as viagens que preferem realizar e a partir do dia 21 de janeiro de 2020 permitiu, por meio de testes, que os alguns motoristas possam aumentar as tarifas até o máximo de 5 (cinco) vezes o valor estabelecido pela Uber. Mas já há críticas, eis que tal teste não privilegia a qualidade

[211] FINANCIAL TIMES – *"The human cloud: A new world of work"*. [Em linha] [Consult. 13 Ago. 2018]. Disponível em https://www.ft.com/content/a4b6e13e-675e-11e5-97d0-1456a776a4f5

[212] Decisão judicial em sua íntegra [Em linha] [Consult. 24 Jan. 2020]. Disponível em https://leginfo.legislature.ca.gov/faces/billTextClient.xhtml?bill_id=201920200AB5

[213] "California Legislative Information" [Em linha] [Consult. 13 Ago. 2018]. Disponível em

[214] THE VERGE – *"California Senate passes bill to limit the gig economy"*. [Em linha] [Consult. 13 Set. 2019]. Disponível em https://www.theverge.com/2019/9/11/20860372/ab5-california-bill-uber-lyft-postmates-senate-gig-economy

[215] FORBES – *"Franchising Braces for 2020 California AB-5 Law Regarding Misclassification of Workers"* Em linha] [Consult. 24 Jan. 2020]. Disponível em https://www.forbes.com/sites/janetsparks/2019/10/09/franchising-braces-for-2020-california-ab-5-law-regarding-misclassification-of-workers/#1fa714757f60

do serviço, uma vez que não permite que apenas os melhores motoristas classificados possam cobrar maiores tarifas.[216]

No que diz respeito ao Brasil, muito embora não haja, ainda, unanimidade nas decisões judiciais sobre a existência ou não de vínculo empregatício entre as partes.[217] E para agravar essa controvérsia, o Superior Tribunal de Justiça decidiu em agosto de 2019, em conflito de competência que a Justiça do Trabalho não é competente para julgar ações

[216] The Wall Street Journal – *"Uber Tests Feature Allowing Some California Drivers Set Fares"* – [Em linha] [Consult. 24 Jan. 2020]. Disponível em https://www.wsj.com/articles/uber-is-testing-a-feature-that-lets-some-california-drivers-set-fares-11579600801

[217] O Tribunal Regional do Trabalho da 3ª Região, em decisão proferida nos autos da reclamação trabalhista n. 0011359-34-2026-5-03-0112, reformou a sentença de primeiro grau ao afirmar a inexistência de vínculo empregatício entre o motorista e o Uber, cujo principal fundamento utilizado é no sentido de que "Dissinto do r. entendimento primeiro, uma vez que o objeto social da reclamada refere-se ao fornecimento de serviços de contatos entre pessoas que necessitam de transporte e pessoas que se dispõem a fazer esse transporte, que o desenvolvimento da tecnologia possibilitou, e não o transporte de passageiros, devendo ser ratificados os termos dos documentos apresentados neste sentido – id. 8cf0bcd, 8377563 e 610307d, afastada a tese de existência de subordinação estrutural, porque a reclamada se caracteriza como plataforma digital, que objetiva interligar motoristas cadastrados aos usuários de transporte". [Em linha] [Consult. 13 Ago. 2018]. Disponível em http//pje.trt3.jus.br/segundograu/Processo/ConsultaDocumento/listView.seam?nd=17041180308110000013742875.

Há uma sentença inédita do Tribunal Regional do Trabalho de São Paulo, proferida pelo D. Juízo da 12 Vara do Trabalho de São Paulo, reconhecendo o vínculo empregatício entre o motorista e o Uber, cuja principal fundamentação é no viés de que "Assim, vê-se que a subordinação do empregado tem ligação com o poder do empregador de dispor de sua força de trabalho, sendo esta um dos fatores de produção reunidos na empresa, cuja titularidade pertence ao empregador. Daí, aliás, a expressão, que trabalho por conta alheia qualifica a situação do empregado, o qual despende sua energia em favor do empreendimento de outra pessoa, o empregador. Cabe a este o risco do negócio; logo, cabe a ele organizar a prestação de serviços; pelo mesmo fundamento, cabe ao empregado subordinar-se a essa organização. (...) Ora, à luz de tais enunciados teóricos, não há alternativa senão reconhecer que o trabalho do autor, como motorista, era prestado de forma subordinada. Como já exposto, a mão de obra do motorista é fator de produção na geração da mercadoria (serviço de transporte), cuja circulação propicia o excedente econômico à ré. Além disso, o preço do serviço final é estabelecido unilateralmente pela ré, cabendo ao motorista apenas a um percentual que lhe caberá quando concluir a viagem que aceitar. Parece evidente que o empreendimento como um todo, o é da empresa ré, e não do negócio motorista. [Em linha] [Consult. 13 Ago. 2018]. Disponível em http//pje.trt2.jus.br/primeirograu/Processo/ConsultaDocumento/listView.seam?nd=17033008332297200000061601335.

judiciais envolvendo motoristas de aplicativos e as empresas de transporte por plataforma digital, uma vez que esta relação jurídica não se caracteriza como relação de emprego, mas apenas de natureza civil".[218]

Em Portugal, não se tem, ainda, nenhuma decisão judicial que trate da questão de vínculo ou não do motorista e da Uber, mas a Associação Nacional dos Transportadores Rodoviários em Automóveis Ligeiros (ANTRAL), ingressou com ação contra a Uber e, em abril de 2015, houve uma decisão de primeiro grau (processo nº 7730/15.0T8LSB – 1 Secção Cível – J13)[219], considerando como sendo ilegal a atividade

[218] "Afastada a relação de emprego, tem-se que o sistema de transporte privado individual, a partir de provedores de rede de compartilhamento, detém natureza de cunho civil. (...) As ferramentas tecnológicas disponíveis atualmente permitiram criar uma nova modalidade de interação econômica, fazendo surgir a economia compartilhada (*sharing economy*), em que a prestação de serviõs por detentores de veículos particulates é intermediada por aplicativos geridos por empresas de tecnologia. Nesse processo, os motoristas, executores da atividade, atuam como empreendedores individuais, sem vínculo de emprego com a empresa proprietária da plataforma". CONFLITO DE COMPETÊNCIA Nº 164-544 – MG (2019/0079952-0) [Em linha] [Consult. 04 Set. 2019]. Disponível em https://ww2.stj.jus.br/processo/revista/documento/mediado/?componente=ITA&sequencial=1857953&num_registro=201900799520&data=20190904&formato=PDF.

[219] "III – DO DIREITO

(...) O transporte de passageiros está regulamentado com vista à proteção do público que o utiliza. Para assegurar a proteção de quem utiliza este meio de transporte, criou-se uma série de medidas legais, condicionando o acesso à atividade, exigindo idoneidade, formação, obtenção de carteira profissional e toda uma panóplia de requisitos de acesso á atividade e deveres da mesma que se destinam a proteger os indivíduos que os utilizam.

O cidadão que utiliza o transporte de táxi, sabe que o faz num veículo autorizado, devidamente identificado, com um condutor igualmente identificado, de acordo com um serviço tabelado e com seguro que cobre o transporte de passageiros e da respectiva bagagem.

Quem utiliza este serviço Uber, não sabe, até porque é apregado o serviço como melhor, mais seguro e mais barato, a quem pertence aquele veículo, bem que o condutor não está habilitado com carteira profissional para o efeito, nem sequer sabe na prática quem é o indivíduo que o conduz (por ausência da carteira profissional e certificado de taxista), que a qualquer momento pode deixar a atividade, nem sabe que o seu transporte não está abrangido por qualquer seguro, em caso de acidente, por ilegal.

Mais ocorrendo qualquer circunstância lesante do transportado, seja por acidente seja por crime que vitime o transportado, também não é fácil identificar o responsável pela reparação do dano, ou que responda pelo crime praticado.

Enfim trata-se de uma atividade ilegal, publicitada de forma enganosa e que constitui um risco para quem o utiliza.

Por outro lado, não decorre, sendo esta atividade ilegal e paga mediante transferência bancária, sem emissão de recibo daquele transporte, válido neste país, onde se realiza e consuma esse transporte, que estejam cumpridos as exigências de tributação.
Assim sendo, mais do que lesar os interesses dos associados da Antral, lesa esta atividade da requerida, interesses públicos e tutelados pelo Estado.
Existe assim fundado receio de uma lesão grave e dificilmente reparável quer do direito dos associados da requerente, quer do interesse público em geral, sendo certo que a requerida enquanto continuar a actuar da fomra por que o faz, continuará a celebrar estes acordos de transporte quer com veículos e motoristas não devidamente habilitados, quer com passageiros, não protegidos, colocando-os em risco, diariamente, em flagrante violação da lei.
(...)
Decisão Em face do exposto, julgo procedente a requerida providência cautelar e assim determino: a a) A notificação da Requerida para a sua sede sita em Howard Street, 182, suíte 8, San Francisco, CA 94105, United States para, de imediato, encerrar a página Web, www.uber.com, em Portugal, bem como cessar a atividade de transporte de passageiros em automóveis ligeiros por meio de aplicações destinados a esse fim, também em Portugal e, no mesmo espaço, cessar a angariação de meios e a execução de contratos de transporte de passageiros, sob a designação de "Uber", ou de qualquer outra que seja denominada, para fins idênticos: b) O encerramento e proibição em Portugal, da prestação e adjudicação do serviço de transporte de passageiros em veículos ligeiros, debaixo da denominação "uber, ou qualquer outra, que seja denominada com idênticos fins, por parte da Requerida: c) O encerramento e proibição de conteúdos, acesso e prestação do referido serviços de transporte de passageiros, em Portugal, através da página Web www.uber.com, ou qualquer outra que seja utilizada nos mesmos temros e para os mesmos fins; d) O encerramento e proibição de qualquer aplicação "app ou de outro qualquer suporte ou sistema tecnológico ou informático, para prestar serviõ de passageiros, em Portugal; e) A interdição de uso de cartões de crédito e sistemas de pagamento pela internet para efeitos de cadastro na plataforma Uber e ordem de pagamento nesse âmbito:
Para cumprimento destas medidas, mais determino:
1. A notificação de todas as operadoras de telecomunicações, registradas em Portugal, nomeadamente das identificadas no Anexo I e outras que se relacionem com a Requerida e serviço aqui em causa, para que suspendam a transmissão, o alojamento de dados, ao cesso às redes de telecomunicações ou a prestação de qualquer outro serviço equivalente de intermediação relacionado com a Requerida Uber e reforçado através de pedido à Anacom, Autoridade Nacional de Comunicações, com sede na Av. José Malhoa, 12 1099 – 017 Lisboa, para que dentro das sua competência dê cumprimento a este pedido:
2. A notificação de todos os operadores bancários e entidades pagadoras, por meios eletrônicos, registrados em Portugal, nomeadamente os/as Identificados/as nos Anexos II e III, através de solicitação ao Banco de Portugal, com sede na Rua Comércio 148, 1100-150 Lisboa e à Unicre, Instituição Financeira de Crédito S.A., como sede na Avenida António Augusto de Aguiar 122, 1050 Lisboa, e demais entidades, para que suspendam todas as

desenvolvida pela Uber e determinou a sua imediata suspensão. A Uber, então, recorreu ao Tribunal da Relação de Lisboa que manteve a decisão de primeiro grau. A título de informação, a referida decisão, colegiada, afeta tão somente a empresa Uber Technologies sediada nos EUA e não a Uber B.V. ou a Uber Portugal, que continuam operando normalmente em território português.[220]

Entretanto, o Tribunal Judicial da Comarca de Lisboa na contramão do Tribunal da Relação de Lisboa, em acórdão proferido em novembro de 2017, considerou legal a prestação de serviços por parceiros da empresa Uber em Portugal, conforme se denota do trecho abaixo:

> A evolução do mercado (...) determina o aparecimento de novas realidades, às quais não se pode aplicar, de forma acrítica, diplomas pré-existentes

operações de registro e de pagamento, mediante cartão de pagamento ou, outro meio similar usado habitualmente pelo Uber;
3. A notificação do IMT – Instituto da Mobilidade e dos Transportes, I.P., com sede na Av. das Forças Armadas, 40-1649-022, Lisboa, para que dentro das suas competências, assegure o cumprimento das medidas cautelares, nomeadamente atrav'rs das actuação da sua inspeção, policiais e GNR;
4. A notificação das Câmaras Municipais de Lisboa e Porto, respectivamente com sedes na Praça do Município 1149-14 em Lisboa e Praça General Humberto Delgado, 4049-001 Porto, com conhecimento à Associação Nacional dos Municípios Portugueses com sede na Av. Marnoco e Sousa 52, 3004-511, em Coimbra na para que dentro das suas competências e através das respectivas policiais municipais, assegurem o cumprimento das medidas cautelares;
5. A notificação da Autoridade da concorrência designadamente, a Direcção Geral das Actividades Económicas, como sede na Av. Visconde de Valmor, 72, 1069-041 Lisboa e a ASAE – Autoridade de Segurança Alimentar e Económica, como sede na Rua Rodrigo da Fonseca, nº 73, 1269-274, Lisboa para que, dentro das suas competências e fiscaçizações próprias, assegurem o cumprimento das providências cautelares;
6. A notificação da ACT – Autoridade das Condições do Trabalho, como sede na Av. Casal Ribeiro nº 18-A.1000-092 em Lisboa, para que dentro das suas competências e fiscalização própria, assegura o cumprimento das providências cautelares;
7. A aplicação de uma sanção pecuniária compulsória, para o caso de não acatamento à Requerida, no valor diário de € 10.000,00 (dez mil euros)". [Em linha] [Consult. 13 Ago. 2018]. Disponível em http://s3.observador.pt/wp-content/uploads/2015/04/decisao--comarca-de-lisboa-uber.pdf.

[220] "Tribunal da Relação de Lisboa considera ilegal a atividade da Uber". [Em linha] [Consult. 13 Ago. 2018]. Disponível em https://www.publico.pt/2017/12/05/economia/noticia/relacao-considera-ilegal-a-actividade-da-uber-1795031.

que visavam uma realidade distinta e incomparável daquela que a realidade e a inovação dos tempos vieram a concretizar.[221]

Com efeito, o paradigma tradicional da relação de trabalho, em que o empregado trabalhava por dez anos ou mais em uma única empresa, é algo que ficou no passado com as inovações tecnológicas.

Vê-se, então, que os impactos das novas tecnologias nas relações de trabalho e o seu futuro diante da substituição são algo que não se tem como impedir. Porém, isto não significa que estamos em um antagonismo entre homem *versus* máquina.

Isso porque a sociedade como um todo deve compreender que a melhor solução para enfrentar o avanço tecnológico, sem vê-lo como um inimigo aos trabalhadores, é a junção de todas as tecnologias (digitais, biológicas, dentre outras), responsáveis pelas substituições do trabalho tradicional, que tenderá a gerar mais trabalho, especialmente, pela necessidade de geração de capital humano (cognição). Isso demonstra, fatalmente, que todas as nações mundiais já deveriam ter se atentado para a obrigatoriedade de modificações da metodologia de ensino de todo sistema educacional, a fim de que o homem esteja capacitado para trabalhar conjuntamente com a máquina, e não disputando espaço com ela.

Compartilho deste pensamento doutrinário que vai mais longe, apontando que, ao final do século XXI, a integração entre homem e máquina será de tamanha intensidade que ambos se confundirão na sociedade.[222]

[221] "Tribunais contradizem-se. Lisboa anula multa a parceira da Uber". [Em linha] [Consult. 13 Ago. 2018]. Disponível em https://eco.pt/2017/12/07/tribunais-contradizem-se-lisboa-anula-multa-a-parceira-da-uber/.

[222] "Os avanços no escaneamento digital do cérebro humano possibilitam que a engenharia reversa seja completada, inclusive decifrando todas as regiões especializadas do cérebro e descodificando seus funcionamentos que, agora, são analisados e compreendidos. A inteligência emocional do Homem será entendida e dominada pelas máquinas inteligentes! Todo este conhecimento é repassado às Máquinas que, dotadas de circuitos eletrônicos um milhão de vezes mais rápidos do que as conexões eletroquímicas do cérebro humano, obtêm vantagens substanciais sobre o Homem. Destaca-se o Laboratório de Pesquisa Avançada em Telecomunicações – ATR, em Kyoto – Japão, que já constrói um cérebro artificial com um bilhão de neurônios eletrônicos (o humano tem trilhões) dotados de uma velocidade de processamento de um milhão de vezes mais rápida do que a dos neurônios humanos". CUNHA, Paulo Gustavo de Araújo – *Século XXI: Homem ou Máquina?* Recife: Gráfica Flamar, p. 84.

Com efeito, os setores de maior produtividade industrial utilizam de robôs colaborativos que auxiliam, e não substituem, o trabalhador nos serviços, inclusive nos mais nocivos ao ser humano. Estima-se que cerca de 28 mil robôs colaborativos já se encontram em funcionamento nos EUA.[223]

Isto é, "As empresas de robótica os lançam como uma forma de ajudar as pessoas a trabalharem mais rápido e aumentar a produtividade durante os tempos agitados, como os feriados, quando o trabalho extra é mais difícil de encontrar. Surgindo as vendas *online* e um mercado de trabalho apertado tornaram mais difícil e caro para preencher empregos de armazém. (...). Por exemplo, os robôs podem reduzir o número de etapas que os trabalhadores tomam para cumprir uma ordem. Mas eles não pegam objetos fora das prateleiras, uma tarefa simples para os seres humanos, mas complicada de automatizar, embora os desenvolvedores estejam chegando perto".[224]

Esse pensamento não é recente e já havia sido profetizado em 1960, por J.C.R. Licklider (considerado um dos maiores cientistas da história da computação e que participou inclusive do projeto Arpanet, gerador da internet que conhecemos), em seu famoso artigo "*Man-Computer Symbiosis*", quando asseverou que, "A esperança é que, em muitos anos, os cérebros humanos e as máquinas de computação serão acoplados muito firmemente, e a parceria resultante pensará como nenhum cérebro humano já pensou e processar dados de uma maneira que não

[223] The Wall Street Journal – *Latest Robots Lend a Helping Arm at Factories*. [Em linha] [Consult. 13 Ago. 2018]. Disponível em https://www.wsj.com/articles/latest-robots-lend-a-helping-arm-at-factories-1478624535

[224] The Wall Street Journal – "Robotics firms pitch them as a way to help people work faster and boost productivity during busy times, such as the holidays, when extra labor is harder to find. Surging online sales and a tight labor market have made it more difficult and expensive to fill warehouse jobs. (...). For example, the robots can slash the number of steps workers take to fulfill an order. But they don't grab objects off shelves, a task that is simple for humans but tricky to automate, though developers are getting close" (tradução livre do autor), Jennifer Smith, *A Robot Can Be a Warehouse Worker's Best Firend*. [Em linha] [Consult. 13 Ago. 2018]. Disponível em Disponível em: https://www.wsj.com/articles/a-robot-can-be-a-warehouse-workers-best-friend-1501752600

é abordada pelas máquinas de tratamento de informações que conhecemos hoje".[225]

Nada obstante, há o pensamento contrário no sentido de que estamos assistindo, atualmente, com os avanços tecnológicos, que mesmo os empregados daquelas pessoas menos suscetíveis aos impactos das novas tecnologias podem estar com os dias contados.

Isso porque se entende que, com o aparecimento de algoritmos avançados, estes podem, por exemplo, criar peças narrativas, praticamente, impossíveis de serem distinguidas das elaboradas pelo homem. Tamanha é a veracidade que o jornal de *The New York Times* trouxe uma reportagem no sentido de que em meados da década de 2020, aproximadamente 90% das notícias serão produzidas por algoritmos, sendo que boa parte delas não precisará de nenhuma interferência humana.[226]

É certo que, com a célere evolução tecnológica, se faz necessário antecipar-se às inclinações trabalhistas do futuro, além das competências imprescindíveis dos empregados para adequar-se. Ocorre, contudo, serem distintas as tendências trabalhistas em cada país ou região geográfica, além dos nichos industriais desenvolvidos nessas localidades. Portanto, é fundamental entender os efeitos da quarta revolução industrial tanto em cada atividade industrial como exclusivamente em cada país.

Em que pese o fato de os resultados da quarta revolução industrial não serem lineares a todas as atividades econômicas e a todos os países, uma coisa é certa: essa revolução tecnológica, certamente, exigirá de todos os países a adoção de uma educação altamente qualificada e especializada, que consiga capacitar os trabalhadores, destacando-se pela capacidade de se adequar, constantemente, às transformações tecnológicas e pelo aprendizado de novas destrezas.

[225] CSAIL – "The hope is that in not too many years human brains and computing machines will be coupled together very tightly, and the resulting partnership will think as no human brain has ever thought and process data in a way not approached by the information-handling machines we know today." According to Wikipedia, Licklider is considered "one of the most important figures in computer science and general computing history" (tradução livre do autor), J.C.R. Licklider, *Man-Computer Symbiosis*. [Em linha] [Consult. 13 Ago. 2018]. Disponível em https://groups.csail.mit.edu/medg/people/psz/Licklider.html.

[226] New York Times – *If an Algorithm Wrote This, How Would You Even Know?* [Em linha] [Consult. 13 Ago. 2018] Disponível em http//www.nytimes.com/2015/03/08/opinion/Sunday/if-an-algorithm-wrote-this-how-would-you-even-know.html?_r=0.

Assim, há que entenda que o talento se sobreporá ao capital como principal vetor de produção, porém "As empresas precisam de uma nova mentalidade para satisfazer suas próprias necessidades de talento e para atenuar os resultados indesejados à sociedade".[227]

Nesse aspecto, segundo Maíra Pimentel, cofundadora e diretora de projetos da Tamboro, *startup* de inovação em educação que desenvolve soluções *online* que auxiliam a melhorar a performance de jovens profissionais que pretendem ingressar no mercado de trabalho, são "Chamadas de habilidades do século 21, são elas que nos diferenciam das máquinas, impulsionando a performance de qualquer profissional. Nos últimos anos, muitas empresas começaram a verdadeiramente entender que essas características, em muitos casos, são mais necessárias do que as técnicas".[228]

Independentemente de quem prevalecerá (capital humano ou talento), até porque não é possível fazer uma previsão clara do que efetivamente acontecerá, devem todos os países estar atentos para o fato de que o esgotamento das aptidões profissionais de piso desencadeará um agravamento das desigualdades e dos conflitos sociais.

Tamanho é o problema da aludida desigualdade que as empresas de tecnologia vêm pagando altíssimos salários para especialistas em inteligência artificial, mormente porque há uma grande carência de talentos. Estima-se que menos de dez mil pessoas, no mundo, tenham capacidade profissional para trabalhar em significativas pesquisas de IA.

Ou seja, as grandes empresas de tecnologia contratam os indivíduos mais talentosos, inclusive aqueles que estão no setor acadêmico, gerando um déficit de professores que tenham capacitação para ensinar tecnologia.[229]

Por conseguinte, o mundo deve, também, entender que, além da competência (capacidades profissionais) e do talento do trabalhador,

[227] SCHWAB Klaus., *op. cit.*, pp. 51-52.

[228] MUNDO RH – Maria Pimentel citada por Francisco Carlos em seu artigo "4 pontos para serem considerados na hora de planejar a carreira". [Em linha] [Consult. 13 Ago. 2018]. Disponível em http://www.mundorh.com.br/4-pontos-para-serem-considerados-na-hora-de-planejar-carreira/.

[229] NEW YORK TIMES – *Tech Giants Are Paying Huge Salaries for Scarce A.I. Talent.* [Em linha] [Consult. 13 Ago. 2018]. Disponível em Disponível em: https://www.nytimes.com/2017/10/22/technology/artificial-intelligence-experts-salaries.html.

existem os propósitos de vida de cada indivíduo, dentre eles, o propósito que buscamos no trabalho.

Ocorre que estamos vivenciando um processo expansionista de especializações de atividades profissionais exigidas pelas novas tecnologias, para alcançar uma maior produtividade. Contudo, essa ultra especialização pode fazer que as pessoas percam o interesse no trabalho, por não mais se sentirem protagonistas nas relações laborais, como as novas gerações que não despertam muito interesse pela vida corporativa tradicional, pois entendem que esse modelo engessa suas habilidades cognitivas e restringem as suas integrações profissionais, prejudicando, portanto, a busca de tudo aquilo que faz sentido em suas vidas.[230]

Tamanha é a relevância dessa questão para o futuro do trabalho, tendo em vista já encontrarmos níveis altos de insatisfação com o trabalho, como no Brasil, considerado, em comparação com México e Argentina, como o país com o maior índice de trabalhadores insatisfeitos com seus trabalhos[231]. Isso sem contar a massa avassaladora de desempregados, que está acima de 12 milhões de pessoas. Já Portugal, em pesquisa realizada pela OCDE, em 2016, foi classificado como o país em que os cidadãos estão mais insatisfeitos com a vida, ficando atrás da Suíça (melhor avaliado), Dinamarca, Islândia, Noruega, Finlândia, Estônia, Turquia, Hungria e Grécia.[232]

Isso tudo só vem corroborar a inquietação com mais desigualdade crescente que pode acontecer, em que apenas uma elite diminuta de trabalhadores esteja realizada e jubilosa com seus trabalhos, além de bem remunerada.

[230] Mundo RH "nova geração, mais do que apenas sucesso econômico, busca por sentido e felicidade. Não faz sentido o simples acúmulo de conteúdos. Cada jovem possui necessidades e habilidades específicas que precisam ser desenvolvidas de maneira individual", trecho extraído do artigo "4 pontos para serem considerados na hora de planejar a carreira". [Em linha] [Consult. 13 Ago. 2018]. Disponível em http://www.mundorh.com.br/4-pontos-para-serem-considerados-na-hora-de-planejar-carreira/.

[231] Economia Estadão – [Em linha] [Consult. 13 Ago. 2018]. Disponível em http://economia.estadao.com.br/noticias/geral,brasileiro-e-o-menos-satisfeito-com-seu-trabalho-diz-pesquisa,70001827107.

[232] Observador – Portugueses, insatisfeitos com a vida, preferem não casar e têm poucos filhos. [Em linha]. [Consult. 13 Ago. 2016]. Disponível em http://observador.pt/2016/10/05/portugueses-insatisfeitos-com-a-vida-preferem-nao-casar-e-tem-poucos-filhos/.

3.2.4.2. Reflexos nos Países em Desenvolvimento

É importante retratar que as revoluções anteriores ainda sequer desembarcaram em muitos países, quando nos deparamos com muitos cidadãos de todo mundo que não possuem acesso à água potável, saneamento básico e energia elétrica, dentre outras tecnologias básicas e fundamentais para o mínimo do desenvolvimento humano, muito embora a quarta revolução industrial atingirá também esses países.

Assim, "a fábrica do futuro, presente no imaginário das pessoas, parece que se constitui por um aglomerado de máquinas inteligentes, onde a intervenção humana seria mínima, bastante ascética, capaz de interligar produção e mercado distribuidor de forma ágil e com um menor custo. Esta fábrica, bastante diferente daquela caricaturada por Charles Chaplin em 'Tempos Modernos', eliminaria o trabalho repetitivo, desinteressante, braçal e apelaria significativamente para o intelecto e o envolvimento do trabalhador. Entre, *porém, a realidade e o sonho, as pesquisas comprovam que a fábrica do futuro está longe de ser um processo generalizado para todo o mundo produtivo* e que, mesmo em países mais adiantados, esse padrão produtivo, altamente tecnologizado, convive e às vezes estimula processos menos inovadores de produção, muitas vezes dentro da mesma empresa" (grifos nossos).[233]

Surge uma situação desafiadora aos países subdesenvolvidos com o advento da quarta revolução industrial, os quais, diferentemente do que ocorreu com a terceira revolução industrial, deveriam adotar todos os esforços possíveis, a fim de evitar a utilização de mão de obra barata e de baixa qualificação como fator de competitividade, para produzir seus produtos ou as novas tecnologias.

Deve-se alertar, com maior veemência, as consequências da quarta revolução industrial nesses países às suas autoridades públicas, já que, não havendo ou sendo reduzida a demanda de trabalho nessas nações, certamente aumentará as tensões sociais, a migração avassaladora e as violentas concepções extremistas e xenófobas, o que retardará ainda mais aos seus desenvolvimentos.

[233] Aranha, Antônio Vitória Soares – *Novas Tecnologias, Mercado de Trabalho e Formação Profissional,* Discriminação: São Paulo: LTr, 2000.

3.2.5. Os impactos nas Organizações Governamentais

Não escaparam das disrupções trazidas pela quarta revolução industrial as ações desempenhadas pelas organizações governamentais, seja em suas esferas locais, regionais e nacionais, em que necessitam se recriar e buscar novos modos para dialogar com os cidadãos de modo geral, sem falar, ainda, em como essa ruptura acomete as relações entre nações.

Analisar-se-á, neste momento, qual deveria ser a postura dos governos na tentativa de gerir a quarta revolução industrial, já que não se pode perder de mente que os governos serão peça fundamental na transformação do modelo organizacional tradicional para os novos e desafiadores cenários tecnológicos e, consequentemente, econômicos e sociais.

Assim, os governos devem, inicialmente, difundir a ideia de que as inovações tecnológicas devem ser utilizadas para melhorar a qualidade dos serviços prestados pelo Estado, como, por exemplo, instituir mecanismos de governança digital, para aperfeiçoar a transparência dos gastos públicos.

Outro aspecto diz respeito à mudança de poder das mãos estatais para as mãos do poder privado, mormente por meio de plataformas digitais que têm a capacidade de empoderar qualquer cidadão, como sendo uma pessoa influente sem nunca ter ocupado cargo público, devido à facilidade com que as novas tecnologias expõem, publicamente, as pessoas.

O mundo digital derrubou os muros que defendiam as autoridades públicas, trazendo à tona todas as verdades sobre os seus governos, como o mundialmente conhecido caso dos *Wikileaks*, em que tal sítio eletrônico obteve diversas informações sigilosas de vários países e os divulgou, mostrando à sociedade mundial as entranhas do poder público e as suas mazelas.

Evidencia-se, portanto, que o cidadão tem, por meio das tecnologias, um poder de vigilância que até pouco tempo atrás era inimaginável, sobre as autoridades públicas, especialmente aquelas que se mostram incompetentes, corruptas e ineficientes.

Com efeito, os governos serão compreendidos como centrais de serviços públicos, cujos serviços prestados serão mensurados pelo grau de suas eficiências a uma sociedade, crescentemente exigente de bons serviços, assim como pelo grau de resposta sobre acontecimentos, de forma dinâmica como nunca vista antes, a fim de dar esclarecimentos, mesmo que seja de maneira insatisfatória, à população.

Anotam-se as palavras de Klaus Schwab, no sentido de que, "Por causa do ritmo acelerado das mudanças desencadeadas pela quarta revolução industrial, os reguladores estão sendo desafiados a um grau sem precedentes. Atualmente, as autoridades políticas, legislativas e reguladoras são muitas vezes ultrapassadas pelos acontecimentos, incapazes de lidar com a velocidade da mudança tecnológica e a importância de suas implicações. O ciclo de notícias de 24 horas pressiona os líderes a comentar os eventos ou agir imediatamente, reduzindo o tempo disponível para obter respostas calculadas, valoradas e calibradas. Há um perigo real de perda de controle sobre os temas importantes, especialmente em um sistema global, com quase 200 Estados independentes e milhares de línguas e culturas diferentes".[234]

Em suma, estamos diante de um universo em que as comunicações sociais, as informações individuais e as atividades públicas fundamentais transmigraram para plataformas digitais. Mais do que nunca os governos democráticos, a sociedade civil – empregados e empregadores, inclusive – devem formar uma coalização, a fim de que sejam instituídas normas e sistemas de pesos e contrapesos, para que haja respeito à dignidade da pessoa humana, à justiça, à isonomia, bem como ao direito de propriedade intelectual e, consequentemente, à segurança jurídica de todas as relações humanas.

Embora o século XXI seja considerado como tendo trazido uma das grandes transformações sociais, devido às inovações tecnológicas, é certo que os governos devem assegurar ao indivíduo a sua proteção máxima, na qualidade de ser humano. Disso nasce outro desafio aos governantes, já que devem deixar que as inovações progridam, sem que violem os direitos do Homem.

Nessa vertente, a sociedade atual, denominada como sendo do conhecimento, deve tomar muito cuidado com os desequilíbrios que possam ser causados pela tecnologia digital, haja vista que, aqueles que possuem o conhecimento para lidar com a tecnologia, são os mesmos que têm o domínio para exercê-la.

[234] SCHWAB Klaus., *op. cit.*, p. 74.

Por esse motivo, os Estados devem redobrar sua atenção para evitar desigualdades, também, pela diferença entre aqueles indivíduos que detêm conhecimento e o poder sobre as novas tecnologias e aqueles que têm pouco conhecimento.

Tal situação se torna ainda mais complexa, quando sabemos que a tecnologia digital não possui fronteiras, e os seus impactos transcendem as fronteiras geográficas de todos os países.

Portanto, os países e as regiões política e economicamente reunidos devem focar esforços para regulamentar as normas internacionais acerca das inúmeras possibilidades advindas da economia digital, para que possam, futuramente, recolher frutos econômicos e sociais.

Em contraponto, os países que se voltarem apenas para normas protecionistas, visando ao seu mercado interno, estão propensos a ficar cada vez mais isolados e atrasados, no que diz respeito à nova economia digital.[235]

Um exemplo interessante dessa situação é a decisão do Reino Unido de se retirar da União Europeia. O caso, que ficou conhecido como Brexit, ocorrido em 2016, causou e ainda vem causando uma tensão generalizada nas economias europeias, sem falar nas incertezas dos impactos de sua saída no bloco europeu.

Dentre várias polêmicas e dúvidas, a que nos interessa referência é que tal decisão afetará o acesso ao mercado único europeu, o que tende a ser um sério problema ao Reino Unido, porquanto precisará celebrar novos acordos individuais com os demais países do mundo. A saída do Reino Unido deverá reduzir consideravelmente a livre circulação de mercadorias e pessoas entre os países de todo o bloco.

Segundo o jornal de *The Economist*, "Quanto mais o Reino Unido pretende preservar sua relação econômica com o continente, mais terá que seguir regras estabelecidas por políticos estrangeiros e executados por juízes estrangeiros (inclusive sobre a questão sensível da liberdade de movimento). Quanto mais controle ele exige sobre suas fronteiras e leis, mais difícil achará que ele faça negócios com seu maior mercado. Não é

[235] ITIF – "The Middle Kingdom Galapagos Island Syndrome; the Cul-De-Sac of Chinese Technology Standards", Information Technology and Innovation Foundation (ITIF). [Em linha]. [Consult. 13 Ago. 2018]. Disponível em http//www.inf.org/publication/2014/12/15/middle-kingdom-galapagos-island-syndrome-cul-de-sac-chinese-technology.

antipatriótico ser franco sobre esses *trade-offs*. Na verdade, é mais antipático que os eleitores gostam de pensar que o Brexit não tem nenhum inconveniente".[236]

Outro ponto negativo da saída do Reino Unido da União Europeia, segundo noticiado pelo jornal *The New York Times*, é o chamado Brêxodo, ou seja, o êxodo da força de trabalho, especialmente no setor agrícola, que necessita de trabalho braçal.

Os imigrantes, normalmente vindos de países pobres europeus, como a Bulgária, não pretendem voltar a trabalhar no Reino Unido, por exemplo. Nesse mesmo cenário, a libra vem perdendo seu valor frente ao euro, exatamente pelo Brexit. Os imigrantes, além do receio de serem discriminados, exatamente porque a essência do Brexit é lastreada contra a imigração, veem os salários ofertados por outros países (como Alemanha e Holanda), como sendo mais atrativos. Essa circunstância fez que houvesse uma queda mensal de mão de obra entre maio a setembro de 2017, por volta de 13% a 29%, tendo sido a queda superior a 40%, se comparada com o mesmo período do ano de 2016. Sem falar, ainda, que a escassez de mão de obra afeta outros setores da economia britânica (como nos hospitais), sendo certo que os britânicos se recusam a trabalhar em empregos considerados manuais e de baixa qualificação.[237]

A exemplificação acima corrobora a ideia da importância das inovações tecnológicas, como forma protagonista de competitividade das nações no mercado globalizado. Sustenta-se, portanto, que a discordância entre países com maior ou menor custo de produção possivelmente

236 "The more Britain aims to preserve its economic relationship with the continent, the more it will have to follow rules set by foreign politicians and enforced by foreign judges (including on the sensitive issue of freedom of movement). The more control it demands over its borders and laws, the harder it will find it to do business with its biggest market. It is not unpatriotic to be frank about these trade-offs. Indeed, it is more unpatriotic to kid voters into thinking that Brexit has no drawbacks at all" (tradução livre do autor), *Britain faces up to Brexit*, 22 ju. 2017. [Em linha] [Consult. 20 Ago. 2018]. Disponível em https://www.economist.com/news/leaders/21725314-long-government-stays-denial-about-brexits-drawbacks-country-course.

237 New York Times – "Exodus of Foreign Workers Leaves British Employers in the Lurch". dec. 2017. [Em linha]. [Consult. 20 Ago. 2018]. Disponível em https://www.nytimes.com.

darão lugar à capacidade de inovação da economia de um determinado país.

Muito embora seja sabido que os Estados Unidos da América, Japão e União Europeia estão dentre as economias mais inovadoras do mundo, já começam a ser rivalizadas por outros países, como a China, que aumentou sua inovação para 49% do grau da U.E. em 2015, contra 35%, em 2006. O fator desencadeador foi a transformação do paradigma de sua política econômica, que passou a ser direcionada para inovações[238]. A China está produzindo bens e serviços com maior valor agregado do que a média mundial, além de adotar economia de escala, a fim de estar mais preparada para disputar no mercado internacional.[239]

3.2.6. Os Impactos nas Regiões e Cidades

Os governos têm ainda outra apreensão com o efeito das inovações tecnológicas da quarta revolução industrial nas regiões e nas cidades, tendo em vista ser sabido que as cidades, historicamente, são fundamentais para o desenvolvimento da competitividade de países e das regiões.

A metade da população mundial, na época atual, vive em cidades de médio porte a megalópoles e, consequentemente, o censo demográfico urbano mundial vem crescendo, em que pese um grau bem menor do que em décadas atrás do século XX.

Assim, a competitividade de um país e ou de uma região depende muito do desenvolvimento de seus centros urbanos, de educação, infraestrutura, inovações, mobilidade e de políticas públicas.

Tamanha é a veracidade dessa assertiva que a prosperidade norte-americana passou para a Costa Oeste, em que a principal atividade industrial é a de tecnologia. Até o período pós Segunda Guerra Mundial, a concentração do PIB americano estava na Costa Leste e no Meio Oeste. Mas há outros fatores para essa prosperidade da Costa Oeste. Em todas cidades consideradas prósperas, há uma grande universidade, além de grande população jovem, incluindo imigrantes, sem falar, ainda,

[238] European Commission – "Innovation Union Scoreboard 2015". [Em linha] European Comission, 2015. [Consult. 20 Ago. 2018]. Disponível em http//ec.europa.eu/growth/industry/innovation/facts-figures/scoreboards/files/ius=2015_en.pdf.

[239] Fórum Econômico Mundial – *Transforming Business, Driving Growth.* [Em linha]. [Consult. 20 Ago. 2018]. Disponível em http///www.weforum.org/docs/WEF_Collaborative_Innovation_report_2015.pdf.

da presença de uma boa infraestrutura em transportes e banda larga de alta qualidade.

Portanto, o que torna, atualmente, uma comunidade economicamente pujante é ter uma sociedade com educação de qualidade e com boa mobilidade urbana, mormente nos dois aspectos mencionados, para a escoação de produtos e de serviços. Pode-se dizer que o inverso é, também, verossímil, uma vez que, nos centros urbanos em que há poucos jovens, imigrantes, baixa infraestrutura e ausência de uma grande universidade, essa comunidade tem a economia, normalmente, condensada em uma única atividade industrial e, consequentemente, são cidades pobres.

Há exceções, como se vê no conhecido Cinturão da Ferrugem, região dos EUA responsável por boa parte de sua economia industrial nas décadas 1950 e 1960, do século XX. Isso porque a cidade de Columbus, no Estado de Ohio, é uma ilha de prosperidade cercada por cidades economicamente destroçadas, e o método utilizado para tal prosperidade foi simples: investiu-se em universidade de ponta, a *Ohio State University*, onde há muitos jovens e imigrantes, atraídos pelo interesse no conhecimento, o capital mais precioso do século XXI.

Daí a importância governamental de entender as necessidades atuais, além da tentativa de prever as futuras, no sentido de trazer para as cidades investimentos e capital humano que implantem inovações tecnológicas. Assim, as cidades, como um tudo, precisam assegurar o acesso e a aplicação de tecnologias da informação e da comunicação, como a utilização de energia renovável no transporte público, banda larga de alta velocidade gratuita em áreas públicas de lazer, e cultura e consumo de energia limpa pelos seus habitantes.

Ocorre, todavia, que tal assertiva, infelizmente, está longe de ser uma realidade promissora, uma vez que as referidas tecnologias de TI estão distantes do acesso de boa parte da população mundial, em que metade da população do planeta não tem telefone celular e cerca de 90% da população dos países e mais de 60% da população mundial não têm acesso à internet.[240]

[240] Fórum Econômico Mundial, *Global Information Technology Report* 2015: *ICTs for Inclusive Growth* – Soumitra Dutta, Thierry Geiger e Bruno Lanvin (eds), 2015.

Logo, os países terão que adotar estratégias na tentativa de reduzir, ou eventualmente eliminar, essa defasagem digital, para que possam atrair investimentos, com o objetivo de criarem interesse econômico que viabilize a competitividade de um determinado país ou região no mercado internacional.

Anotam-se, por oportuno, os dizeres de Schwab, de que, "À medida que as empresas jovens e dinâmicas e as empresas estabelecidas se conectam umas com as outras com os cidadãos e com as universidades, as cidades tornam-se locais de experimentação e poderosos polos para transformar novas ideias em valor real para as economias locais e globais".[241]

Estudo realizado pela empresa de inovação *Nesta*, do Reino Unido, avaliou as melhores cidades para atrair investimentos em inovação por suas estruturas como um todo (ex. infraestrutura, mobilidade, ambiental, sustentabilidade, etc.). Foram consideradas as cinco melhores cidades do mundo, de acordo com esse critério: Nova York, Londres, Helsinque, Barcelona e Amsterdam.[242]

Há, também, experiências interessantes em países subdesenvolvidos que buscam maneiras engenhosas para resolução de seus problemas, como se vê da cidade de Medellín, na Colômbia, que foi vencedora, em 2013, do prêmio Cidade do Ano, pelo seu comportamento transformador em sustentabilidade, mobilidade e meio ambiente.[243]

O Brasil, segundo a última pesquisa do Instituto Brasileiro de Geografia e Estatística (IBGE), tem 94,6 milhões de pessoas vivendo em centros urbanos. Todavia, somente 58,5 milhões vivem em boas condições, o que corresponde a 61,9% do total.[244]

[241] Schwab Klaus., *op. cit.*, p. 82.

[242] Tom Saunders e Peter Back – "Rethinking Smart Cities From the Ground Up". jun. 2015. [Em linha]. [Consult. 20 Ago. 2018]. Disponível em http//www.nesta.org.uk/sites/default/files/rethinking_smart_cities_from_the_ground_up_2015.pdf.

[243] Fórum Econômico Mundial, *Top Ten Urban Innovation* – Global Agenda Council on the Future of Cities. [Em linha]. [Consult. 20 Ago. 2018]. Disponível em http//www.3.weforum.org/docs./Top_10_Emerging_Urban_Innovation_report_2010_20.10.pdf.

[244] IBGE – [Em linha]. [Consult. 20 Ago. 2018]. Disponível em https://agenciadenoticias.ibge.gov.br/2013-agencia-de-noticias/releases/18905-nas-concentracoes-urbanas-brasileiras-61-9-dos-moradores-viviam-em-areas-com-boas-e-medias-condicoes-de-vida.html.

As principais características socioeconômicas para análise desse estudo, segundo o IBGE, são o acesso ao abastecimento de água potável, infraestrutura de coleta de esgoto e lixo e nível de escolaridade, dentre outros. Tamanho é o atraso brasileiro que, mesmo havendo a lei de saneamento básico, de 2007, cujo intuito é a universalizar o sistema de coleta e tratamento de esgotos, ainda temos pouco mais da metade da população (50,3%) do país sem dispor de tal serviço.[245]

Como é possível entender e aceitar um país tão contraditório, que é considerado a décima economia mundial e, ao mesmo tempo, ser despudoramente tão desigual, inclusive ao não disponibilizar condições de infraestrutura de saneamento básico, indispensáveis para que seus cidadãos tenham uma vida, minimamente, digna em suas concentrações urbanos? Daí, como esperar que o país possa atrair investimentos em inovações e, consequentemente, melhorar a vida de seus indivíduos, diante de tamanha precariedade urbana?

Vê-se, então, que os países e regiões, por meio de seus centros urbanos, devem desfrutar das oportunidades trazidas pela quarta revolução industrial, para que as cidades se integrem em rede com as demais, tornando-se inventivas e, consequentemente, polos tecnológicos que possam, inclusive, atrair investimentos financeiros, capital humano e desenvolvimento social mais igualitário.

3.2.7. Os Impactos Entre Estados e a Segurança Internacional

Outro aspecto que causa preocupação na quarta revolução industrial é no sentido de como o mundo reagirá por ser, ao mesmo tempo, amplamente conectado, mas vendo o aumento das desigualdades.

As desigualdades muito provavelmente se agravarão pelas transformações nas relações de trabalho derivadas das inovações tecnológicas, como também de inúmeras outras que ocorrerão sem que tenhamos, hoje, condições de prevê-las, devido à velocidade com que acontecem.

Com efeito, as desigualdades podem ultrapassar as questões sociais e adentrar a um viés de extremismo, pelo simples fato de estarmos presenciando uma sociedade altamente conectada, onde as informações, sejam elas boas ou não, são rapidamente difundidas.

[245] TRATABRASIL – *Saneamento no Brasil.* [Em linha]. [Consult. 20 Ago. 2018]. Disponível em http://www.tratabrasil.org.br/saneamento-no-brasil.

Sendo assim, os governos precisam adotar mecanismos de políticas públicas, com o propósito de evitar que a desigualdade aumente ainda mais o abismo da exclusão social e seja, portanto, mais um combustível na disseminação da intolerância, do ódio e da violência, que são fortes agentes recrutadores de pessoas sem nenhuma perspectiva aos mais variados movimentos extremistas.

Por conseguinte, os conflitos, na quarta revolução industrial, passarão a ser travados tanto em regiões como em todo o mundo, haja vista o exemplo do grupo ISIS, que opera em áreas específicas do Oriente Médio, perpetrando, também, ataques terroristas em qualquer país do globo.

Além disso, os conflitos da atualidade misturam táticas tradicionais de combate, bem como maneiras revolucionárias obtidas através dos avanços tecnológicos, fazendo que os Estados adquiram, cada vez mais, tecnologias mortíferas em escalas até então nunca vistas, exceto pelas armas nucleares. Se é que podemos dizer que, do ponto de vista armamentista, há algo de positivo, as novas tecnologias, além de fomentarem a economia mundial, tornam, por exemplo, os armamentos mais precisos, o que diminui a quantidade de pessoas atingidas em um determinado conflito bélico.

Outro ponto que deve ser mencionado, no tocante aos reflexos da quarta revolução industrial, na seara das novas modalidades de combate, diz respeito à guerra cibernética, certamente uma das formas de combate mais graves nos dias atuais.[246]

[246] "Guerras cibernéticas, no entanto, podem durar apenas alguns minutos. Quando uma tenente, durante seu turno num cibercomando, notar que algo estranho está em curso, ela pega o telefone para falar com seu superior, que imediatamente alerta a Casa Branca. No instante, porém, em que o presidente estende a mão para pegar o telefone vermelho, a guerra já está perdida. Em segundos, um ciberataque sofisticado pode derrubar toda a grade de poder dos Estados Unidos, reduzir a escombros os centros de controle de voo, causar acidentes industriais em usinas nucleares e instalações químicas, desbaratar a polícia, o Exército e redes de comunicação da inteligência – e apagar registos financeiros, de modo que trilhões de dólares desapareçam sem deixar vestígios, sem que ninguém saiba quem possui o quê. A única coisa que restringe a histeria pública é que, com a internet, a televisão e o rádio fora de ação, os cidadãos não terão ciência da magnitude do desastre". Harari, Yuval Noah, *op. cit.* p. 312.

Isso porque os confrontos que conhecemos no mundo físico muito provavelmente serão travados, também, no universo virtual, mudando a visão que conhecemos de guerra. Os ataques poderão se dar por meio de ofensivas contra infraestruturas militares e civis. Nessa última hipótese, podemos citar ataques cibernéticos às redes elétricas, de saúde e de abastecimento de água.

É certo que já estamos presenciando tais tipos de ataques tanto em países como em determinados ramos empresariais. Entretanto, estamos engatinhando nessa nova fase da guerra, em que os países precisam já se debruçar, de forma unificada, no estudo e na elaboração de normas internacionais sobre a guerra cibernética, utilizando, talvez, como norte, as normas existentes sobre armas nucleares, químicas e biológicas.

Tem-se, então, que "o conceito de adversário também é afetado. Ao contrário do passado, não há como ter certeza de quem está atacando você – e até mesmo se foi realmente atacado. A defesa, os militares e os estrategistas em segurança nacional costumavam concentrar-se em um número limitado de Estados tradicionalmente hostis; agora eles devem considerar um universo quase infinito e indistinto de *hackers*, terroristas, ativistas, criminosos e outros possíveis inimigos. A ciberguerra pode assumir muitas formas diferentes – desde atos criminosos e de espionagem até ataques destrutivos...".[247]

Não obstante, nos depararemos, ainda, como a chamada guerra autônoma, que nada mais é do que uma guerra robótica, em que a inteligência artificial comandará robôs militares e armas autônomas, capazes de disparar sem a interferência humana. Já temos uma amostra dessa tecnologia por meio dos *drones* (veículos aéreos não tripulados), que servem tanto para espionar como para atacar os inimigos. Um exemplo que podemos citar é o avião denominado *Raptor*, invisível aos radares, que pode voar até um local que se pretenda atingir com escassa participação humana.[248]

[247] SCHWAB Klaus., *op. cit.*, p. 88.

[248] Alex Leveringhaus e Gilles Giacca, "Robo-Wars – the Regulation of Robotic Weapons", The Oxford Institute for Ethics, Laz and Armed Conflict, The Oxford Martin Progamme on Huma Rights for Future Generations, Oxford Martin School, 2014. [Em linha]. [Consult. 20 Ago. 2018]. Disponível em http//www.oxfordmartin.ox.ac.uk/downloads/briefings/Robo-Wars.pdf.

É sabido que temos uma limitação no campo de visão de quais serão os impactos das novas tecnologias, inclusive na área de segurança nacional e internacional. Além de as questões supra-mencionadas provocarem mudanças radicais nas regras da guerra tradicional, atuarão fortemente na neurotecnologia, mormente, em neuropróteses que são, na atualidade, utilizadas para a medicina, mas, certamente, o serão, também, para fins militares.

As neurotecnologias que servem para o tratamento da doença de Alzheimer, por exemplo, poderão ser utilizadas no campo militar, para apagar memórias dos soldados. Segundo James Giordano, neuroeticista do Centro Médico da Universidade de Georgetown, o cérebro humano será a próxima área de conflito.[249]

Verifica-se, portanto, por mais esse motivo, a necessidade de não só as Nações, como também toda a sociedade, debaterem e regulamentarem essas inovações, para que não sejam utilizadas de maneira negativa. Tal debate deve ser feito com total brevidade, na medida em que as novas tecnologias, por sua feroz velocidade, vêm se tornando mais acessíveis, inclusive aos extremistas.

Além dessas regulamentações legais, devemos cobrar um padrão ético na utilização dos avanços tecnológicos. Tem-se que "os governos e as estruturas controladas por eles estão ficando para trás em relação à regulamentação; talvez a liderança seja tomada pelo setor privado e não pelos agentes estatais".[250]

3.2.8. Os Impactos na Coletividade

Para a sociedade moderna, será uma peleja como se ingerirão as novas tecnologias e, ao mesmo tempo, elas se mesclarão com valores sociais tradicionais.

Tamanha é a relevância desse assunto que o seu não enfretamento ocasionará um provável agravamento social, haja vista que determinadas culturas, que ainda se encontram baseadas em determinadas ideologias

[249] James Giordano citado por Tom Requarth em "This is Your Brain. This is Your Brain as a Weapon", *Foreign Policy*, 14 set. 2015. [Em linha]. [Consult. 20 Ago. 2018]. Disponível em http//foreingpolicy.com/2015/09/14/this-is-yout-brain-this-is-your-brain-as-a-weapon--darpa-dual-use-neuroscience.

[250] Schwab Klaus., *op. cit.*, p. 93.

e até mesmo dogmas seculares, podem conclamar uma luta violenta em face das novas tecnologias.

Vale consignar, por oportuno, os dizeres do professor de tecnologia da comunicação e sociedade, na Escola Annenberg de Comunicação e Jornalismo, da Universidade do Sul da Califórnia, de que "Talvez a expressão mais reveladora desta nova liberdade seja a transformação das práticas sociopolíticas da Internet. As mensagens não fluem apenas de poucos para muitos, com pouca interatividade. Agora, as mensagens também fluem de muitos para muitos, de forma multimodal e interativa".

Ao desintermediar o governo e o controle corporativo da comunicação, as redes de comunicação horizontal criaram uma nova paisagem de mudanças sociais e políticas. Os movimentos sociais em rede têm sido particularmente ativos desde 2010, nomeadamente nas revoluções árabes contra as ditaduras e nos protestos contra a gestão da crise financeira. A comunicação *online* e, particularmente a sem fio, ajudou os movimentos sociais a representar mais um desafio para o poder do Estado".[251]

3.2.9. Os Impactos no Homem

A quarta revolução industrial, também, influenciará como serão as pessoas. Isso quer dizer que haverá impactos sobre a identificação do indivíduo e sobre como afetará nossos modelos de privacidade, de personalidade, de competências e de capacidades para o trabalho, consumo e lazer.

[251] "Perhaps the most telling expression of this new freedom is the Internet's transformation of sociopolitical practices. Messages no longer flow solely from the few to the many, with little interactivity. Now, messages also flow from the many to the many, multimodally and interactively. By disintermediating government and corporate control of communication, horizontal communication networks have created a new landscape of social and political change. Networked social movements have been particularly active since 2010, notably in the Arab revolutions against dictatorships and the protests against the management of the financial crisis. Online and particularly wireless communication has helped social movements pose more of a challenge to state power".
Manuel Castells, "The Impact of the internet on Society: a Global Perspective", *MIT Technology Review*, 8 set. 2014 (tradução livre do autor). [Em linha]. [Consult. 20 Ago. 2018]. Disponível em https://www.technologyreview.com/s/530566/the-impact-of-the-internet-on-society-a-global-perspective/.

Tanto é assim que já existem, há anos, plataformas virtuais de relacionamento, propondo um método de conhecer pessoas, podendo, inclusive, proporcionar um grau de aprimoramento humano em que poderá ser questionada a nossa própria condição de humano.

O que se vivencia, aqui, é o quanto as novas tecnologias facilitarão, principalmente pela celeridade, a realização de diversas atividades pelo indivíduo, ao mesmo tempo em que nos presentará, ainda, diversos meios de nos aprimorar como seres humanos. E para que possamos nos ajustar a essa nova era digital, necessitaremos de aprendizado contínuo.

Apesar disso, sabemos que muitas pessoas, por várias razões, não se adequarão a essa nova mudança de ordem mundial, o que acarretará em desigualdade, dessa vez não só do ponto de vista social, como já nos referimos, porém, igualmente, do ponto de vista de uma polarização diferente, em que os vitoriosos serão aqueles que conseguirão moldar-se às inovações tecnológicas, ao passo que os perdedores serão esquecidos pela sociedade, gerando, inevitavelmente, graves conflitos sociais sem precedentes.

Estamos falando sobre algo que vai muito além de um conflito tradicional de classes sociais; trata-se, em verdade, de uma tensão de gerações, tendo em vista que as gerações atuais, que já nasceram na era digital, certamente terão muito mais oportunidades do que as gerações anteriores, que não conheciam essas inovações e, agora, terão que aprender a lidar com elas, para que possam tentar um disputado lugar ao sol.[252]

Não obstante, as inovações tecnológicas em determinados setores, como no setor da biotecnologia, podem redimensionar o que somos. Eis que: "Elas [as inovações] estão aumentando os atuais limites da expectativa de vida, saúde, cognição e competência de maneiras que antes pertenciam somente ao mundo da ficção científica. Com o avanço dos conhecimentos e das descobertas em andamento nesses campos, é fundamental que nosso foco e nosso compromisso estejam concentrados em permanentes discussões éticas e morais. Por sermos seres humanos e animais sociais, precisamos pensar individual e coletivamente sobre

[252] SCHWAB Klaus., *op. cit.*, p. 100.

como responder a temas como a extensão da vida, os bebês projetados, extração de memória e muito mais".[253]

Em síntese, caminhamos para um futuro em que haverá, também, muita turbulência ética, religiosa e espiritual, já que o homem poderá, eventualmente, tornar-se imortal com a erradicação de doenças genéticas, por exemplo.[254]

Outro ponto que devemos ter muita atenção, e que decorre das questões éticas e morais supracitadas, é no sentido de que tantos avanços e descobertas que ainda estão por vir não sejam direcionados aos interesses de determinados grupos de pessoas. Questiona-se, inclusive, se a inteligência Artificial (IA), atualmente sob controle, permanecerá, em um futuro não tão longínquo, capaz de ser controlada.[255]

É consenso, entre os especialistas na área de tecnologia, como defendido por Elon Musk, CEO da Tesla Motors, de que a IA deve ser gratuita, com o propósito de ser acessível a um maior número de pessoas, a fim de que o empoderamento criado pela união das inovações tecnológicas sempre esteja nas mãos do ser humano.[256]

[253] Schwab Klaus., *op. cit.*, p. 100.

[254] "O progresso científico e tecnológico das últimas décadas, abrindo os limites de tudo quanto antes se tinha como sendo o possível, permite que hoje se conheçam todo o conjunto de novas formas de disposição e utilização do corpo humano ou de partes autónomas do mesmo, isto tanto em vida quanto após a morte, seja por decisão própria, de um terceiro ou do Estado. (...) resuma-se, o progresso científico e tecnológico aliado a uma ilimitada prevalência da autonomia da vontade, verdadeira absolutização de uma liberdade sem limites ético-jurídicos, conduzindo a possibilidade de comercialização de órgãos e tecidos humanos, desenvolverá, paradoxalmente por efeito da inércia do próprio Estado, um modelo de sociedade totalitária: a liberdade tornar-se-á fonte de opressão do pobre sobre o rico e de prepotência do forte sobre o fraco". Paulo Otero, *op. cit.*, pp. 638-639.

[255] Independent – "Transcendence Looks at the Implications of Artificial Intelligence – but Are We Taking AI Seriously Enough?", The Independente, 2 maio 2014. [Em linha]. [Consult. 20 Ago. 2018]. Disponível em http//www.independent.co.uk/News/Science/Stephen-hawking-transcendence-looks-at-the-implication-of-artificial-intelligence-ut-ar-we-taking-9313474.htm.

[256] Médium – "How Elon Musk and Y Combinator Plan to Stop Computers From Taking Over", 11 dez. 2015. [Em linha]. [Consult. 20 Ago. 2018]. Disponível em http//médium.com/backchannel/how-elon-musk-and-y-combinator-plan-to-stop-computers-from-taking-over-17e0e27dd02a#.qjj55npcj.

A sociedade e as Nações já deveriam estar debatendo com intensidade essas questões, para aumentar as possibilidades de extrair as vantagens e furtar-se dos males explicitados.

Nessa linha, surge outro desassossego imposto pela quarta revolução industrial, que reside no fato de que as relações humanas já se encontram afetadas pelas inovações tecnológicas, em que as pessoas ou grupos de pessoas preferem relacionar-se por meio das tecnologias do que por meio de relacionamentos íntimos, em que possam desenvolver capacidades sociais.

Tal afirmativa foi constatada por pesquisa realizada pelo Massachusetts Institute of Technology (MIT), em que 44% dos adolescentes jamais deixaram de estar conectados, mesmo ao realizar atividades físicas ou refeições com seus familiares. Isto é, estamos interagindo com os nossos semelhantes por meio de conexões digitais, especialmente as novas gerações, perdendo o interesse de conversar e de se relacionar pessoalmente.[257]

Há, portanto, um consenso entre os estudiosos em tecnologia de que o maior tempo que permanecermos conectados, além de nos deixar menos sociáveis, fará também com que seja menor a nossa competência cognitiva pela perda de atenção.

Essa assertiva, muito embora seja extremamente atual, já tinha sido observada, em 1971, pelo brilhante economista Herbert Simon, ganhador do prêmio Nobel de Economia de 1978, que deduziu: "Em um mundo rico em informações, a riqueza de informações significa uma escassez de outra coisa: uma escassez de tudo o que essa informação consome. O que a informação consome é bastante óbvio: consome a atenção de seus destinatários. Daí uma riqueza de informações cria uma pobreza de atenção e uma necessidade de alocar essa atenção de forma eficiente entre a superabundância de fontes de informação que podem consumi-la".[258]

[257] FT – "Log Out, Switch Off, Join in" *FT Magazine*, 2 out. 2015. [Em linha]. [Consult. 20 Ago. 2018]. Disponível em http//www.ft.com/intl/cms/s/0/fc76fce2-67b3-11e5-97d0-1456ª776a4f5.html.

[258] "In an information-rich world, the wealth of information means a dearth of something else: a scarcity of whatever it is that information consumes. What information consumes is rather obvious: it consumes the attention of its recipients. Hence a wealth of information creates a poverty of attention and a need to allocate that attention efficiently among the

Corrobora tal entendimento Schwab, quando afirma que "Nosso cérebro, ligado aos instrumentos digitais que nos conectam 24 horas por dia, corre o risco de se tornar uma máquina de movimento perpétuo que requer um frenesi incessante. Não é algo incomum eu conversar com líderes que dizem que não têm mais tempo para fazer uma pausa e refletir, muito menos desfrutar o 'luxo' da leitura, nem mesmo de um pequeno artigo inteiro. Os tomadores de decisão de todas as partes da sociedade global parecem estar em um estado de crescente exaustão, não inundados por múltiplas exigências concorrentes que deixam a frustação de lado e ficam resignados e, às vezes, desesperados".[259]

Vale destacar, por oportuno, o impacto das novas tecnologias, mais precisamente da internet, em nossa privacidade. Eis que, por um lado, pode ser compreendida como uma ferramenta poderosa de livre expressão e, portanto, meio democrático de se expressar. No entanto, por outro lado, pode ser, na mesma medida, um instrumento de violação à privacidade, por fiscalização indevida da individualidade do usuário.[260]

Temos, como exemplo, a divulgação mundialmente conhecida feita por Edward Snowden, revelando a existência de um poder de vigilância, por meio de espionagem, por parte dos EUA, sobre a privacidade *online*, tanto de indivíduos como de outras Nações.

overabundance of information sources that might consume it". (tradução livre do autor). ECONOMIST – Herbert Simon, 20 mar. 2009. [Em linha]. [Consult. 20 Ago. 2018]. Disponível em http://www.economist.com/node/13350892.

[259] SCHWAB Klaus., *op. cit.*, p. 104.

[260] "O art. 12 da Declaração Universal dos Direitos Humanos prevê que 'ninguém será sujeito a interferência na sua vida privada, na de sua família, no seu lar ou na sua correspondência, nem a ataques à sua honra e reputação'. O art. 11, 2, da Convenção Americana sobre Direitos Humanos (Pacto de São José) e o art. 17, I, do Pacto Internacional sobre Direitos Civis e Políticos vedam 'ingerência arbitrária ou abusivas' na vida privada pessoal e familiar da pessoa humana. A privacidade, a intimidade e a proteção ao sigilo de dados são direitos fundamentais da pessoa humana, expressamente salvaguardados pelo art. 5º, X e XII, da Constituição da República (...) Vários países têm legislação sobre o tratamento dos dados pessoais, a fim de resguardar a privacidade do cidadão. São exemplos disso, ... Portugal (art. 35 da Constituição portuguesa e Lei nº 67/1998)". CHEHAD, Gustavo Carvalho, *Desafios para a proteção da privacidade de empregados e empregadores em face da internet, redes sociais e novas tecnologias da informação*, Revista Trabalhista Direito e Processo nº 2, Associação Nacional dos Magistrados da Justiça do Trabalho, 2012, p. 50.

Evidentemente, não aprofundaremos na reflexão do direito de privacidade, porquanto não ser objeto em estudo, mas é importante a sua menção para demonstrar o quão vulneráveis estão nossos dados no mundo digital e como podem atingir os seres humanos do ponto de vista social, ético e psicológico.

O legislador português já antevendo tal questão, além de estabelecer a proteção à intimidade da vida privada tanto do empregado como do empregador (arts. 16º do Código do Trabalho), estendeu especificamente tanto a proteção ao controle de vigilância à distância (art. 20º do Código do Trabalho)[261] como a confidencialidade na utilização de e-mail e da internet (art. 21º do Código do Trabalho).[262]

Muito embora não tenhamos, ainda, as respostas de como seremos, efetivamente, afetados em nossas privacidades pelas novas tecnologias, já há pesquisadores, como o reconhecido filósofo político, Michel Sandel, da Universidade de Harvard, entendendo a importância de ser debatido o tema e qual a reação do indivíduo quando descobre que está sendo monitorado, ao asseverar que "A questão da privacidade é cada vez maior. Parece que estamos cada vez mais dispostos a trocar a privacidade por conveniência com muitos dos dispositivos que rotineiramente usamos".[263]

[261] "O legislador laboral decidiu consagrar um artigo específico aos meios de vigilância à distância. A este propósito determina no art. 20º que o desempenho profissional do trabalhador não pode ser controlado através destes meios. Trata-se de uma previsão que não admite excepções. Os meios de vigilância à distância apenas serão permitidos quando a finalidade seja a proteção e segurança de pessoas e bens ou quando particulares exigências inerentes à natureza da atividade o justifiquem". NASCIMENTO, André Pestana. *O impacto das novas tecnologias no direito do trabalho e a tutela dos direitos de personalidade do trabalhador.* Centro de Estudos Judiciários, Prontuário de Direito do Traballho, Coimbra Editora, Janeiro – Dezembro de 2008, p. 236.

[262] "Esta é de facto uma das grandes problemáticas que tem surgido no seio das empresas, em resultado do desenvolvimento dos novos processos de comunicação. Tal como em relação à videovigilância, também neste caso surgem questões relacionadas com a imperceptibilidade do controlo, na medida em que os empregadores podem aceder a todos os dados armazenados e editados os computadores dos trabalhadores, sem que estes disso estejam conscientes. Mais do que os meios de trabalho pertencem ao empregador, são os limites desse controlo, spesando os direios fundamentais dos trabalhadores e dos empregadores, que têm de ser definidos". NASCIMENTO, André Pestana, *op. cit.* p. 243-244.

[263] FAST COMPANY – "The question of privacy looms larger and larger. We seem to be increasingly willing to trade privacy for convenience with many of the devices that we routinely use". (tradução livre do autor), Citado em Elizabeth Segran, "The Ethical Quanda-

Concordamos com os dizeres de M. Sandel no tocante à necessidade de a sociedade civil e os Estados discutirem, no âmbito mundial, sobre as novas tecnologias e a privacidade. Ou seja: "Existe uma constelação de questões que emergem de novas tecnologias. Precisamos encontrar uma maneira de ter discussões públicas sobre as maiores questões éticas e mesmo espirituais que estão incorporadas nessas tecnologias. Mas raramente discutimos diretamente e abertamente uns com os outros".[264]

Tamanha é a relevância desse tema que, na Conferência Mundial da Internet, ocorrida em 2017, na cidade de Wuzhen, no leste da China, ao mesmo tempo em que o poderio tecnológico chinês impressionou, surgiram preocupações, dado o enorme avanço da inteligência artificial no campo policial, em que tais tecnologias possibilitam o reconhecimento facial do indivíduo, podendo ser utilizadas para o rastreamento completo dos cidadãos.[265]

Nessa esteira, o governo chinês adotou uma agenda de política pública industrial, chamada "*Made in China em 2025*", cujo propósito essencial é modernizar as concepções industriais e tornar a China independente de vários setores até 2025 e, consequentemente, uma superpotência em alta tecnologia.

Essa nova política industrial estratégica consiste, basicamente, na produção de bens e de serviços de maior valor agregado, a fim de tornar-se líder em robótica e em inteligência artificial. Para tanto, pretende nacionalizar os produtos de alta tecnologia em 40%, até 2020, e em 70%, até 2025.

ries You Should Think About the Next Time You Look at Your Phone", *Fast Company*, 5 out. 2015. [Em linha]. [Consult. 20 Ago. 2018]. Disponível em https://www.fastcompany.com/3051786/the-ethical-quandaries-you-should-think-about-the-next-time-you-look-at.

[264] "There is a constellation of questions that emerge from new technology. We need to find a way to have public discussions about the biggest ethical and even spiritual questions that are embedded in these technologies. But we rarely debate directly and openly with one another". (tradução livre do autor), Citado em Elizabeth Segran, op. cit., [Em linha]. [Consult. 20 Ago. 2018]. Disponível em https://www.fastcompany.com/3051786/the-ethical-quandaries-you-should-think-about-the-next-time-you-look-at.

[265] New York Times – "Inside China's Big Tech Conference, New Ways to Track Citizens". 5 dez. 2017. [Em linha]. [Consult. 20 Ago. 2018]. Disponível em https://www.nytimes.com/2017/12/05/business/china-internet-conference-wuzhen.html.

Os principais setores a serem estimulados são: inovações tecnológicas de informação e de comunicação; produção de equipamentos de alta tecnologia em medicina, em transportes terrestres, ferroviários e navais; na agricultura; na geração de energia elétrica; e em defesa.[266]

Em resumo, devemos compreender que as inovações tecnológicas sejam utilizadas, tanto individual como coletivamente, no engrandecimento do nosso bem-estar e jamais para violar nossos direitos na condição de seres humanos, muito menos tornar-nos seus escravos.

3.3. Novos Padrões Organizacionais

Identificamos, acima, que os novos modelos operacionais, da quarta revolução industrial, precisam ser mais céleres e eficazes.

O que se viu na terceira revolução industrial foi o surgimento de uma plataforma estritamente digital, ao passo que, na quarta revolução industrial, o que presenciamos, até agora, é a integração globalizada da plataforma digital com o universo físico.

Notamos, igualmente, forte tendência dos consumidores em adquirir produtos e serviços por meio de plataformas digitais, como pelo o acesso a quaisquer músicas por meio da plataforma musical mundialmente conhecida, *Spotify*. Similarmente, pode-se mencionar a possibilidade de compartilhar serviço de transporte particular, sem a necessidade de possuir um veículo, por meio da Uber, por exemplo. Em outras palavras, cada vez mais a sociedade está comprando bens, sem a necessidade de ter o objeto fisicamente.

Surge, então, a necessidade de essas plataformas operacionais investirem fortemente em segurança virtual, para evitar ataques cibernéticos. É certo que, quando há esse tipo de ataque, com a perda de dados corporativos e de clientes, os valores das ações da empresa atacada sofrem desvalorização.

Segundo uma das maiores instituições financeiras do mundo, o banco norte-americano Merrill Lynch, as plataformas digitais despenderão o dobro do que vêm gastando em segurança cibernética, passando de

[266] Jornal De Negócios – *"Made in China? Cada vez mais "Made by China"*. 21 fev. 2017. [Em linha]. [Consult. 20 Ago. 2018]. Disponível em http://www.jornaldenegocios.pt/mercados/detalhe/made-in-china-cada-vez-e-mais-made-by-china.

US$ 75 bilhões de dólares norte-americanos para, aproximadamente, US$ 170 bilhões, até 2020.[267]

Voltemos à questão trazida ao final do tópico acima, sobre o fator motivacional (propósitos) do trabalhador, por compartilharmos do pensamento de Klaus Schwab, de que "A motivação será cada vez mais intrínseca, impulsionada pelo desejo colaborativo dos empregados e pela gestão para a maestria (*mastery*), independência e significado. Isso sugere que as empresas irão tornar-se cada vez mais organizadas em torno de equipes distribuídas, trabalhadores remotos e coletivos dinâmicos, com uma troca contínua de dados e conhecimentos sobre as coisas ou tarefas em andamento".[268]

Outro ponto que merece destaque é a necessidade de um cliente permanecer fiel a uma plataforma digital e, para tanto, tal modelo organizacional produtivo já incorporou a ideia de que, para fidelizar o cliente, é necessário ofertar outros produtos e serviços, precisando entender as predileções de sua clientela.

Destarte, o que vimos presenciando é uma mudança disruptiva de produtos e de serviços, originada pelas plataformas digitais na maior parte das atividades econômicas. No setor automotivo, por exemplo, observa-se cada vez mais o avanço de alta tecnologia embarcada nos veículos, cuja parte eletrônica corresponde em torno de 40% do custo de fabricação do automóvel.

Não é à toa que as gigantes em tecnologia Google e Apple estão avançando neste nicho, sobretudo porque a fabricação de tecnologias para o setor automotivo tende a ser mais rentável do que a própria fabricação de um veículo.

Estamos diante de uma outra controvérsia. As novas tecnologias, ao mesmo tempo em que nos disponibilizam uma série de produtos e serviços que podem nos propiciar melhor qualidade de vida, também podem, como já alertamos, aumentar o número de desempregados e, conse-

[267] Wall Street Journal – *"Cybersecurity index Beat S&P500 by 120%. Here's Why, in Charts"*. Money Beat, *The Wall Street Journal*, 9 set. 2015. [Em linha]. [Consult. 20 Ago. 2018]. Disponível em http//blogs.wsj.com./moneybeat/2015/09/09/cybersecurity-index-beats--sp-500-by-120-heres-why-in-charts.

[268] Schwab Klaus., *op. cit.*, p. 65.

quentemente, da desigualdade social[269], além de alavancarem problemas de segurança cibernética.

3.4. Desigualdades Sociais

É mais do que sabido que o mundo é extremamente desigual. Menciona-se, por oportuno, o Relatório sobre Riqueza Mundial de 2015, do famoso banco suíço *Credit Suisse*, que conclui que o mundo é dominado, atualmente, por 1% da população mundial, ao passo que metade da população mais pobre do mundo detém 1% das riquezas do planeta.[270]

Além disso, a Organização para Cooperação e Desenvolvimento Econômico (OCDE) estima que a renda média dos 10% da população mais rica dos países corresponde a nove vezes mais do que a média da renda dos 10% mais desamparados economicamente.[271]

E, como se tudo isso não bastasse, há uma tendência de agravamento das narradas desigualdades sociais, por conta dessa nova revolução industrial, que repercutirá ainda mais na economia mundial, inclusive nas inúmeras transformações que afetarão o mercado de trabalho pós-pandemia Covid-19.

Tamanha é a veracidade destes fatos que os dois homens mais ricos do mundo em 2017 são Jeff Bezos, fundador da Amazon, e Bill Gates, fundador da Microsoft. Ou seja, as grandes fortunas, atualmente, estão, sobretudo, nas mãos de proprietários de empresas de tecnologia.

[269] "Por outro lado, não se pode esquecer aquela polarização já referida anteriormente, que vai sustentar profunda separação entre empregados muito qualificados de um lado, e pouco qualificados, de outro. Entre estes últimos, que constituirão a maioria, certamente, estarão trabalhadores que, com desaparecimento da função antes exercida, sintam a perda de '*status*', eis que confinados ao exercício de atribuições mais simples, por força da automação. A automação, pois, pode diminuir a dependência da empresa quanto ao trabalho de seus empregados (embora certos setores, ligados à manutenção, passem a ser ainda mais estratégicos), reduzindo o poder destes e gerando descontentamento nos dois pólos. Esta conclusão tem um inegável sentido político, porque a parcela de poder até agora conquistada pelos sindicatos e comissões de fábricas poderá ser ameaçada". Robortella, Luiz Carlos Amorim – *O impacto das novas tecnologias nas condições de trabalho e de emprego*", Revista LTr, Vol. 51, São Paulo, 1987, p. 791.

[270] Credit Suisse – *"Global Wealth Report 2015"*, out. 2015. [Em linha]. [Consult. 20 Ago. 2018]. Disponível em http//publicarions.credit-suisse.com/tasks/render/file/index.cfm?fileid=F242515-DCA7-80B*-EAD989AF9341D47E.

[271] OECD – *"Divided We Stand: Why Inequality Keeps Rising"*, 2011. [Em linha]. [Consult. 20 Ago. 2018]. Disponível em http://www.oecd.org/els/soc/49499779.pdf.

Não obstante, as fortunas reunidas dos três homens mais ricos do mundo, que correspondem ao valor de US$ 234 bilhões de dólares norte-americanos, representam o valor da mesma riqueza da metade mais pobre da população norte americana (160 milhões de pessoas). Já a fortuna dos quarenta e dois maiores bilionários no mundo é igual ao patrimônio de 3,7 bilhões mais pobres do mundo[272]. Ainda, segundo dados da Oxfam, "Cerca de 82% do dinheiro gerado no ano passado foi para o 1% mais rico da população mundial, enquanto a metade mais pobre não viu nenhum aumento...".[273]

Assim, a robótica, a inteligência artificial, a automação e todos os demais avanços tecnológicos que conhecemos afetam duramente o trabalhador tradicional, que vê os seus trabalhos e profissões sendo aniquilados pelas novas tecnologias.

Repise-se: um seleto grupo de trabalhadores com capacidades cognitivas específicas sobressair-se-á àqueles com baixa qualificações técnica e profissional, os quais perderão seus empregos e, consequentemente, ficarão à margem da sociedade, servindo, então, de estatística como ponto de crescimento da desigualdade social.[274]

Nesse sentido, surge outra crescente preocupação de ordem social com a assinatura do acordo comercial entre o Mercosul e a União Euro-

[272] The Guardian – *"Inequality gap widens as 41 people hold same wealth as 3.7 bn poorest"*, jan. 2018. [Em linha]. [Consult. 20 Ago. 2018]. Disponível em https://www.theguardian.com/inequality/2018/jan/22/inequality-gap-widens-as-42-people-hold-same-wealth-as-37bn-poorest.

[273] "Some 82% of money generated last year went to the richest 1% of the global population while the poorest half saw no increase at all..." (tradução livre do autor). "'World's richest 1% get 82% of the wealth', says Oxfam", 22. Jan. 2018. [Em linha] [Consult. 13 Ago. 2018]. Disponível em http://www.bbc.com/news/business-42745853.

[274] "há um processo complexo e contraditório de integração do trabalhador nesse novo mercado de trabalho. Para o trabalhador do *core*, envolvido diretamente com as novas tecnologias e novos processo organizacionais, é exigida uma formação polivalente, ou seja, educação básica, domínio de novas linguagens e conhecimentos como informática, inglês, etc., capacidade de exercer múltiplas tarefas, iniciativa, responsabilidade, lealdade, capacidade de trabalhar em equipes, entre outros requisitos. Este, porém, constitui-se numa parcela mínima da força de trabalho. Há ainda uma grande parcela exercendo trabalhos braçais, rotineiros, já que muitas vezes para a empresa é mais lucrativo a manutenção desse tipo demão de obra do que a introdução de novas tecnologias". Aranha, Antônio Vitória Soares, *op. cit.*, p. 301.

peia, firmando em 28 de junho de 2019, porquanto os produtos comercializados (manufatureiros) pelos países da União Europeia estão, de modo geral, dotados de muito capital humano (alto valor agregado) enquanto os produtos comercializados pelos países do Mercosul são de origem primária e, portanto, de baixíssimo valor agregado e capital humano. Tal desiquilíbrio de ambos os blocos pode vir a causar impactos negativos nas relações de trabalho dos países do Mercosul pela desigualdade de condições concorrências e de competitividade com os países da União Europeia, exatamente, pela massiva mão de obra com pouco capital humano e consequentemente aumentar o já alarmante índice de desempregados se não houver uma política pública do Mercosul destinada a mudar esse quadro social.[275]

Segundo Yuval Noah Harari, renomado professor e doutor em história pela Universidade de Oxford, "Os principais produtos do século XXI serão corpos, cérebros e mentes, e o abismo entre os que sabem operar a engenharia de corpos e cérebros e os que não sabem será muito maior do que aquela entre a Grã-Bretanha de Dicksens e o Sudão do Mahdi. Na verdade, será maior do que a brecha entre o *Sapiens* e os neandertais. Neste século, os que viajam no trem do progresso vão adquirir aptidões divinas de criação e destituição, enquanto os que ficarem para trás enfrentarão a extinção".[276]

Atente-se, então, ao alerta de pesquisadores de que uma sociedade desigual e injusta se torna mais suscetível à violência, além de ter um maior número de pessoas obesas, com doenças mentais e, consequentemente, com uma menor expectativa de vida[277]. Sem falar, ainda, que

[275] "Os trabalhadores e as entidades sindicais estão apreensivos com o aumento do desemprego, diminuição da competitividade e perdas irreparáveis na balança comercial. Haverá, por exemplo remoção de tarifas em setores estratégicos de nossa já frágil indústria, como automóveis, autopeças, químicos e fármacos. A indústria brasileira, que ano após ano já vem perdendo participação no PIB nacional, pode sofrer um golpe definitivo, reforçando o modelo que reduz nossa economia a meros exportadores de commodities e importadores de produtos industrializados e de alta tecnologia". *Centrais sindicais alertam sobre impactos do acordo entre Mercosul e União Europeia.* [Em linha] [Consult. 05 Jul. 2019]. Disponível em https://www.brasildefato.com.br/2019/07/09/centrais-sindicais-alertam-sobre-impactos-do-acordo-entre-mercosul-e-uniao-europeia/

[276] HARARI, Yuval Noah, *op. cit.*, p. 278.

[277] Richard Wilkinson e Kate Picket, *"The Spirit Lend: Why Greater Equality Makes Societies Stronger"* Bloomsbury Press, 2009.

as desigualdades diminuem o rendimento educacional de criança e jovens.[278]

Daí a importância de os Estados acordarem para uma realidade social atual que só tenderá a agravar-se, se nada for feito do ponto de vista político, econômico e social, tendo em vista, como já vem sendo discorrido ao longo desse ensaio, o fato de as novas tecnologias possuírem tanto um lado positivo como um negativo. Devemos enxergar que uma maior conectividade de informações e anseios que não são alcançados pode gerar frustrações e, por sua vez, conflitos sociais.

Parece que alguns países já entenderam o recado trazido pela quarta revolução industrial, tais como Suécia, Holanda, Inglaterra, Estados Unidos, França, Alemanha, Japão, Itália, Espanha e Coreia do Sul, os quais já vêm disponibilizando cursos de treinamento aos idosos, a fim de que possam manusear determinados equipamentos de tecnologia, como *tablets*, sem falar que estão tornando mais simples as novas tecnologias, para auxiliar o aprendizado dessa parcela da população. Isso porque os idosos, mesmo os aposentados, vêm prolongando suas vidas profissionais. Para que consigam estar capacitados para os desafios desse novo mercado de trabalho digital, precisam ter conhecimentos em tecnologias. É interessante notar, por exemplo, que, nos Estados Unidos da América, 55% dos motoristas da Uber têm mais de 55 anos e tiveram que aprender a manejar o aplicativo dessa plataforma de transporte para poder trabalhar, assim como em outras áreas, como em escolas, bibliotecas, escritórios de advocacia e contabilidade etc.[279]

Decerto, tanto Brasil como Portugal precisam seguir o modelo adotado pelos mencionados países, para prover cursos de treinamento aos seus idosos, bem como estimular o desenvolvimento de tecnologias mais simplificadas, para não só ser acessível a essa faixa etária da população, mas, principalmente, para a longevidade profissional dos idosos, estimu-

[278] Sean F. Reandon e Kendra Bischoff – "More Unequal and More Separate: Growth in the Residetial Segregation of Families by Income, 1970-2009"; nov. 2011. [Em linha]. [Consult. 20 Ago. 2018]. Disponível em https://s4.ad.brown.edu/Projects/Diversity/Data/Report/report111111.pdf.

[279] Bluemanagement – *"The new old"*, 8. Jul. 2017. [Em linha]. [Consult. 20 Ago. 2018]. Disponível em http://bluemanagement.institute/unibescultural/wp-content/uploads/2017/07/The-Economist-The-new-old.pdf.

lando, consequentemente, o crescimento econômico e a criação de fontes de trabalho.

Nesse sentido, cabe pontuar os dizeres de Schwab de que, "Atualmente, um trabalho de classe média não mais garante um estilo de vida de classe média; e, nos últimos 20 anos, as quatro características tradicionais da classe média (educação, saúde, aposentadoria e casa própria) tiveram um desempenho pior que a inflação. Nos EUA e no Reino Unido, a educação tem o preço de um bem de luxo. Uma economia de mercado em que o vencedor leva tudo, à qual a classe média tem cada vez menos acesso, pode transformar-se lentamente em mal-estar e abandono democrático, *agravando os desafios sociais*" (grifos nossos).[280]

3.5. A Importância da Educação e Escolaridade na Sociedade de Conhecimento (Teoria do Capital Humano)

Saliento, uma vez mais, que os estudiosos entendem que o maior risco de estarem ameaçadas são as atividades relacionadas ao setor de serviços, que se constituem, basicamente, por trabalhos manuais, repetitivos e rotineiros, como o trabalho de recepcionistas, porteiros, empregados domésticos, caixas de supermercado, *telemarketing* e vendedores. Em contrapartida, as funções que demandarem maior grau de conhecimento e que estiverem interligadas às inovações tecnológicas serão mais promissoras, como o trabalho de engenheiro de computação e de mecatrônica.

As três revoluções industriais inseriram máquinas para substituir o que era feito por meio braçal, as quais eram, inicialmente, mecânicas, passando a ser a vapor e, por último, movidas à eletricidade, fazendo que se utilizasse menos mão de obra humana, com o consequente aumento de produtividade. Por conseguinte, entramos na quarta revolução industrial, em que os avanços digitais substituíram, como acima apontado, trabalhos reiterados.

Vimos, então, que as transformações tecnológicas nos últimos vinte anos foram muito superiores daquelas que ocorreram nos últimos cem anos, crescendo em dinâmica assustadoramente impensável até então.

Assim, o trabalhador do "futuro" necessita ser um profissional bem mais flexível do que o trabalhador tradicional, este acostumado a um determinado e específico trabalho, porquanto a sociedade tecnológica

[280] SCHWAB Klaus., *op. cit.*, p. 96.

exige a polivalência do trabalhador, pois só assim conseguirá executar seus místeres, de acordo com as exigências de aprendizado constante impostas pelas inovações tecnológicas, que se atualizam frequentemente.

Além do aprendizado permanente, característica fundamental desse novo profissional, entende-se, também, que precisará saber analisar as informações geradas pelas tecnologias, tendo de ter a capacidade de estudar as informações coletadas e sugerir soluções modernas, interdisciplinares e em conjunto.

Por isso, para que esse profissional do futuro possa estar preparado para os desafios dos avanços tecnológicos, será preciso incentivar a educação dos jovens, bem como incentivar novos modelos de educação atual, tanto no Brasil como Portugal.

Primeiramente, porque os atuais sistemas educacionais, chamados de "tradicionais", apresentam, como método, a memorização do conteúdo, entendendo que todas as pessoas supostamente sejam idênticas, quando obviamente não são.

Em segundo lugar, Marcelo Lopes, diretor de tecnologia da Foreducation Edtech, cita uma pesquisa realizada pelo gigante mundial de tecnologia, Google, cujo "o resultado aponta que 51% das empresas querem profissionais quem saiba resolver problemas, enquanto 33% querem quem saiba trabalhar em equipe, 26% procuram quem tenha facilidade em comunicação e 21%, alguém que tenha pensamento crítico. (...). Logo, não temos de preparar os jovens só para usar e trabalhar com tecnologia. Eles precisam ser preparados para resolver problemas, ter ampla bagagem de conhecimentos para que tenham raciocínio crítico e analítico, além de saberem trabalhar em equipe e serem sociáveis".[281]

O que cada vez fica mais evidente é a necessidade de o jovem estar preparado para um contínuo aprendizado, em que suas habilidades sejam voltadas para competências técnicas e comportamentais, tais como senso crítico e espírito humanista, sobretudo porque, no estudo *"Technology at Work v2.0: The Future Is Not What It Used To Be"*, os pesquisadores Carl Benedikt Frey, Michael Osborne e Craig Holmes, da Universidade de Oxford, concluíram que nos países da Organização para Cooperação e o Desenvolvimento Econômico (OCDE), de que Portugal é integrante, em média 57% dos empregos são suscetíveis à automa-

[281] Jornal Estado De São Paulo – "Carreiras e Empregos", 18/06/2017, p. 3.

ção e, tal índice, aumenta consideravelmente quando falamos de Índia (69%) e China (77%).[282]

Vale esclarecer, por oportuno, que a OIT prevê, mundialmente, um contingente de 71,1 milhões de jovens desempregados para o ano de 2018[283] e, considerando a quarta revolução industrial exigir uma alta qualificação profissional para que o indivíduo consiga uma colocação no novo modelo de mercado de trabalho, e considerando a enorme deficiência no âmbito educacional, mormente, nos países em desenvolvimento, inclusive o Brasil, conclui-se que uma considerável leva de desempregados não seja mais contratada por falta de qualificação técnica exigida pelas inovações tecnológicas.

A situação do jovem brasileiro é ainda mais grave. Eis que 30% dos jovens estão desempregados. Tal índice é duas vezes maior do que a média mundial e, consequentemente, aqueles que tiverem um maior grau de escolaridade farão uma transição mais célere entre a escola e o mercado de trabalho. Esse fato é reconhecido pela própria OIT: indivíduos com apenas escolaridade primária tendem a demorar um período cinco vezes maior do que um universitário para conseguir um posto de trabalho. Além disso, a combinação trabalho-estudo reduziu, consideravelmente, essa transição.[284]

Para piorar, o Fundo das Nações Unidas para a Infância (UNICEF) publicou, em agosto de 2018, pesquisa denominada "Pobreza na Infância e na Adolescência", em que se constatou que "61% das crianças e adolescentes brasileiros são afetados pela pobreza, em suas múltiplas dimensões. O estudo mostra que a pobreza na infância e na adolescência vai além da renda. Além de a pobreza monetária, é preciso observar

[282] Expresso – Sonia M. Lourenço. *"Empresas não estão preparadas para as mudanças no trabalho"*. [Em linha]. [Consult. 20 Ago. 2018]. Disponível em http://expresso.sapo.pt/economia/2017-11-18-Empresas-nao-estao-preparadas-para-as-mudancas-no-trabalho.

[283] Um Multimedia – *"OIT: 35% dos desempregados no mundo em 2017 são jovens"*. [Em linha]. [Consult. 20 Ago. 2018]. Disponível em http://www.unmultimedia.org/radio/portuguese/2017/11/oit-35-dos-desempregados-no-mundo-em-2017-sao-jovens/#.WkRG2N-nHIU.

[284] ILO – *"Global Employment Trends for Youth 2017 Paths to a better working future.* [Em linha]. [Consult. 20 Ago. 2018]. Disponível em http://www.ilo.org/wcmsp5/groups/public/---dgreports/---dcomm/---publ/documents/publication/wcms_598669.pdf.

o conjunto de privatizações de direitos a que meninas e meninos são submetidos".[285]

E, como se as situações acima apontadas não fossem alarmantes, somente 10% os jovens no Brasil entre 15 e 17 anos têm formação técnica, enquanto no Japão este índice é de 70% e, na Áustria, de 76%[286]. Essa formação é essencial na geração de uma mão-de-obra com maior qualificação e mais preparação para enfrentar os desafios desse novo mundo tecnológico.

A OIT prevê, ainda, ser possível gerar novos postos de trabalho, renovando as regras trabalhistas e desenvolvendo a qualidade da educação dos países em desenvolvimento. No entanto, levanta um questionamento importante, qual seja "A principal questão na educação e na formação de hoje não é mais 'quais habilidades devem ser fornecidas', mas 'como se formar a força de trabalho'".[287]

No inquérito ao Futuro do Trabalho da OIT, apontado em seu relatório de "Tendências Globais de Emprego para a Juventude 2017 – Caminhos para um futuro melhor trabalhando", a OIT "pediu aos jovens como eles imaginam a vida profissional no próximos dez a quinze anos. Muitos consideravam o futuro 'com medo' ou 'com incerteza' – e essa resposta foi mais prevalente nos países desenvolvidos. Eles também acreditavam que a nova tecnologia ambos criarão e destruirão empregos, porém, a visão de destruição do trabalho foi mais forte entre jovens em países desenvolvidos. Poucos jovens relataram que eles têm segurança em seu trabalho atual, embora cerca de um terço deles esperasse encontrar um seguro ocupação nos próximos dez anos. Os jovens querem empregos que proporcionam bons salários e possibilidades de desenvol-

[285] "6 em cada 10 crianças e adolescentes brasileiros vivem na pobreza". [Em linha] [Consult. 13 Ago. 2018]. Disponível em https://www.unicef.org/brazil/pt/media_38769.html.

[286] Economia – [Em linha] [Consult. 13 Ago. 2018]. Disponível em https://economia.estadao.com.br/noticias/geral,apenas-10-dos-jovens-do-pais-tem-formacao-tecnica,70002382921.

[287] ILO – *"The main issue in education and training today is no longer about "what skills should be delivered" but "how to train the labour force"* (tradução livre do autor). "New Technologies: A jobless future or golden age of job creation?", nov. 2016. [Em linha]. [Consult. 20 Ago. 2018]. Disponível em http://www.ilo.org/wcmsp5/groups/public/---dgreports/---inst/documents/publication/wcms_544189.pdf.

vimento de carreira, bem como proteção social e benefícios. Eles valorizam a flexibilidade, mas priorizam a segurança e a renda do emprego".[288]

Extrai-se, ainda, do aludido relatório da OIT, que boa parte dos jovens, aproximadamente 21,8%, em todo o mundo, não estão estudando e nem mesmo trabalhando e, aqueles que estão trabalhando, não conseguem sair da linha da pobreza, estimando-se que 160 milhões de jovens que recebem menos de US$ 3,1 por dia.

Por conseguinte, devemos abordar, também, outro conjunto de problemas, ou seja, os limites de crescimento econômico tanto de Portugal como especialmente do Brasil no cenário mundial, diante de suas baixas competitividades frente aos demais países. Ao invés de estarem avançando, estão retrocedendo, haja vista os estudos realizados para o Centro de Liderança Pública (CLP), realizado pela *Economist Intelligence Unit* (EIU), centro de pesquisa da revista *The Economist,* o qual demonstrou que Portugal ocupa a 29ª colocação e o Brasil se encontra em último colocado no *ranking* de competitividade da Organização para Cooperação e Desenvolvimento Econômico (OCDE), *ranking* este composto por 34 países desenvolvidos e em desenvolvimento.[289]

Assim, a baixa produtividade está intrinsicamente ligada à ausência de qualificação do trabalhador que, por sua vez, está relacionada a um deficitário nível educacional. Essa situação só se agrava na sociedade de conhecimento em que vivemos, em que a capacidade inventiva é primordial na produção de riquezas e no bem-estar social da população.

[288] ILO – "The ILO's Future of Work Survey asked young people how they envision their work life in the
next ten to 15 years. Many regarded the future either "with fear" or "with uncertainty" – and this response was more prevalent in developed countries. They also believed that new technology will both create and destroy jobs, though again, the job destruction view was stronger amongst young people in developed countries. Few young people reported that they have security in their current job, although around a third of them expected to find a secure occupation within the next ten years. Young people want jobs that provide good wages and possibilities for career development, as well as social protection and benefits. They value flexibility but prioritize job security and income". (tradução livre do autor), op. cit. [Em linha]. [Consult. 22 Jul. 2018] Disponível em: http://www.ilo.org/wcmsp5/groups/public/---dgreports/---dcomm/---publ/documents/publication/wcms_598669.pdf.

[289] Economia Estadão – Comparativo internacional expõe os limites do País. 20 set. 2017. [Em linha]. [Consult. 20 Ago. 2018]. Disponível em http://economia.estadao.com.br/noticias/geral,comparativo-internacional-expoe-os-limites-do-pais,70002008165.

Nada obstante, para se criar conhecimento, é preciso educação de alta qualidade, incluindo pesquisas universitárias. Entrementes, o Brasil, mais uma vez anda na contramão, primeiramente porque utiliza o discurso do "custo-Brasil" como mantra de vocação culposa de boa parte dos infortúnios econômicos no mercado de trabalho que o país vive, e se esquece de dizer que, embora esteja entre as dez maiores economias do mundo, é a que investe menos em pesquisas científicas. Investimos somente 1,2% do PIB em pesquisas científicas, enquanto os países desenvolvidos investem em torno de 2,5% de seus PIBs, e a Coreia do Sul e Israel estão investindo cerca de 3,5% a 4,0% de seus PIBs.[290]

Ademais, pesquisa realizada no Brasil pela Confederação Nacional das Indústrias aponta que 42% das empresas desconhecem integralmente a importância das novas tecnologias digitais, e a produtividade do trabalhador brasileiro corresponde a 25% daquela do trabalhador americano.[291]

O pesquisador Fernando Veloso, da FGV/Ibre (Instituto Brasileiro de Economia), aponta que "O brasileiro estuda em média sete anos, nem completa o ensino fundamental. Nos EUA, são de12 a 13 anos, o que inclui uma etapa do ensino superior, sem mencionar a qualidade do ensino". Segundo o professor Hugo Braga Tadeu, da Fundação Dom Cabral, o trabalhador americano tem em média de 120 a 140 horas de capacitação (treinamento) ao ano, ao mesmo tem que o trabalhador brasileiro dispõe de apenas 30 hora por ano.[292]

O fundador da Microsoft, Bill Gates, em seu *blog*, entende que as inovações tecnológicas surgem da confluência entre os setores público e privado. Contudo, o Estado deve investir, maciçamente, em pesquisas científicas. Isso se viu quando os EUA e a Europa investiram, desde a ida

[290] Digital Estadão – José Eduardo Krieger. *"Escolha e a Sociedade do Conhecimento"*. 29 dez. 2017. [Em linha]. [Consult. 20 Ago. 2018]. Disponível em http://digital.estadao.com.br/o-estado-de-s-paulo/.

[291] Economia Estadão – *"Produtividade reage após seis anos"*. 13 mar. 2018. [Em linha]. [Consult. 20 Ago. 2018]. Disponível em http://economia.estadao.com.br/noticias/geral,produtividade-reage-apos-seis-anos,70002248922.

[292] Folha Uol – Claudia Rolli e Álvaro Fagundes, *Um trabalhador americano produz como quatro brasileiros*. 31 mai. 2015. [Em linha]. [Consult. 20 Ago. 2018]. Disponível em http://www1.folha.uol.com.br/mercado/2015/05/1635927-1-trabalhador-americano-produz-como-4-brasileiros.shtml.

à Lua até a internet, em centros acadêmicos de excelência, ou seja, em universidades públicas como privadas. Portanto, o mesmo se entende da importância de se reestruturar a educação, a fim de que as crianças tenham acesso a uma melhor qualidade de ensino, tornando-a mais barata e eficaz.[293]

Vê-se, claramente, estarmos em uma sociedade cujo capital humano é a fonte de maior riqueza das Nações, e o Brasil continua patinando em retóricas políticas comezinhas e ultrapassadas, deixando de investir, corretamente, em educação em todos os seus níveis, se distanciando, portanto, dos países protagonistas dessa nova era, a era do conhecimento.

Vale apontar, antes mesmo de falar sobre a qualidade da educação no Brasil, a gravidade de sua situação, quando se vê que há 11,8 milhões de analfabetos, o que corresponde a quase 7,2% da população com quinze anos ou mais, segundo estudos do IBGE (Instituto Brasileiro de Geografia e Estatística).[294]

Ainda, conforme dados do Censo Escolar de 2017, publicado pelo Ministério da Educação brasileiro, afirma-se que 10% dos alunos da rede pública não terminam a alfabetização, e que 10,6% dos alunos são reprovados ao final do terceiro ano do ensino fundamental.[295]

Para piorar esses dados estatísticos, tal estudo leva em consideração, equivocadamente, que alfabetizar seria tão somente o seu significado segundo os dicionários brasileiros de língua portuguesa, que dizem tratar-se de "Ensinar a ler e a escrever".[296]

Ocorre, todavia, que não basta estar satisfeito com alfabetização; tem-se que ter em mente a busca incessante, também, pela literacia[297],

[293] O Globo – Pedro Doria. *O mundo segundo Bill Gates.* 21 out. 2016. [Em linha]. [Consult. 20 Ago. 2018]. Disponível em https://oglobo.globo.com/economia/o-mundo-segundo-bill-gates-20328791.

[294] Valor – [Em linha]. [Consult. 20 Ago. 2018]. Disponível em http://www.valor.com.br/brasil/5234641/ibge-brasil-tem-118-milhoes-de-analfabetos-metade-esta-no-nordeste.

[295] Exame – [Em linha]. [Consult. 20 Ago. 2018]. Disponível em https://exame.abril.com.br/brasil/10-dos-alunos-da-rede-publica-nao-concluem-alfabetizacao/.

[296] Dicio – [Em linha]. [Consult. 20 Ago. 2018]. Disponível em https://www.dicio.com.br/alfabetizar/.

[297] "1. Capacidade de ler e escrever; alfabetismo. 2. Capacidade de usar a leitura e a escrita como forma de adquirir conhecimentos, desenvolver as próprias potencialidades e participar ativamente na sociedade". [Em linha]. [Consult. 20 Ago. 2018]. Disponível em https://www.infopedia.pt/dicionarios/lingua-portuguesa/literacia.

termo muito utilizado em Portugal, que apresenta significado duplo, envolvendo tanto a capacidade de saber ler e escrever, bem como a capacidade mental crítica, inclusive de interpretação sobre leitura e escrita.

Assim sendo, ser alfabetizado é condição indispensável para ser letrado. Todavia, não é o bastante para ser letrado, e daí vem a enorme preocupação no estudo realizado pelo IBGE, que se restringiu apenas ao conceito de alfabetismo, não se estendendo à literacia.

Corrobora tal estudo um inédito relatório elaborado pelo Banco Mundial no qual estima-se que o Brasil vai demorar 260 anos para alcançar o nível de leitura dos países desenvolvidos e 75 anos em matemática. A base deste relatório foi a avaliação dos alunos brasileiros nas últimas edições do Programa Internacional de Avaliação de Alunos (PISA). De acordo, ainda, com esse relatório, 125 milhões de crianças estão nessa estarrecedora situação.[298]

Com efeito, segundo estudo recente, elaborado pela Organização para Cooperação e Desenvolvimento Econômico, o Brasil (62º lugar), muito embora tenha saído de 0,6% para 2,1% de alunos pobres com bom desempenho escolar, o que é notoriamente muito pouco, viu Portugal (23º lugar) ser, dentre os 71 países pesquisados, um dos que teve o maior avanço, passando de 16,3% para 25,8% de alunos pobres com boa escolaridade.[299]

Como se isso não bastasse, a má qualidade da educação brasileira é visivelmente apresentada pelos dados do PISA. O Brasil tem o segundo

"1. Capacidade de ler e de escrever. 2. Capacidade para perceber e interpretar o que é lido". [Em linha]. [Consult. 20 Ago. 2018]. Disponível em https://www.priberam.pt/dlpo/literacia. "Entende-se por literacia como sendo a capacidade de cada indivíduo compreender e usar a informação escrita, contida em vários materiais impressos, de modo a desenvolver seus próprios conhecimentos. A sua definição vai além da simples compreensão dos textos, para incluir um conjunto de capacidade de processamento de informações, que poderão ser usadas na vida pessoal de cada indivíduo". [Em linha]. [Consult. 20 Ago. 2018]. Disponível em http://www.dicionarioinformal.com.br/literacia/.

[298] World Bank warns of learning crisis in global education. set. 2017. [Em linha]. [Consult. 25 Ago. 2018]. Disponível em: Brazil will take 260 years to reach the reading level of developed countries and 75 years in math world bank.

[299] Educação Estadão – [Em linha]. [Consult. 20 Ago. 2018]. Disponível em http://educacao.estadao.com.br/noticias/geral,apenas-2-1-dos-alunos-pobres-do-pais-tem-bom-desempenho-escolar,70002213621d.

maior número de estudantes com baixo rendimento em matemática básica, leitura e ciências, sem falar que está entre os países com mais baixa adesão em graduação nas áreas de Ciências, Tecnologia, Engenharia e Matemática.[300]

Mas não é só. Dos 2,7 milhões de alunos avaliados, 1,9 milhão de estudantes com idade de quinze anos têm dificuldade no entendimento básico de matemática; 1,4 milhão apresentam problemas básicos em leitura; e 1,5 milhão na apreensão básica em ciências. Além disso, o aludido estudo aponta o Brasil dentre os 10 países mais desiguais[301] do mundo no que diz respeito a estudantes de classes sociais diversas, mesmo tendo reduzido em 18% o número de estudantes com problema em matemática, no período de 2003 a 2012.[302]

Segundo a Secretaria Executiva do Ministério da Educação do Brasil, "Países como a Colômbia e o México, que tinham resultados similares aos nossos, nos ultrapassaram. Portugal e Polônia, que também estavam próximos, deram um salto de qualidade e superaram a média da OCDE".[303]

[300] Education at a Glance 2018. [Em linha]. [Consult. 12 Set. 2018]. Disponível em: http://download.inep.gov.br/acoes_internacionais/estatisticas_educacionais/ocde/education_at_a_glance/Country_Note_Nota_sobre_o_Brasil.pdf.

[301] "O elemento novo que vemos hoje é a criação de escolas de elite quase inacessíveis. Em São Paulo, por exemplo, escolas deste tipo prodem cobrar mensalidades que excedem a R$ 10 mil para um aluno de 6 anos em período integral, o que exclui mesmo as famílias de classe média que antes podiam mandar seus rebentos para escolas de ponta. Segunda conclusão: este novo fenômeno vai abrir ainda mais *gap* entre o nível educacional dos jovens ricos e pobres. Quando estas duas novidades – inevitáveis e irrefreáveis – são combinadas, o quadro que resulta é nefasto para o Brasil. Estamos formando uma diminuta casta de jovens que vão acessar o mercado de trabalho depois de ter acesso a uma formação que os colocará entre os melhores da elite mundial. Serão eles a comandar a automação. Darão ordens aos robôs. Na outra ponta, o progresso tecnológico caminha na direção de excluir do mercado de trabalho não só as pessoas sem qualificação – estas já estão excluídas –, mas, também, as que têm qualificação mediana". *Tecnologia e exclusão*, 04 de agosto de 2018[Em linha] [Consult. 13 Ago. 2018]. Disponível em https://economia.estadao.com.br/noticias/geral,tecnologia-e-exclusao,70002432770.

[302] Andrei Netto, "Brasil é 2º país com pior nível de aprendizado, diz estudo", 10 fev. 2016. [Em linha] [Consult. 13 Ago. 2018]. Disponível em https://exame.abril.com.br/ciencia/brasil-e-2o-pais-com-pior-nivel-de-aprendizado-diz-estudo/.

[303] Bárbara Ferreira Santos e Marcelo Ribeiro. *Brasil está entre os piores em ranking mundial de educação*. 6 dez. 2016. Exame Abril – [Em linha]. [Consult. 20 Ago. 2018]. Disponível em

Pelo PISA de 2015, Portugal foi considerado um dos parcos membros da OCDE com perspectivas constantes de resultados positivos, o que quer dizer que, pela primeira vez, "Portugal aumentou consideravelmente a participação na educação infantil na última década. Entre 2005 e 2015, a taxa de matrícula de crianças de 3 anos no ensino pré-primário aumentou de 61% para 79% e a de 4 anos de idade, de 84% a 90%, o que significa que ambas as taxas estão acima das médias da OCDE".[304]

No entanto, acende-se uma luz de alerta pelo fato de 31% dos estudantes em Portugal repetiram, aparecendo em terceiro lugar com o maior índice de reprovações na U.E. (2017).[305]

Vale destacar, finalmente, que segundo estudos do Fórum Econômico Mundial, até o ano de 2020, aproximadamente 65% das crianças da escola primária terão empregos em funções ou profissões que ainda não existem. Daí a importância de os governos, juntamente com o setor privado, se dedicarem na preparação desses jovens para que possam adentrar a um novo mercado de trabalho.[306]

3.5.1. A distinção entre Escolaridade e Qualificação

É importante falar sobre essa diferenciação, porquanto ser sabido que um maior número de anos de estudo não necessariamente se reverterá em tornar um indivíduo mais qualificado e, consequentemente, se traduzirá em um aumento de produtividade.

É certo que tal fórmula funcionou em alguns países, mas não é o que estamos constatando com o Brasil nas últimas décadas, em que houve

https://exame.abril.com.br/brasil/brasil-esta-entre-os-8-piores-em-ciencias-em-ranking-de-educacao/m.

[304] Portugal has increased participation in early childhood education considerably in the last decade. Between 2005 and 2015, the enrolment rate of 3-year-olds in pre-primary education increased from 61% to 79% and that of 4-year-olds from 84% to 90%, meaning both rates are above the OECD". (tradução livre do autor), "Education at a Glance 2017. [Em linha]. [Consult. 20 Ago. 2018]. Disponível em http://www.oecd-ilibrary.org/docserver/download/9617041ec064.pdf?expires=1514667837&id=id&accname=guest&checksum=A8D36134F6C2AF14896DD41946C1CBD7.

[305] Monitor da Educação e da Formação de 2017 Portugal. [Em linha]. [Consult. 20 Ago. 2018]. Disponível em https://ec.europa.eu/education/sites/education/files/monitor2017-pt_pt.pdf.

[306] The Future of Jobs. Jan. 2016. [Em linha]. [Consult. 20 Ago. 2018]. Disponível em http://www3.weforum.org/docs/WEF_Future_of_Jobs.pdf.

um aumento formal na quantidade de anos em que o estudante frequentou as salas de aula. Entretanto, esse pressuposto quantitativo não proporcionou uma melhora qualitativa na educação.

Por isso, tem-se que tomar cuidado com determinadas políticas públicas, cujo único propósito é o caráter eleitoreiro. Eis que restou demonstrado que o simples acréscimo quantitativo do ensino formal não torna um país mais competitivo, especialmente quando se verifica enorme deficiência na qualidade do ensino, como apontado no item anterior.

Com efeito, o Brasil tão somente aumentou consideravelmente os gastos com a educação, sem se preocupar com a capacitação profissional, acreditando que essa fórmula seria suficiente para atingir um desenvolvimento social e econômico.

Segundo os pesquisadores da FGV, no livro *Anatomia da Produtividade Brasileira*, as despesas com educação, em comparação ao PIB, subiram de 3,8%, em 1994, para 6,0%, em 2014, sem falar, ainda, que tal gasto aumentou a escolaridade, por meio de um maior número de estudantes cursando o nível superior. Ocorre, todavia, ser misticismo de melhor eficiência produtiva de um país a conjugação apenas de aumento de despesas com educação com uma maior escolaridade (mais anos estudados).[307]

Em sintonia, o Brasil gasta em educação universitária quase igual aos países europeus. Os gastos, porém, e os consequentes resultados no ensino primário são desastrosos, como se denota, inclusive, dos altos índices de repetência e evasão escolar.

Os dados da OCDE mostram que o Brasil gastou com estudantes universitários, entre 2014 e 2015, o equivalente a US$ 11.700 mil por ano, e a Itália despendeu o valor de US$ 11.550, quando a média dos países vinculados à OCDE foi de US$ 16.143. Ademais, gastou US$ 3.800 por aluno de ensino fundamental, enquanto Luxemburgo, o país que mais investe nesta fase escolar dentre os países da OCDE, gastou US$ 8.700.[308]

[307] Economia Estadão – Douglas Gavras. *Mitos cercam aumento da produtividade no País.* 5 nov. 2017. [Em linha]. [Consult. 20 Ago. 2018]. Disponível em http://economia.estadao.com.br/noticias/geral,mitos-cercam-aumento-da-produtividade-no-pais,70002072271.

[308] OECD – *Education at a Glance 2017.* [Em linha]. [Consult. 20 Ago. 2018]. Disponível em http://www.oecd-ilibrary.org/docserver/download/9617041ec074.pdf?expires=1514673399&id=id&accname=guest&checksum=EFA5D9296E39E4B92514211B0B39BAFA.

Isso sem falar na problemática da evasão do ensino superior no Brasil. Tem-se que apenas 22% dos alunos matriculados para o primeiro ano das universidades federais em 2010 formaram-se em 2014. É, evidentemente, um índice muito baixo e preocupante. Além disso, os estudantes universitários estão demorando mais tempo para se formar, sem falar no impacto financeiro ocasionado pelos elevados índices de evasão das universidades, que geram um desperdício de recursos públicos, que já são parcos para as instituições de ensino superior públicas. No caso das instituições privadas, faz que haja um aumento das mensalidades.

O Brasil adotou políticas públicas inoperantes, além de ter gastado muito e mal, inclusive em comparação com Portugal, que gasta menos e tem resultados bem melhores, sem falar, ainda, que a União Europeia, por meio do Pilar Europeu dos Direitos Sociais, outorgou aos seus cidadãos novos direitos, previstos em vinte princípios fundamentais. Dentre eles, destacamos dois: o primeiro, denominado de *Educação, formação e aprendizagem ao longo da vida*, que prevê que "Todas as pessoas têm direito a uma educação, uma formação e uma aprendizagem ao longo da vida inclusivas e de qualidade, que lhes permita manter e adquirir as competências necessárias para participar plenamente na sociedade e gerir com êxito as transições no mercado de trabalho"; e o segundo, *Apoio ativo ao emprego*, que estabelece, dentre outras coisas, que "Os jovens têm direito a se beneficiar de formação contínua, de uma aprendizagem, de um estágio ou de uma oferta de emprego de qualidade nos quatro meses que se seguem à perda de emprego ou à conclusão dos estudos".[309]

Segundo dados da própria OCDE, "Embora a despesa anual por aluno por instituições de ensino em Portugal seja inferior à média da OCDE para todos níveis de educação, a diferença é mais significativa no nível terciário. Em Portugal, instituições educativas gastam US$ 11.800 por aluno em programas de mestrado ou doutorado e bacharelado, que é cerca de US$ 4.000 menos do que a média da OCDE. Esta despesa menor é principalmente impulsionada por menores gastos com servi-

[309] *Os 20 princípios do Pilar Europeu dos Direitos Sociais.* [Em linha]. [Consult. 20 Ago. 2018]. Disponível em https://ec.europa.eu/commission/priorities/deeper-and-fairer-economic-and-monetary-union/european-pillar-social-rights/european-pillar-social-rights-20-principles_pt.

ços essenciais educacionais, como a despesa em pesquisa e desenvolvimento, que está ligeiramente acima da média da OCDE. Além disso, enquanto as despesas com o ensino primário e pós-secundário não terciário aumentaram 12% entre 2010 e 2014, as despesas com a educação terciária diminuíram 9% no mesmo período".[310]

Vale registar, ainda, que Portugal, no tocante à sua população empregada (na faixa etária entre 20-64 anos), possui "a maior proporção de baixos níveis de escolaridade (47,9%) face aos restantes Estados-membros da União Europeia, embora se observe já uma predominância dos níveis médio e superior (52,1%). A título de comparação, releva-se o facto de, em Espanha, ser predominante o nível superior, apesar do peso muito significativo dos níveis mais baixos".[311]

Assim, resta comprovado o equívoco da política educacional nas duas últimas décadas no Brasil, quando destinou 60% do orçamento do Ministério da Educação ao ensino superior. No entanto, o correto seria concentrar esforços e gastos com o ensino básico, por ser sabido que as universidades públicas são, predominantemente, cursadas por alunos de escolas privadas, apenando ainda mais as classes menos favorecidas.[312]

[310] "Although annual expenditure per student by educational institutions in Portugal is below the OECD average for all levels of education, the difference is most significant at the tertiary level. In Portugal, educational institutions spend USD 11 800 per student in bachelor's master's or doctoral programmes, which is about USD 4 000 less than the OECD average. This lower expenditure is mostly driven by lower spending on educational core services, as the expenditure on research and development is slightly above the OECD average. Moreover, while expenditure on primary to post-secondary non-tertiary education increased by 12% between 2010 and 2014, expenditure on tertiary education decreased by 9% over the same period". (Tradução livre do autor), op. cit., [Em linha]. [Consult. 20 Ago. 2018]. Disponível em http://www.oecd-ilibrary.org/docserver/download/9617041ec064.pdf?expires=1514667837&id=id&accname=guest&checksum=A8D36134F6C2AF14896DD41946C1CBD7.

[311] Cite – [Em linha]. [Consult. 20 Ago. 2018]. Disponível em http://cite.gov.pt/pt/destaques/complementosDestqs2/LIVRO_VERDE_2016.pdf.

[312] Infomoney – Ministro da Educação afirma que "O problema é que investimos mal, a qualidade do nosso investimento não resulta no desempenho esperado". Ministro da Educação critica pouco espaço para o ensino básico no orçamento, 4 out. 2017. [Em linha]. [Consult. 20 Ago. 2018]. Disponível em http://www.infomoney.com.br/negocios/canal-do-empresario/noticia/7027670/ministro-educacao-critica-pouco-espaco-para-ensino-basico-orcamento.

Como se tudo isso não bastasse, a alfabetização do brasileiro é muito tardia, uma vez que 56% das crianças que estão no terceiro ano do ensino fundamental, nas escolas públicas, não sabem ler, contra a alfabetização no primeiro ano das crianças do ensino fundamental das escolas particulares, bem como altos índices de reprovação e abandono, haja vista o mencionado número de jovens fora das escolas e uma baixa carga horária nas salas de aula.[313]

De outra banda, o Brasil enfrenta outro seríssimo problema, agora no tocante a outro membro essencial do programa de educação, ou seja, o de formação de docentes. Além de não ser motivacional e financeiramente atrativa a carreira do magistério, 70%, em média, daqueles que cursam pedagogia, tiveram notas abaixo da média do Exame Nacional do Ensino Médio (Enem) e 20% nem mesmo conseguiram a pontuação mínima exigida para ter a certificação de Ensino Médio. Daí, surgem os reveladores dados estatísticos de que apenas um quarto pretende ingressar na carreira de professor.[314]

É certo, no entanto, existir um lado positivo: a educação técnica profissionalizante no Brasil vem mostrando um avanço, segundo dados do Bando Mundial, tendo sido vitorioso na renomada competição internacional *WorldSkills* 2015[315]. Mesmo assim, estamos anos luz dos países desenvolvidos, no que diz respeito ao interesse dos alunos do Ensino Médio, conjuntamente matriculados na educação profissionalizante, uma vez que, no Brasil, o índice é de 9% (2014)[316], enquanto em Portu-

[313] http://portal.mec.gov.br/component/tags/tag/36188.

[314] Olavo Nogueira Filho e Rodolfo Araújo. "Profissão: professor". [Em linha]. [Consult. 20 Ago. 2018]. Disponível em http://digital.estadao.com.br/o-estado-de-s-paulo/.

[315] Brasil – [Em linha]. [Consult. 20 Ago. 2018]. Disponível em http://www.brasil.gov.br/educacao/2015/08/com-27-medalhas-brasil-e-o-maior-campeao-da-worldskills-2015.

[316] "Mais de 40 milhões de pessoas gostariam de fazer qualificação profissional, mas apenas 3,4 milhões frequentavam esse tipo de curso em 2014". [Em linha]. [Consult. 20 Ago. 2018]. Disponível em https://agenciadenoticias.ibge.gov.br/agencia-noticias/2013-agencia-de-noticias/releases/9427-mais-de-40-milhoes-de-pessoas-gostariam-de-fazer-qualificacao-profissional-mas-apenas-3-4-milhoes-frequentavam-esse-tipo-de-curso-em-2014.html.

gal é de 44,9% (2015).[317] Com efeito, países que apostam na educação técnica profissional têm bons desempenhos do PISA.[318]

Além disso, há no Brasil tanto a norma constitucional (art. 218, parágrafos 3º e 4º, da Constituição Federal) como infraconstitucional que viabilizam o desenvolvimento educacional atrelado aos avanços tecnológicos, como dispõe a Lei nº 9.394/96, de Diretrizes Base da Educação Nacional. Ela prevê o ensino tecnológico em todos os níveis (art. 32, II, 36, I e 39), bem como a Lei nº 11.196/05, que criou incentivos fiscais à Pesquisa e Desenvolvimento de Inovação Tecnológica. Menciona-se, também, a Lei nº 7.232/84, que trata da Política Nacional de Informática, cujo princípio norteador é o da adoção de meios e instrumentos para assegurar o equilíbrio entre leis infraconstitucionais que tratam do impulso e da assistência tanto na geração e qualificação de mão de obra nas áreas de ciência, tecnologia e suas inovações, como na formação da educação tecnológica, com de incentivos fiscais à difusão de inovações tecnológicas.

Em contrapartida, o governo brasileiro editou Medida Provisória (694/2015), cancelando os benefícios tributários estabelecidos pela chamada "Lei do Bem" (Lei nº 11.196/2005). Assim, inviabilizou os benefícios relativos aos investimentos em centros de pesquisas no Brasil.

Em síntese, muito embora possa se dizer que não há uma deficiência legislativa de incentivo a uma educação profissional e tecnológica no país, pode-se afirmar que há falta vontade política, inclusive pelo próprio cancelamento dos benefícios tributários decorrentes da referida "Lei do Bem" e de verbas estatais para a implementação dessas iniciativas, que são compulsórias ao efetivo desenvolvimento econômico social do país. Tanto isso é verossímil que, segundo o IBGE, o Brasil tinha, em 2014, aproximadamente 7,3 milhões de estudantes em ensino superior.

[317] [Em linha]. [Consult. 20 Ago. 2018]. Disponível em https://ec.europa.eu/education/sites/education/files/monitor2017-pt_pt.pdf.

[318] Andreia Sanches. "O PISA é uma grande avaliação internacional à literacia dos alunos de 15 anos, em três áreas-chave: Ciências, Matemática e Leitura. Cada leva de testes privilegia uma área em particular". "O que é o PISA? Quem o paga? [Em linha]. [Consult. 20 Ago. 2018]. Disponível em https://www.publico.pt/2013/12/04/sociedade/noticia/o-que-e-o-pisa-quem-o-paga-1614920.

Entrementes, apenas 477 mil, ou seja, 6,6% do total de alunos do Ensino Médio, cursavam graduação tecnológica.[319]

Na contramão da lastimável situação brasileira descrita, recordamos o exemplo de sucesso ocorrido na Coreia do Sul, que investiu pesadamente em educação de qualidade ao longo de décadas e, como fruto desse investimento, há um aumento considerável de sua produtividade e, consequentemente, um estupendo desenvolvimento socioeconômico.

Essa bem-sucedida política pública sul coreana não se resumiu somente em ofertar mais anos em uma sala de aula; agregou, também, disponibilização de uma escolaridade de qualidade, que pudesse capacitar tecnicamente os estudantes, para que estivessem preparados para exercer de forma eficiente sua profissão.

Constata-se, notoriamente, não ser suficiente elevar o orçamento em educação, aumentando a escolaridade formal e, consequentemente, proporcionando diplomas, sem que haja qualidade de ensino em todos os seus níveis, tendo em que vista nada adiantar ter uma política educacional calcada em escolaridade formal (maior número de anos em sala de aula), sem que esse ensino seja de excelência e inovador[320], para que o aluno esteja qualificado para o exercício de sua profissão e que, consequentemente, a empregabilidade possa ser elevada, com ganho de produtividade para o país.

[319] "Mais de 40 milhões de pessoas gostariam de fazer qualificação profissional, mas apenas 3,4 milhões frequentavam esse tipo de curso em 2014", op. cit.

[320] "Escolas e universidades brasileiras já testam o uso de *tablets*, *games* e óculos de realidade virtual no processo de ensino. As empresas de material didático estão criando versões multimídia de seu conteúdo e se preparam para vende-los por assinatura. (...) A Kroton, maior empresa de educação do País, comprou no fim de 2015 a *startup* de tecnologia Studiare. Segundo o vice-presidente de inovação e negócio da Kroton, Paulo de Tarso, a Studiare vai dar suporte ao grupo para implementar uma solução chamada de "ensino adaptativo", uma das principais tendências dos grupos privados. Por meio da tecnologia, o aluno terá acesso a conteúdos personalizados". A corrida das empresas pela sala de aula do futuro, 24 de jan. de 2016. [Em linha]. [Consult. 20 Ago. 2018]. Disponível em http://economia.estadao.com.br/noticias/geral,a-corrida-das-empresas-pela-sala-de-aula-do-futuro-,1825044.

Conclusões Preliminares

A quarta revolução industrial introduziu inovações tecnológicas de caráter revolucionário, até então nunca vistas pelas anteriores revoluções industriais, como a conectividade digital e a infraestrutura de comunicação sem fronteiras, que vêm impactando transformações velozes à sociedade global.

Dentre essas mudanças ocasionadas pelas tecnologias digitais, temos mudanças consideráveis na definição tradicional das relações de trabalho, viabilizando o aparecimento de novos formatos de trabalho, com características mais flexíveis, não perenes, em estruturas de organizações mais horizontais e com maior poder de criatividade por parte do trabalhador.

A revolução digital, em tese, permitirá que o trabalhador desfrute de horários de trabalho mais flexíveis e que possa utilizar de seus conhecimentos (capital humano), considerado a maior riqueza do século XXI, para executar seus misteres profissionais, que consistem em criar conhecimento, ou seja, inovações.

Entretanto, há preocupações consideráveis a esse novo modelo de relação de trabalho, sendo a primeira delas não deixar que a flexibilização seja sinônimo de precarização das relações de trabalho, evitando que as novas tecnologias sejam um catalizador para o aumento do desemprego e, consequentemente, da desigualdade social e inclusive chamada por alguns de escravidão digital.[321] Se bem alocadas, ainda mais no mundo pós-pandemia Covid-19, contudo, podem auxiliar, em todas as suas concepções, o trabalhador em suas atividades profissionais, sobretudo no desenvolvimento de um ambiente de trabalho mais saudável e

[321] "E os capitais informáticos globais criaram, assim, uma nova forma de *escravidão digital*, que não para de se expandir. É por isso que a flexibilização total do mercado de trabalho é por eles exigida. O caso mais emblemático é o da Uber, em que trabalhadores e trabalhadoras com automóveis próprios (seus instrumentos de trabalho) arcam com despesas de previdência, manutenção dos carros, alimentação etc., configurando-se como um assalariamento disfarçado de trabalho "autônomo". E, ao fazê-lo desse modo, as empresas se eximem dos direitos trabalhistas, burlando abertamente a legislação social em diversos países onde atuam. Com o *trabalho on-line*, que gera uma forte ampliação do tempo disponível para o trabalho, amplia-se ainda mais o que venho denominando de *escravidão moderna na era digital* (Antunes 2018)". Antunes, Ricardo. *Proletariado digital, serviços e valor.* Riqueza e Miséria do Trabalho no Brasil IV trabalho digital, autogestão e expropriação da vida. São Paulo: Boitempo, 2019, p. 16.

seguro, substituindo, portanto, o homem em trabalhos insalubres e perigosos, a fim de assegurá-lo seu maior bem, a vida.

Em que pese existir a controvérsia sobre as tecnologias e seus reflexos nas relações de trabalho, em que parte da doutrina defende que a disrupção das novas tecnologias provocará a aniquilação de empregos, ao passo que outra parte entende que o fechamento de postos de trabalhos fará que haja a criação de postos em outras áreas, tem-se como única certeza o fato de que as oportunidades de trabalho realmente digno da quarta revolução industrial dependerão, fundamentalmente, da qualidade da educação dos indivíduos.

Dessa maneira, todas as Nações deverão fazer o seu dever de casa, no sentido de aperfeiçoar drasticamente os métodos educacionais, em todas suas etapas, à realidade da revolução digital, para que sejam protagonistas em produtividade e competitividade de bens e serviços no âmbito global, e não meros coadjuvantes.

O Brasil, como já demonstrado, está entre os piores países no *ranking* de escolaridade em todos os níveis e, consequentemente, de qualificação de mão de obra. Terá, portanto, que se esforçar de maneira hercúlea na tentativa de reverter tal situação.

Assim, uma das soluções apontadas por especialistas em educação seria a atualização e a unificação curricular. Esta, após diversos adiamentos, foi finalmente aprovada pelo Conselho Nacional de Educação, em 2017, a Base Nacional Curricular Comum (BNCC) no Brasil, que definirá os objetivos de aprendizagem para os Ensinos Infantil e Fundamental, nas disciplinas de português, matemática e geografia, sem falar em investir na formação de professores, inclusive na produção de materiais didáticos, cujo prazo para as instituições públicas e privadas se adaptarem se findará em 2020. Não é possível imaginar as razões do porquê de este documento ter deixado, também, de contemplar, o Ensino Médio, considerado o mais questionável.

A BNCC foi influenciada pelas políticas educacionais dos países mais bem avaliados nos *rankings* internacionais de ensino, incluindo orientações acerca de conhecimento tecnológico. Espera-se que surta resultados em médio prazo, até mesmo porque os efeitos relativos às mudanças de metodologia educacional tardam a aparecer.

Tamanha é a problemática do Ensino Médio que a Secretária Executiva do Ministério da Educação (MEC), Maria Helena Guimarães de

Castro, acentuou que os dados da OCDE corroboram a imprescindibilidade de reformar o Ensino Médio, quando afirma "O que estamos propondo com a reforma do Ensino Médio é garantir uma base curricular nacional comum, que vai melhorar a qualidade do conjunto do sistema de Ensino Fundamental e Médio, além do aprofundamento nas áreas e estudo para que o aluno possa continuar sua formação geral e aprender mais".[322]

A solução, evidentemente, não é gastar mais, mas, sim, alterar o padrão educacional, que é obsoleto, ineficiente, como se verificou, incontroversamente, de todos os dados estatísticos explicitados ao longo deste capítulo. Logo, todo e qualquer país que pretenda estar preparado para os colossais desafios que já estão sendo impostos pela quarta revolução industrial, deverá, obrigatoriamente, oferecer uma educação inovadora e de altíssima qualidade em todos os seus níveis, sob pena de selar o destino de suas novas gerações à marginalização e à exclusão diante do novo paradigma das relações de trabalho, ou seja, o capital humano.

Sendo assim, devemos nos indagar: será que haverá um limite para a queda do desemprego? O princípio constitucional da busca pelo pleno emprego (art. 170, VIII, da CFB e art. 58º, 2, "a", CRP)[323] se tornou letra morta das referidas Cartas Magnas? Acreditamos que a única resposta para estas duas questões está em como os países encararão a educação desde sua base, incluindo requalificação profissional, tendo em vista ser impossível o sistema educacional atual conseguir preparar profissionais para interagirem com os desafios que advirão das imprevisíveis inovações tecnológicas que presenciamos hodiernamente.

[322] "Brasil está entre os piores em *ranking* mundial de educação". [Em linha]. [Consult. 20 Ago. 2018] Disponível em https://exame.abril.com.br/seu-dinheiro/lotofacil-da-independencia-vai-pagar-r-85-milhoes-amanha/

[323] "[...] art, 170, VIII, da CFB – A ordem econômica, fundada na valorização do trabalho humano e na livre iniciativa, tem por fim assegurar a todos existência digna, conforme ditames da justiça social, observados os seguintes princípios: busca do pleno emprego". "art. 58º, 2, a) – Para assegurar o direito ao trabalho, incumbe ao Estado promover: A execução de políticas de pleno emprego".

Capítulo 4
Flexibilização das Relações de Trabalho (Brasil e Portugal)

Introdução

No decorrer deste estudo, mais precisamente no capítulo III, observou-se que o trabalho está intrinsicamente relacionado à produtividade da sociedade contemporânea (nova era digital), levando a uma mudança de paradigma nas relações laborais.

Nesse diapasão, o modelo taylorista-fordista de produção industrial propunha ao trabalhador que se sentisse integrado à sociedade por meio de suas atividades laborativas. Eis que a contraprestação de seu trabalho (salário) proporcionava segurança material e, consequentemente, trazia o bem-estar social e a afeição de adequação do trabalhador ao contexto econômico e social.

Sendo assim, o conceito de flexibilização vem sendo estudado no meio acadêmico em diversas searas; no entanto, o que nos interessa é apontar suas características e sua conexão com novas modalidades de trabalho decorrentes, inclusive, de inovações tecnológicas existentes antes mesmo da quarta revolução industrial.

Segundo Sara Falcão Casaca, "a flexibilidade é tida como sinônimo de liberdade e autonomia individual, de empreendedorismo e até de empregabilidade. Surge também frequentemente definida como 'a capacidade das empresas de se adaptarem às variações de atividade conjuntural e estrutural, decorrentes das flutuações dos mercados, produtos, tecnologias ou de clientela'".[324]

[324] CASACA, Sara Falcão, *in* KOVÁS, Ilona *et al.* op. cit., p. 33-34.

De outra banda, há uma outra corrente que critica esta visão neoliberal da flexibilidade, emitindo um entendimento de que o referido conceito só se presta para validar um rearranjo do trabalho e do emprego em prol do capitalismo. O discurso de que a flexibilidade estimula a criação de postos de trabalho é uma cortina de fumaça para que a pessoa não enxergue a insegurança que viverá por meio da flexibilização laboral.[325]

Por conseguinte, outros doutrinadores entendem que, para conceituar a flexibilidade, é necessário dividi-la em *flexibilidade produtiva* e *flexibilidade de trabalho.*

A primeira diz respeito às organizações produtivas que estão distantes do modelo industrial taylorista-fordista. Trata-se de organizações produtivas desburocratizadas, sem rigidez, dinâmicas e céleres, ao se depararem com as intemperes do mercado. A segunda busca medidas relacionadas às condições de emprego e de trabalho, em que se pretende proporcionar novas formas de contratação, remuneração, capacitações e tempo de trabalho. Em ambas as concepções, vê-se claramente uma ruptura com o padrão de trabalho específico do ciclo fordista.[326]

Há, ainda, autores que diferenciam o conceito de flexibilidade em *numérica* e *funcional.* A flexibilidade numérica se refere ao alinhamento da demanda produtiva com a utilização da mão de obra: as empresas buscam trabalhadores temporários, intermitentes, autônomos, por tempo parcial, horários flexíveis, além de prestadores de serviços, tudo de acordo com a necessidade de suas demandas industriais. O segundo conceito aparece com a habilidade de cada empresa de atender às necessidades impostas pelo mercado consumidor, devendo, portanto, as empresas estarem em condições, por meio de um vasto leque de possibilidades de mão de obra (por exemplo, trabalho altamente especializado, por um curto espaço de tempo, qualificação técnica etc.), para atender de maneira eficiente as exigências do mercado.[327]

[325] POLLERT, Anna. *Adiós a Flexibilidad?* Madrid, 1994, Ministerio de Trabajo y Seguridad Social.

[326] FREYSSINET, J. *Le Temps De Travail En Miettes – Treinte Ans De Politique De L'emploi et de Négociation Collective*, Paris, 1997, L'Atelier.

[327] KOVÁCS, Ilona, As Metamorfoses do Emprego – Ilusões e Problemas da Sociedade de Informação, 2002, Oeiras, Celta.

Independentemente da concepção que se queria adotar, a única convergência entre todos é de que o modelo de uma empresa com estrutura organizacional flexível tem maior oportunidade de atender mais celeremente às solicitações do mercado (*just-in-time*), bem como tem uma perspectiva tanto de diminuição de custos e de tornar sua administração mais horizontal e menos centralizada.[328]

Os avanços tecnológicos incessantes, o acesso facilitado, as informações e os consumidores cada vez mais exigentes são fatores preponderantes de transformação das estruturas de organização das empresas.

Esse formato, segundo Sara Falcão Casaca, absorve quatro espécies de flexibilidade: "*Numérica*: compreende a diversificação da duração do tempo de trabalho por via do recurso ao tempo parcial, a horários flexíveis, a horas extraordinárias, e também a variabilidade do número de efetivos da empresa através das contratações a prazo e da dispensa de trabalhadores/as. *Funcional*: diz respeito à variação das tarefas realizadas e ao alargamento das tarefas, funções e qualificações de cada trabalhador/a (vulto polivalência), constituindo um vetor fundamental da dinâmica dos mercados internos das empresas. *Distanciação*: trata-se de uma estratégia que inclui a subcontratação de mão de obra a outras empresas (a agência de trabalho temporário, por exemplo) e a "externalização" das atividades que não sejam consideradas centrais. *Remuneratória*: refere-se à variação do montante remuneratório em função do desempenho individual, do grupo ou departamento, e/ou do volume de negócios e lucros da empresa".[329]

Além disso, as empresas estruturalmente flexíveis fazem parte de um grupo de empresas em que seus empregados estão preparados para assumir outras funções diante de um procedimento de requalificação. Podem assumir outras funções, também, se possuírem competências multifuncionais exigidas pela nova organização industrial, pautada, especialmente, pelas inovações tecnológicas. Circulam sob a órbita destas empresas corporações secundárias em que prestam serviços autônomos ou mesmo por contrato temporário, por exemplo.

[328] ATKINSON, John., "Manpower Strategies for Flexible Organizations". Personnel Maganement, 1984.

[329] CASACA, Sara Falcão, *in* KOVÁS, Ilona *et al*, op. cit., p. 36.

Tem-se, então, que a flexibilização trouxe ao emprego uma "maior fluidez, instabilidade e insegurança: se, no quadro do período do 'compromisso fordista', o ciclo de vida ativa se balizava pela escassa mobilidade de emprego, de estatutos de emprego, pela uniformização e rigidez dos horários de trabalho e pela efetividade do laço contratual, no contexto da economia dos serviços e do apogeu do 'capitalismo flexível', assiste-se a uma crescente desregulação laboral e acentua-se a flexibilidade de trabalho e de emprego (fenômeno que compreende a descontinuidade dos percursos laborais, a alternância entre estatutos de emprego e tempos de trabalho, as sucessivas ocorrências de empregos e de relações com diferenças empregadores, eventualmente intercaladas por períodos de desemprego ou de inatividade)".[330]

Por consequência, presenciamos que o fenômeno da flexibilização industrial torna menos rígidas as formas de trabalho e de emprego, especialmente em suas modalidades de contratação. E muitos doutrinadores entendem que a flexibilização é um modelo atípico de emprego.

Sustentam tal assertiva, basicamente, ao compará-lo ao contrato típico, que nada mais é do que contrato por prazo indeterminado baseado em trabalho para toda vida (permanente) e atrelado a todos os benefícios trabalhistas e sociais envolvidos.

Ocorre, todavia, que tal mística precisa ser mitigada, uma vez que boa parte dos contratos denominados "típicos", em tese, não deveriam ser assim chamados, tendo em vista que uma boa parte dos empregados que trabalham nesse formato não estão comtemplados na percepção correta de seus direitos trabalhistas e sociais.

Logo, como se verá ao longo desse capítulo, além de demonstrarmos que a figura da flexibilização das relações de trabalho não é nenhuma novidade, evidenciaremos que seu protagonismo se acentuou com a chegada da sociedade do conhecimento. Isso sem falar, ainda, que tentaremos constatar, muito embora não haja nenhuma pretensão de defender ou não o instituto da flexibilização das relações de trabalho, que, ao contrário do que muitos defendem, sob o som de um mantra dogmático, não ser a flexibilização, necessariamente, sinônimo de precarização das relações de trabalho.

[330] CASACA, Sara Falcão, *in* KOVÁS, Ilona *et al*, op. cit., p. 39.

4.1. Efeitos da Rigidez do Mercado de Trabalho (Contrato por Prazo Permanente)

O início do impulso da flexibilização do Direito do Trabalho se deu no remate da década de 1970, na Europa, e foi denominado pela doutrina como movimento de inflexão no andamento desta seara do direito até os dias atuais.[331]

Mais precisamente, originou-se nos países nórdicos (Lei de *Jante* – lei não escrita), sob a nomenclatura da flex segurança, uma terceira via entre o modelo norte-americano de absoluta desregulamentação das relações de trabalho e o modelo pautado no direito à proteção e segurança do trabalhador, advindos do direito à dignidade do trabalhador, como direito humano positivado nas Constituições Democráticas, a partir da Constituição Mexicana de 1917.

A Dinamarca, um dos países precursores da flex segurança das relações laborais, teve sucesso nesse modelo, muito embora se fosse amplamente questionado pelas elevadas despesas públicas desse sistema. Eis que, de um lado, proporciona uma maior flexibilidade, tanto na admissão como na dispensa dos contratos de trabalho, ocasionando uma maior mobilidade do emprego e, em contrapartida, há uma política de recolocação do desempregado com dispêndio de elevadas cifras de dinheiro público, para manutenção de seguro-desemprego, até a recolocação no mercado de trabalho.

Ocorre, porém, que esse modelo político-social, composto por um serviço público universal e de distribuição isonômica de renda, conhecido como Estado Providência, sofreu um duro golpe, especialmente após a crise econômica mundial de 2008, já que os Estados-membros da União Europeia não tinham como o prover, dadas as elevadas despesas sociais, sem falar nas diferenças políticas, sociais, econômicas e culturais, mesmo com a adoção, em 2006, do Livro Verde sobre Relações Laborais da União Europeia, para enfrentar os desafios do século XXI[332]. Este,

[331] Ramalho, Maria do Rosário, op. cit., p. 62 e ss.

[332] Paralmento Europeu – [Em linha]. [Consult. 20 Ago. 2018]. Disponível em http://www.europarl.europa.eu/meetdocs/2004_2009/documents/com/com_com(2006)0708_/com_com(2006)0708_pt.pdf.

diga-se, foi renovado em 2016 em Portugal, com o objetivo de promover uma análise do mercado de trabalho na última década.[333]

O que se viu, então, foi uma flexibilização das relações laborais com uma menor intervenção estatal na concessão de benefícios aos desempregados.[334]

É certo que os motivos que geraram essa inflexão são de diversas características. Contudo, possuem uma feição singular: não advêm da evolução do próprio Direito do Trabalho ou mesmo de seu progresso dogmático, mas, sim, da necessidade de esse ramo do Direito se adequar aos novos processos de organização industrial, baseados em um sistema econômico altamente competitivo, que exige uma flexibilização das relações de trabalho.

Constata-se, portanto, por meio dessa inflexão, que o empregado subordinado, estandarte da relação de trabalho tradicional, não é mais o único modelo de trabalhador. O paradigma de um trabalhador economicamente dependente e que trabalha para um único empregador, praticamente durante toda sua vida, e cuja subsistência, incluindo de sua família, está marcada pela percepção de seu salário, exemplificado na era fordista, abre espaço para outras formas de trabalho e, consequentemente, estremece os dogmas do Direito do Trabalho clássico.

Isso porque, como já foi relatado no transcurso desse estudo, mais precisamente no capítulo II, o Direito do Trabalho tem como pressuposto a proteção do trabalhador subordinado, exatamente por ser considerado a parte mais vulnerável na relação de trabalho. Assim, se estabeleciam as fontes de direito uniformizadas de proteção (leis, jurisprudência, normas coletivas etc.).

[333] CITE – [Em linha]. [Consult. 20 Ago. 2018]. Disponível em http://cite.gov.pt/pt/destaques/complementosDestqs2/LIVRO_VERDE_2016.pdf.

[334] "Nos últimos anos – mais concretamente desde a publicação do *Livro Verde da Comissão Europeia sobre a Modernização do Direito do Trabalho para o séc. XXI* – têm vindo a ser denunciados, a diversos níveis, os efeitos perversos das tendências de flexibilização dos sistemas laborais, com destaque para a segregação do mercado de trabalho entre os trabalhadores com um contrato de trabalho por tempo indeterminado e os trabalhadores precários e para a falta de segurança no trabalho que decorre, em geral, das políticas de flexibilização interna acima referidas". Maria do Rosário Palma, Direito do Trabalho Parte I – Dogmática Geral, *op. cit.*, p. 76.

Ocorre que, com o surgimento de novas modalidades de trabalho, essa concepção uniforme de normas de proteção de trabalho, calcada no empregado subordinado, começa a se esvair. Esse novo formato tem uma inclinação de proteção, em regra, menor àquela do trabalhador tradicional.

O Direito do Trabalho se desenvolveu com os modelos taylorista e fordista, cujo apogeu aconteceu após as duas Guerras Mundiais, baseado em estruturas industriais de grande porte, especialmente de setores secundários, com hierarquização de departamentos e sem mobilidade de tarefas (rigidez), cujo contrato de trabalho era modulado por tempo indeterminado.[335]

A partir da década de 1980, iniciou-se uma transformação nas estruturas fabris, em que as grandes unidades foram sendo substituídas pelas médias e pequenas unidades de gestão, mais flexíveis, com tendência menos burocratizada e hierarquizada, priorizando trabalhadores com competências multifuncionais, voltadas ao setor terciário (serviços), com ênfase nos setores tecnológicos e financeiro, mormente nos Estados Unidos da América e na Europa.

O Direito do Trabalho tradicional, que conhecemos, projetado para a estrutura empresarial do período fordista (modernidade sólida), vê-se em uma crise de identidade com essas transformações paradigmáticas dos novos modelos empresarias de organização do trabalho.

O avanço do setor tecnológico, especialmente das denominadas *startups*, fez que houvesse grande mudança nas relações entre empregador e emprego. O novo modelo empresarial exige um formato de relação de trabalho mais célere, muito menos verticalizado e nada estagnado, estimulando as partes a passarem a ter interesses comuns, como defendem Reid Hoffman, Bem Casnocha e Chris Yeh, os quais afirmam que, "Como aliados, empregador e empregado tentam agregar valor um ao outro. O empregador diz: 'se você nos tornar mais valiosos, nós o tornaremos mais valioso'. Os funcionários dizem: 'Se você me ajudar a crescer e a florescer, eu ajudarei a empresa a crescer e florescer'".[336]

[335] Ramalho, Maria do Rosário, op. cit., po.64-66.

[336] "[...] as allies, employer and employee try to add value to each other. The employer says: 'if you make us more valuable, we'll make you more valuable. The employees says: 'If you help me grow and flourish, I'll help the company grow and florish". (tradução livre do

Ademais, a automação e a informatização dos ambientes de trabalho e os avanços da sociedade do conhecimento, especialmente no tocante à inteligência artificial e à robótica nos setores industrial e de serviços, ameaçam os postos de trabalho humano, como adverte David Rotman, em que "A automação e as tecnologias digitais avançadas estão eliminando a necessidade de pessoas em um número crescente de empregos. Sobrevivemos a várias mudanças tecnológicas antes, mas desta vez pode ser diferente".[337]

A sociedade da informação é contraditória, sendo caracterizada, simultaneamente, pelo aumento da produtividade e pelo fechamento de postos de trabalho.

Nesse sentido, o dogma da estabilidade do empregado, difundido no século XX para uma vida inteira, se esfacela nessa nova era digital, conforme se observa dos dizeres dos já citados Reid Hoffman, Bem Casnocha e Chris Yeh: "você não pode construir uma empresa ágil com contratos de trabalho de toda uma vida".[338]

O que se vê é que nem todos ainda enxergam que o contrato de trabalho por prazo indeterminado vem sendo mitigado por novos modelos de trabalho, não apenas pelas novas estruturas industriais sendo formadas por empresas de menor porte, as quais são menos rígidas, com respostas mais rápidas, com mão de obra mais qualificada e com maior liberdade de tomadas de decisões, mas também por um fator preponderante na economia.

A economia é quem, agora, dita as políticas públicas a serem implementadas que afetam a todos os cidadãos, inclusive na seara do Direito do Trabalho, que passou a ser um coadjuvante nas relações de trabalho.

Isso porque o protagonismo está marcado pela necessidade de austeridade fiscal dos Estados, para que a economia possa voltar a crescer e,

autor). HOFFMAN, Reid, CASNOCHA, Ben e YEH, Chris – *Tours of Duty – The New Employer – Employee Compact*. Harvard Business Revue, Strategy for Turbulent Time, Boston, June 2013, pp. 49.

337 "Automation and advanced digital technologies are eliminating the need for people in a growing number of jobs. We've survived several technological changes before, but this time it might be diferente". (tradução livre do autor). ROTMAN, David – *How Technology it Destroying Jobs*, MIT Technology Review, Volume 116, nº 4, Massachusetts Institute of Technology, Boston, July/August 2013, pp. 28.

338 "[...] you can't build an agile company with lifetime employment contracts" (tradução livre do autor), HOFFMAN, Reid, CASNOCHA, Ben e YEH, Chris, *op. cit.* p. 50.

de alguma forma, volte a se tornar competitiva no mercado internacional. É o caso da redução das despesas do setor público e do setor empresarial, este último buscando diminuir seus custos de produção, adotando medidas de flexibilização das relações de trabalho.

Nessa toada, encontra-se o brilhante posicionamento do já mencionado doutrinador Guilherme Dray, quando assevera que, "Num primeiro momento, o setor empresarial procura, ele próprio, soluções para o seu problema de excessiva oneração de custos, visando a redução de custos operacionais permanentes: recorre a formas atípicas de trabalho subordinado invariavelmente mais precárias para o trabalho e menos vinculativas – pelo menos quanto ao período de duração – para o empregador, nomeadamente através do recurso ao *trabalho temporário* e ao *contrato por prazo a termo*; procura a fuga para o contrato em regime de *prestação de serviços*, tendo em vista a execução das mesmas atividades antes prestadas por trabalhadores, mas agora por meros prestadores de serviços que não se integram no quadro das empresas e não beneficiam, consequentemente, da aplicação do regime laboral tido por excessivamente protetor; e enverada, de forma cada vez mais recorrente, pelo regime de *outsourcing* das suas atividades, contratando entidades terceiras e estranhas à unidade produtiva para desenvolverem, em benefício desta, atividades que tradicionalmente eram executadas por trabalhadores pertencentes ao quadro das empresas, mas que, por esta via, se tornam desnecessários. (...) Num segundo momento e como consequência deste *status quo*, as políticas públicas europeias e nacionais, alicerçadas nos acima referido *surveys* da OCDE, elegem a alegada excessiva rigidez do mercado de trabalho como mãe de todos os males e tratam de enveredar pelo desmantelamento do modelo tradicional do Direito do Trabalho. Paradoxalmente, o Direito do Trabalho, que sempre visou, finalisticamente, a proteção do trabalhador e da parte mais fraca da relação laboral, é acusado de ter ido longe demais e passa a estar na mira das políticas públicas com o responsável pelo desemprego, pelas dificuldades de crescimento económico dos Estados e pela incapacidade que estes mostram em ultrapassar crises recessivas que se tornaram, a partir de 2008, numa situação normal em muitos Estados europeus e nos Estados Unidos da América".[339]

[339] Dray, Guilherme, *op. cit.* p. 310.

No último quarto do século XX, surgem as primeiras políticas com natureza de flexibilização das relações laborais, voltadas não mais à proteção do trabalho, e cujos empregados por prazo indeterminado, provenientes desta proteção, se tornam descartáveis. Consequentemente, o fantasma do desemprego cresce com a perspectiva da substituição dessa mão de obra por outras formas surgidas da desregulamentação das relações de trabalho.

Vejamos o caso de Portugal, considerado, em 2008, o país com o maior índice (3,51) de proteção aos trabalhadores com contrato por prazo indeterminado, nas hipóteses de despedidas individual ou coletiva. Entrementes, com as alterações legislativas ao seu Código do Trabalho, com a suspensão dos contratos de trabalho por motivos econômicos, por exemplo, baixou para o índice de 2,69, em 2013, recolhendo-se na 7ª colocação no *ranking* da OCDE.[340]

Vaticina, nessa linha, o doutrinador Claudio José Langroiva Pereira, ao anotar que "O enfraquecimento do poder normativo do Estado nas relações sociais leva à consideração de que, com o avanço do processo de desemprego, cria-se uma classe de subempregados, destinados a fomentar a economia informal, sem meios seguros de sobrevivência, de forma a contribuir para seu encaminhamento à criminalidade".[341]

Entende-se que a política de flexibilização da relação de trabalho possui dois lados, sendo um interno e outro externo. O interno diz respeito à mutabilidade funcional, em que há uma maior adequabilidade dos horários de trabalho, uma menor força da representação sindical da categoria dos trabalhadores e, consequentemente, diminuição da proteção do trabalhador. Já a flexibilidade externa está alinhada ao menor rigor dos meios de proteção do trabalhador, bem como estabelecem a criação de contratos de trabalho atípicos (contratos a termo, intermitente, por período parcial, temporário, autônomo, prestação de serviços etc.), e tornam mais simplificadas as normas de despedimento por razões de ordem econômica.

[340] Cite – [Em linha]. [Consult. 20 Ago. 2018]. Disponível em http://cite.gov.pt/pt/destaques/complementosDestqs2/LIVRO_VERDE_2016.pdf.

[341] Pereira, Claudio José Langroiva – *Globalização Econômica e Direitos Fundamentais, em face dos conceitos de flexisegurança.* II Congresso Internacional de Direito (Brasil – Europa). Análise Contemporânea do Direito em face da Globalização e da Crise Econômica, Coimbra: Almedina, 2010, p. 62.

Assim, se observa uma tendência neoliberal das políticas estatais no ordenamento trabalhista, visto que as normas de ordem pública estão dando lugar à autonomia privada das partes, nas quais estas podem negociar, seja individual ou coletivamente, diversos direitos trabalhistas, sem a interferência do Estado[342]. Isso se verifica claramente na essência dogmática da chamada reforma trabalhista no Brasil, com a edição da recentíssima Lei nº 13.467/2017, que modificou, em grande escala, a Consolidação das Leis do Trabalho. Portugal já havia experimentado esse novo paradigma liberal nas relações de trabalho, por meio das últimas alterações de seu Código do Trabalho, sendo a última se dado pela Lei nº 28/2015.

4.2. Formas Lícitas de Flexibilização

4.2.1. Contrato por tempo determinado (termo)

Vale relembrar que os contratos de trabalho podem ser classificados como sendo por prazo indeterminado ou por tempo determinado. Aqui salientamos que enfoque do estudo será restritivo a esta última modalidade de pacto.

Entretanto, destaca-se, por uma questão dialética, que os contratos indeterminados são considerados como sendo aqueles cuja vigência temporal não tem tempo preestabelecido para se findar.

Ultrapassada esta singela, mas necessária, menção sobre o conceito básico do contrato por prazo indeterminado, adentra-se propriamente nos contratos a termo, que são considerados exceção, tendo em vista a regra contratual ser a prevista no modelo de contrato indeterminado.

Vale consignar, por oportuno, que o estudo será restringido a apontar as principais modalidades de contrato a termo em Portugal e no Brasil e seus principais elementos, cujo intuito é demonstrar serem normas jurídicas elaboradas para a flexibilização das relações de trabalho.

Comecemos, então, com o Brasil, em que os contratos a termo só podem ser pactuados nos exatos termos das hipóteses legais. Há três hipóteses previstas na CLT (art. 443, § 2º, alíneas "a", "b" e "c")[343], além

[342] RAMALHO, Maria do Rosário – *Direito do Trabalho*, Parte I, Dogmática Geral. 3ª ed. Coimbra: Almedina, 2012, pp. 67 e ss.

[343] "**Artigo 443.** O contrato individual de trabalho poderá ser acordado tácita ou expressamente, verbalmente ou por escrito e por prazo determinado ou indeterminado.

de outras previstas em legislação extravagante. Apenas nos debruçaremos na mais importante, que vale para toda e qualquer categoria profissional, não subjugada às conjecturas do referido diploma celetista, no ordenamento jurídico brasileiro.

O contrato a termo previsto na Lei nº 9.601/98, que majorou as possibilidades de contratação por prazo determinado, estabelece que as partes devem pactuar esse tipo de contrato a termo, através de negociação coletiva, sob pena de nulidade da cláusula de termo, e não do contrato de trabalho propriamente dito, sem falar, ainda, sobre a obrigatoriedade de ser celebrado por escrito (formal), sendo uma cópia arquivada no Ministério do Trabalho e Emprego.[344]

Além disso, essa modalidade de contrato a termo, além de dever ser celebrada por meio de convenção ou acordo coletivo, possui outro requisito, qual seja, a sua duração temporal ser de dois anos, improrrogável. Contudo, dentro desse período, as partes podem prorrogar quantas vezes assim quiserem, ou se mantêm calados até o término do aludido prazo legal, com fulcro em seu artigo 1º, § 1º e no artigo 445, da CLT.[345]

A Lei nº 9.601/98 é uma forma de flexibilização legal das relações de trabalho, cujo objetivo primário do legislador, em sua concepção ideológica, foi o de fomentar novos postos de trabalho. Para estimular a contratação de mão de obra sob esse formato, brindou de benefícios fiscais (art. 5º)[346] os empregadores que assim contratassem, garantido a prefe-

§ 2º. O contrato por prazo determinado só será válido em se tratando:
a) de serviço cuja natureza ou transitoriedade justifique a predeterminação do prazo;
b) de atividades empresariais de caráter transitório;
c) de contrato de experiência".

344 Arnaldo Süssekind, Délio Maranhão, Segadas Vianna e Lima Teixeira, *op. cit.*, p. 261.

345 "**Artigo 1º** As convenções e os acordos coletivos de trabalho poderão instituir contrato de trabalho por prazo determinado, de que trata o art. 443 da Consolidação das Leis do Trabalho – CLT, independentemente das condições estabelecidas em seu § 2º, em qualquer atividade desenvolvida pela empresa ou estabelecimento, para admissões que representem acréscimo no número de empregados.
§ 1º As partes estabelecerão, na convenção ou acordo coletivo referido neste artigo:
art. 445, da CLT – O contrato de trabalho por prazo determinado não poderá ser estipulado por mais de 2 (dois) anos, observada a regra do art. 451".

346 "**Artigo. 5º** As empresas que, a partir da data de publicação desta Lei, aumentarem seu quadro de pessoal em relação à média mensal do número de empregos no período de refe-

rência na obtenção de recursos, mormente, junto ao Banco Nacional de Desenvolvimento Econômico e Social (BNDES).

A doutrina entende que a parte benéfica trazida por essa lei está no fato de se privilegiar as negociações coletivas. Dessa maneira, possibilitou uma flexibilização negociada, apesar de sofrer críticas pertinentes. Segundo anota Arnaldo Süssenkind, "A virtude órfã da Lei nº 9.601/98 reside no prestígio dispensado à negociação coletiva (Art. 1º, *caput*). Nada mais. O ambicioso objetivo de reduzir a alarmante taxa de desemprego fracassou. Os riscos oferecidos pela lei foram de tal ordem que as empresas preferiram não constituir passivos trabalhistas. Os sindicatos de trabalhadores rechaçaram a precarização do emprego. Portanto, uma boa terapêutica, mas ministrada a uma enfermidade gravíssima. Resultado: o desemprego que desassossega os dias presentes nem sequer foi arranhado. No entanto, a lei está plenamente cônsona com a diretriz constitucional de impulsionamento do diálogo entre os interlocutores sociais e, portanto, de prevalência da disciplina autônoma das relações de trabalho (art. 7º, XXVI, da CF) sobre o regramento estatal das condições de trabalho não gravadas com o timbre da ordem pública".[347]

Na realidade, esse modelo contratual é muito pouco utilizado. Entretanto, é uma possibilidade legal de contratação atípica, cujo intuito é a criação de novos empregos. Por fim, não se teve a pretensão de estancar toda a temática dessa forma de contrato a termo, mas, sim, demonstrar as suas principais particularidades, que destacam a sua tendência flexibilizatória trabalhista.

Em Portugal, o contrato a termo (abreviatura de contrato de trabalho a termo resolutivo) é também conhecido como especial. As modalidades estão dispostas nos artigos 139º a 149º, todos do Código do Trabalho que sofreram algumas alterações trazidas pela Lei nº 93/2019 publicada em 04/09/2019, sendo certo que os requisitos subjetivos para os contratos de termo certo estão previstos no art. 140º, nºs 1, 2 e 4, enquanto para o de termo incerto está no nº 4. Já o contrato a termo de curtíssima duração está previsto no artigo 142º, enquanto suas regras são definidas no

rência mencionado no artigo anterior terão preferência na obtenção de recursos no âmbito dos programas executados pelos estabelecimentos federais de crédito, especialmente junto ao Banco Nacional de Desenvolvimento Econômico e Social – BNDES".

347 Arnaldo Süssekind, Délio Maranhão, Segadas Vianna e Lima Teixeira, *op. cit.*, p. 262.

art. 141º. Há regras concernentes à duração e à renovação do contrato a termo certo (art. 148º), os requisitos em matéria sucessória do contrato a termo (art. 143º) e as hipóteses de convalidação do contrato a termo em contrato por prazo indeterminado (art. 147º).[348]

[348] "Artigo 140º – Admissibilidade de contrato de trabalho a termo resolutivo
1. O contrato de trabalho a termo resolutivo só pode ser celebrado para satisfação de necessidades temporárias, objetivamente definidas pela entidade empregadora e apenas pelo período estritamente necessário à satisfação dessas necessidades.
2. Considera-se, nomeadamente, necessidade temporária da empresa:
a) Substituição directa ou indirecta de trabalhador ausente ou que, por qualquer motivo, se encontre temporariamente impedido de trabalhar;
b) Substituição directa ou indirecta de trabalhador em relação ao qual esteja pendente em juízo acção de apreciação da licitude de despedimento;
c) Substituição directa ou indirecta de trabalhador em situação de licença sem retribuição;
d) Substituição de trabalhador a tempo completo que passe a prestar trabalho a tempo parcial por período determinado;
e) Actividade sazonal ou outra cujo ciclo anual de produção apresente irregularidades decorrentes da natureza estrutural do respectivo mercado, incluindo o abastecimento de matéria-prima;
f) Acréscimo excepcional de actividade da empresa;
g) Execução de tarefa ocasional ou serviço determinado precisamente definido e não duradouro;
h) Execução de obra, projecto ou outra actividade definida e temporária, incluindo a execução, direcção ou fiscalização de trabalhos de construção civil, obras públicas, montagens e reparações industriais, em regime de empreitada ou em administração directa, bem como os respectivos projectos ou outra actividade complementar de controlo e acompanhamento".
3. Sem prejuízo do disposto no nº 1, só pode ser celebrado contrato de trabalho a termo incerto em situação referida em qualquer das alíneas a) a c) ou e) a h) do número anterior.
4. Além das situações previstas no nº 1, pode ser celebrado contrato de trabalho a termo certo para:
a) Lançamento de nova actividade de duração incerta, bem como início do funcionamento de empresa ou de estabelecimento pertencente com menos de 250 trabalhadores, nos dois anos posteriores a qualquer um desses factos;
b) Contratação de trabalhador em situação de desemprego de muito longa duração.
5. Cabe ao empregador a prova dos factos que justificam a celebração de contrato de trabalho a termo.
6. Constitui contra-ordenação muito grave a violação do disposto em qualquer dos nºs 1 a 4".
"Artigo 141º – Forma e conteúdo de contrato de trabalho a termo
1. O contrato de trabalho a termo está sujeito a forma escrita e deve conter":

"Artigo 142º – Casos especiais de contrato de trabalho de muito curta duração
1. O contrato de trabalho para fazer face a acréscimo excecional e substancial da atividade de empresa cujo ciclo anual apresente irregularidades decorrentes do respetivo mercado ou de natureza estrutural que não seja passível de assegurar pela sua estrutura permanente, nomeadamente em atividade sazonal no setor agrícola ou do turismo, de duração não superior a 35 dias, não está sujeito a forma escrita, devendo o empregador comunicar a sua celebração e o local de trabalho ao serviço competente da segurança social, mediante formulário eletrónico que contém os elementos referidos nas alíneas a), b) e d) do nº 1 do artigo anterior.
2. Nos casos previstos no número anterior, a duração total de contratos de trabalho a termo celebrados entre o mesmo trabalhador e empregador não pode exceder 70 dias de trabalho no ano civil.
3. O contrato de trabalho em atividade sazonal agrícola ou para realização de evento turístico de duração não superior a 15 dias não está sujeito a forma escrita, devendo o empregador comunicar a sua celebração ao serviço competente da segurança social, mediante formulário eletrónico que contém os elementos referidos nas alíneas a), b) e d) do nº 1 do artigo anterior, bem como o local de trabalho".
"143º – Sucessão de contrato de trabalho a termo
1. A cessação de contrato de trabalho a termo, por motivo não imputável ao trabalhador, impede nova admissão ou afectação de trabalhador através de contrato de trabalho a termo ou de trabalho temporário cuja execução se concretize no mesmo posto de trabalho, ou ainda de contrato de prestação de serviços para o mesmo objecto, celebrado com o mesmo empregador ou sociedade que com este se encontre em relação de domínio ou de grupo, ou mantenha estruturas organizativas comuns, antes de decorrido um período de tempo equivalente a um terço da duração do contrato, incluindo renovações".
"Artigo 145º – Preferência na admissão
1. Até 30 dias após a cessação do contrato, o trabalhador tem, em igualdade de condições, preferência na celebração de contrato sem termo, sempre que o empregador proceda a recrutamento externo para o exercício de funções idênticas àquelas para que foi contratado.
2. A violação do disposto no número anterior obriga o empregador a indemnizar o trabalhador no valor correspondente a três meses de retribuição base.
3. Cabe ao trabalhador alegar a violação da preferência prevista no nº 1 e ao empregador a prova do cumprimento do disposto nesse preceito.
4. Constitui contra-ordenação grave a violação do disposto no nº 1".
"Artigo 147º – Contrato de trabalho sem termo
1. Considera-se sem termo o contrato de trabalho:
a) Em que a estipulação de termo tenha por fim iludir as disposições que regulam o contrato sem termo;
b) Celebrado fora dos casos previstos nos nºs 1, 3 ou 4 do artigo 140º;

É sabido que não há um rol taxativo, mas, sim, exemplificativo (art. 140º, nº 2) no Código do Trabalho português sobre as hipóteses cabíveis de utilização do contrato a termo o que corrobora com a disposição da Directiva 1999/70CE, no sentido de que, para a celebração do referido tipo de contrato, ao menos devem-se justificar as razões de sua necessidade (art. 5º, nº 1, alínea a do acordo-quadro anexo à mencionada Directiva).[349]

Entretanto, essa justificativa não pode ser adotada por motivos de interesse empresarial, mas pela necessidade temporária. Isso porque a cláusula geral prevista no artigo 140º, nº 1, determina que o contrato a termo "[...] só pode ser celebrado para satisfação de necessidades tem-

c) Em que falte a redução a escrito, a identificação ou a assinatura das partes, ou, simultaneamente, as datas de celebração do contrato e de início do trabalho, bem como aquele em que se omitam ou sejam insuficientes as referências ao termo e ao motivo justificativo;
d) Celebrado em violação do disposto no nº 1 do artigo 143º
2. Converte-se em contrato de trabalho sem termo:
a) Aquele cuja renovação tenha sido feita em violação do disposto no artigo 149º;
b) Aquele em que seja excedido o prazo de duração ou o número de renovações a que se refere o artigo seguinte;
c) O celebrado a termo incerto, quando o trabalhador permaneça em actividade após a data de caducidade indicada na comunicação do empregador ou, na falta desta, decorridos 15 dias após a verificação do termo.
3. Em situação referida no nº 1 ou 2, a antiguidade do trabalhador conta-se desde o início da prestação de trabalho, excepto em situação a que se refere a alínea d) do nº 1, em que compreende o tempo de trabalhoprestado em cumprimento dos contratos sucessivos".
"Artigo 148º – Duração de contrato de trabalho a termo
1. – A duração do contrato de trabalho a termo certo não pode ser superior a dois anos.
a) 18 meses, quando se tratar de pessoa à procura do novo emprego;
b) Dois anos, nos demais casos previstos no nº 4 do artigo 140º;
c) Três anos, nos restantes dos casos".

[349] "Disposições para evitar os abusos (artigo 5º)
1. Para evitar os abusos decorrente da conclusão de sucessivos contratos de trabalho ou relações laborais a termo e sempre que não existam medidas legais equivalentes para a sua prevenção, os Estados-Membros, após consulta dos parceiros sociais e de acordo com a lei, acordos colectivos ou práticas nacionais, e/ou os parceiros sociais deverão introduzir, de forma a que se tenham em conta as necessidades de sectores e/ou categorias de trabalhadores específicos, uma ou várias das seguintes medidas:
a) Razões objectivas que justifiquem a renovação dos supramencionados contratos ou relações laborais;"

porárias, objetivamente definidas pela entidade empregadora e apenas pelo período estritamente necessário à satisfação dessas necessidades".

Esse dispositivo legal está em total consonância com a previsão constitucional sobre essa questão, conforme se verifica no princípio da segurança no emprego, insculpido no artigo 53º, que dispõe: "É garantida aos trabalhadores a segurança no emprego, sendo proibidos os despedimentos sem justa causa ou por motivos políticos ou ideológicos". Tal princípio assegura que não haja contratações injustificadas, e, portanto, combate a precariedade das relações laborais, assim como é também o propósito da Directiva 1999/70.[350]

Assim, para que esse modelo de contrato seja reconhecido como válido, devem ser cumpridos dois requisitos, sendo o primeiro de conceito muito abstrato, já que depende de parâmetros observados pelo empregador[351]. Por oportuno, anotam-se as palavras de Maria João Machado, em que diz: "No entanto, se necessidade temporária é aquela que se prevê limitada no tempo, ou cujo fim no tempo é previsível, uma necessidade que previsivelmente dure vinte anos não permite contratar a termo; daí que a duração máxima para a vigência dos contratos (em regra de três anos, conforme resulta do artigo 148, nº 1, alínea c, do C.T.) constitua para o legislador a média admissível da natureza temporária do facto que justifica a contratação a termo".[352]

O segundo requisito tem característica puramente temporal, tendo em vista restringir a duração do contrato de trabalho a termo que apenas deve ser utilizado para aquela necessidade que lhe gerou a sua contratação, podendo ser findado anteriormente ao prazo inicial previsto[353], ou

[350] "(3) o ponto 7 da Cara Comunitária dos Direitos Sociais Fundamentais dos Trabalhadores estabelece, entre outros, que a concretização do mercado interno deve conduzir a uma melhoria das condições de vida e de trabalho dos trabalhadores na Comunidade Europeia (...)". [Em linha]. [Consult. 21 Ago. 2018]. Disponível em http://eur-lex.europa.eu/legal-content/PT/TXT/?uri=celex%3A31999L0070.

[351] "[...] passou a ser lícita a contratação a termo (...) sempre que se verifique necessidade temporária de trabalho, aferida segundo critérios empresariais". Brito, Pedro Madeira de *et al – Código do Trabalho Anotado*. 8ª ed. Coimbra: Almedina, 2009, p. 229.

[352] Machado, Maria João – *O Contrato de Trabalho a Termo*. Porto: Vidaimobiliária, 2014, p. 222.

[353] "[...] nenhuma razão válida pode proibir o titular da estrutura econômica de contratar trabalhador a termo certo por prazo inferior ao da necessidade que explica a contratação, a menos que o período desta seja tão reduzido que possa pôr em causa um nível básico de

mesmo renovado automaticamente e, até mesmo, por prazo diverso do inaugural.

Ou seja, se a contratação não atender a qualquer dos dois requisitos, o contrato é considerado sem termo (art. 147º, do C.T.), conforme decidido, por exemplo, pela Seção Social do Tribunal de Relação de Évora (TRE)[354]. É certo que a lei (art. 140º, nº 5, do C.T.) prevê ser ônus do

estabilidade pessoal do trabalhador, razão por que foram limitadas as situações de contratação por prazo inferior a seis meses". Brito, Pedro Madeira de. *et al*, op. cit., p. 382.

[354] Trecho extraído de acórdão, proferido em 06/03/2012, pela Seção Social do Tribunal da Relação de Évora, "[...] Como se afirmou supra (sob nº II), a questão essencial a decidir centra-se em saber se é válida a aposição do termo no contrato de trabalho e se é lícita a forma como este cessou.

Preliminarmente impõe-se fazer algumas referências de ordem conceptual – necessariamente breves – em relação aos contratos de trabalho a termo.

É sabido que a Lei Fundamental consagra a garantia à segurança no emprego (artigo 53º). Tal princípio envolve, como assinalam Gomes Canotilho e Vital Moreira (Constituição da República Portuguesa Anotada, vol. I, Coimbra Editora, pág. 711), não só o direito a não ser despedido sem justa causa ou por motivos políticos ou ideológicos, mas também todas as situações que se traduzam em injustificada precariedade da relação de trabalho: daí que seja necessário um motivo justificativo para a contratação a termo; «[o] *direito à segurança no emprego pressupõe assim que, em princípio, a relação de trabalho é temporalmente indeterminada, só podendo ficar sujeita a prazo quando houver razões que o exijam, designadamente para ocorrer a necessidades temporárias da entidade empregadora e pelo período de tempo estritamente necessário à satisfação dessas necessidades*».

Por isso, considerando que o contrato de trabalho a termo é por natureza precário, o que contraria o aludido princípio constitucional de "segurança no emprego" – ou, se se quiser, constitui um desvio àquele princípio – exigem-se requisitos quer de ordem material (relacionados, na sua essência, com as situações que legitimam a celebração de contratos a termo –cf. artigo 140º do Código do Trabalho, aprovado pela Lei nº7/2009, de 12 de Fevereiro, doravante CT/2009, e artigo 129º do Código do Trabalho, aprovado pela Lei nº 99/2003, de 27 de Agosto, doravante CT/2003) quer de ordem formal (que impõem que os contratos observem determinado formalismo – artigo 141º do CT/2009 e artigo 131º do CT/2003), tendo como consequência a não observância de tais formalismos considerarem-se os contratos celebrados por tempo indeterminado.

Assim, e concretamente quanto aos requisitos de ordem material que constam do artigo 140º do CT/2009, e do artigo 129º do CT/2003, tanto o podem ser para satisfação das necessidades temporárias das empresas (nº s 1 e 2 dos respectivos artigos), como por razões ligadas à política de fomento do emprego ou até de fomento do investimento (nº 4 do artigo 140º do CT/2009 e nº 3 do artigo 129º do CT/2003).

Ou seja: a exigência legal de justificação – através da indicação expressa dos factos que integram o motivo da contratação a termo –, consagrada na alínea e) do nº 1 e no nº 3 do art.

empregador provar que cumpriu com os requisitos legais que validem a celebração do contrato a termo.

Finalmente, deve-se contemplar a possibilidade de revalidação do contrato a termo, mas, para tal, devem persistir os requisitos que justificaram a sua contratação inicial (art. 149º, nº 3, do C.T.).[355]

Muito embora apresente algumas dificuldades, tanto para o empregador como para empregado[356], e em que pese esse modelo de contrato de

131º do CT/2003, com referência aos nº s 1 e 2 do mesmo preceito legal (a que corresponde a alínea e) do nº 1 e nº 3 do artigo 141º do CT/2009, com referência aos nº 1 e 2 do artigo 140º), visa permitir a verificação ou controle da conformidade da situação concreta com a tipologia legal das situações excepcionais que consentem tal contratação, da veracidade da justificação invocada e da adequação da duração convencionada para o contrato.
(...) Já na situação a que se refere o nº 4 do artigo 140º do CT/2009 e o nº 3 do artigo 129º do CT/2003, a duração máxima do contrato, incluindo renovações, não poderá exceder dois anos, sendo, porém, de 18 meses quando se tratar de trabalhar à procura de primeiro emprego [alíneas a) e b), do nº 1 do artigo 148º do CT/2009 e nº 3 do artigo 139º do CT/2003].
E em qualquer das situações, a ultrapassagens dos prazos respectivos converte os contratos a termos em contratos sem termo [artigo 147º, nº 2, alínea b) do CT/2009 e artigo 141º do CT/2003].
Refira-se, ainda, que, tendo em conta a referida natureza excepcional dos contratos de trabalho a termo, impõe-se que o motivo justificativo do contrato a termo seja indicado no documento que suporta o próprio contrato, sob pena de se considerar nula a estipulação do prazo e, nessa medida, tornar o contrato por tempo indeterminado; estão em causa exigências formais (*ad substanciam*), que condicionam a admissibilidade da aposição do termo e assentam na necessidade de tutelar a segurança jurídica e, em última análise, a segurança no emprego (por todos, os acórdãos do Supremo Tribunal de Justiça de 23-01-2002, Proc. nº 503/01, de 08-05-2002, Proc. nº 3172/01, de 03-03-2005, Proc. nº 3952/04, de 18-06-2008, Processo nº 936/08 e de 28-04-2010, Proc. nº 182/07.0TTMAI.S1, todos da 4ª secção, o 1º, 4º e 5º disponíveis em www.dgsi.pt). (...) Uma vez aqui chegados, só nos resta concluir pela improcedência das conclusões das alegações de recurso e, por consequência, confirmar a decisão recorrida". [Em linha]. [Consult. 21 Ago. 2018]. Disponível em http://www.dgsi.pt/jtre.nsf/134973db04f39bf2802579bf005f080b/09cdd3e597fb764f80257de10056f7c8?OpenDocument.

[355] "Artigo 149º. Renovação de contrato de trabalho a termo certo
2. A renovação do contrato está sujeita à verificação da sua admissibilidade nos termos previstos para a sua celebração como a iguais requisitos de forma no caso de se estipular período diferente".

[356] "No que respeita ao empregador, o recurso a esta modalidade de contrato de trabalho permite-lhe fazer face a necessidades de gestão corrente, quer por motivos atinentes ao pessoal (por exemplo, a necessidade de substituição de trabalhadores ausentes), quer por

trabalho tenha tido, também, a intenção de proporcionar ao trabalhador a busca pelo primeiro emprego e de retirar desempregados que estão há muito tempo sem emprego (art. 140º, n. 4, b, do C.T.), podendo, consequentemente, ser considerado benéfico, é certo que o resultado vem sendo contrário do que o legislador pretendia.

Isso porque os índices que demonstram a influência do contrato a termo na precariedade das relações de trabalho atraem principalmente os jovens e aqueles com menor qualificação profissional, devido a sua alta rotatividade e aos custos de contratação bem inferiores aos do contrato permanente.

Segundo dados da Eurostat, "Em 2016, a percentagem de trabalhadores na faixa etária dos 15-74 anos na UE-28 com um contrato de duração limitada (contrato a termo) era de 14,2 %. Mais de um em cada cinco trabalhadores na Polónia (27,5 %), em Espanha (26,3 %), na Croácia e em Portugal (ambos com 22,3 %) e nos Países Baixos (20,8 %) traba-

razões atinentes à natureza da atividade desenvolvida (por exemplo, atividades sazonais ou com necessidades produtivas desiguais ao longo do ano);e permite-lhe ainda lançar-se em empreendimentos novos, cujo êxito não esteja assegurado à partida, sem ficar onerado com os encargos da manutenção de trabalhadores por tempo indeterminado caso o empreendimento fracasse, evitando-se, por esta via, um risco excessivo. Em suma, do ponto de vista do empregador, a contratação laboral a termo constitui um importante instrumento de gestão.
Para o trabalhador, este tipo de contrato de trabalho pode também ser vantajoso para experimentar uma nova atividade profissional, bem como no caso em que trabalhador pretenda vincular-se durante um período determinado.
Por fim, do ponto de vista do interesse geral, este tipo de contrato prossegue o princípio constitucional do pleno emprego, porque potencia a criação de postos de trabalho, e é também particularmente vocacionado para proceder à integração das categorias de trabalhadores com maiores dificuldades de acesso ao emprego. Por outro lado, ainda em termos gerais, esta modalidade de contrato de trabalho constitui um factor de progresso económico, na medida em que favorece novos empreendimentos das empresas.
Às vantagens deste tipo de contrato de trabalho correspondem, contudo, inconvenientes significativos, sobretudo para o trabalhador, cuja situação contratual é menos estável neste contrato do que num contrato de trabalho comum; é que, enquanto num contrato de trabalho comum, o despendimento por iniciativa do empregador depende de um incumprimento grave de gestão, no caso do contrato de trabalho a termo o empregador tem apenas que aguardar a verificação do termo para fazer cessar o contrato por caducidade, se assim entender". Ramalho, Maria do Rosário Palma – *Direito do Trabalho Parte II – Situações Laborais Individuais.* 3ª ed. Coibra: Almedina, pp. 248-249.

lhava com contratos temporários[357]. Essa estatística comprova que esse modelo de contrato atípico é bastante utilizado em vários setores da economia, mais expressivo no setor de serviços.

4.2.2. Contrato de Experiência

O contrato de experiência como mencionado alhures está previsto na alínea "c", do § 2º, do art. 443, da CLT[358], e é considerado uma espécie do gênero de contrato a termo. Ou seja, a duração de sua vigência é de 90 dias (art. 445, § único, da CLT)[359], o que não se confunde com trés meses, e pode ser prorrogado por uma única vez dentro do referido período (art. 451, da CLT).[360]

O propósito dessa espécie de contrato a termo é no sentido de que "Neste período, as partes poderão se testar, provar e experimentar uma à outra. Pode ter também como objetivo a verificação da aptidão do empregado para a função. Mas sua principal finalidade é a de permitir que os contratantes se conheçam, para possibilitar a análise das condições subjetivas (mau-humor, personalidade, rigor, atrasos, afinidade, preparo técnico, etc.) e objetivas (tipo de atribuição, responsabilidade, tarefas, preparo técnico, etc.) de cada contratante".[361]

No entanto, há três correntes doutrinárias acerca da classificação do contrato de experiência.

[357] European Comission – [Em linha]. [Consult. 21 Ago. 2018]. Disponível em http://ec.europa.eu/eurostat/statistics-explained/index.php/Employment_statistics/pt#Contratos_a_termo.

[358] "**Artigo 443**. O contrato individual de trabalho poderá ser acordado tácita ou expressamente, verbalmente ou por escrito e por prazo determinado ou indeterminado.
§ 2º. O contrato por prazo determinado só será válido em se tratando:
c) de contrato de experiência".

[359] "Artigo 445. O contrato de trabalho por prazo determinado não poderá ser estipulado por mais de 2 (dois) anos, observada a regra do art. 451.
Parágrafo único. O contrato de experiência não poderá exceder de 90 (noventa) dias".

[360] Artigo 451. O contrato de trabalho por prazo determinado que, tácita ou expressamente, for prorrogado mais de uma vez passará a vigorar sem determinação de prazo".

[361] Cassar, Vólia Bomfim, *Direito do Trabalho de acordo com a Reforma Trabalhista Lei 13,467/2017*, Rio de Janeiro: Método, 14ª ed, 2017, p. 577.

A primeira corrente comunga da ideia de que o contrato de experiência não é um contrato preliminar que antecede um contrato permanente, mas é parte do contrato de trabalho.[362]

A segunda corrente defende que o contrato de experiência é uma condição suspensiva do contrato de trabalho, haja vista que o contrato de trabalho definitivo somente se iniciaria com o encerramento da experiência. Entretanto, para os adeptos da primeira corrente, não se pode falar na existência de condição suspensiva. Eis que a experiência é parte integrante do contrato de trabalho.[363]

A terceira corrente compreende ser a experiência uma condição resolutiva, uma vez que o empregado, para ser contratado por prazo indeterminado, precisará ser aprovado na experiência.[364]

É certo, contudo, que tais correntes foram trazidas para elevar o conhecimento histórico e doutrinário sobre o tema, já que tais diferenças foram sanadas pela legislação vigente, que considera o contrato de experiência um contrato por prazo determinado (a termo certo).

Entende-se que seja um contrato a termo certo e não como condição resolutiva, porquanto, se assim não fosse, e formatada a condição antes mesmo do término de seu prazo legal, poderia o empregador alegar, por exemplo, após cinco dias de experiência, que o empregado não foi considerado apto. Portanto, quando um contrato de experiência é interrompido anteriormente ao seu prazo certo, seja por qualquer das partes, há uma penalidade prevista em lei (arts. 479 e 480, da CLT).[365]

[362] Barros, Alice Monteiro de – *Curso de Direito do Trabalho*, São Paulo: LTr., 2005, p. 455.

[363] Sanseverino, Luisa Riva – *Diritto del Lavoro*: Padova: Cedam, 1967, p. 188, *apud*. Vólia Bomfim Cassar, *op. cit.*, p. 578.

[364] Magano, Octavio Bueno – *Contrato por Prazo Determinado*. São Paulo: Saraiva, 1984, p. 51.

[365] "**Artigo 479.** Nos contratos que tenham termo estipulado, o empregador que, sem justa causa, despedir o empregado será obrigado a pagar-lhe, a título de indenização, e por metade, a remuneração a que teria direito até o termo do contrato".

"**Artigo 480**. Havendo termo estipulado, o empregado não se poderá desligar do contrato, sem justa causa, sob pena de ser obrigado a indenizar o empregador dos prejuízos que desse fato lhe resultarem.

Parágrafo único. A indenização, porém não poderá exceder àquela a que teria direito o empregado em idênticas condições".

Por fim, vale esclarecer que a experiência é, também, admissível aos contratos de empregado doméstico, previstos na nova legislação (art. 4º, da L.C. nº 150/2015).[366]

Em Portugal, o contrato por período experimental está previsto nos artigos de 111º a 114º, do CT[367] que também receberam algumas inova-

[366] "**Artigo 4º**. É facultada a contratação por prazo determinado, do empregado doméstico:
I – mediante contrato de experiência".

[367] "**Artigo 111º Noção de período experimental**
1 – O período experimental corresponde ao tempo inicial de execução do contrato de trabalho, durante o qual as partes apreciam o interesse na sua manutenção.
2 – No decurso do período experimental, as partes devem agir de modo que possam apreciar o interesse na manutenção do contrato de trabalho.
3 – O período experimental pode ser excluído por acordo escrito entre as partes".
Artigo 112º Duração do período experimental
1 – No contrato de trabalho por tempo indeterminado, o período experimental tem a seguinte duração: a) 90 dias para a generalidade dos trabalhadores; b) 180 dias para os trabalhadores que exerçam cargos de complexidade técnica, elevado grau de responsabilidade ou que pressuponham uma especial qualificação, bem como os que desempenhem funções de confiança; c) 240 dias para trabalhador que exerça cargo de direção ou quadro superior.
2 – No contrato de trabalho a termo, o período experimental tem a seguinte duração: a) 30 dias em caso de contrato com duração igual ou superior a seis meses; b) 15 dias em caso de contrato a termo certo com duração inferior a seis meses ou de contrato a termo incerto cuja duração previsível não ultrapasse aquele limite.
3 – No contrato em comissão de serviço, a existência de período experimental depende de estipulação expressa no acordo, não podendo exceder 180 dias.
4 – O período experimental, de acordo com qualquer dos números anteriores, é reduzido ou excluído, consoante a duração de anterior contrato a termo para a mesma atividade, de contrato de trabalho temporário executado no mesmo posto de trabalho, de contrato de prestação de serviços para o mesmo objeto, ou ainda de estágio profissional para a mesma atividade, tenha sido inferior ou igual ou superior à duração daquele, desde que em qualquer dos casos sejam celebrados pelo mesmo empregador.
5 – A duração do período experimental pode ser reduzida por instrumento de regulamentação coletiva de trabalho ou por acordo escrito entre partes.
6 – A antiguidade do trabalhador conta-se desde o início do período experimental.
"**Artigo 113º Contagem do período experimental**
1 – O período experimental conta a partir do início da execução da prestação do trabalhador, compreendendo ação de formação determinada pelo empregador, na parte em que não exceda metade da duração daquele período.
2 – Não são considerados na contagem os dias de falta, ainda que justificada, de licença, de dispensa ou de suspensão do contrato".

ções trazidas pela já mencionada Lei nº 93/2019. Diferentemente da norma brasileira, comporta mais do que uma única possibilidade de duração do período da experiência.

Esses períodos estão previstos no art. 112º, do CT, que prevê ser de noventa dias, quando o trabalho for de natureza genérica; cento e oitenta dias, para trabalhos de alta complexidade técnica, além de serem exercidos em cargo de confiança; duzentos e quarenta dias, quando desempenhado por cargo de direção; além de trinta dias, quando o contrato a termo tiver duração de seis meses ou mais; ou de 15 (quinze) dias, quando o contrato a termo for de duração menor do que seis meses.

Além disso, em qualquer das modalidades temporais legais acima, o contrato de experiência iniciar-se-á no primeiro dia de trabalho (art. 113º, nº 1, do CT). No que se refere ao seu término, qualquer das partes poderá rescindir, exceto se tiver sido pactuada de forma diversa a rescisão contratual sem aviso prévio (art. 114º, nº 1, do CT). Mas, se a experiência for de um período superior a sessenta dias, haverá a necessidade de o empregador conceder um aviso prévio de sete dias (114º, nº 2, do CT). Se for maior do que cento e vinte dias, o aviso prévio por parte do empregador terá que ser de quinze dias (114º, nº 3, do CT). A não obediência aos nºs 2 e 3, do art. 114º, torna obrigatório o pagamento do aviso prévio do período faltante (nº 4, do art. 114º). Em havendo a ocorrência de justa causa, não haverá qualquer direito de indenização (art. 114º, nº 1, *in fine*, do CT).

"**Artigo 114º Denúncia do contrato durante o período experimental**
1 – Durante o período experimental, salvo acordo escrito em contrário, qualquer das partes pode denunciar o contrato sem aviso prévio e invocação de justa causa, nem direito a indemnização.
2 – Tendo o período experimental durado mais de 60 dias, a denúncia do contrato por parte do empregador depende de aviso prévio de sete dias.
3 – Tendo o período experimental durado mais de 120 dias, a denúncia do contrato por parte do empregador depende de aviso prévio de 15 dias.
4 – O não cumprimento, total ou parcial, do período de aviso prévio previsto nos nºs 2 e 3 determina o pagamento da retribuição correspondente ao aviso prévio em falta".

4.2.3. Contrato por Obra Certa

O contrato por obra certa está previsto na Lei nº 2.959/56, pertencente ao ordenamento jurídico brasileiro e é, também, considerado uma outra espécie de contrato a termo, mas incerto.

Reserva-se apenas ao construtor civil, e é de sua obrigação a anotação na carteira de trabalho (CTPS), sendo certo não ser possível delegar esta responsabilidade, por exemplo, ao empreiteiro ou ao subempreiteiro (art. 455, da CLT).[368]

A mencionada lei não trata do prazo para o exercício desse trabalho por obra certa, e, assim sendo, por sua omissão, aplica-se o prazo limite de dois anos, como dispõe o já referido artigo 445, da CLT.

Isto é, "Toda obra é composta de diversas etapas transitórias e de serviços especializados intermitentes tais como: calculista estrutural, armador, pedreiro, carpinteiro, sinteco, aquecedores, pintor, etc.. Alguns são necessários na fase de planejamento e construção da obra, enquanto outros para a fase final e para o acabamento. Por isto foi permitida a contratação por tempo determinado, já que de necessidade intermitente ou transitória em relação à obra como um todo".[369]

É importante destacar que essa lei é pouco utilizada pelos empregadores, já que é mais custoso para estes do que a contratação a termo, por serviços transitórios, nos termos do art. 443, § 2º, a, da CLT.[370]

4.2.4. Contrato Temporário

Antes de prosseguir propriamente ao conteúdo desse modelo de contrato atípico, vale esclarecer a sua origem, que se deu em 1948, nos Estados Unidos da América, criado pela empresa *Manpower*, que ampliou seu alcance para setores até então não pensáveis, como o industrial.[371]

[368] "Artigo 455. Nos contratos de empreitada responderá o subempreiteiro pelas obrigações derivadas do contrato de trabalho que celebrar, cabendo, todavia, aos empregados, o direito de reclamação contra o empreiteiro principal pelo inadimplemento daquelas obrigações por parte do primeiro".

[369] Cassar, Vólia Bomfim, op. cit., p. 586.

[370] "**Artigo 443**. (...) § 2º. (...) a) de serviço cuja natureza ou transitoriedade justifique a predeterminação do prazo".

[371] "Curiosamente, a paternidade do trabalho temporário é com frequência atribuída a um dos fundadores da *Manpower*, um advogado americano, de nome Winters, que na véspera da apresentação de um recurso perante o Supremo Tribunal se terá visto confrontado com

O contrato temporário, previsto pela Lei nº 6.019/74 do arcabouço jurídico brasileiro, rege este modelo contratual a termo, que pode ser tanto incerto como certo.

Este tipo de contrato pode ser aplicado em duas situações: a primeira quando houver a necessidade de substituir transitoriamente pessoal perene da empresa tomadora de serviços (ex. a comutação da empregada que se encontra em licença maternidade, até o seu retorno ao trabalho); e a segunda, quando houver a necessidade de atividades supletivas de serviços (ex. acréscimo de demanda em época natalina), nos termos do artigo 2º, da Lei nº 6.019/74).[372]

É certo que, independentemente da atividade empresarial da tomadora de serviços, a lei veda o vínculo laboral entre esta e os empregados da empresa prestadora de serviços temporários (art. 10).[373]

Além disso, necessita preencher certos requisitos legais para ser considerado válido, tais como: a) contrato escrito entre empregado e empregador (empresa prestadora de serviço (art. 4º)[374]: b) contrato escrito entre empresa tomadora de serviço e a prestadora de serviço (art. 5º-A)[375]; e c) o prazo máximo é de 180 dias, prorrogáveis por mais 90 dias para o mesmo tomador – passado esse prazo, poderá o trabalhador

a ausência da dactilógrafa que adoecera subitamente. O advogado pediu então ajuda a um colega que indicou Winters a sua antiga secretária. Esta abandonara a profissão após o casamento, mas tinha algum tempo livre e estava disposta a aceitar o inesperado serviço. Bom desfecho da história: o recurso foi apresentado em tempo, a secretária recebeu uns dólares suplementares e Winters, certamente, condoído com a sorte de colegas em apuros semelhantes, fundou a Manpower", Redinha, Maria Regina Gomes, *op. cit.*, p. 23.

372 "Artigo 2º Trabalho temporário é aquele prestado por pessoa física contratada por uma empresa de trabalho temporário que a coloca à disposição de uma empresa tomadora de serviços, para atender à necessidade de substituição transitória de pessoal permanente ou à demanda complementar de serviços".

373 "Artigo 10. Qualquer que seja o ramo da empresa tomadora de serviços, não existe vínculo de emprego entre ela e os trabalhadores contratados pelas empresas de trabalho temporário".

374 "Artigo 4º Empresa de trabalho temporário é a pessoa jurídica, devidamente registrada no Ministério do Trabalho, responsável pela colocação de trabalhadores à disposição de outras empresas temporariamente".

375 "Artigo 5º-A. Contratante é a pessoa física ou jurídica que celebra contrato com empresa de prestação de serviços relacionados a quaisquer de suas atividades, inclusive sua atividade principal".

temporário prestar seus serviços para outra empresa tomadora, através dos contratos temporários sucessivos, e somente poderá voltar a trabalhar para um tomador em que prestou seus préstimos após 90 dias entre o término de um contrato temporário e o início de um novo para o mesmo tomador (art. 10 e seus parágrafos).[376]

Esse tipo de contrato estabelece, como regra, a contratação de uma empresa prestadora de serviços temporária, que disponibiliza sua própria mão de obra (empregado) para prestar seus préstimos à empresa tomadora (cliente).

É certo que o trabalhador temporário tem os seus direitos previstos no art. 12, da Lei nº 6.019/74)[377]. Na hipótese de seu empregador (empresa prestadora de serviços) vir a falir, a empresa tomadora responderá solidariamente (art. 16, da Lei nº 6.019/74).[378]

[376] "Artigo 10. Qualquer que seja o ramo da empresa tomadora de serviços, não existe vínculo de emprego entre ela e os trabalhadores contratados pelas empresas de trabalho temporário.

§ 1º O contrato de trabalho temporário, com relação ao mesmo empregador, não poderá exceder ao prazo de cento e oitenta dias, consecutivos ou não.

§ 2º O contrato poderá ser prorrogado por até noventa dias, consecutivos ou não, além do prazo estabelecido no § 1º deste artigo, quando comprovada a manutenção das condições que o ensejaram.

§ 5º O trabalhador temporário que cumprir o período estipulado nos §§ 1º e 2º deste artigo somente poderá ser colocado à disposição da mesma tomadora de serviços em novo contrato temporário, após noventa dias do término do contrato anterior".

[377] "Artigo 12 Ficam assegurados ao trabalhador temporário os seguintes direitos:

a) remuneração equivalente à percebida pelos empregados de mesma categoria da empresa tomadora ou cliente calculados à base horária, em qualquer hipótese, a percepção dos salários mínimo régio

b) jornada de oito horas, remuneradas as horas extraordinárias não excedentes de duas, com acréscimo de 20% (vinte por cento);

c) férias proporcionais...;

d) repouso semanal remunerado;

e) adicional por trabalho noturno;

f) indenização por dispensa sem justa causa ou término normal do contrato, correspondente a 1/12 (um doze avos) do pagamento recebido;

g) seguro contra acidente do trabalho;

h) proteção previdenciária nos termos do disposto na Lei Orgânica da Previdência Social (...)".

[378] "Artigo 16 No caso de falência da empresa de trabalho temporário, a empresa tomadora ou cliente é solidariamente responsável pelo recolhimento das contribuições previden-

Em Portugal, o contrato de trabalho temporário, outro estrato de flexibilização das relações de trabalho, prevê que "o fenômeno do contrato de trabalho enquadra a contratação de trabalhadores por uma empresa que se dedica à actividade de fornecimento, a título oneroso, desses mesmos trabalhadores a outras entidades, para as quais desenvolverão a sua atividade laboral, por um tempo determinado. (..) A especificidade do contrato para prestação de trabalho temporário perante o contrato de trabalho comum reside justamente do carácter tripartido do vínculo laboral emergente deste contrato".[379]

A regulamentação da empresa de prestação de serviço temporário está disposta nos arts. 3º a 13º do Decreto Lei nº 260/2009[380].

ciárias, no tocante ao tempo em que o trabalhador esteve sob suas ordens, assim como em referência ao mesmo período, pela remuneração e indenização previstas nesta Lei".

[379] Ramalho, Maria do Rosário Palma, *op. cit.* p. 301.

[380] "Artigo 3º
Objecto da empresa de trabalho temporário
A empresa de trabalho temporário tem por objecto a actividade de cedência temporária de trabalhadores para ocupação por utilizadores, podendo, ainda, desenvolver actividades de selecção, orientação e formação profissional, consultadoria e gestão de recursos humanos".
"Artigo 4º
Contratos a celebrar pela empresa de trabalho temporário
1 – O exercício de trabalho temporário depende da celebração pela empresa de trabalho temporário dos seguintes contratos:
a) Contrato de utilização de trabalho temporário com o utilizador;
b) Contrato de trabalho temporário com o trabalhador temporário;
c) Contrato de trabalho por tempo indeterminado para cedência temporária.
2 – É proibido à empresa de trabalho temporário cobrar ao candidato a emprego temporário, directa ou indirectamente, quaisquer importâncias em numerário ou espécie.
3 – Constitui contra-ordenação grave a violação do disposto no número anterior".
"Artigo 5º
Licença para o exercício da actividade de empresa de trabalho temporário
1 – O exercício da actividade de cedência temporária de trabalhadores para ocupação por utilizadores encontra-se sujeito a licença, dependendo a sua concessão da verificação dos seguintes requisitos cumulativos:
a) Idoneidade;
b) Estrutura organizativa adequada;
c) Situação contributiva regularizada perante a administração tributária e a segurança social;
d) Denominação social de pessoa singular ou colectiva com a designação «trabalho temporário»;

e) Constituição de caução, nos termos do disposto no artigo 7º"

"Artigo 6º

Procedimento de concessão da licença para o exercício da actividade de empresa de trabalho temporário

1 – O interessado apresenta o requerimento de licença para o exercício da actividade de cedência temporária de trabalhadores para ocupação por utilizadores, nomeadamente por via electrónica, em qualquer unidade orgânica local do serviço público de emprego, com indicação das actividades a exercer e instruído com os seguintes documentos:

a) Declaração na qual o requerente indique o seu nome, o número fiscal de contribuinte, o número do bilhete de identidade ou número de identificação civil, e o domicílio ou, no caso de ser pessoa colectiva, a denominação, a sede, o número de pessoa colectiva, o registo comercial actualizado de constituição e de alteração do contrato de sociedade, os nomes dos titulares dos corpos sociais e, em ambos os casos, a localização dos estabelecimentos em que exerça a actividade;

b) Documentos emitidos pelas autoridades competentes comprovativos da idoneidade do requerente e, se for pessoa colectiva, dos sócios, gerentes, directores ou administradores;

c) Certidão comprovativa de que não se encontra abrangido por suspensão ou interdição do exercício de actividade como sanção acessória de contra-ordenação, emitida pelo serviço com competência inspectiva do ministério responsável pela área laboral e pelo serviço com competência inspectiva do ministério responsável pela área da economia;

d) Cópia do contrato de sociedade, sendo pessoa colectiva;

e) Comprovação dos requisitos da estrutura organizativa adequada para o exercício da actividade ou declaração sob compromisso de honra dos requisitos que satisfaz se a licença for concedida;

f) Declaração em como constituiu caução nos termos do artigo 7º, se a licença for concedida.

2 – Para comprovar a situação regularizada perante a administração fiscal e a segurança social, relativamente ao exercício de actividades anteriores, independentemente de estas se encontrarem ou não cessadas, o requerente deve prestar consentimento para a consulta pelo serviço público de emprego, nos termos previsto no Decreto-Lei nº 114/2007, de 19 de Abril, ou na sua falta, apresentação de certidão de situação tributária ou contributiva regularizada.

3 – O requerimento é apreciado pelo serviço público de emprego, que deve elaborar o relatório e formular a proposta de decisão no prazo máximo de 30 dias.

4 – O requerimento é decidido pelo membro do Governo responsável pela área laboral, com faculdade de delegação de competências.

5 – Após a assinatura do despacho para a emissão da licença, o serviço público de emprego notifica o requerente para, no prazo de 30 dias, fazer prova da constituição da caução e existência de estrutura organizativa e instalações adequadas para o exercício da actividade que se tenha comprometido satisfazer.

6 – A licença só é emitida e notificada ao requerente depois da apresentação da prova referida no número anterior".

"Artigo 8º
Licença e registo para o exercício da actividade de empresa de trabalho temporário
1 – O exercício da actividade de empresa de trabalho temporário está sujeito à emissão de licença, que deve constar de alvará numerado.
2 – O serviço público de emprego mantém actualizado e disponibiliza por via electrónica para acesso público o registo nacional das empresas de trabalho temporário, o qual identifica as empresas licenciadas e aquelas em que ocorra a suspensão da actividade, caducidade ou cessação da licença ou aplicação de sanção acessória, com indicação, face a cada uma, da sua denominação completa, domicílio ou sede social e número de alvará.
3 – O registo referido no número anterior tem carácter público, podendo qualquer interessado pedir certidão das inscrições nele constantes.
4 – Constitui contra-ordenação muito grave a violação do disposto no nº 1".
"Artigo 9º
Deveres da empresa de trabalho temporário
1 – A empresa de trabalho temporário deve comunicar, no prazo de 15 dias, ao serviço público de emprego, através da unidade orgânica local competente, as alterações respeitantes a:
a) Domicílio ou sede e localização dos estabelecimentos de exercício da actividade;
b) Identificação dos administradores, sócios, gerentes ou membros da direcção;
c) Objecto da respectiva actividade, bem como a sua suspensão ou cessação por iniciativa própria.
Artigo 11º
Verificação da manutenção dos requisitos para o exercício da actividade de empresa de trabalho temporário
1 – A empresa de trabalho temporário deve fazer prova junto do serviço público de emprego, até ao final do 1º trimestre de cada ano, do cumprimento dos requisitos previstos no artigo 5º, relativamente ao ano anterior.
2 – Para efeitos da verificação da existência de uma estrutura organizativa adequada, a empresa de trabalho temporário tem de ter um número de trabalhadores a tempo completo que corresponda, no mínimo, a 1 % do número médio de trabalhadores temporários contratados no ano anterior ou, quando este número for superior a 5000, 50 trabalhadores a tempo completo.
3 – Caso o serviço público de emprego não notifique a empresa de trabalho temporário, no prazo previsto no nº 1, consideram-se cumpridos os requisitos previstos no artigo 5º
4 – Constitui contra-ordenação grave a violação do disposto no n.os 1 e 2".
"Artigo 12º
Suspensão ou cessação da licença
1 – O serviço público de emprego suspende, durante dois meses, a licença de exercício de actividade de cedência temporária de trabalhadores para utilização de terceiros utilizadores sempre que se verifique o incumprimento do previsto no nº 1 do artigo anterior.
2 – A empresa de trabalho temporário é equiparada, em caso de exercício de actividade durante o período de suspensão da licença, a empresa não licenciada.

Caso haja irregularidades na constituição desta empresa de serviço temporário, será declarada a nulidade (art. 173º, nº 1, do C.T.)[381] do contrato de prestação de serviço temporário entre a empresa prestadora e a empresa tomadora de serviços, e o contrato de trabalho do trabalhador temporário será convalidado como contrato por prazo indeterminado, diretamente com a empresa de contrato temporário.

No que diz respeito aos fundamentos objetivos para a utilização desse tipo de contrato, as regras se assemelham à legislação brasileira, restringindo-se a duas possibilidades: a primeira decorrente da necessidade de substituição de trabalhador, acréscimo temporário e ativida-

3 – A suspensão referida no número anterior termina se a empresa de trabalho temporário, antes de decorrido o prazo previsto no nº 1, fizer prova do cumprimento dos requisitos em falta.
4 – O membro do Governo responsável pela área laboral revoga, sob proposta do serviço público de emprego, a licença de exercício de actividade da empresa de trabalho temporário, sempre que não seja feita prova, durante o prazo previsto no nº 1, dos requisitos cuja ausência originou a suspensão.
5 – A licença caduca se a empresa de trabalho temporário suspender o exercício da actividade durante 12 meses, por motivo diverso da proibição ou interdição do exercício da actividade.
6 – O titular da licença está obrigado à devolução do respectivo alvará ao serviço público de emprego, sempre que haja lugar a alteração do seu termo ou a mesma cesse".
"Artigo 13º
Segurança social e seguro de acidente de trabalho
1 – Os trabalhadores temporários são abrangidos pelo regime geral da segurança social dos trabalhadores por conta de outrem, competindo à empresa de trabalho temporário o cumprimento das respectivas obrigações legais.
2 – Nas situações a que se refere o artigo 10º deve ser entregue pela empresa de trabalho temporário uma cópia do contrato de trabalho temporário no serviço competente do ministério responsável pela área da segurança social.
3 – A empresa de trabalho temporário é obrigada a transferir a responsabilidade pela indemnização devida por acidente de trabalho para empresas legalmente autorizadas a realizar este seguro.
4 – Constitui contra-ordenação muito grave a violação do disposto no nº 3 e contra-ordenação leve a violação do disposto no nº 2."

[381] "Artigo 173º. Cedência ilícita de trabalhador
1. É nulo o contrato de utilização, o contrato de trabalho temporário ou o contrato de trabalho por tempo indeterminado para cedência temporária celebrado por empresa de trabalho temporário não titular de licença para o exercício da respectiva atividade".

des sazonais; e a segunda, quando há necessidades urgentes e inadiáveis (art. 175º, nº 1º, do C.T.).

Além disso, há duas espécies de limitadores. A primeira é relativa à duração temporal do contrato entre a empresa prestadora de trabalho temporário e o seu empregado, que é regulado pelo período em que for celebrado o contrato de prestação de serviços entre a empresa prestadora e a tomadora de serviços (artigos 178º e 182º, nº 1, do C.T. e suas alterações introduzidas pela Lei nº 93/2019)[382]. A segunda se traduz pelos seus próprios limites estabelecidos a termo, certo ou incerto.

Nesse sentido, anotam-se as lições de Maria João Machado: "Na generalidade dos casos, o contrato de trabalho temporário a termo certo não pode exceder dois anos de duração, incluindo renovações; no caso de vacatura de posto de trabalho quando decorra processo de recrutamento para o seu preenchimento, o limite passa para seis meses e no caso de acréscimo excepcional da atividade da empresa, para doze meses. O contrato pode ser celebrado por prazo inferior a seis meses,

[382] "Artigo 178º. Duração de contrato de utilização de trabalho temporário
1. O contrato de utilização de trabalho temporário é celebrado a termo resolutivo, certo ou incerto.
2. A duração do contrato de utilização de trabalho temporário, incluindo renovações, não pode exceder a duração da causa justificativa nem o limite de dois anos, ou de seis ou 12 meses em caso de, respetivamente, vacatura de posto de trabalho quando já decorra processo de recrutamento para o seu preenchimento ou acréscimo excecional da atividade da empresa.
3. Considera-se como um único contrato o que seja objeto de renovação.
4. No caso de o trabalhador temporário continuar ao serviço do utilizador decorridos 10 dias após a cessação do contrato de utilização sem a celebração de contrato que o fundamente, considera-se que o trabalho passa a ser prestado ao utilizador com base em contrato de trabalho sem termo".
"Artigo182º. Duração de contrato de trabalho temporário
1. A duração do contrato de trabalho temporário não pode exceder a do contrato de utilização.
2. O contrato de trabalho temporário a termo certo não está sujeito ao limite de duração do nº 2 do artigo 148º e, enquanto se mantiver o motivo justificativo, pode ser renovado até seis vezes.
3. Não está sujeito ao limite de renovações referido no número anterior o contrato de trabalho temporário a termo certo celebrado para substituição de trabalhador ausente, sem que a sua ausência seja imputável ao empregador, nomeadamente nos casos de doença, acidente, licenças parentais e outras situações análogas".

sem sujeição aos limites do artigo 148º, nº 2, e não é aplicável o limite de três renovações do artigo 148º, nº 1 'enquanto se mantenha o motivo justificado' (tudo conforme os nºs 2 e 3 do artigo 182º)".[383]

O contrato temporário a termo incerto tem duração temporal baseada no período em que perdurar a necessidade dos serviços a serem prestados. No entanto, não pode ultrapassar o tempo de duração do contrato temporário a termo certo (art. artigo 182º, nº 4).[384]

Da mesma forma que o contrato a termo padrão, já explicitado, o contrato temporário tem a mesma cautela de assegurar os efeitos dos limites à sua duração temporal, quando há o mesmo posto de trabalho e de contratos de prestação de serviço com a mesma finalidade, quando pactuados entre o mesmo empregado e empregador (prestador de serviços), nos termos do artigo 182º, nº 5.[385]

Por derradeiro, há uma discussão jurisprudencial acerca da cessação do contrato temporário, em analogia com a previsão da caducidade do contrato a termo.[386]

[383] MACHADO, Maria João, op. cit., p. 282.

[384] "Art. 182º (...) nº 4 – Não está sujeito ao limite de renovações referido no número anterior o contrato de trabalho temporário a termo certo celebrado para substituição de trabalhador ausente, sem que a sua ausência seja imputável ao empregador, nomeadamente nos casos de doença, acidente, licenças parentais e outras situações análogas".

[385] "Art. 182º (...) nº 5 – O contrato de trabalho temporário a termo incerto dura pelo tempo necessário à satisfação de necessidade temporária do utilizador, não podendo exceder os limites de duração referidos no número anterior".

[386] "Assim, relativamente a um contrato que teve como fundamento a necessidade de substituição de um trabalhador, o Ac. RLx. De 04/09/2008, www.dgsi.pt, considerou que o regresso do trabalhador substituído ou a certeza do seu não regresso à empresa utilizadora provoca a cessação do contrato de trabalho temporário, e o mesmo Acórdão considerou que se este trabalhador continuar ao serviços do utilizador por mais de 15 dias sobre o regresso do trabalhador substituído (ainda que para outro posto de trabalho), o seu contrato se converte *ipso jure* em contrato por tempo indeterminado com o utilizador (na mesma linha, quanto à conversão pela continuação ao serviço do utilizador para além do tempo da necessidade, vd ainda o Ac. STJ de 12/09/2009 – Proc. SJ200709120011494), www.dgsi.pt. Já o Ac. RP de 12/04/2006 (Proc. RP 200612040614440), www.dgsi.pt, aplica à realização seguida de vários contratos de trabalho temporário a proibição geral da celebração de contratos de trabalho a termo sucessivos, considerando que, neste caso, o contrato se consolida como contrato por tempo indeterminado podendo o trabalhador escolher a sua entidade empregadora entre a empresa de trabalho temporário e a empresa utilizadora". RAMALHO, Maria do Rosário Palma, *op. cit.*. p. 314.

4.2.5. Contrato por Tempo Parcial

O contrato por tempo parcial vem sendo adotado nas últimas décadas com maior frequência. Isso porque houve melhor condição de vida, permitindo que determinados grupos de pessoas pudessem trabalhar por meio período, como idosos que, com sua experiência, são valorizados e cuja faixa etária é a que mais cresce no mundo, ou mulheres, sobretudo, aquelas que têm filhos pequenos e precisam conciliar o trabalho com o cuidados familiares, ou ainda os jovens que ainda estão estudando, mas que precisam ou querem trabalhar, especialmente, como sendo uma primeira oportunidade de empregado e, portanto, a porta de entrada ao universo do trabalho.

De outra banda, há determinados nichos empresariais, como o de serviços, com maior flexibilização em suas relações laborais, exigindo menor tempo de trabalho, entendendo uma das dinâmicas da sociedade moderna, em que muitas famílias desejam a conciliação das vidas profissional e pessoal de seus membros, mormente as mulheres.

Segundo a renomada doutrinadora Vólia Bomfim Cassar, "O legislador brasileiro adotou o critério de nominar de *regime de tempo parcial* aquele cuja duração não excedesse 25 horas semanais. Depois da Lei nº 13.467/17, o regime por tempo parcial não poderia exceder 26 horas, com possibilidade de execução de até 6 horas extras ou até 30 horas semanais. Apesar de não ter se referido ao limite máximo diário, entendemos que este deve respeitar a regra geral, isto é, de oito horas diárias".[387]

É sabido, ainda, que o empregado que foi contratado por tempo integral poderá solicitar a redução de sua carga horária semanal. A lei permite que o empregado passe do contrato por tempo integral para o parcial (art. 58-A, § 2º, da CLT)[388]. Em que pese a lei seja omissa acerca da formalização deste pedido pelo empregado, a doutrina entende que

[387] CASSAR, Vólia Bomfim, op. cit. p. 630.

[388] "**Artigo 58-A.** Considera-se trabalho em regime de tempo parcial aquele cuja duração não exceda a trinta horas semanais, sem a possibilidade de horas suplementares semanais, ou, ainda, aquele cuja duração não exceda a vinte e seis horas semanais, com a possibilidade de acréscimo de até seis horas suplementares semanais.

§ 2º Para os atuais empregados, a adoção do regime de tempo parcial será feita mediante opção manifestada perante a empresa, na forma prevista em instrumento decorrente de negociação coletiva".

basta uma declaração por escrito, a fim de solicitar tal modificação em seu contrato de trabalho, exceto se houver norma coletiva prevendo alguma outra formalização.

Além disso, o salário do empregado, cujo contrato é sob o regime de tempo parcial, é calculado proporcionalmente ao empregado com contrato por tempo integral – evidentemente, quando exercentes do mesmo cargo.

A nova redação do art. 58-A da CLT não só criou duas regras para contextualizar tal modelo contratual (até 26 horas ou até 30 horas), como também possibilitou a realização de horas extras para a hipótese de até 26 horas semanais, as quais podem ser compensadas durante a semana.

Importante mencionar que o contrato por tempo parcial foi estendido à categoria dos empregados domésticos, com preceitua o art. 3º da Lei Complementar nº 150/2015[389]. Todavia, limitou a duração temporal para até 25 horas semanais, como anteriormente previsto na antiga redação do art. 58-A, da CLT.

É certo, ainda, que a nova redação do art. 58-A, da CLT, aplicável subsidiariamente aos domésticos (art.19, da L.C. 150/2015)[390], concede a possibilidade de trabalhar até uma hora extra, limitando a jornada diária de até seis horas, sem que tal carga horária desnature o contrato por tempo parcial.

Esclarece-se, por último, assim como ocorre com o empregado urbano, que pode compensar as horas extras até a semana imediatamente seguinte, sem a obrigatoriedade de firmar um acordo prévio ou mesmo previsão normativa (§ 5º, do art. 58-A, da CLT)[391], esta previsão

[389] "**Artigo 3º**. Considera-se trabalho em regime de tempo parcial aquele cuja duração não exceda 25 (vinte e cinco) horas semanais".

[390] "**Artigo 19**. Observadas as peculiaridades do trabalho doméstico, a ele também se aplicam as Leis nº 605, de 5 de janeiro de 1949, nº 4.090, de 13 de julho de 1962, nº 4.749, de 12 de agostos de 1965 e nº 7.418, de 16 de dezembro de 1985 e, subsidiariamente, a Consolidação das Lei do Trabalho (CLT), aprovada pelo Decreto-Lei nº 5.452. de 1º de maio de 1943".

[391] "**Artigo 58-A**. (...) § 5º As horas suplementares da jornada de trabalho normal poderão ser compensadas diretamente até a semana imediatamente posterior à da sua execução, devendo ser feita a sua quitação na folha de pagamento do mês subsequente, caso não sejam compensadas".

de compensação também poderá ser adotada ao empregado doméstico (art. 19, da L.C. 150/2015).

Na Europa, a preocupação sobre essa modalidade de contrato atípico é tamanha que foi editada a Directiva nº 97/81, que garante a isonomia de tratamento entre o trabalhador a tempo parcial e o integral (art. 1º e cláusula 1, a e b, do seu Anexo)[392], a fim de que não sejam discriminados.

Vaticina nesse contexto a renomada jurista Maria do Rosário, de que,"Em Portugal, a difusão do trabalho a tempo parcial não é ainda significativa (*verbi gratia*, por comparação com outros países da União Europeia), situação para que certamente concorrem factores como o nível salarial médio dos agregados familiares, mas também uma cultura empresarial mais tradicional, que faz com que o empregador dificilmente prescinda de ter os trabalhadores disponíveis pelo número de horas máximo que a lei permite, bem como o relativo desinteresse das estruturas de representação colectiva dos trabalhadores por esta forma de trabalho (situação a que também não é alheia a sua elevada taxa de feminização) e ainda factores culturais e históricos diversos".[393]

O contrato por tempo parcial está previsto nos artigos 150º A 156º, do Código do Trabalho, os quais trazem consigo a abrangência da concepção de contrato de tempo parcial, as possibilidades que podem ser abarcadas por esse tipo de contrato, e a junção desse tipo de contrato com demais regras do referido diploma legal trabalhista.

Desta feita, verifica-se, no tocante à delimitação do que venha a ser contrato a tempo parcial, como sendo um trabalho de duração semanal inferior ao de duração integral (art. 150º, nº 1 do CT), facultando às partes contratantes estipularem o tempo de trabalho, ou seja, se será por

[392] "**Artigo 1º** A presente directiva tem por objetivo a aplicação do acordo-quadro relativo ao trabalho a tempo parcial, celebrado a 6 de Junho de 1997 entre as organizações interprofissionais de vocação geral (UNICE, CEE e CES), tal como figura no anexo".
Cláusula 1: Objeto
O presente acordo-quadro tem por objeto:
a) Garantir a eliminação das discriminações em relação aos trabalhadores a tempo parcial e melhorar a qualidade do trabalho a tempo parcial:
b) Fomentar o desenvolvimento do trabalho a tempo parcial numa base de voluntariado e contribuir para a organização flexível do tempo de trabalho de um modo que tenha em conta as necessidades dos empregadores e dos trabalhadores".

[393] Ramalho, Maria do Rosário Palma, *op. cit.*. p. 335.

meios-dias ou dias inteiros, baseados na semana, mês ou no ano (art. 150º, nº 3, do CT).[394]

É sabido, ainda, que um empregado contratado, inicialmente, por tempo parcial, pode, por acordo escrito com seu empregado, alterá-lo para contrato por tempo integral (art. 155º nº 1, do CT).[395]

No que diz respeito ao regime jurídico dos empregados contratados sob o regime de tempo parcial, deve-se destacar que está regido à luz de dois princípios basilares: o de não discriminação e o da proporcionalidade remuneratória.[396]

Cabe, também, uma última ponderação, mas não menos importante no sentido de intersecção entre esse tipo de contrato com relação à maternidade e à paternidade. O legislador, sabidamente, disponibilizou o direito de acesso ao contrato de trabalho por tempo parcial aos empregados que têm filhos menores de 12 anos ou portadores de deficiência, com fulcro no artigo 55º, nº 1, do CT.[397]

Em sintonia, a natureza desse modelo contratual determina que, para ser instituído o mesmo, deve ser celebrado por acordo escrito (art. 57º, nº 1, do CT) entre as partes. Após, só pode ser desfeito por necessidades imperiosas de funcionamento da empresa ou na impossibilidade de substituição do trabalhador (art. 57º, nº 2, do CT)[398]. Entretanto,

[394] "**Artigo 150º – Noção de trabalho a tempo parcial**
1 – Considera-se trabalho a tempo parcial o que corresponda a um período normal de trabalho normal de trabalho semanal inferior ao praticado a tempo completo em situação comparável.
3 – O trabalho a tempo parcial pode ser prestado apenas em alguns dias por semana, por mês ou por ano, devendo o número de dias de trabalho ser estabelecido por acordo".

[395] "**Artigo 155º Alteração da duração do trabalho a tempo parcial**
1 – O trabalhador a tempo parcial pode passar a trabalhar a tempo completo, ou o inverso, a título definitivo ou por período determinado, mediante acordo escrito com o empregador".

[396] Ramalho, Maria do Rosário Palma, *op. cit.*. p. 343.

[397] "**Artigo 55º Trabalho a tempo parcial de trabalhador com responsabilidades familiares**
1 – O trabalhador com filho menor de 12 anos ou, independentemente da idade, filho com deficiência ou doença crónica que com ele viva em comunhão de mesa e habitação tem direito a trabalhar a tempo parcial".

[398] "**Artigo 57º Autorização de trabalho a tempo parcial ou em regime de horário flexível**
1 – O trabalhador que pretenda trabalhar a tempo parcial ou em regime de horário de trabalho flexível deve solicitá-lo ao empregador, por escrito, com a antecedência de 30 dias,

a distribuição do tempo de trabalho a ser prestado compete à livre escolha do empregado, inversamente do que ocorre no contrato de tempo integral (art. 150º, nº 3, do CT). No que concerne ao procedimento de acesso ao contrato por tempo parcial, em razão de maternidade e de paternidade, não depende de acordo a ser pactuado entre as partes, mas sim de uma solicitação formal (escrita) do empregado a seu empregador, a ser confeccionada nos termos do art. 57º, do CT. No que diz respeito ao tempo de duração do contrato por tempo fundamentado tanto na maternidade como na paternidade, a legislação prevê uma duração máxima de 2 ou 3 anos (se empregado tiver até 3 filhos ou mais), ou de 4 anos, na hipótese do filho do empregado ser portador de deficiência ou doença grave (art. 55º, nº 4, do CT).[399]

4.2.6. Regime de *Lay-Off* (Suspensão do Contrato de Trabalho)

Com a vinda do Milênio (2000), o Brasil ampliou suas possibilidades legais de suspensão do contrato de trabalho, implementando a qualificação profissional do emprego. O ordenamento jurídico brasileiro flexibilizou não só formas de contratação de trabalho, mas também hipóteses de suspensão contratual.

Todavia, para atender essa nova hipótese suspensiva do contrato de trabalho, ocorre que se faz necessário o preenchimento de três requisitos, como dispõe o art. 476-A, *caput*, da CLT.[400]

com os seguintes elementos: a) Indicação do prazo previsto, dentro do limite aplicável; b) Declaração da qual conste: i) Que o menor vive com ele em comunhão de mesa e habitação; ii) No regime de trabalho a tempo parcial, que não está esgotado o período máximo de duração; iii) No regime de trabalho a tempo parcial, que o outro progenitor tem actividade profissional e não se encontra ao mesmo tempo em situação de trabalho a tempo parcial ou que está impedido ou inibido totalmente de exercer o poder paternal; c) A modalidade pretendida de organização do trabalho a tempo parcial.
2 – O empregador apenas pode recusar o pedido com fundamento em exigências imperiosas do funcionamento da empresa, ou na impossibilidade de substituir o trabalhador se este for indispensável".

[399] "**Artigo 55º Trabalho a tempo parcial de trabalhador com responsabilidades familiares**
4 – A prestação de trabalho a tempo parcial pode ser prorrogada até dois anos ou, no caso de terceiro filho ou mais, três anos, ou ainda, no caso de filho com deficiência ou doença crónica, quatro anos".

[400] "**Artigo 476-A.** O contrato de trabalho poderá ser suspenso, por um período de dois a cinco meses, para participação do empregado em curso ou programa de qualificação

O primeiro requisito consiste em que seja celebrado, por meio de negociação coletiva (convenção ou acordo coletivo). O segundo está na formalização, por escrito, por parte do empregado, de sua concordância com a suspensão de seu contrato, pretendida pelo empregador. O terceiro exige que o empregado participe, efetivamente, de um curso ou programa de qualificação profissional, ofertado pelo empregador, cujo período seja igualmente ao da suspensão contratual (art. 476-A, *caput*, da CLT).

Vale esclarecer que o aludido curso ou programa de qualificação profissional não necessita ser aplicado no estabelecimento do empregador e nem mesmo por seu pessoal. Pode ser ministrado em qualquer instituição alheia ao empregador, desde que capacitada para essa atividade e sem nenhum ônus ao empregado.

Além disso, o prazo legal dessa suspensão, que é de dois a cinco meses, pode ser estendido, por meio de convenção ou acordo coletivo de trabalho e pela concordância formal do empregado, sem falar que o empregador deverá custear com o valor correlato da bolsa de qualificação, durante todo o período prorrogado (§ 7º, do artigo 476-A, da CLT).[401]

Importante destacar que a prorrogação referida nada tem a ver com a celebração de uma nova suspensão contratual para a qualificação profissional do empregado. Portanto, o ordenamento jurídico veda a suspensão contratual reiterada pelo mesmo fato gerador no período de dezesseis meses (§ 2º, do artigo 476-A, da CLT).[402]

Outrossim, com o término dessa suspensão contratual, está assegurado ao empregado o seu retorno à mesma função anteriormente exer-

profissional oferecido pelo empregador, com duração equivalente à suspensão contratual, mediante previsão em convenção ou acordo coletivo de trabalho e aquiescência formal do empregado, observado o disposto no art. 471 desta Consolidação".

[401] "**Artigo 476-A** (...) § 7º O prazo fixado no caput poderá ser prorrogado mediante convenção ou acordo coletivo de trabalho e aquiescência do empregado, desde que o empregador arque com o ônus correspondente ao valor da bolsa de qualificação profissional, no respectivo período".

[402] "**Artigo 476-A** (...) § 2º O contrato de trabalho não poderá ser suspenso em conformidade com o disposto no caput deste artigo mais de uma vez no período de dezesseis meses".

cida, inclusive com os reajustes salariais e demais direitos normativos decorrentes das normas coletivas (art. 471, da CLT).[403]

Outra particularidade dessa suspensão contratual diz respeito à bolsa de qualificação profissional. Isso porque a lei prevê que o Estado arque com o pagamento desta bolsa. Contudo, essa obrigação é transferida ao empregador, quando há a prorrogação do prazo dessa suspensão profissional, como determina o já mencionado § 7º, do artigo 476-A, da CLT.

Não obstante, o empregado pode perceber, durante o período de suspensão contratual, benefícios concedidos, por mera liberalidade, pelo empregador (§ 4º, do artigo 476-A, da CLT)[404]. Entretanto, tais benefícios não terão, em tese, natureza salarial.

Atenta-se que não se pode, em regra, resilir unilateral e injustificadamente o contrato de trabalho por conduta do empregador, quando o contrato estiver suspenso (art. 471, da CLT), o que difere se for aplicada à justa causa do empregado. Porém, nessa hipótese, somente produzirá os seus efeitos após a cessação da suspensão contratual.

Entrementes, o § 5º, do artigo 476-A, da CLT, traz uma exceção à regra geral, ao prever que "Se ocorrer a dispensa do empregado no transcurso do período de suspensão contratual ou nos três meses subsequentes ao seu retorno ao trabalho, o empregador pagará ao empregado, além das parcelas indenizatórias previstas na legislação em vigor, multa a ser estabelecida em convenção ou acordo coletivo, sendo de, no mínimo, cem por cento sobre o valor da última remuneração mensal anterior à suspensão do contrato".

Além de o empregador ter que arcar com o pagamento das verbas rescisórias e da multa estabelecidas no disposto legal acima transcrito, serão descontadas do empregado suas parcelas do Seguro-Desemprego e as parcelas percebidas relativas às parcelas da bolsa de qualificação profissional (artigo 8º-B, da Lei nº 7.998/90)[405], sem falar, ainda, que,

[403] "**Artigo 471**. o empregado afastado do emprego, são asseguradas, por ocasião de sua volta, todas as vantagens que, em sua ausência, tenham sido atribuídas à categoria a que pertencia na empresa."

[404] "**Artigo 476-A**. (...) § 4º Durante o período de suspensão contratual para participação em curso ou programa de qualificação profissional, o empregado fará jus aos benefícios voluntariamente concedidos pelo empregador".

[405] "**Artigo 8º-B**. Na hipótese prevista no § 5º do art. 476-A da Consolidação das Leis do Trabalho – CLT, as parcelas da bolsa de qualificação profissional que o empregado tiver

se o empregado estiver recebendo a bolsa quando de sua demissão sem justa causa, automaticamente esta será cancelada. (artigo 7º-A, da Lei nº 7.998/90).[406]

A doutrina entende ser um desestímulo ao empregador rescindir sem justa causa o contrato de trabalho, quando estiver suspenso para qualificação profissional, como anota o ministro do Tribunal Superior do Trabalho e jurista Mauricio Godinho Delgado: "A nova legislação estabelece certo desestímulo econômico à intenção empresarial de romper o contrato de emprego ao longo da presente hipótese de suspensão contratual ou no curto período dos três meses subsequentes ao retorno laborativo. De fato, institui multa a ser estabelecida no instrumento negocial coletivo correspondente, mas cujo montante não poderá ser menor do que cem por cento do valor da última remuneração mensal obreira à suspensão do contrato (art. 476-A, § 5º, da CLT)".[407]

As disposições de suspensão do contrato de trabalho do Código do Trabalho português estão previstas em seus artigos 294º a 295º.[408]

recebido serão descontadas das parcelas do benefício do Seguro-Desemprego a que fizer jus, sendo-lhe garantido, no mínimo, o recebimento de uma parcela do Seguro-Desemprego".

[406] "**Artigo 7º-A.** O pagamento da bolsa de qualificação profissional será suspenso se ocorrer a rescisão do contrato de trabalho".

[407] DELGADO, Maurício Godinho, op. cit., p. 1041.

[408] "**Artigo 294º Factos determinantes de redução ou suspensão**

1 – A redução temporária de período normal de trabalho ou a suspensão de contrato de trabalho pode fundamentar-se na impossibilidade temporária, respectivamente parcial ou total, de prestação de trabalho por facto relativo ao trabalhador ou ao empregador.

2 – Permitem também a redução do período normal de trabalho ou a suspensão do contrato de trabalho, designadamente: a) A necessidade de assegurar a viabilidade da empresa e a manutenção de postos de trabalho, em situação de crise empresarial; b) O acordo entre trabalhador e empregador, nomeadamente acordo de pré-reforma.

3 – Pode ainda ocorrer a suspensão de contrato de trabalho por iniciativa de trabalhador, fundada em falta de pagamento pontual da retribuição".

"**Artigo 295º Efeitos da redução ou da suspensão**

1 – Durante a redução ou suspensão, mantêm-se os direitos, deveres e garantias das partes que não pressuponham a efectiva prestação de trabalho.

2 – O tempo de redução ou suspensão conta-se para efeitos de antiguidade.

3 – A redução ou suspensão não tem efeitos no decurso de prazo de caducidade, nem obsta a que qualquer das partes faça cessar o contrato nos termos gerais.

É certo que uma das hipóteses legais de suspensão do contrato de trabalho é a da redução do tempo de trabalho por motivo de crise empresarial. Nesse caso, o empregador é quem estabelecerá a redução do tempo de trabalho aos seus empregados, conforme dispõe o nº 2, do art. 294º, e regulamentadas nos arts. 298º e ss.[409]

São três os requisitos legais para concessão de suspensão do contrato de trabalho, segundo vaticina Maria do Rosário Palma Ramalho: "i) A *situação de crise da empresa*, fundada em motivos de mercado, estruturais ou tecnológicos, em catástrofes ou outras ocorrências, que determinem uma afectação grave e anormal da sua atividade, susceptível de pôr em causa a viabilidade da empresa (art. 298º, nº 1) (...). ii) A *transitoriedade das medidas* (art. 298º, nº 1): pretendendo-se com estas medidas a recuperação da empresa, elas só fazem sentido durante um período de tempo limitado. Para concretização deste requisito, o art. 301º, nº 1 estabelece como limite temporal máximo de aplicação destas medidas o período de seis meses ou de um ano, respectivamente se a crise da empresa se fundar em motivos de mercado ou tecnológicos ou em catástrofes ou outras ocorrências, admitindo-se, ainda assim, a prorrogação

4 – Terminado o período de redução ou suspensão, são restabelecidos os direitos, deveres e garantias das partes decorrentes da efectiva prestação de trabalho.
5 – Constitui contra-ordenação grave o impedimento por parte do empregador a que o trabalhador retome a actividade normal após o termo do período de redução ou suspensão".

[409] "**Artigo 298º Redução ou suspensão em situação de crise empresarial**
1 – O empregador pode reduzir temporariamente os períodos normais de trabalho ou suspender os contratos de trabalho, por motivos de mercado, estruturais ou tecnológicos, catástrofes ou outras ocorrências que tenham afectado gravemente a actividade normal da empresa, desde que tal medida seja indispensável para assegurar a viabilidade da empresa e a manutenção dos postos de trabalho.
2 – A redução a que se refere o número anterior pode abranger: a) Um ou mais períodos normais de trabalho, diários ou semanais, podendo dizer respeito a diferentes grupos de trabalhadores, rotativamente; b) Diminuição do número de horas correspondente ao período normal de trabalho, diário ou semanal.
3 – O regime de redução ou suspensão aplica-se aos casos em que essa medida seja determinada no âmbito de declaração de empresa em situação económica difícil ou, com as necessárias adaptações, em processo de recuperação de empresa.
4 – A empresa que recorra ao regime de redução ou suspensão deve ter a sua situação contributiva regularizada perante a administração fiscal e a segurança social, nos termos da legislação aplicável, salvo quando se encontre numa das situações previstas no número anterior".

destes prazos, nos termos do nº 3 desta norma. iii) A *indispensabilidade das medidas de suspensão e/ou redução para assegurar a viabilidade da empresa e a manutenção dos postos de trabalho* (art. 298º, nº 1): para que o empregador possa lançar mão destas medidas não basta a ocorrência de uma crise grave da empresa, mas é necessário que estas medidas sejam o instrumento adequado para assegurar a recuperação da mesma".[410]

Vale esclarecer que o empregador, em querendo suspender o contrato de trabalho e reduzir o tempo de trabalho, deverá optar por uma dessas três circunstâncias acima, dependendo de qual for sua situação.

Cabe, ainda, ao empregador, adotar procedimentos rigorosos para a implementação de qualquer das três medidas de suspensão do contrato de trabalho (arts. 299º e 300º, do CT), sendo que um dos mais importantes é a comunicação aos serviços competentes do Ministério responsável pela área da segurança social acerca dos critérios que serão aplicados, inclusive, individualizado a cada empregado (art. 300º, nº 4)[411], bem como aos serviços competentes ao Ministério responsável pela área trabalhista, para que haja a fiscalização de todo o processo e eventuais medidas a serem adotadas, caso o procedimento não esteja sendo feito como determina a legislação.[412]

Enfim, deve-se anotar quais são os principais enfoques da situação do empregado, enquanto estiver com seu contrato de trabalho suspenso ou de redução do tempo de trabalho.[413]

O primeiro deles é de que o empregado tem direito de receber dois terços de sua remuneração mensal e, caso este valor seja inferior ao salário mínimo, o valor deste fica assegurado ao empregado (art. 305º, nº 1).

[410] RAMALHO, Maria do Rosário Palma, *op. cit.*. p. 793.

[411] "**Artigo 300º Informações e negociação em caso de redução ou suspensão**
4 – Na data das comunicações referidas no número anterior, o empregador remete à estrutura representativa dos trabalhadores e ao serviço competente do ministério responsável pela área da segurança social a acta a que se refere o nº 2, bem como relação de que conste o nome dos trabalhadores, morada, datas de nascimento e de admissão na empresa, situação perante a segurança social, profissão, categoria e retribuição e, ainda, a medida individualmente adoptada, com indicação das datas de início e termo da aplicação".

[412] "Em suma, o Estado não tem uma intervenção decisória neste processo, mas tem uma intervenção fiscalizadora, com vista a assegurar a legalidade do mesmo". RAMALHO, Maria do Rosário Palma, *op. cit.*. p. 794.

[413] RAMALHO, Maria do Rosário Palma, *op. cit.*. pp. 795-796.

Na situação de ser reduzido o tempo de trabalho, haverá uma redução proporcional da remuneração (art. 305º, nº 3).[414]

O segundo dispõe que o empregado terá direito de gozar férias (art. 306º, nº 1) em ambas as situações (suspensão do contrato ou redução de jornada de trabalho) e terá, também, direito a um subsídio de férias e de Natal, este por integral (art. 306º, nº 2): o primeiro será pago integralmente pelo empregador, e o segundo será dividido entre empregador e seguridade social (art. 306º, nºs 2 e 3).[415]

O terceiro aspecto mantém o direito do empregado aos benefícios da seguridade social, mesmo estando com o contrato suspenso ou com redução de jornada laboral, cujas contribuições previdenciárias mensais permanecem sendo calculadas com base em sua remuneração mensal art. 305º, nº 1, b).

O quarto ponto estabelece que o empregado, em ambas as referidas situações, terá direito de desempenhar outro trabalho remunerado (art. 304º, nº 1, a). Entretanto, o valor desta remuneração é calculado para efeito de compensação retributiva, a fim de que seja descontado

[414] "**Artigo 305º Direitos do trabalhador no período de redução ou suspensão**
1 – Durante o período de redução ou suspensão, o trabalhador tem direito:
a) A auferir mensalmente um montante mínimo igual a dois terços da sua retribuição normal ilíquida, ou o valor da retribuição mínima mensal garantida correspondente ao seu período normal de trabalho, consoante o que for mais elevado;
b) A manter as regalias sociais ou prestações da segurança social a que tenha direito e a que a respectiva base de cálculo não seja alterada por efeito da redução ou suspensão;
c) A exercer outra actividade remunerada.
3 – Durante o período de redução ou suspensão, o trabalhador tem direito a compensação retributiva na medida do necessário para, conjuntamente com a retribuição de trabalho prestado na empresa ou fora dela, assegurar o montante mensal referido na alínea a) do nº 1, até ao triplo da retribuição mínima mensal garantida, sem prejuízo do disposto no nº 5".

[415] "**Artigo 306º Efeitos da redução ou suspensão em férias, subsídio de férias ou de Natal**
1 – O tempo de redução ou suspensão não afecta o vencimento e a duração do período de férias.
2 – A redução ou suspensão não prejudica a marcação e o gozo de férias, nos termos gerais, tendo o trabalhador direito ao pagamento pelo empregador do subsídio de férias devido em condições normais de trabalho.
3 – O trabalhador tem direito a subsídio de Natal por inteiro, que é pago pela segurança social em montante correspondente a metade da compensação retributiva e pelo empregador no restante".

(art. 304º, nº 1, b) e 305º, nº 3), devendo, ainda, o empregado informar o empregador desta sua outra atividade remunerada (art. 304º, nº 1, b).[416]

O quinto preserva o dever de o empregado ter descontada a sua contribuição previdenciária à seguridade social, além de frequentar o curso de formação profissional, disponibilizado pelo empregador (art. 304º, nº 1, c).

O sexto aponta na vertente de que, em ambas as situações, não afeta o desenvolvimento de funções de representação dos trabalhadores (art. 308º).[417]

O último condiciona o pagamento da retribuição e da compensação retributiva ao empregado, sob pena de este cessar o contrato, com a justificativa de não pagamento e, consequentemente, terá direito ao benefício do seguro-desemprego (art. 305º, nº 5).[418]

4.2.7. Teletrabalho

O teletrabalho é considerado uma ocorrência da sociedade de conhecimento, porquanto só pôde ser possível a sua configuração pelos avanços tecnológicos, sobretudo nas áreas de informática e de telecomunicações.

[416] "**Artigo 304º Deveres do trabalhador no período de redução ou suspensão**
1 – Durante o período de redução ou suspensão, o trabalhador deve:
a) Pagar contribuições para a segurança social com base na retribuição auferida e na compensação retributiva;
b) Caso exerça actividade remunerada fora da empresa, comunicar o facto ao empregador, no prazo de cinco dias a contar do início da mesma, para efeitos de eventual redução na compensação retributiva;
c) Frequentar acções de formação profissional previstas no plano referido no artigo 302º"

[417] "Artigo 308º Direitos dos representantes dos trabalhadores durante a redução ou suspensão
1 – A medida de redução ou suspensão relativa a trabalhador que seja delegado sindical ou membro de estrutura de representação colectiva dos trabalhadores não prejudica o direito ao exercício das correspondentes funções na empresa".

[418] "Artigo 305 (...)
5 – Quando, durante o período de redução ou suspensão, os trabalhadores frequentem cursos de formação profissional adequados ao desenvolvimento da qualificação profissional que aumente a sua empregabilidade ou à viabilização da empresa e manutenção dos postos de trabalho, em conformidade com um plano de formação aprovado pelo serviço público competente na área do emprego e formação profissional, este paga o valor correspondente a 30 % do indexante dos apoios sociais destinado, em partes iguais, ao empregador e ao trabalhador, acrescendo, relativamente a este, à compensação retributiva prevista nos nºs 3 e 4".

Entende-se que não só há um ganho econômico com este modelo, especialmente, no tocante à redução de custos operacionais por parte do empregador, mas também com a optimização e a maior produtividade por parte do empregado, muito experimentada durante a pandemia Covid-19, que geralmente não precisará se deslocar para cumprir com sua jornada de trabalho, deixando de enfrentar, por exemplo, congestionamentos, greves nos setores de transporte público e intempéries climáticas (neve), em que pese haja suas desvantagens, como o isolamento do empregado e eventuais consequências psicossociais.[419]

O teletrabalho é uma das novidades de flexibilização do contrato de trabalho, trazido pela reforma trabalhista brasileira, ocorrida com o advento da Lei nº 13.467/2017, que introduziu o inciso III, do artigo 62, e os artigos 75-A 75-E, da CLT.

Esse tipo de trabalho se caracteriza quando o empregado pode executá-lo seja em sua residência, seja em espaço alugado ou virtual. Portanto, a natureza desse trabalho é de estar descentralizada das estruturas físicas dos empregadores. Até mesmo o vocábulo "tele", em seu sentido etimológico (grego), significa "distante".

Assim, o "legislador entendeu que o teletrabalhador é o empregado que executa seus serviços preferencialmente à distância, com instrumentos de informática e da telemática e, apesar de trabalhar fora do estabelecimento da empresa, não o considerou como trabalhador externo. Tal incongruência teve a intenção de o excluir do inciso I do art. 62 da CLT, e, para tanto, foi criado um inciso só para o teletrabalhador. Dessa forma, mesmo que controlado, o teletrabalhador não terá

[419] "Por um lado, em países cuja população é geograficamente muito dispersa ou separada por barreiras naturais ou climatéricas, bem como para pessoas com dificuldades de locomoção ou com responsabilidades de atendimento presencial à família, o teletrabalho pode apresentar vantagens gerais de empregabilidade, para além de vantagem demográticas e até ambientais. A estas vantagens do fenómeno contrapõem-se, contudo, alguns inconvenientes, sobretudo para o teletrabalhador. Entre estes inconvenientes destacam-se a tendência para o isolamento do trabalhador, com o desgaste psicológico inerente, o perigo acrescido de invasão da esfera privada do trabalhador, designadamente quando o local de trabalho coincide com a sua residência, o controlo mais difícil das condições de trabalho, bem como a dificuldade de acesso do trabalhador às suas instâncias representativas e, genericamente, à vivência colectiva da empresa". Ramalho, Maria do Rosário Palma, *op. cit.*. p. 319.

direito a hora extra, noturna, adicional noturno, intervalo intrajornada e enterjornada".[420]

Vale ressaltar que é preciso estarem previstas quais serão as atividades a serem exercidas pelo empregado, bem como há a possibilidade de ser modificado o contrato de trabalho presencial para a modalidade de teletrabalho e vice-versa. Mas, para isso, é preciso que as partes assim pactuem, por meio de um aditamento ao contrato de trabalho (art. 75-C, § 1º e 2º, da CLT).[421]

Outra questão polêmica diz que, no contrato escrito, deve estar estabelecido de quem é a responsabilidade pela compra e manutenção de todos os equipamentos telemáticos necessários e sua respectiva infraestrutura, para que o empregado consiga realizar seus préstimos remotamente, sem falar que os equipamentos, quando cedidos pelo empregador, não integram ao salário (art. 75-D, da CLT).

Importante esclarecer, também, a responsabilidade do empregador de treinar o empregado e fiscalizar as condições de trabalho, inclusive seus equipamentos de trabalho, a fim de assegurá-lo um ambiente de trabalho saudável e seguro (art. 75-E, da CLT).[422]

Em Portugal, o teletrabalho está dividido em três categorias contratuais, sendo a primeira correspondente a um contrato de trabalho empregatício (subordinado), o segundo a um contrato de trabalho autônomo, e o terceiro a um contrato de trabalho autônomo, com dependência econômica do prestador.

[420] Cassar, Vólia Bomfim e Borges, Leonardo Dias – *Comentários à Reforma Trabalhista*. Rio de Janeiro: Método, 2017, p. 35.

[421] "**Artigo 75-C**. A prestação de serviços na modalidade de teletrabalho deverá constar expressamente do contrato individual de trabalho, que especificará as atividades que serão realizadas pelo empregado.
§ 1º Poderá ser realizada a alteração entre regime presencial e de teletrabalho desde que haja mútuo acordo entre as partes, registrado em aditivo contratual.
§ 2º Poderá ser realizada a alteração do regime de teletrabalho para o presencial por determinação do empregador, garantido prazo de transição mínimo de quinze dias, com correspondente registo de aditivo contratual".

[422] "**Artigo 75-E**. O empregador deverá instruir os empregados, de maneira expressa e ostensiva, quanto às precauções a tomar a fim de evitar doenças e acidente de trabalho".

No entanto, o teletrabalho, como contrato de trabalho subordinado, está previsto nos artigos 165º a 171º, do CT[423], sendo certo que dois prin-

[423] **"Artigo 165º Noção de teletrabalho**
Considera-se teletrabalho a prestação laboral realizada com subordinação jurídica, habitualmente fora da empresa e através do recurso a tecnologias de informação e de comunicação".
"Artigo 166º Regime de contrato para prestação subordinada de teletrabalho
1 – Pode exercer a atividade em regime de teletrabalho um trabalhador da empresa ou outro admitido para o efeito, mediante a celebração de contrato para prestação subordinada de teletrabalho.
2 – Verificadas as condições previstas no nº 1 do artigo 195º, o trabalhador tem direito a passar a exercer a atividade em regime de teletrabalho, quando este seja compatível com a atividade desempenhada.
3 – Além das situações referidas no número anterior, o trabalhador com filho com idade até 3 anos tem direito a exercer a atividade em regime de teletrabalho, quando este seja compatível com a atividade desempenhada e a entidade patronal disponha de recursos e meios para o efeito.
4 – O empregador não pode opor-se ao pedido do trabalhador nos termos dos números anteriores.
5 – O contrato está sujeito a forma escrita e deve conter:
a) Identificação, assinaturas e domicílio ou sede das partes;
b) Indicação da atividade a prestar pelo trabalhador, com menção expressa do regime de teletrabalho, e correspondente retribuição; c) Indicação do período normal de trabalho;
d) Se o período previsto para a prestação de trabalho em regime de teletrabalho for inferior à duração previsível do contrato de trabalho, a atividade a exercer após o termo daquele período;
e) Propriedade dos instrumentos de trabalho bem como o responsável pela respetiva instalação e manutenção e pelo pagamento das inerentes despesas de consumo e de utilização;
f) Identificação do estabelecimento ou departamento da empresa em cuja dependência fica o trabalhador, bem como quem este deve contactar no âmbito da prestação de trabalho.
6 – O trabalhador em regime de teletrabalho pode passar a trabalhar no regime dos demais trabalhadores da empresa, a título definitivo ou por período determinado, mediante acordo escrito com o empregador.
7 – A forma escrita é exigida apenas para prova da estipulação do regime de teletrabalho.
8 – Constitui contraordenação grave a violação do disposto no nº 3 e constitui contraordenação leve a violação do disposto no nº 4, 6 e 7 a n.os 5, 6, 7 e 8, respetivamente)".
"Artigo 167º Regime no caso de trabalhador anteriormente vinculado ao empregador
1 – No caso de trabalhador anteriormente vinculado ao empregador, a duração inicial do contrato para prestação subordinada de teletrabalho não pode exceder três anos, ou o prazo estabelecido em instrumento de regulamentação coletiva de trabalho.
2 – Qualquer das partes pode denunciar o contrato referido no número anterior durante os primeiros 30 dias da sua execução.

3 – Cessando o contrato para prestação subordinada de teletrabalho, o trabalhador retoma a prestação de trabalho, nos termos acordados ou nos previstos em instrumento de regulamentação coletiva de trabalho.
4 – Constitui contraordenação grave a violação do disposto no número anterior".
"Artigo 168º Instrumentos de trabalho em prestação subordinada de teletrabalho
1 – Na falta de estipulação no contrato, presume-se que os instrumentos de trabalho respeitantes a tecnologias de informação e de comunicação utilizados pelo trabalhador pertencem ao empregador, que deve assegurar as respetivas instalação e manutenção e o pagamento das inerentes despesas.
2 – O trabalhador deve observar as regras de utilização e funcionamento dos instrumentos de trabalho que lhe forem disponibilizados.
3 – Salvo acordo em contrário, o trabalhador não pode dar aos instrumentos de trabalho disponibilizados pelo empregador uso diverso do inerente ao cumprimento da sua prestação de trabalho".
"Artigo 169º Igualdade de tratamento de trabalhador em regime de teletrabalho
1 – O trabalhador em regime de teletrabalho tem os mesmos direitos e deveres dos demais trabalhadores, nomeadamente no que se refere a formação e promoção ou carreira profissionais, limites do período normal de trabalho e outras condições de trabalho, segurança e saúde no trabalho e reparação de danos emergentes de acidente de trabalho ou doença profissional.
2 – No âmbito da formação profissional, o empregador deve proporcionar ao trabalhador, em caso de necessidade, formação adequada sobre a utilização de tecnologias de informação e de comunicação inerentes ao exercício da respetiva atividade.
3 – O empregador deve evitar o isolamento do trabalhador, nomeadamente através de contactos regulares com a empresa e os demais trabalhadores".
"Artigo 170º Privacidade de trabalhador em regime de teletrabalho
1 – O empregador deve respeitar a privacidade do trabalhador e os tempos de descanso e de repouso da família deste, bem como proporcionar-lhe boas condições de trabalho, tanto do ponto de vista físico como psíquico.
2 – Sempre que o teletrabalho seja realizado no domicílio do trabalhador, a visita ao local de trabalho só deve ter por objeto o controlo da atividade laboral, bem como dos instrumentos de trabalho e apenas pode ser efetuada entre as 9 e as 19 horas, com a assistência do trabalhador ou de pessoa por ele designada.
3 – Constitui contraordenação grave a violação do disposto neste artigo".
"Artigo 171º Participação e representação coletivas de trabalhador em regime de teletrabalho
1 – O trabalhador em regime de teletrabalho integra o número de trabalhadores da empresa para todos os efeitos relativos a estruturas de representação coletiva, podendo candidatar-se a essas estruturas.
2 – O trabalhador pode utilizar as tecnologias de informação e de comunicação afetas à prestação de trabalho para participar em reunião promovida no local de trabalho por estrutura de representação coletiva dos trabalhadores.

cipais elementos desse contrato especial estão na restrição da figura do teletrabalho, em seus requisitos contratuais, e na situação do teletrabalhador.

O primeiro disposto no art. 165º refere-se que a própria atividade desenvolvida tem caráter limitador. Eis que o teletrabalho, para ser realizado, exige obrigatoriamente a utilização de equipamentos de tecnologias de informação e de comunicação, devendo tais tecnologias estarem conjugadas. Ou seja, tais ferramentas têm que ser indispensáveis para o desenvolvimento do trabalho prestado.

O segundo corresponde ao local onde será executado o trabalho. O legislador pretendeu que o teletrabalhador, necessariamente, trabalhasse rotineiramente ausente dos estabelecimentos de seu empregador. Entretanto, não se faz obrigatório que o seu local de trabalho seja em sua residência.

Há o entendimento doutrinário de que o CT possibilita a diferenciar dois tipos de contrato de teletrabalho subordinado. O primeiro, chamado de teletrabalho externo, em que o empregado é contratado originariamente para exercer a atividade de teletrabalho (art. 166º, nº 1, *in fine*, do CT), e o outro, de teletrabalho interno, cujo pacto laboral iniciou por contrato de trabalho com local de trabalho na empresa. Todavia, se altera para teletrabalho, obviamente, com a expressa concordância das partes (art. 406º, nº 1, do Código Civil português).[424]

Vale lembrar que o empregado, que sofre essa mudança contratual para exercício do teletrabalho, deve, também, atender aos requisitos legais para tal. Portanto, "por definição, limitado às atividades prestadas com recurso intensivo a tecnologias de informação e comunicação. Ora, esta avaliação constitui uma condição objectiva e prévia em relação à modificação da situação contratual do trabalhador, que é independente

3 – Qualquer estrutura de representação coletiva dos trabalhadores pode utilizar as tecnologias referidas no número anterior para, no exercício da sua atividade, comunicar com o trabalhador em regime de teletrabalho, nomeadamente divulgando informações a que se refere o nº 1 do artigo 465º 4 – Constitui contraordenação grave a violação do disposto nos nºs 2 ou 3".

[424] "**Artigo 406º (Eficácia dos contratos)**

1. O contrato deve ser pontualmente cumprido, e só pode modificar-se ou extinguir-se por mútuo consentimento dos contratantes ou nos casos admitidos na lei".

da verificação das outras condições de atribuição do direito de passagem à situação de teletrabalhador, que assiste a estes trabalhadores".[425]

Além disso, no modelo de teletrabalho interno, o pacto deve estar sujeito a um prazo inicial de três anos, exceto se houver disposição diversa em norma coletiva (art. 167º, nº 1, do CT), podendo, ao término desse período, retornar ao seu cargo inicialmente contratado (art. 167º, nº 3, do CT). Por oportuno, pode, ainda, ser rompido por qualquer das partes no período dos primeiros trinta dias (art. 167º, nº 2, do CT).

Enfim, o terceiro está fundamentado no princípio da igualdade de tratamento, tendo em vista que o teletrabalhador subordinado deve desfrutar dos mesmos direitos de um empregado subordinado comum (artigos 168º, 169º e 170º, nºs 1 e 2 e 171º, do CT), como da garantia de privacidade e de encaminhamento da formação profissional do teletrabalhador, com viés intrínseco em tecnologias de informação e comunicação.

4.2.8. Intermitente

O trabalho intermitente é uma outra forma legal de flexibilização moderna do Direito do Trabalho. No Brasil, essa modalidade contemporânea de flexibilização de contrato de trabalho somente veio a ser regulamentada em 2017, através da Lei nº 13.467/2017 (conhecida popularmente como reforma trabalhista).

Tal inovação legislativa inseriu o § 3º, no artigo 443, da CLT[426]. A doutrina brasileira o conceitua como a possibilidade de o empregado "ser contratado para executar trabalhos contínuos, intermitentes, transitórios, por prazo determinado ou indeterminado ou pode ser contratado para serviços incertos, em períodos não garantidos, mediante um 'contrato intermitente'. O contrato intermitente é diferente dos demais con-

[425] RAMALHO, Maria do Rosário Palma, *op. cit.*. p. 325.

[426] "**Artigo 443.** O contrato individual de trabalho poderá ser acordado tácita ou expressamente, verbalmente ou por escrito, por prazo determinado ou indeterminado, ou para prestação de trabalho intermitente.

§ 3º Considera-se como intermitente o contrato de trabalho no qual a prestação de serviços, com subordinação, não é contínua, ocorrendo com alternância de períodos de prestação de serviços e de inatividade, determinados em horas, dias ou meses, independentemente do tipo de atividade do empregado e do empregador, exceto para os aeronautas, regidos por legislação própria".

tratos de empregado, porque pressupõe período de inatividade alternados com períodos de trabalho".[427]

No entanto, nem mal foi aprovada a reforma trabalhista, o contrato intermitente já vem sendo centro de uma grande questão, conforme se denota das anotações de alguns dos mais respeitados doutrinadores brasileiros.

Primeiramente anotemos as lições de Homero Baptista Mateus da Silva, para quem "A figura é assustadora porque poderá resolver os índices de desemprego do Brasil sem que as pessoas tenham renda assegurada (nem vamos falar de dignidade assegurada, pois isso já seria ir longe demais). Suponha, por hipótese, que um *buffet* costuma ter vagas para 20 garçons extras em eventos de finais de semana, e, para sair da zona cinzenta em que se encontra no campo trabalhista, faça cadastro com 100 garçons e os contrate sob a modalidade do contrato-zero. Esses 100 garçons estarão no rol das pessoas empregadas – com registo em carteira – mas até as mesas do salão já sabem que não haverá espaço para as cem pessoas de uma só vez. O próprio do registro é apenas blindar a empresa da alegação de mão de obra clandestina e facilitar a comunicação com os garçons cadastrados. Juridicamente, não há proibição à recusa dos chamados, diz o § 3º, mas na prática ninguém duvida dos prejuízos assumidos pelo empregado que reiteradamente declinar do convite porque já se encontra em outra atividade que o prestigia mais frequentemente. Ele pode deixar de ser chamado ou pode ser tratado com mais rigor do que os parceiros. A lei propõe que a empresa possa lhe pagar zero ao final do dia, da semana, do mês e do ano, pelo fato de que não houve aproveitamento de sua mão de obra".[428]

Segundo assevera Vólia Bomfim Cassar, "A criação de mais uma espécie de contrato de trabalho sob a denominação 'contrato intermitente' visou, na verdade, autorizar a jornada móvel variada e o trabalho variável ('bico'), isto é, a imprevisibilidade da prestação de serviços, ferindo de morte os princípios da segurança jurídica e a proteção ao trabalhador. O art. 452-A da CLT só atende aos interesses dos empresários, e não dos trabalhadores. (...) Permitir que o trabalho seja executado de tempos em

[427] Cassar, Vólia Bomfim, op. cit. p. 599.

[428] Silva, Homero Batista Mateus da – *Comentários à Reforma Trabalhista*. São Paulo: Revista dos Tribunais, 2017, p. 74.

tempos, sem garantia mínima de salário mensal e sem previsibilidade de quantidade mínima de dias de trabalho por mês ou número de meses de trabalho por ano, é equiparar o empregado ao autônomo, repassando aos trabalhos os riscos do contrato".[429]

Após tanta discussão, o Governo Federal editou a Medida Provisória (MP) nº 808, de 14 de novembro de 2017, na tentativa de apaziguar as criticas que vem sofrendo, e alterou novamente a redação do artigo 452-A, tendo incluído os artigos 452-B a 452-H, da CLT, assim como alguns requisitos para concretização (por exemplo: forma escrita, as férias poderão ser divididas em até 3 períodos se assim as partes acordarem, o empregador terá que convocar o empregado com antecedência mínima de 24 horas para responder, podendo recusar etc.).

Entretanto, a referida Medida Provisória perdeu sua vigência em 23/04/2018 e, consequentemente, tornaram-se inexistentes os artigos 452-B a 452-H, trazidos com ela. O que já era incerto com as inovações trazidas pela MP, se tornaram ainda mais duvidosos com o seu cancelamento. Assim, caberá ao Poder Judiciário a palavra pacificadora sobre essa nova natureza de contrato de trabalho.

Como se tudo isso não bastasse, quase ao completar um ano de vigência da reforma trabalhista (Lei nº 13.467/2017), poucos empregadores adotaram essa nova modalidade contratual. Eis que apenas 5% do total de contratação, no período de janeiro a junho de 2019, foram sob a categoria de intermitentes.[430]

Segundo a melhor doutrina portuguesa, caracteriza-se "pela prestação descontinuada da atividade laboral intercalando períodos de atividade do trabalhador com períodos de inactividade, mas durante os quais o vínculo laboral se mantém, e o trabalhador tem o direito a uma compensação de disponibilidade, de valor inferior ao da retribuição. A especificidade deste contrato em relação ao contrato de trabalho comum reside justamente nesta conjugação de períodos de atividade e de inac-

[429] CASSAR, Vólia Bomfim e BORGES, Leonardo Dias, *op. cit.*, p. 13.

[430] "Novidade criada na reforma trabalhista, contrato intermitente ainda não decolou" Em linha]. [Consult. 12 Set. 2018]. Disponível em https://economia.estadao.com.br/noticias/geral,novidade-criada-na-reforma-trabalhista-contrato-intermitente-ainda-nao-decolou,70002496474.

tividade com disponibilidade, que não existe nos vínculos laborais comuns".[431]

No ordenamento jurídico português, o trabalho intermitente está previsto nos artigos 157º a 160º do Código do Trabalho inclusive com algumas alterações oriundas da Lei nº 93/2019. Todavia, para que esse tipo de trabalho seja considerado legal, é preciso atender a dois requisitos que estão previstos no artigo 157º do CT.[432]

O primeiro concerne à espécie de atividade executada, conforme dispõe o nº 1, do art. 157º, do CT. Ou seja, só podem ser contratados empregados por trabalho temporário em empresas cuja atividade seja descontinuada ou mesmo com demandas sazonais, muito embora sofra algumas críticas por utilizar de uma redação abrangente e vaga. Há quem entenda que não importa a atividade empresarial, se ela é descontinuada ou de demanda variável, mas que o trabalho a ser executado pelo empregado tenha natureza desses tipos.[433]

O segundo requisito aponta para a impossibilidade de se pactuar o trabalho intermitente através de um contrato a termo resolutivo (a termo), ou mesmo em contrato de trabalho temporário com fulcro no nº 2, do artigo 157º do CT. Tal fundamentação legal nasceu da ideia de evitar a conjunção de duas modalidades de baixa tutela de direitos trabalhistas em uma única situação. Ademais, anota-se que o empregado contratado sob essa rubrica não pode ficar muito tempo em inatividade. Portanto, a lei determina que a prestação de serviço não pode ser menor do que cinco meses, sendo certo que deve haver três meses seguidos de

[431] Ramalho, Maria do Rosário Palma, *op. cit.*. p. 346.

[432] "**Artigo 157º Admissibilidade de trabalho intermitente**

1 – Em empresa que exerça atividade com descontinuidade ou intensidade variável, as partes podem acordar que a prestação de trabalho seja intercalada por um ou mais períodos de inatividade.

2 – O contrato de trabalho intermitente não pode ser celebrado a termo resolutivo ou em regime de trabalho temporário".

[433] Ramalho, Maria do Rosário Palma, *op. cit.*. p. 348.

trabalho sem interrupções dentro de um período de um ano (art. 159º, nº 2, do CT).[434]

Outro item importante de ser mencionado diz respeito ao aspecto formal desse modelo contratual, uma vez que deve ser de forma escrita. Além disso, há outras condições dispostas no artigo 158º, do CT[435], inclusive se o contrato não atender a qualquer um dos quesitos do referido dispositivo legal, será transmutado em contrato de trabalho por tempo permanente (nº 2, do art. 158º, do CT). Cabe às partes, também, estabelecerem o começo e o fim de cada período de atividade do empregado, ou acordarem com anterioridade mínima necessária em que o empregador deva ter para convocar o empregado a retornar ao trabalho, cujo prazo mínimo é de 30 dias paras as hipóteses do nº 1 do art. 159º e nos demais casos de 20 dias (art. 159º, nº 3, do CT).[436]

Salienta-se que, durante o período de inatividade, tanto o empregador como o empregado terão assegurados todos os seus direitos e obrigações que não pressupunham a efetiva prestação de trabalho (art. 160º, nº 2, do CT alterado pela Lei nº 93/2019)[437]. Dentre os principais direi-

[434] **"Artigo 159º Período de prestação de trabalho**
2 – A prestação de trabalho referida no número anterior não pode ser inferior a cinco meses a tempo completo, por ano, dos quais pelo menos três meses devem ser consecutivos".

[435] **"Artigo 158º Forma e conteúdo de contrato de trabalho intermitente**
1 – O contrato de trabalho intermitente está sujeito a forma escrita e deve conter:
a) Identificação, assinaturas e domicílio ou sede das partes;
b) Indicação do número anual de horas de trabalho, ou do número anual de dias de trabalho a tempo completo.
2 – Quando não tenha sido observada a forma escrita, ou na falta da indicação referida na alínea b) do número anterior, considera-se o contrato celebrado sem período de inatividade.
3 – O contrato considera-se celebrado pelo número anual de horas resultante do disposto no nº 2 do artigo seguinte, caso o número anual de horas de trabalho ou o número anual de dias de trabalho a tempo completo seja inferior a esse limite".

[436] "Artigo 159 (...) 3 – A antecedência a que se refere o nº 1 não pode ser inferior a 30 dias na situação do n. º 1 do artigo seguinte e a 20 dias nos restantes casos".

[437] **"Artigo 160º Direitos do trabalhador**
2 – Durante o período de inatividade, o trabalhador tem direito a compensação retributiva, a pagar pelo empregador com periodicidade igual à da retribuição, em valor estabelecido em instrumento de regulamentação coletiva de trabalho ou, na sua falta, de 20 % da retribuição base".

tos do empregado intermitente, estão: "i) *O direito a receber uma compensação retributiva do empregador*, a pagar com a mesma periodicidade da retribuição. (...) O trabalhador tem ainda direito a subsídio de Natal e de férias. (...) Este direito decorre do princípio constitucional da liberdade de trabalho (art. 58º, nº 1 da CRP) e da projecção laboral deste princípio na admissibilidade do pluriemprego".[438]

4.3. Formas Ilícitas de Flexibilização

4.3.1. Trabalho Análogo a Escravo (Escravidão Moderna)

A escravidão do mundo atual é diferente da escravidão em seus primórdios, historicamente, originária, em que o ser humano era visto como propriedade (coisa)[439] de outrem; mas é tão indigna quanto esta, ao restringir a ascensão social.

Nas sábias palavras de Maria do Rosário, "A escravidão contemporânea é uma realidade mundial; não está restrita a determinada região ou país e vem sendo agravada pelas crises financeiras, automação e modernização das linhas de produção industrial e agrícola entre outros fatores econômicos e sociais, que causam a diminuição do número de empregados".[440]

A desigualdade social é a mola mestra para que as pessoas sejam levadas para essa situação degradante. O desemprego, a pobreza, a intolerância e a discriminação, guerras civis, pandemias e o tráfico humano são os ingredientes da desigualdade, que fazem que os indivíduos só vejam essa alternativa de trabalho, mas, quando se dão conta, têm enorme dificuldade de sair dessa armadilha, pois são coagidas e ameaçadas, o que demonstra clarividente violação ao princípio da liberdade.[441]

[438] Ramalho, Maria do Rosário Palma, *op. cit.*. p. 351.

[439] "[...] um objeto que possui um determinado valor econômico e que é parte integrante do patrimônio de seu senhor a ponto de poder ser negociado ou trocado por uma outra mercadoria que mereça a preferência daquele". Sento-Sé, Jairo Lins de Albuquerque – Trabalho Forçado e a Questão de menor na Zona Rural do Brasil. *Revista de Direito do Trabalho* nº 96, ano 25, out-dez/1996, pág. 23/29.

[440] Silva, Marco Antonio Marques – *Escravidão Contemporânea, Valorização do Trabalho e Dignidade da Pessoa Humana, in* Análise Contemporânea do Direito em face da Globalização e da Crise Econômica, Almedina, Coimbra, 2010, p. 24.

[441] "Explora-se a minoria e o desespero do indivíduo desempregado e sem meios de subsistência própria, através da promessa de uma melhor condição de vida. Entre os mais vul-

Outra característica comparativa importante de se relatar entre a escravidão clássica e a contemporânea diz respeito ao fato de aquela, normalmente, cuidar do escravo para que pudesse produzir em prol de seu proprietário, portanto, mantinha-o saudável, enquanto que o escravo de hoje em dia é mais barato, e existe em grande quantidade, o que o torna um objeto facilmente substituível.

Segundo Álvaro Augusto Ribeiro Costa,

> [...] o trabalho escravo não é algo que ocorre simplesmente em uma relação de uma pessoa diante de outra, em uma submissão que exige uma prestação de serviço. O trabalho escravo é um conjunto de elementos, é uma situação 'tipo', e para que possamos enfrentar este problema é preciso compreender essa situação 'tipo', embora ela não seja unívoca, dependendo do lugar e do tempo, ela pode ter suas modificações, mas de qualquer forma são situações 'tipo', geradoras dos fenômenos individuais de negação de direitos que denominamos 'trabalhado escravo' ou 'trabalho forçado'.[442]

Outrossim, a Convenção nº 29 da, OIT da qual Brasil e Portugal são signatários, em seu artigo 2, item I, estabelece como trabalho forçado "todo trabalho ou serviço exigido de um indivíduo, sob ameaça de qualquer penalidade e para o qual ele não se ofereceu de espontânea vontade".

Essa modalidade de escravidão moderna tem natureza de violação à liberdade do indivíduo, calcada especialmente em dívida, retenção de documentos ou salários, além de ameaças no empregado de meios violentos que impedem que a pessoa cesse a prestação de serviço, já que se vê escravizado por endividamento.

neráveis a essa prática estão as mulheres, os imigrantes, as crianças, os pobres e as minorias étnicas ou sociais. Os postulantes a emprego passam a buscar formas alternativas de inserção no mercado de trabalho e acabam por aceitar qualquer promessa de trabalho e, ludibriados, sujeitam-se a trabalhos degradantes e/ou análogos à condição de escravo. A escravidão contemporânea manifesta-se na clandestinidade e é marcada pela ação de organizações criminosas, que através do autoritarismo, segregação social e desrespeito aos direitos humanos, subjugam os trabalhadores não propriamente ao regime de escravidão, mas a condições análogas a ele ou a trabalhos degradantes". SILVA, Marco Antonio Marques, *op. cit.*, p. 26.

[442] COSTA, Álvaro Augusto Ribeiro – Trabalho Escravo. *Anais da XVI Conferência Nacional da Ordem dos Advogados do Brasil,* 1996. P. 851/856.

Normalmente, o trabalho forçado se caracteriza em aliciar trabalhadores de cidades e regiões distantes do local onde se vende a ilusão de trabalho com muito bons salários e boas condições de trabalho (no Brasil, apelidados de "gatos"), e, para convencer da fraude, costumeiramente, é oferecido um salário como forma de adiantamento.

Entretanto, ao chegar ao local destinado ao trabalho, verifica-se situação diametralmente oposta àquela que foi, falsamente, descrita ao trabalhador, que logo se vê endividado, já que tudo que ele necessita para residir e para desenvolver o seu trabalho é cobrado pelo empregador.

Ao querer, então, livrar-se dessa situação, esta se agrava, uma vez que é impedido de deixar o local de trabalho, sob a alegação de estar endividado. Assim, é constrangido moral e fisicamente a continuar trabalhando até que pague suas dívidas, para, então, poder romper essa relação laboral, que viola incontroversamente o direito de liberdade.

Há, ainda, outras características de escravidão contemporânea, além da violação de liberdade de ir e vir, como trabalhar em condições deteriorantes, que compreendem a exposição do trabalhador a um ambiente de risco à saúde e à segurança, como, por exemplo, não dispor de local para que possa fazer suas necessidades fisiológicas. Isto é, a higidez física e mental do trabalhador deve ser preservada a qualquer custo, pois está intrinsicamente ligada à sua condição de ser humano (dignidade da pessoa humana e direito à vida).

Outra característica é a determinação de jornadas exaustivas sem qualquer contrapartida remuneratória, como também determinar que sejam realizadas diversas tarefas incompatíveis com a composição física e idade do trabalhador.

Assim, "trabalho em condição análoga à de escravo é aquela em que há restrição, em qualquer forma, à liberdade do trabalhador ou quando não são respeitados os direitos mínimos para o resguardo à sua dignidade".[443]

Por último, para a configuração do trabalho escravo, basta a configuração de qualquer uma delas, não sendo necessário, portanto, que as três estejam concomitantemente presentes.

O Ministério do Trabalho divulgou lista, em janeiro de 2018, contendo sessenta e seis situações que configuram condição análoga à de

[443] SILVA, Marco Antonio Marques, *op. cit.*, p. 28.

trabalho escravo, sendo certo que essa listagem tem caráter exemplificativo, e não exaustivo. Não apresentaremos esse rol por não ser objeto do que se pretende desenvolver nesse tópico.[444]

Vale consignar, por oportuno, que o tráfico de seres humanos está diretamente relacionado à escravidão, tendo em vista que a pobreza torna as pessoas socialmente vulneráveis, o que faz que haja disponibilidade de mão de obra para o trabalho forçado.

A evolução do Direito do Trabalho, pormenorizadamente abordada neste estudo, demonstrou que o desenvolvimento desse direito ao longo da história humana teve como fundamento a proteção ao trabalhador. Portanto, para que este resguardo seja possível, devem ser respeitados os princípios norteadores dos direitos humanos, especialmente o direito da dignidade da pessoa humana.

A dignidade da pessoa humana está alicerçada em proposições elementares: no homem, como ser individual, e na necessidade de que lhe seja assegurado o direito de personalidade; na integração do homem no seio da sociedade, para que se sinta um cidadão; e na imprescindibilidade de geração de métodos de ordem econômica para o sustento íntegro da pessoa.[445]

Segundo o renomado jurista Jorge Miranda, "Característica essencial da pessoa – como sujeito, e não como objeto, coisa ou instrumento – a dignidade é um princípio que coenvolve todos os princípios relativos aos direitos e também aos deveres das pessoas e à posição do Estado perante elas. Princípio axiológico, fundamental e limite transcendente do poder constituinte, diz-se-ia mesmo um metaprincípio".[446]

[444] "A norma prevê, ainda, que pode ser caracterizada restrição da locomoção em razão de dívida contraída com o empregador quando o deslocamento do trabalhador até o local de trabalho é custeada pelo empregador e será descontado da remuneração; quando houver débito do trabalhador prévio à contratação; adiantamento em dinheiro ou gêneros no momento da contração; emprego condicionado a pagamento, pelo trabalhador, pela vaga de trabalho; fornecimento de bens ou serviços ao trabalhador com preços acima dos praticados na região e coação para que trabalhador adquira bens em estabelecimento determinado pelo empregador". [Em linha]. [Consult. 21 Ago. 2018]. Disponível em http://economia.estadao.com.br/noticias/geral,ministerio-do-trabalho-lista-66-situacoes-que-caracterizam-trabalho-escravo,70002164323.

[445] SILVA, Marco Antonio Marques, *op. cit.*, p. 39.

[446] MIRANDA, Jorge – *A Dignidade da Pessoa humana e a Unidade Valorativa do Sistema de Direitos Fundamentais, in* Tratado Luso-Brasileiro da Dignidade Humana. São Paulo: Quartier Latin, 2008, p. 170.

Ainda, na lição do afamado jurista Ingo Wolfgang Sarlet, "dignidade é a qualidade intrínseca e distintiva de cada ser humano que faz merecedor do mesmo respeito e consideração por parte do Estado e da comunidade, implicando, neste sentido, um complexo de direitos e deveres fundamentais que asseguram a pessoa, tanto contra todo e qualquer ato de cunho degradante e desumano, como venham a lhe garantir as condições existências mínimas para uma vida em comunhão com os demais seres humanos".[447]

Assim, uma das facetas da dignidade está insculpida no direito de livre escolha do trabalhador, ou seja, não só optando onde pretende trabalhar, como também sendo proporcionado um ambiente de trabalho saudável e seguro, sem discriminação, mas com remuneração digna e respeito aos direitos do trabalhador.[448]

Por oportuno, apresentaremos apenas os principais dispositivos legais de controle e combate ao trabalho escravo, tanto no Brasil, como Portugal, além do âmbito internacional.

A Constituição Brasileira prevê, em seu artigo 5º, III, que "ninguém será submetido a tortura nem a tratamento desumano ou degradante". Ademais, o Código Penal dispõe sobre as tipificações e as sanções daquele que coloca outrem em condição análoga à de escravo (artigos 149, § 1º, incisos I e II; 198; 203, § 1, incisos I e II; 204, 206; 207, caput e § 1).[449] A Lei nº 10.608/2002, por sua vez, determina o pagamento de

[447] SARLET, Ingo Wolfgang – *Dignidade da Pessoa Humana e Direitos Fundamentais na Constituição.* 6ª ed, Porto Alegre: Livraria do Advogado, 2009, p. 63.

[448] "No entanto, a desvalorização do trabalho vem se agravando na atualidade, fato decorrente do desemprego, crise econômica, ganância e se alastra de forma assustadora através de prática abusivas que se podem chamar de escravidão contemporânea. Além disso, as formas precárias de contratação, as questões que envolvem a saúde do trabalhador – como a produtividade, o ritmo do trabalho, o assédio moral e as doenças profissionais". SILVA, Marco Antonio Marques, *op. cit.*, p. 31.

[449] "**Artigo 149** – Reduzir alguém a condição análoga à de escravo, quer submetendo-o a trabalhos foçados ou a jornada exaustiva, quer sujeitando-o a condições degradantes de trabalho, quer restringindo por qualquer meio, sua locomoção em razão de dívida contraída com o empregador ou preposto:
Pena – reclusão de dois a oito anos, e multa, além da pena correspondente à violência.
§ 1 Nas mesmas penas incorre quem:
I – cerceia o uso de qualquer meio de transporte por parte do trabalhador, com o fim de retê-lo no local de trabalho.

seguro-desemprego ao trabalhador retirado da condição análoga à de escravo.

O Brasil passou por constrangimento interno e externo, quando o seu governo resolveu editar Portaria (nº 1.129 de 13/10/2017), por meio do Ministério do Trabalho e Emprego, mutilando a política nacional de combate ao trabalho escravo, porquanto retirou a definição legal do trabalho análogo ao de escravo e restringiu a competência dos auditores do trabalho.

Tamanha é a polêmica do assunto que a Comissão Pastoral da Terra resolveu enviar uma carta[450] ao Papa Francisco, e, não obstante, devido a tamanha pressão social e política, o governo brasileiro, em 28/12/2017,

II – mantém vigilância ostensiva no local de trabalho ou se apodera de documentos ou objetos pessoais do trabalhador, com o fim d retê0lo no local de trabalho".
"**Artigo 198** – Constranger alguém mediante violência ou grave ameaça, a celebrar contrato de trabalho, ou não fornecer a outrem ou não adquirir de outrem matéria-prima ou produto industrial ou agrícola:
Pena – detenção, de um mês a um ano, além de pena correspondente à violência".
"**Artigo 203** – Frustrar, mediante fraude ou violência, direito assegurado pela legislação do trabalho:
Pena – detenção de um a dois anos, e multa além da pena correspondente à violência.
§ 1 Na mesma pena incorre quem:
I – obriga ou coage alguém a usar mercadorias de determinado estabelecimento, para impossibilitar o desligamento do sérvio em virtude de dívida;
II – impede alguém de se desligar de serviços de qualquer natureza, mediante coação ou por meio de retenção de seus documentos pessoas ou contratuais".
"**Artigo 204** – Frustrar, mediante fraude ou violência, obrigação legal relativa à nacionalização do trabalho:
Pena – detenção, de um mês a um ano, e multa, além da pena correspondente à violência".
"**Artigo 206** – Recrutar trabalhadores mediante fraude, com o fim de leva-los para território estrangeiro.
Pena – detenção de 1(um) a 3 (três) anos e multa".
"**Artigo 207** – Aliciar trabalhadores, com o fim de leva-los de uma para outra localidade do território nacional:
Pena – detenção de uma a três anos, e multa.
§ 1 Incorre na mesma pena quem recrutar trabalhadores fora da localidade de execução do trabalho, dentro do território nacional, mediante fraude ou cobrança de qualquer quantia do trabalhador, ou, ainda, não assegurar condições do seu retorno ao local de origem".

[450] "Querido Santo Padre, caro irmão Francisco, saudando-o respeitosamente, vimos com essa carta, escrita desde o Brasil, apresenta-lhe a situação muito grave criada pela decisão brutal, anunciada pelo Governo Temer no último dia 16/10/2017, de desmantelar a política

editou nova Portaria (nº 1.293) em que apresenta novas formas para caracterização de trabalho análogo ao de escravo.

Em Portugal, no período de 2008 a 2014, foram identificadas 1.110 pessoas traficadas, sendo que um quarto é de origem portuguesa, 71% é de origem europeia, 22% latina americana e 7% africana, segundo análise do Observatório de Emigração. É certo, ainda, que, contrariamente às estatísticas europeias de que 60% a 69% das pessoas traficadas são utilizadas para exploração sexual, e o restante para laboral, em solo português a principal exploração é a do trabalho (43%).[451]

Sendo assim, a legislação portuguesa é combativa contra o trabalho análogo ao de escravo (artigos 25º, 27º, 58º e 59º, da CRP e 159º e 160º, do Código Penal)[452].

nacional de combate ao trabalho escravo, através dos seus principais instrumentos, construídos desde 1995 e constantemente aperfeiçoados nos últimos 15 anos.
Por meio de uma simples Portaria (nº 1129 de 13/10/2017, publicada no Diário Oficial da União em 16/10/2017), o Ministro do Trabalho, Sr Ronaldo Nogueira, determinou o esvaziamento da definição legal do trabalho análogo a de escravo, a limitação da competência dos auditores fiscais do trabalho para sua identificação, e a completa subordinação ao próprio ministro das decisões de inclusão na conhecida Lista Suja dos infratores flagrados praticando trabalho escravo.
O Governo invadiu a competência do Legislador e afrontou o estabelecido tanto na Constituição Federal quanto nas Convenções e nos Tratados internacionais firmados pelo Brasil. Repleta de aproximações e distorções de conceitos até então claramente definidos, a Portaria exige para a caracterização do trabalho escravo a existência de vigilância armada e o cerceamento sistemático da liberdade de ir e vir, afastando a característica essencial do crime que é a negação da dignidade da pessoa, tratando-a como coisa, avalizando como normal a imposição de condições degradantes e de jornada exaustiva.
Dormir em curral sobre esterco e comer corne podre deixará assim de ser escravidão, desde que não seja sob a mira de um guarda armado.
Foram assim deferidos golpes mortais contra a política de erradicação do trabalho escravo em vigor no Brasil. (...)". [Em linha]. [Consult. 21 Ago. 2018]. Disponível em https://www.cptnacional.org.br/publicacoes/noticias/trabalho-escravo/4094-em-carta-ao-papa-francisco-cpt-denuncia-desmonte-da-politica-nacional-de-combate-ao-trabalho-escravo.

[451] Ainda há escravos em Portugal. [Em linha] [Consult. 13 Ago. 2018]. Disponível em http://visao.sapo.pt/actualidade/sociedade/2017-04-27-Ainda-ha-escravos-em-Portugal-1.

[452] "**Artigo 25º (Direito à integridade pessoal)**
1. A integridade moral e física das pessoas é inviolável.
2. Ninguém pode ser submetido a tortura, nem a tratos ou penas cruéis, degradantes ou desumanos".

"Artigo 27º (Direito à liberdade e à segurança)
1. Todos têm direito à liberdade e à segurança.
2. Ninguém pode ser total ou parcialmente privado da liberdade, a não ser em consequência de sentença judicial condenatória pela prática de acto punido por lei com pena de prisão ou de aplicação judicial de medida de segurança.
3. Exceptua-se deste princípio a privação da liberdade, pelo tempo e nas condições que a lei determinar, nos casos seguintes:
a) Detenção em flagrante delito;
b) Detenção ou prisão preventiva por fortes indícios de prática de crime doloso a que corresponda pena de prisão cujo limite máximo seja superior a três anos;
c) Prisão, detenção ou outra medida coactiva sujeita a controlo judicial, de pessoa que tenha penetrado ou permaneça irregularmente no território nacional ou contra a qual esteja em curso processo de extradição ou de expulsão;
d) Prisão disciplinar imposta a militares, com garantia de recurso para o tribunal competente;
e) Sujeição de um menor a medidas de protecção, assistência ou educação em estabelecimento adequado, decretadas pelo tribunal judicial competente;
f) Detenção por decisão judicial em virtude de desobediência a decisão tomada por um tribunal ou para assegurar a comparência perante autoridade judiciária competente;
g) Detenção de suspeitos, para efeitos de identificação, nos casos e pelo tempo estritamente necessários;
h) Internamento de portador de anomalia psíquica em estabelecimento terapêutico adequado, decretado ou confirmado por autoridade judicial competente.
4. Toda a pessoa privada da liberdade deve ser informada imediatamente e de forma compreensível das razões da sua prisão ou detenção e dos seus direitos.
5. A privação da liberdade contra o disposto na Constituição e na lei constitui o Estado no dever de indemnizar o lesado nos termos que a lei estabelecer".
"Artigo 58º (Direito ao trabalho)
1. Todos têm direito ao trabalho.
2. Para assegurar o direito ao trabalho, incumbe ao Estado promover:
a) A execução de políticas de pleno emprego;
b) A igualdade de oportunidades na escolha da profissão ou género de trabalho e condições para que não seja vedado ou limitado, em função do sexo, o acesso a quaisquer cargos, trabalho ou categorias profissionais;
c) A formação cultural e técnica e a valorização profissional dos trabalhadores."
"Artigo 59º (Direitos dos trabalhadores)
1. Todos os trabalhadores, sem distinção de idade, sexo, raça, cidadania, território de origem, religião, convicções políticas ou ideológicas, têm direito:
a) À retribuição do trabalho, segundo a quantidade, natureza e qualidade, observando-se o princípio de que para trabalho igual salário igual, de forma a garantir uma existência condigna;

b) A organização do trabalho em condições socialmente dignificantes, de forma a facultar a realização pessoal e a permitir a conciliação da actividade profissional com a vida familiar;
c) A prestação do trabalho em condições de higiene, segurança e saúde;
d) Ao repouso e aos lazeres, a um limite máximo da jornada de trabalho, ao descanso semanal e a férias periódicas pagas;
e) À assistência material, quando involuntariamente se encontrem em situação de desemprego;
f) A assistência e justa reparação, quando vítimas de acidente de trabalho ou de doença profissional.
2. Incumbe ao Estado assegurar as condições de trabalho, retribuição e repouso a que os trabalhadores têm direito, nomeadamente:
a) O estabelecimento e a actualização do salário mínimo nacional, tendo em conta, entre outros factores, as necessidades dos trabalhadores, o aumento do custo de vida, o nível de desenvolvimento das forças produtivas, as exigências da estabilidade económica e financeira e a acumulação para o desenvolvimento;
b) A fixação, a nível nacional, dos limites da duração do trabalho;
c) A especial protecção do trabalho das mulheres durante a gravidez e após o parto, bem como do trabalho dos menores, dos diminuídos e dos que desempenhem actividades particularmente violentas ou em condições insalubres, tóxicas ou perigosas;
d) O desenvolvimento sistemático de uma rede de centros de repouso e de férias, em cooperação com organizações sociais;
e) A protecção das condições de trabalho e a garantia dos benefícios sociais dos trabalhadores emigrantes;
f) A protecção das condições de trabalho dos trabalhadores-estudantes.
3. Os salários gozam de garantias especiais, nos termos da lei".
"Artigo 159 º Escravidão
Quem:
a) Reduzir outra pessoa ao estado ou à condição de escravo; ou
b) Alienar, ceder ou adquirir pessoa ou dela se apossar com a intenção de a manter na situação prevista na alínea anterior; é punido com pena de prisão de cinco a quinze anos".
"Artigo 160º Tráfico de pessoas
1 – Quem oferecer, entregar, aliciar, aceitar, transportar, alojar ou acolher pessoa para fins de exploração sexual, exploração do trabalho ou extracção de órgãos:
a) Por meio de violência, rapto ou ameaça grave;
b) Através de ardil ou manobra fraudulenta;
c) Com abuso de autoridade resultante de uma relação de dependência hierárquica, económica, de trabalho ou familiar;
d) Aproveitando-se de incapacidade psíquica ou de situação de especial vulnerabilidade da vítima; ou
e) Mediante a obtenção do consentimento da pessoa que tem o controlo sobre a vítima; é punido com pena de prisão de três a dez anos.

No âmbito internacional, encontramos a proteção contra o trabalho análogo ao de escravo nos principais ordenamentos jurídicos, tais como: Declaração dos Direitos Humanos (artigos III e IV e V)[453]; nas Convenções nºs 29 e 105, da OIT,[454] ambas ratificadas pelo Brasil e por Portugal; na Carta dos Direitos Fundamentais da União Europeia (artigos 5º e 31º, nº 1)[455]; na Convenção Europeia dos Direitos do Homem (art. 4º)[456] e na

2 – A mesma pena é aplicada a quem, por qualquer meio, aliciar, transportar, proceder ao alojamento ou acolhimento de menor, ou o entregar, oferecer ou aceitar, para fins de exploração sexual, exploração do trabalho ou extracção de órgãos.
3 – No caso previsto no número anterior, se o agente utilizar qualquer dos meios previstos nas alíneas do nº 1 ou actuar profissionalmente ou com intenção lucrativa, é punido com pena de prisão de três a doze anos.
4 – Quem, mediante pagamento ou outra contrapartida, oferecer, entregar, solicitar ou aceitar menor, ou obtiver ou prestar consentimento na sua adopção, é punido com pena de prisão de um a cinco anos.
5 – Quem, tendo conhecimento da prática de crime previsto nos n.os 1 e 2, utilizar os serviços ou órgãos da vítima é punido com pena de prisão de um a cinco anos, se pena mais grave lhe não couber por força de outra disposição legal.
6 – Quem retiver, ocultar, danificar ou destruir documentos de identificação ou de viagem de pessoa vítima de crime previsto nos n.os 1 e 2 é punido com pena de prisão até três anos, se pena mais grave lhe não couber por força de outra disposição legal".

[453] "Artigo III Todo ser humano tem direito à vida, à liberdade e à segurança pessoal."
"Artigo IV Ninguém será mantido em escravidão ou servidão; a escravidão e o tráfico de escravos serão proibidos em todas as suas formas".
"Artigo V Ninguém será submetido à tortura nem a tratamento ou castigo cruel, desumano ou degradante".

[454] "Convenção nº 29 Convenção Concernente a Trabalho Forçado ou Obrigatório"
"Convenção nº 105 Abolição do Trabalho Forçado"

[455] **"Artigo 5º Proibição da escravidão e do trabalho forçado**
1. Ninguém pode ser sujeito a escravidão nem a servidão.
2. Ninguém pode ser constrangido a realizar trabalhado forçado ou obrigatório.
3. É proibido o tráfico de seres humanos".
"Artigo 31º Condições de trabalho justas e equitativas
1. Todos os trabalhadores têm direito a condições de trabalho saudáveis, seguros e dignas".

[456] **"Artigo 4º Proibição da escravatura e do trabalho forçado**
1. Ninguém pode ser mantido em escravidão ou servidão.
2. Ninguém pode ser constrangido a realizar um trabalho forçado ou obrigatório.
3. Não será considerado "trabalho forçado ou obrigatório" no sentido do presente artigo:

Convenção Americana sobre Direitos Humanos (Pacto de São José – art. 6, nº 2).[457]

Como se tudo isso não bastasse, a OIT, a fim de comemorar seus cem anos, estima que proporá, para 2019, Convenção internacional sobre violência no trabalho, ou seja, contemplando todas as formas de agressão contra os trabalhadores. Esperamos que façam parte dessa norma punições mais severas a todos os envolvidos na indústria que propaga e utiliza do trabalho análogo ao de escravo. A grande inovação pretendida é torná-la obrigatória a todos os Estados membros (tenha força de lei), sem que seja necessário que cada país a recepcione em seu ordenamento jurídico.[458]

Finalizamos com a exigência da União Europeia em relação ao Brasil, para que este erradique o trabalho escravo como cláusula no acordo comercial que está sendo negociado entre o Mercosul e a União Europeia. Dentre as intenções do bloco europeu, está a inclusão de tópico sobre direitos trabalhistas, cujo propósito é evitar que os sul-americanos utilizem concorrência desleal na comercialização de seus produtos com os europeus.

a) Qualquer trabalho exigido normalmente a uma pessoa submetida a detenção nas condições previstas pelo artigo 5° da presente Convenção, ou enquanto estiver em liberdade condicional;
b) Qualquer serviço de carácter militar ou, no caso de objectores de consciência, nos países em que a objecção de consciência for reconhecida como legítima, qualquer outro serviço que substitua o serviço militar obrigatório;
c) Qualquer serviço exigido no caso de crise ou de calamidade que ameacem a vida ou o bem – estar da comunidade;
d) Qualquer trabalho ou serviço que fizer parte das obrigações cívicas normais".

[457] "**Artigo 6. Proibição da escravidão e da servidão**
2. Ninguém deve ser constrangido a executar trabalho forçado ou obrigatório. Nos países em que se prescreve, para certos delitos, pena privativa da liberdade acompanhada de trabalhos forçados, esta disposição não pode ser interpretada no sentido de que proíbe o cumprimento da dita pena, imposta por juiz ou tribunal competente. O trabalho forçado não deve afetar a dignidade nem a capacidade física e intelectual do recluso".

[458] Economia Estadão – Governos negociarão acordo para estabelecer punições em casos de violência no trabalho. [Em linha]. [Consult. 21 Ago. 2018]. Disponível em http://economia.estadao.com.br/noticias/geral,em-meio-a-casos-de-assedios-governos-negociarao-acordo-com-violencia-no-trabalho,70002160773.

4.4. Dicotomia Conceitual entre Flexibilização e Precarização

Inicialmente, é importante distinguir entre precariedade de emprego e precariedade de trabalho.

A primeira concepção diz respeito ao *status* social e contratual relativo à condição de emprego, e a segunda é muito mais abrangente, porque ultrapassa o vínculo laboral em si mesmo e alcança proporções não só individuais, mas também coletivas das condições de trabalho.

A união destes conceitos deságua na precarização social, que é:

> [...] o processo de fragilização e isolamento social que resulta da progressiva 'erosão' dos recursos econômicos, das qualificações, da motivação (encorajamento) e da auto-estima, associando-se à privação de proteção social, assim como à corrosão dos laços familiares, das redes de sociabilidade e dos apoios institucionais e informais [...], de um precesso de desfiliação que decorre da crescente vulnerabilização e 'invalidação' social vividda pelos/as supranuméricos/as – grupo constituído por aqueles/as que não conseguem uma relação laboral estável, que estão desempregados/as, cuja 'validação social' vai deixando de ser reconhecida pela comunidade, ao mesmo tempo que lhe é negado o direito à cidadania por via da anulação de direito e de solidariedade institucional. Neste sentido, a precariedade social pode originar exclusão social.[459]

Em resumo, a precariedade social vem crescendo, ao longo de várias décadas, e mais profundamente no século XXI, como consequência da transformação do mercado de trabalho.

Ocorre, todavia, que nos filiamos à corrente doutrinária de que não se pode conjugar a flexibilidade como sinônimo de precariedade.

Isso porque:

> [...] a precariedade do trabalho significa um trabalho sem interesse, mal pago e pouco reconhecido, e que provoca um sentimento de inutilidade. Por sua vez, a flexibilidade do emprego significa instabilidade, insegurança, incapacidade de prever o futuro profissional, forte vulnerabilidade económica e restrição dos direitos sociais (baseados no emprego estável), ameaça do desemprego e falta de perspectiva profissional.[460]

[459] Casaca, Sara Falcão, *op. cit.*. p. 45.

[460] Kovács, Ilona, op. cit., p. 155.

Presenciamos na sociedade do conhecimento as várias formas de flexibilização do trabalho, em que houve uma desregulamentação do mercado de trabalho, especialmente por alterações legislativas trabalhista, como, por exemplo, a restrição do papel dos sindicatos.

Assim, para a corrente neoliberal, a flexibilização das relações de trabalho é fundamental para que se consiga maior produtividade diante de um mercado globalizado altamente competitivo. Portanto, os direitos e encargos sociais são um obstáculo a essa competitividade e na atração de investidores internacionais. Ou seja, a flexibilização é essencial para o crescimento econômico e a empregabilidade de um país.

Para os críticos do neoliberalismo, a desregulamentação do mercado de trabalho é um dos principais causadores de desemprego e do crescimento de precários postos de trabalho, o que provoca uma maior desigualdade social e uma piora nas condições de trabalho.[461]

Nesse sentido, o relatório da OIT, divulgado em 22/01/2018, prevê que:

> [...] o mundo terá menos desempregados, mas a ocupação vulnerável, sem proteção social, vai ganhar força nos próximos dois anos; no Brasil, o processo será ainda mais intenso: a taxa de desemprego cairá para 11,2% em 2019, mas o número de trabalhadores em empregos precários subirá de 25,3 milhões em 2017 para 26,8 milhões em 2019.[462]

Assim, pode-se associar que a precarização está diretamente relacionada à flexibilização quantitativa que orbita na substituição de contratos de trabalho permanentes por modalidades atípicas de contrato de trabalho, cujo objetivo é a redução de custos, não se podendo esquecer do trabalho informal.

Tamanha é a relevância do trabalho informal que este predomina no mundo, ou seja, 60,7% dos trabalhadores trabalham sem vínculo de

[461] "A instabilidade, a desinstitucionalização e a informalização do emprego tornaram-se características estruturais do mercado de trabalho. A esfera das normas que conferiu ao trabalhado o seu carácter formal e institucional está a ser reduzida e o Estado abandona algumas das responsabilidades básicas no âmbito da regulação do trabalho". KOVÁCS, Ilona, op. cit., p. 156.

[462] ILO – [Em linha]. [Consult. 21 Ago. 2018]. Disponível em http://www.ilo.org/brasilia/noticias/WCMS_615927/lang--pt/index.htm.

emprego, segundo dados da OIT, o que demonstra o tamanho da precariedade das relações de trabalho. A mesma pesquisa aponta, também, que somente 26,4% dos trabalhadores estão empregados com contratos permanentes, e 13% com contratos atípicos.[463]

Isto é, devemos nos preocupar e abrir os olhos para o contrato de trabalho informal, uma vez que:

> [...] os défices de trabalho digno são mais marcados na economia informal, a qual, do ponto de vista dos trabalhadores não protegidos, apresenta muito mais aspectos negativos que positivos. Os trabalhadores da economia informal não são reconhecidos nem declarados, não beneficiam da legislação laboral nem de protecção social (por exemplo, quando o seu estatuto em relação ao emprego é ambíguo), pelo que se vêem impossibilitados de desfrutar dos seus direitos fundamentais, de os exercer ou de os defender. Não estando, geralmente, organizados, raras vezes são representados colectivamente junto dos empregadores ou das autoridades públicas. A economia informal caracteriza-se muitas vezes pela exiguidade ou indefinição dos locais de trabalho, por condições de trabalho que não garantem saúde nem segurança, fracos níveis de qualificação e de produtiva, rendimentos baixos e irregulares, longas horas de trabalho e falta de acesso à informação, aos mercados, ao financiamento, à formação e à tecnologia.[464]

Entrementes a flexibilização pode ser vista de maneira qualitativa, portanto, compreendida na necessidade de os trabalhadores e as empresas estarem qualificados para os novos desafios impostos pela globalização. Assim,

> Essa capacidade obtém-se pela qualificação polivalente, novos perfis profissionais, práticas de gestão participativas e compromisso a longo prazo entre empregadores e empregados. A flexibilidade qualitativa promove-se pelas novas formas de organização do trabalho e por um conjunto de mudanças inseridas na lógica da 'via alta' (*high road*) da melhoria da com-

[463] Economia Estadão – Trabalho informal predomina no mundo, 07 ago. 2015. Disponível em: http://economia.estadao.com.br/noticias/geral,trabalho-informal-predomina-no-mundo,1739524.

[464] ILO – A OIT e a Economia Informal. [Em linha]. [Consult. 25 Ago. 2018]. Disponível em http://www.ilo.org/public/portugue/region/eurpro/lisbon/pdf/economia_informal.pdf.

petitividade. Esta via aposta nas qualificações, na valorização salarial e no diálogo social.[465]

Verifica-se, dessa diferenciação conceitual, que ambas as flexibilizações dizem respeito a nichos de empregados distintos. Isto é, quando falamos em flexibilidade qualitativa, está se falando em empregados cujos contratos de trabalho são permanentes, e, isto posto, mais bem remunerados, bem como mais capacitados e com mais escolaridade, e, portanto, mais aptos para as novas competências e readaptações exigidas pelas novas organizações de produtivas nesse século XXI. Enquanto isso, a flexibilidade quantitativa é constituída, basicamente, por empregados com baixa remuneração, pouco qualificados e cujas atividades desenvolvidas são manuais e repetitivas, sendo absolutamente vulneráveis quando se fala em sua substituição por máquinas, ou até mesmo pela transferência da unidade produtiva para outro local, dependendo dos interesses empresariais.

No entanto essa dicotomia conceptiva não é absoluta. Eis existe enorme número de empregados contratados por prazo indeterminado que recebem baixos salários e têm baixa capacitação e nível educacional. Em contrapartida, encontramos empregados contratados por contratos atípicos (ex. contrato com cláusula resolutiva), porém percebendo bons salários e qualificados.

4.4.1. Flexibilização e sua Incidência nos Principais Grupos Sociais

Há, ainda, determinados grupos sociais que estão mais suscetíveis ao desemprego e ao trabalho precário, como jovens, mulheres, imigrantes e idosos, e aqueles com baixa qualificação profissional, sendo certo que, com a crise financeira de 2008, houve aumento considerável de desemprego, além da propagação de trabalhos débeis desses grupos.

Finalmente, a corrente neoliberal, defensora da desregulamentação do mercado de trabalho e redução de benefícios sociais aos trabalhadores para que a economia possa ser mais competitiva, enfrenta contraponto muito importante, que vem do modelo socialdemocrata originário dos países nórdicos, que concilia a manutenção dos benefícios sociais aos trabalhadores e a flexibilização por meio de negociação coletiva.

[465] Kovács, Ilona, op. cit., p. 157.

Isto é, a flexibilização é negociada entre as partes, o que a torna mais apropriada para cada categoria, ao contrário dos países europeus do Sul, que adotam a flexibilização legislada (modelo mediterrâneo), em que os contratos atípicos são consagrados por meio de leis, com a consequente redução de benefícios previdenciários. Mencionamos, ainda, o modelo continental, adotado, por exemplo, pela Alemanha e França, cuja característica é proporcionar, também, benefícios sociais, porém em grau menor do que o modelo socialdemocrata, ao contrário do liberal (ex. Inglaterra), cuja flexibilização é ampla, deixando o trabalhador com baixa proteção social.

Conclusão Preliminar

Em que pese haver dicotomia doutrinária acerca das novas tecnologias e dos seus reflexos nas relações de trabalho, o que se pode afirmar, desde já, é que os impactos das tecnologias digitais diminuirão progressivamente o contrato de trabalho por prazo indeterminado (permanente), dando lugar aos modelos de contrato atípicos, ou seja, mais flexíveis de trabalho.

Assim, o mercado de trabalho, que já se encontra bem flexibilizado, ficará ainda mais heterogêneo, como se pôde observar acima da reforma trabalhista brasileira (Lei nº 13.467/17), que inseriu novas formas de contratação altamente flexíveis.

Por conseguinte, as condições de trabalho passam a ser privilegiadamente regidas por negociações coletivas, e até mesmo individuais, deixando o legislado em segundo plano. Tal ruptura paradigmática vem corroborar os novos modelos de flexibilidade das relações de trabalho, em que as partes procuram conciliar, além de desejos profissionais, anseios pessoais.[466]

[466] "De acordo com o último cálculo, um jovem americano com nível médio de educação espera mudar de emprego 11 vezes durante sua vida de trabalho – e o ritmo e frequência da mundação deverão continuar crescendo antes que a vida de trabalho dessa geração acabe. "Flexibilidade" é o slogan do dia, e quando aplicado ao mercado de trabalho augura um fim do "emprego como o conhecemos", aunicnado em sue lugar o advento do trabalho por contratos de curto prazo, ou sem contratos, posições sem cobertura previdenciária, mas com cláusulas "até nova ordem". A vida de trabalho está saturada de incertezas." BAUMAN, Zygmunt, op. cit., p. 185.

Sem embargo, a flexibilização das relações laborais parece ser um caminho sem volta, o que não se pode perder de vista é que essa flexibilidade pode gerar precariedade das relações, e a melhor forma para que isso não ocorra é fornecer educação continuada. Através desta, os indivíduos poderão adquirir o conhecimento e a adaptabilidade necessários para sobreviver de forma dignificante no mundo digital.

Reitera-se, por oportuno, a nosso ver, que a flexibilização das relações de trabalho não é, necessariamente, sinônimo de precarização[467], especialmente se os Estados enxergarem que se faz necessário criar políticas públicas de ensino continuado, bem como de requalificação dos trabalhadores já inseridos no mercado de trabalho, para que estejam preparados para enfrentar o novo mundo do trabalho em condições de total competitividade – até mesmo porque deve-se ter em mente que os Estados devem proteger não só aqueles que trabalham sob a égide do contrato permanente, mas as pessoas de modo geral, e não os postos de trabalho.

Isso porque, ao cuidar do cidadão, em primeiro plano, fará que qualquer país tenha maiores condições de não só competir no disputado mercado globalizado, como possibilitar uma maior empregabilidade, seja qual for a sua modalidade, todavia com um diferencial fundamental para uma nação prosperar no mundo digital, que é formar mão de obra altamente capacitada para enfrentar os desafios dessa nova era.

Com efeito, tais assertivas não são ficção, pois já ocorre, por exemplo, nos países Escandinavos, o que não os faz temer a chegada das novas tecnologias e como equacioná-las com os postos de trabalho.

Logo, tanto Portugal, como especialmente o Brasil, devem avançar de forma abreviada na implementação de um sistema de educação continuada que possa capacitar o indivíduo com diversas competências. Acreditamos que, somente dessa maneira, poderão ser inseridos de forma digna e com boa remuneração no mercado de trabalho, mesmo que por meio de contratos flexíveis, até mesmo porque qualificar o trabalhador é a única forma de enfrentar e de romper a barreira da precariedade, e, consequentemente, da desigualdade social.

[467] "A flexibilização, portanto, não se confunde com desregulamentação, eis que a desregulamentação é a ausência total da intervenção estatal nas normas trabalhistas, sem qualquer tipo de normatização". Olmos, Cristina Paranhos, Direito da personalidade nas relações de trabalho, limitação, relativização e disponibilidade. – São Paulo: LTr, 2017, p. 101.

Capítulo 5
As Novas Tecnologias e o Direito do Trabalho

Introdução

O que se viu, ao longo de toda a explanação, é que a revolução digital que estamos vivenciando trará inúmeras mudanças tecnológicas por intermédio da conectividade digital, baseada sobretudo em tecnologias de *software* que transformarão profundamente todas as relações humanas, e as relações de trabalho.

As tecnologias do século XXI, mormente as relacionadas com a biotecnologia e os algoritmos de computação, são consideradas como poderes:

> [...] mais potentes do que o vapor e o telégrafo e não serão usados apenas para produzir alimentos, têxteis, veículos e armas. Os principais produtos do século XXI serão corpos, cérebros [...]. Na verdade, será maior do que brecha entre o *Sapiens* e os neandertais. Neste século, os que viajam no trem do progresso vão adquirir aptidões divinas de criação e destruição, enquanto os que ficarem para trás enfrentarão a extinção. [...] Quando a engenharia genética e a inteligência artificial revelarem todo o seu potencial, o liberalismo, a democracia e os livres mercados poderão tornar-se tão obsoletos quanto facas, pedra lascada, fitas cassete, o islamismo e o comunismo.[468]

[468] HARARI, Yuval Noah, *op. cit.*, pp. 278/280.

Assim, selecionamos algumas das principais tecnologias atualmente existentes, que terão impactos sem precedentes nas relações de trabalho como nunca ocorrera nas anteriores revoluções industriais.

5.1. As Inovações Tecnologias Impactantes no Atual Mundo do Trabalho

É sabido que, anteriormente ao advento da revolução digital, muitas atividades eram inerentes tão somente aos humanos. Entrementes, hoje em dia, os robôs e as máquinas em geral assumiram tal posição, e há uma perspectiva de que em um curto espaço de tempo consigam ofuscar o homem na realização de boa parte de suas atividades, inclusive laborais.

Assistimos, nas últimas décadas, um avanço exponencial da inteligência artificial, isto é: somente seres com consciência, e que possuem elevada inteligência, tinham condições, por exemplo, de dirigir automóveis e de diagnosticar doenças. Contudo, a inteligência artificial, mesmo sem ter consciência, conseguiu realizar, muito mais satisfatoriamente, as tarefas até então executadas somente pelo homem.[469]

Isso significa dizer que "tais tarefas se baseiam em padrões de reconhecimento, e algoritmos não conscientes podem rapidamente superar a consciência humana no que diz respeito a esses padrões".[470]

5.1.1. Veículos Aéreos Não Tripulados

Devemos fazer uma importante digressão anteriormente à narrativa sobre esse modelo tecnológico, uma vez que, tanto pelo seu viés militar como pelo econômico, faz que o homem perca seu valor.

[469] "Humanos têm dois tipos de habilidades – física e cognitiva. No passado, as máquinas competiram com humanos principalmente em habilidades físicas, enquanto os humanos se mantiveram à frente das máquinas em capacidade cognitiva. Por isso, quando trabalhos manuais na agricultura e na indústria foram automatizados, sugiram novos trabalhos no setor de serviços que requeriam o tipo de habilidade cognitiva que só os humanos possuíam: aprender, analisar, comunicar e acima de tudo compreender as emoções humanas. No entanto, a IA está começando agora a superar os humanos em um número cada vez maior dessas habilidades, inclusive a de compreender as emoções humanas. Não sabemos de nenhum terceiro campo de atividade – além do físico e do cognitivo – no qual os humanos manterão sempre uma margem segura". HARARI, Yuval Noah, *21 lições para o século 21*, São Paulo, Companhia das Letras, p. 41.

[470] HARARI, Yuval Noah, *op. cit.*, p. 314.

Isso porque os exercícios das maiores potências econômicas do mundo utilizam-se de muitos sistemas tecnológicos, como, por exemplo, veículos aéreos não tripulados, conhecidos como *drones*.

Do ponto de vista econômico, gigantes de tecnologia, mais precisamente a maior empresa do mundo em vendas *online*, a Amazon, já realizou a sua primeira entrega de mercadoras através de um *drone*, em dezembro de 2016, no Reino, fato que foi um sucesso.[471]

Outra novidade é ter iniciado, em 2017, testes de serviço de táxi com *drones* voadores autônomos em Dubai, nos Emirados Árabes.

O que vimos claramente é a versatilidade dessa tecnologia nos mais diversos setores da economia, e até mesmo militar. Muito embora estejamos acompanhando, boquiabertos, seus efeitos até então inimagináveis.

Nos EUA, estão registrados, aproximadamente, 300 mil *drones*, de acordo com uma legislação federal cujo propósito é assegurar o controle de seu espaço aéreo, e de acordo com a qual *drones* devem ter um número de identificação e registro semelhante a uma placa de automóvel.

Entretanto, há um enorme receio do uso dessa tecnologia como outras. Inclusive, já há manifestação para o seu banimento, ou, no mínimo, de submetê-lo a normas rígidas para a sua utilização, como pertinentemente sugerido pelo professor Noel Sharkey da Universidade de Sheffeld, na Inglaterra.[472]

5.1.2. Veículos Automotores Autônomos (sem motorista)

Presenciamos o que até então era inconcebível, exceto em filmes de ficção científica, no que diz respeito aos avançados testes com veículos sem motorista desenvolvidos pelas grandes montadoras de veículos e até mesmo gigantes de tecnologia (ex. Google); sem falar na tecnologia *Hyperloop*, um sistema de transporte em cápsula de alta velocidade, tanto para passageiros, como para mercadorias, podendo ser uma excelente alternativa

[471] Sabado Pt – Amazon faz primeira entrega com *drone*. [Em linha]. [Consult. 25 Ago. 2018]. Disponível em: http://www.sabado.pt/ciencia---saude/tecnologia/detalhe/amazon-faz-primeira-entrega-com-drone.

[472] Sheffield – "Robotics exper calls for control on military robots". [Em linha]. [Consult. 25 Ago. 2018]. Disponível em https://www.sheffield.ac.uk/news/nr/1757-1.174098.

e menos poluente do que os aviões, e mais rápido do que o transporte ferroviário.[473]

Existem veículos semiautônomos[474] sendo vendidos, como o da famosa marca norte americana Tesla. Todavia, estima-se que, em breve, o veículo totalmente autônomo esteja nas ruas[475], e será mais eficaz e seguro do que os veículos conduzidos pelo homem. Isso sem falar, ainda, que podem fazer que os congestionamentos diminuam, por sistema de compartilhamento de seu uso, e, consequentemente, que haja redução de poluição ambiental e do número de acidentes.[476]

Por mais fantástica que seja essa nova tecnologia[477], há impactos negativos, e o que nos interessa apontar é a perda de postos de trabalho,

[473] RTP – *Hyperloop, 130 quilómetros em 12 minutos de Dubai a Abu Dhabi.* [Em linha]. [Consult. 25 Ago. 2018]. Disponível em https://www.rtp.pt/noticias/tecnologia/hyperloop-130-quilometros-em-12-minutos-de-dubai-a-abu-dhabi_n961309.

[474] "**Nível um** O carro mantém a velocidade e a distância que o motorista determinar do veículo da frente. Monitora mudança involuntária de faixa, identifica cansaço do condutor e freia automaticamente em caso de risco de acidente. **Nível dois** Permite que o motorista retire as mãos do volante por períodos curtos. O automóvel desvia de obstáculos, impede ultrapassagens se outro veículo estiver se aproximando e estaciona sozinho. **Nível três** O condutor pode lagar o volante e ler ou falar ao telefone. O sistema o monitora só para saber se está apto a reassumir o controle caso seja necessário e manda sinais se entender que há risco de acidente caso o motorista durma. **Nível quatro** Dispensa o motorista na maior parte do tempo. Ele só será acionado caso o carro não saiba lidar com alguma situação, por exemplo decidir se prossegue u não em meio a lima nevasca. O veículo é capaz de agir em emergências, pois o motorista pode não estar pronto para assumir o volante. **Nível cinco** O carro não tem volante, pedais nem alavanca de câmbio. A condução é 100% automatizada e segue comandos. O veículo chega ao destino previamente estipulado. Algumas marcara sugerem que o interior desses modelos seja como uma sala de estar sobre rodas". Brasil não está pronto para carro sem motorista, fev. 2018. Jornal o Estado de São Paulo, p. B6.

[475] Thomas Halleck – *Google INc. Says Self-Driving Car Will Be Ready by 2020. International Business Times,* [Em linha]. [Consult. 25 Ago. 2018]. Disponível em http://www.ibtimes.com/google-inc-says-self-driving-car-will-be-ready-2020-1784150.

[476] New York Times – *Self-Driving Uber Car Kills Pedestrian in Arizona, Where Robots Roam.* [Em linha]. [Consult. 25 Ago. 2018]. Disponível em https://www.nytimes.com/2018/03/19/technology/uber-driverless-fatality.html.

[477] "Os carros sem condutor não podem beber álcool, romper o limite de velocidade ou se distrair com uma mensagem de texto, então os acidentes devem ocorrer com menos frequência. Os veículos sem motoristas do Google conduziram 1,8 m milhas (2,9m de quilômetros) nos últimos seis anos e foram envolvidos em 12 acidentes menores, nenhum dos quais causou feridos e nenhum dos quais foi culpa do carro. Um estudo do Eno Center for

tais como de motorista de táxi, aplicativos de plataformas de transporte (ex. Uber), ônibus, caminhões, pilotos de corrida e outros, como também a possibilidade de *hackers* invadirem o sistema de inteligência do

Transportation, um grupo sem fins lucrativos, estima que se 90% dos carros nas estradas americanas fossem autônomos, o número de acidentes passaria de 5,5 m por ano para 1,3 milhões e as mortes na estrada de 32,400 para 11,300.
"Mas carros autônomos também teriam enormes benefícios. Hoje, 94% dos acidentes automobilísticos são devidos a erros humanos, de acordo com a Administração Nacional de Segurança Rodoviária da América, e as três principais causas são o álcool, a velocidade ou a distração. Acidentes matam cerca de 1,2 milhões de pessoas por ano, informa a Organização Mundial de Saúde, equivalente a um ataque do 11 de setembro todos os dias.
Uma vez que os veículos autônomos se tornem disponíveis, alguns lugares provavelmente proibirão carros comuns em áreas de segurança, começando com centros da cidade, resorts, parques empresariais e campi. Um relatório sobre os carros auto-dirigidos do Morgan Stanley prevê que as atitudes mudarão rapidamente de "Eu não quero compartilhar a estrada com robôs" para "Não quero compartilhar a estrada com outros motoristas humanos". Pessoas na cidade natal do Google Mountain View, Califórnia, agora estão acostumadas a ver seus protótipos de veículos nas ruas. Alguns até se queixam de que eles dirigem timidamente, esperando que os pedestres terminem de atravessar, por exemplo, o aborrecimento de motoristas que estão por trás deles. Surpreendentemente, ninguém parece ter medo deles.
Além de ser mais seguro, os veículos autônomos fariam o fluxo de tráfego mais suavemente, porque eles não travariam de forma errática, poderiam ser encaminhados para evitar o congestionamento e poderiam viajar juntos para aumentar a capacidade rodoviária. Um estudo realizado pela Universidade do Texas estima que 90% de penetração de automóveis auto-dirigidos na América equivalem a uma duplicação da capacidade rodoviária e reduzirão os atrasos em 60% nas estradas e 15% nas estradas suburbanas. E os pilotos de veículos auto-dirigidos poderiam fazer outras coisas. Morgan Stanley calcula que os ganhos de produtividade resultantes valerão US $ 1,3 trilhão por ano em América e US $ 5,6 trilhões em todo o mundo. Crianças, idosos e deficientes poderiam ganhar mais independência (um dos vídeos do Google mostra um cego fazendo recados em um carro autônomo).
Com carros em uso constante, seria necessário muito menos espaço de estacionamento. O estacionamento representa até 24% da área das cidades americanas e algumas áreas urbanas têm até 3,5 vagas de estacionamento por carro; Mesmo assim, as pessoas que procuram estacionamento representam 30% das milhas conduzidas nos distritos de negócios urbanos. Ao liberar espaço desperdiçado no estacionamento, veículos autônomos poderiam permitir que mais pessoas vivessem nos centros da cidade; mas também tornariam mais fácil para os trabalhadores viverem mais longe". (tradução livre do autor). WORLDIF – *If Autonomous Vehicles Rule the World from Horseless to Driverless.* [Em linha]. [Consult. 25 Ago. 2018]. Disponível emhttp://worldif.economist.com/article/12123/horseless-driverless.

veículo, assumindo seu comando, e, consequentemente, criar acidentes, como já ocorrera em 2015.[478]

Nesse sentido, vaticina com precisão Yuval Noah Harari que:

> Devemos nos lembrar do destino dos cavalos na Revolução Industrial. Um cavalo comum numa fazenda é capaz de cheirar, amar, reconhecer os rostos, saltar sobre cercas e fazer milhares de outras coisas muito melhor do que um modelo T da Ford ou um Lamborghini de 1 milhão de dólares. Mas assim mesmos automóveis substituíram os cavalos porque eram superiores em uma punhada de tarefas das quais o sistema realmente precisava. É altamente provável que motoristas de táxi sigam o caminho dos cavalos.[479]

Vale mencionar, ainda, que, segundo pesquisa realizada pela consultoria KPMG, mundialmente conhecida, sobre os vinte países mais bem preparados para receber os veículos autônomos, o Brasil se encontra em 17ª posição, e Portugal não está nessa lista. Isso é particularmente surpreendente, devido à precária infraestrutura viária brasileira, ao contrário de Portugal, que goza de infraestrutura invejável, e não foi apontado entre os vinte países mais preparados para tal tecnologia.

Corroboram o nosso pensamento os comentários apontados pelo presidente da Audi no Brasil, Johannes Roscheck, de que "O Brasil precisa começar a trabalhar em infraestrutura e em definições na legislação se quiser esse tipo de tecnologia no futuro".[480]

E há outro aspecto pouco considerado, entretanto, de enorme relevância no contexto de políticas públicas, que reside no fato de que os Estados, nos dias atuais, angariam volume muito expressivo de impostos decorrentes de combustíveis fósseis. Em contrapartida, muitos deles dão incentivos aos veículos elétricos, e, com essa aritmética, certamente perderão receitas quando os veículos autônomos elétricos dominarem o mercado, e, consequentemente, devem pensar em alternativas para compensar essa perda.[481]

[478] WIRED – [Em linha]. [Consult. 25 Ago. 2018]. Disponível em http//www.wired.com/2015/07/hackers-remotely-kill-jeep-highway.

[479] HARARI, Yuval Noah, *op. cit.*, pp. 314-315.

[480] Brasil não está pronto para carro sem motorista, fev.18, *op. cit.*, p. B6.

[481] ASSETS – *Autonomous Vehicles Readiness Index*. [Em linha]. [Consult. 25 Ago. 2018]. Disponível em https://assets.kpmg.com/content/dam/kpmg/xx/pdf/2018/01/avri.pdf.

Nessa linha, há outra problemática envolvendo essa tecnologia, que diz respeito ao elevadíssimo custo de seu desenvolvimento por parte das montadoras, como advertiu o presidente global do grupo PSA Peugeot Citroën, o português Carlos Tavares: "o custo dessa transição é enorme e quem não cumprir as etapas até 2030 receberá multas exorbitantes". E vai além, ao questionar não haver diálogo sobre a questão ambiental de como será gerada energia para essa nova tecnologia, ao asseverar que "Não se fala sobre as emissões das fábricas de baterias e o processo de reciclagem dessas baterias".[482]

A preocupação deste executivo não se limita às questões acima, isso porque coloca, também, em dúvida a capacidade de se produzir energia para abastecer toda uma nova frota de veículos movidos a energia elétrica (híbridos e eletrificados), além do custo dessa energia e a própria infraestrutura para abastecimento. O que se vê, especialmente na Europa, segundo o presidente do grupo PSA Peugeot Citroën, é uma pressão política (populista) dos Estados, e não da indústria automobilística, para que essa transformação da matriz energética dos veículos seja feita com urgência, sem falar o comunicado da China, que prometeu ser em breve um líder mundial de veículos eletrificados.[483]

Essa pressão política e social já resultou em atos efetivos, quando, em 27/02/2018, o Tribunal Federal da Alemanha autorizou[484] a proibição de veículos (carros, caminhões e ônibus) movidos a diesel em duas grandes cidades (Stuttgart e Düsseldorf); e Roma e outras cidades europeias estudam a adotar a mesma medida.

De outra banda, o custo para eletrificação de toda uma frota mundial ainda é desconhecido. Todavia, é sabido ser de altíssimos investimentos, e de nada adianta fomentar a aludida eletrificação sem que se invista ecologicamente na produção de energia elétrica.

Isto é, será preciso mudar as matrizes energéticas de eletricidade, deixando de usar fontes termoelétrica, como a queima de carvão e de combustíveis fósseis, e desenvolver fontes limpas e renováveis, como

[482] Carro elétrico é risco ao setor, diz PSA, fev. de 2018 O Jornal o Estado de São Paulo, p. B18.

[483] Carro elétrico é risco ao setor, diz PSA, fev. de 2018, *op. cit.*, p. B18.

[484] The Guardian – *German court rules cities can ban diesel cars to tackle pollution.* [Em linha]. [Consult. 25 Ago. 2018]. Disponível em https://www.theguardian.com/environment/2018/feb/27/german-court-rules-cities-can-ban-diesel-cars-to-tackle-pollution.

eólica e solar. Se isso não for feito, estaria trocando apenas a emissão de gases dos escapamentos dos veículos pelas chaminés das termoelétricas.

Por derradeiro, não poderia deixar de mencionar que os veículos autônomos gerarão grande impacto no mercado de trabalho, uma vez que seus consertos exigirão muito menos da intervenção humana.[485] Portanto, haverá pressão disruptiva aos empregos tanto de oficinas mecânicas e postos de combustíveis, como de motoristas, tornando-os obsoletos, sem falar que não haverá falhas humanas, e, então, os acidentes de trânsito tendem a diminuir. Consequentemente, haverá uma redução considerável nas despesas públicas em saúde (ex. tratamento, internação, exames, cirurgia, etc.). Surge, então, a necessidade de os Estados atentarem para tal situação, a fim de evitar que essas transformações ocorram da maneira menos perturbadora.

5.1.3. Inteligência Artificial

A inteligência artificial é considerada um ramo da ciência da computação, e buscou inicialmente encontrar maior versatilidade aos computadores, e, posteriormente se desenvolveu na vertente biológica. Os cientistas, a partir da década de 1960, começaram a crer que seria possível que as máquinas fizessem todas as atividades humanas, das mais simples às mais complexas.

E o que se vê, atualmente, é a utilização da inteligência artificial em diversos ramos da sociedade, sendo certo que, para a sua eficiência como ciência, adotou algoritmo que é considerado "como sendo uma forma genérica de se representar procedimentos computacionais que, quando

[485] "Os mecânicos de automóveis de hoje não são treinados para consertar motores quebrados ou danificados, mas apenas para retirar e jogar fora as peças usadas ou defeituosas e substituí-las por outras novas e seladas, diretamente da prateleira. Eles não têm a menor ideia da estrutura interna de "peças sobressalentes" (uma expressão que diz tudo), do modo misterioso como funcionam; não consideram esse entendimento e a habilidade que o acompanha como sua responsabilidade ou como parte de seu campo de competência. Como na oficina mecânica, assim também na vida em geral; cada "peça" é "sobressalente" e substituível, e assim deve ser. Por que gastar tempo com consertos que consomem trabalho, se não é preciso mais que alguns momentos para jogar fora a peça danificada e colocar outra em seu lugar?" Bauman, Zygmunt, op. cit., pp. 203-204.

executados, levam à solução de uma classe de problemas de natureza semelhante".[486]

Em breves linhas, os algoritmos fazem que haja o aprendizado das máquinas (*deep learning*)[487] e cada dia constatamos o desenvolvimento de algoritmos que aumentam a velocidade dessa compreensão das máquinas. Eis que os cientistas procuram espelhar-se em configurações do cérebro humano, e, consequentemente, formatar a inteligência artificial – não mais para ser igual aos nossos cérebros, mas para superá-los, o que isso já vem ocorrendo.

Segundo Harari, o homem mediano, em breve, será inutilizado, e, para tanto, argumenta que "algoritmos altamente inteligentes farão o mesmo com as ocupações de colarinho-branco. Funcionários de banco e agentes de viagem, que até pouco tempo estavam totalmente imunes a uma possível automação, tornaram-se espécies em perigo. De quantos agentes de viagem vamos precisar quando pudermos usar nossos *smartphones* para comprar passagens aéreas de um algoritmo? Corretores da bolsa de valores também estão em perigo. A maior parte das transações na atualidade já é gerenciada por algoritmos de computador, que podem processar em um segundo mais dados do que um humano em um ano e que podem reagir aos dados mais rapidamente do que um humano é capaz de piscar".[488]

O impacto dos algoritmos vai além, e já estão sendo desenvolvidos para serem interativos, como, por exemplo, ser um professor digital que não só ensina disciplinas (ex. matemática, física, etc.), mas analisa cada resposta dada para, então, mapear o aluno e descobrir suas deficiências

[486] Wikibooks – *O que é um Algoritmo?* [Em linha]. [Consult. 25 Ago. 2018]. Disponível em https://pt.wikibooks.org/wiki/Algoritmos_e_Estruturas_de_Dados/O_que_%C3%A9_um_Algoritmo%3F.

[487] "Em particular, uma técnica de AI chamada de "aprendizagem profunda", que permite que os sistemas aprendam e melhorem, criando muitos exemplos em vez de serem explicitamente programados, já estão sendo usados para alimentar motores de busca na internet, bloquear e-mails de spam, sugerir e-mail de resposta, traduzir as páginas da web, reconhecer comandos de voz, detectar fraudes em cartões de crédito e dirigir carros autônomos". (tradução livre do autor), "The return of the machinery question", jun. 2016. Economist – [Em linha]. [Consult. 25 Ago. 2018]. Disponível em https://www.economist.com/news/special-report/21700761-after-many-false-starts-artificial-intelligence-has-taken-will-it--cause-mass.

[488] Harari, Yuval Noah, *op. cit.*, p. 315.

e suas virtudes. Isso é uma ferramenta importante para personalizar os estudos de cada aluno, e, além disso, não farão greves.

Há, também, o entendimento de que os médicos ganharam um novo oponente, os algoritmos, mormente se pensarmos que o médico tem pouco tempo para diagnosticar um paciente, seja porque os convênios determinam uma quantidade de atendimentos diários, seja porque, na rede pública, há grande quantidade de pacientes e baixa quantidade de médicos, o que torna as consultas abreviadas.

Isso faz que o médico não consiga diagnosticar o paciente como deveria e gostaria, sem falar que não é possível que o médico esteja a par de todas as doenças e seus diagnósticos, além de publicações médicas.

No entanto, o mundialmente conhecido Watson da IBM, sistema de inteligência artificial, está sendo ajustado para diagnosticar doenças, e, consequentemente, teria vantagens para exercer essa função se comparado ao médico humano.

A primeira vantagem do Watson é no sentido de que podem ser arquivadas em seu banco de dados todas as informações necessárias sobre todas as doenças conhecidas pela ciência médica; e, posteriormente, atualizá-las e inserir novas descobertas no mesmo banco de dados.

A segunda vantagem está na imediatidade do computador em diagnosticar toda e qualquer enfermidade, independentemente do lugar do mundo em que estiver.

A terceira vantagem é que o Watson nunca se cansa, não fica doente, e poderá atender a pessoa a qualquer hora, e com maior precisão, conseguindo diagnosticar mais corretamente casos de câncer do que o médico humano.[489]

Em que pese se verificarem inúmeras vantagens da inteligência artificial na medicina, há, também, impacto negativo na relação de trabalho, como bem adverte Harari, quando anota:

> O treinamento de um médico humano é um processo caro e complicado que se estende por anos. Quando processo está concluído, depois de dez anos de estudo e residências, tudo que daí se obtém é um único médico. Para ter dois médicos, é preciso repetir todo o processo. Em contrapartida,

[489] Wired – *IBM's Watson is better at diagnosing cancer than human doctors.* [Em linha]. [Consult. 25 Ago. 2018]. Watson is Helping Doctors Fight Cancer". Disponível em http://www.wired.co.uk/article/ibm-watson-medical-doctor.

> se e quando forem resolvidos os problemas técnicos que entravam o uso de Watson, teremos não um, mas um número infinito de médicos, disponíveis 24 horas por dia, sete dias por semana em cada canto do mundo. Assim, ainda que seu fundamento custe 100 bilhões, no longo prazo sairá muito mais barato do que o treinamento de médicos humanos. Claro que nem todos os médicos humanos vão desaparecer. Tarefas que exigem um nível maior de criatividade do que a dos diagnósticos rotineiros continuarão em mãos humanas num futuro previsível.[490]

Interessante reportar a existência de aplicativo chamado *Deadline*, que diz informar não só quantos anos de vida nos restam, mas que faz esse cálculo com base em nossos hábitos de vida; sem falar na psicometria, que começou a ser utilizada como estratégia de agências de *marketing* político, em que são analisados inúmeros dados existentes do mundo virtual sobre as pessoas. Essa análise busca entender qual candidato a população escolherá, e, consequentemente, quais estratégias podem ser adotadas para minar adversários políticos. Essa tecnologia foi amplamente utilizada na campanha presidencial de Donald Trump, em 2016, nos Estados Unidos da América.

No século XXI, o bem mais precioso para as empresas gigantes de tecnologia são os dados pessoais, facilmente obtidos através de uma espécie de "escambo moderno", tendo em vista trocá-los, por exemplo, por serviços de *e-mail* e de *streaming* (tecnologia que permite o tráfego de informações multimídia, com a transferências de dados, sendo o *site* Youtube, um utilizador dessa tecnologia de vídeos).

Não poderíamos deixar de mencionar o que disse o saudoso, considerado por muitos o maior físico e uma das maiores mentes da ciência do século XXI, o inglês Stephen Hawking, sobre a inteligência artificial: "O sucesso em criar a inteligência artificial pode ser o maior evento na história de nossa civilização. Ou o pior. Nós só não sabemos. Nós não podemos saber se seremos infinitamente ajudados ou até destruídos por ela". Cita também "novas maneiras de poucos oprimirem muitos"[491]

[490] Harari, Yuval Noah, *op. cit.*, p. 319.

[491] Noticias Uol – *8 previsões de Stephen Hawking sobre o fim do mundo.* [Em linha]. [Consult. 25 Ago. 2018]. Disponível em https://noticias.uol.com.br/ciencia/ultimas-noticias/redacao/2017/11/28/10-previsoes-de-stephen-hawking-sobre-o-fim-do-mundo.htm.

Corroboram esse pensamento as lições do renomado jurista Paulo Otero, quando afirma: "Observe-se o progresso técnico, sendo fonte de liberdade, é também, simultaneamente, fonte de servidão".[492]

A declaração feita por Stephen Hawking nos remete ao fato já explanado nessa tese de que a desigualdade social pode ser outro grande impacto negativo das novas tecnologias nas relações de trabalho.

Isso porque, se os algoritmos ceifarem o homem do mercado de trabalho, mesmo para aqueles que não acreditam nesse apocalipse, é certo que haverá, no mínimo, profissões e atividades laborais que serão substituídas pela inteligência artificial e outras tecnologias. Se os Estados não estiverem atentos para essa realidade, sendo certo que grande parte não está, a riqueza e poder ficarão ainda mais confinados a uma diminuta elite detentora desses algoritmos.

Vale consignar, ainda, que concordamos com aqueles que defendem que novos empregos e novas profissões surgirão com a revolução digital, mas não se pode esquecer que, para exercer essas novas profissões e funções, o indivíduo deverá ser muito mais criativo, qualificado e flexível do que o modelo de trabalho que conhecemos, especialmente os manuais e repetitivos, como, por exemplo, caixas de supermercado.

Assim, encontramos dois desafios hercúleos para a sociedade contemporânea resolver. O primeiro é decidir como requalificar pessoas de meia idade que já estão no mercado de trabalho para essa nova realidade digital, lembrando que a evolução tecnológica se desenvolve exponencialmente mais rápido do que as relações sociais. Além disso, quais novos empregos poderão ser criados para que seu desempenho seja superior ao dos algoritmos?

É certo, ainda, que, muito embora boa parte dos cientistas digam não ser preciso nos preocuparmos nesse momento com a denominada "singularidade tecnológica" – já que a inteligência artificial está em estágio primário, em que sua tecnologia está no máximo em uma fase de compreensão da linguagem humana, em que consegue ler, responder e informar notícias, como, por exemplo a notória caixa de som inteligente *Amazon Echo* – é recomendável, por precaução, que o ser humano esteja atento, e utilize regras rígidas quando a inteligência artificial alcançar

[492] *Instituições Políticas e Constitucionais*. Volume I. Coimbra: Almedina, 2009, p. 631.

esse estágio, que, certamente, em nossa humilde percepção, chegará em futuro próximo.

Segundo Federico Pistono, a "*singularidade tecnológica* se refere ao momento em que a velocidade da mudança tecnológica é tão rápida que não somos capazes de prever o que vai acontecer. Nesse momento, a inteligência do computador excederá a do ser humano, e nós nem sequer seremos capazes de entender as mudanças que estão acontecendo".[493]

Em suma, a singularidade tecnológica nada mais é do que a capacidade da inteligência artificial de tomar decisões por si mesma, sem qualquer interferência humana, e, com isso, eventualmente assumir tanto o protagonismo no lugar do ser humano como ameaçar a sua sobrevivência.

Daí, surge a necessidade de, desde logo, criarmos procedimentos para assegurar que a inteligência artificial, em determinado momento, não se volte contra o seu criador.[494]

Por último, acredita-se que física, em um futuro breve, inaugurará uma nova era de computadores, denominados de 'computadores quânticos', uma vez que há cientistas que acreditam que os computadores que conhecemos entrarão em síncope, especialmente porque os transístores dos *chips* mais modernos já atingiram o tamanho mínimo, ou seja, de 10 nanômetros, e, se houver uma redução maior, é possível colapsarem.

Esta nova tecnologia vem sendo desenvolvida há algumas décadas pelas gigantes de tecnologia, como IBM e Google, e entende-se que a aludida tecnologia será mais rápida e consumirá muito menos energia elétrica do que os computadores que conhecemos, além de conseguir realizar determinados cálculos que, atualmente, os computadores não conseguem fazer. Essa nova tecnologia permitirá, especialmente, estudar fenômenos naturais com muito maior precisão, e, para isso, utilizar-se-ão princípios de mecânica quântica.[495]

493 PISTONO, Frederico – *Os robôs vão roubar seu trabalho, mas tudo bem.* (tradução Pedro Maia Soares), São Paulo: Schmarcz S.A., pp. 42-43.

494 FUTUREOFLIFE – *AI SAFETY RESEARCH*7. [Em linha]. [Consult. 25 Ago. 2018]. Disponível em https://futureoflife.org/ai-researcher-manuela-veloso/.

495 IBM – *IBM anuncia dois novos computadores quânticos.* [Em linha]. [Consult. 25 Ago. 2018]. Disponível em https://www.ibm.com/blogs/robertoa/2017/11/ibm-anuncia-dois-novos-computadores-quanticos/.

5.1.4. A Uberização das Relações – Especialmente nas Relações de Trabalho

Vivemos em uma sociedade cujos serviços já são amplamente prestados por meio de plataformas digitais, e cujas atividades são marcadas por grande flexibilidade de quem as presta.[496]

A "uberização" é uma denominação que vem sendo adotada para apontar um novo modelo de organização do trabalho, rompendo com os anteriores paradigmas. Para tanto, vale fazer um corte histórico, para relembrar que a sociedade urbana industrial tem três maneiras de organização do trabalho.

A primeira forma ocorreu no início do século XX, com o sistema fordista, em que são utilizadas grandes instalações industriais e elevado número de empregados que executavam seus misteres em uma linha de produção de trabalho repetitivo e manual. O trabalho nesse formato é homogêneo, ou seja, as condições de trabalho são semelhantes a todos.

A partir da década de 70 do século XX, surgiu o segundo modelo de organização do trabalho, conhecido como Toyotismo, que, coincidentemente, surgiu na indústria automobilística. Caracterizou-se pela parcialização da produção, em que há vários setores dentro da unidade de produção, o que traz uma heterogeneidade dos contratos de trabalho, uma vez que a produção não é mais realizada apenas por empregados da empresa produtora, mas também por empregados de empresas terceirizadas que fazem parte da cadeia produtiva.

Neste mesmo momento (década de 1970), a terceirização iniciada na indústria passou também ao setor de serviços, como, por exemplo, a terceirização de faxina em hospital.

Dessa forma, a uberização nada mais é do que uma repaginação da autonomização dos contratos de trabalho, em que pessoas trabalham

[496] PUBLICO PT – "'Uberização' é o termo usado para designar o trabalho coordenado por plataformas digitais. Pode-se hoje organizar o trabalho de milhares de trabalhadores com *apps* que põem em contacto os trabalhadores com os clientes. Este tipo de trabalho vai, sem dúvida alguma, proliferar no futuro e pode abranger todo o tipo de atividades – transporte individual, mas também reparações domésticas, serviços jurídicos e médicos, refeições vegan, conceção de *websites*, etc. O que as *apps* fazem é organizar o mercado de trabalho, ou seja, tornam a relação salarial e a empresa desnecessárias". [Em linha]. [Consult. 25 Ago. 2018]. Disponível em https://www.publico.pt/2017/06/01/economia/opiniao/trabalho-empresa-e-uberizacao--interpelar-a-esquerda-1773969.

de maneira autônoma, sem vínculo empregatício, para diversos tipos de plataformas digitais. A Uber é a empresa precursora dessa tecnologia, por ser "uma empresa de tecnologia. Usando seu aplicativo, os usuários que precisam de transporte conseguem facilmente encontrar motoristas parceiros que oferecem esse serviço".[497]

Sabe-se, porém, que essa nova forma de organização de trabalho conquistou outros ramos da economia, especialmente do setor terciário, tais como reservas bicicletas elétricas, entrega de produtos (ex. refeições e medicamentos), locação de imóveis, reserva de quarto de hotel, serviço de cabeleireiro e manicure, entre outros. Esses serviços são contratados através de um aplicativo, diferentemente do sistema tradicional de prestação de serviços.

O que se vê, claramente, é que o efeito disruptivo dessa nova tecnologia afeta não só o modelo de clássico de negócio, mas também das relações de trabalho.[498]

Isso quer dizer que, ao contrário das duas primeiras formas de organização do trabalho, que asseguram direitos aos seus empregados, cada um a seu modo, a uberização rompe totalmente com os paradigmas anteriores, porquanto o trabalhador (autônomo), que não é empregado, não tem nenhuma.

Isso porque o trabalhador só receberá se trabalhar, e, ainda assim, receberá uma parte da sua força de trabalho, já que o aplicativo fica com um percentual, por ser o intermediador do serviço. Ademais, o trabalhador não tem qualquer garantia de proteção social, ao contrário do que ocorreria se fosse empregado, podendo, inclusive, estar à disposição para prestar o serviço, mas nada receber por não ter sido acionado.

Além disso, há outras conturbadas consequências dessa nova organização do trabalho, como adverte o economista Márcio Puchmann:

[497] Uber – Mas afinal, o que é Uber e como eu posso usar? [Em linha]. [Consult. 25 Ago. 2018]. Disponível em https://www.uber.com/pt-BR/blog/belo-horizonte/mas-afinal-o-que-e-uber-e-como-eu-posso-usar/.

[498] "A controvérsia é tamanha que o fenômeno da 'uberização' não se restringe apenas ao nicho digital de transporte de passageiro, mas se espelhou para diversos outros setores da economia (ex. agronegócio, hospedagem e entregas)". Keller, Werner, *As Cooperativas Digitais – Um efeito posterior ao fenômeno da uberização nas relações de trabalho.* LTr – Suplemento Trabalhista, n. 073/17, São Paulo, p. 383.

> Ela leva a uma intensificação do trabalho e a um acirramento da competição entre os trabalhadores. É um processo que vem se dando ao longo do tempo com as transformações que o capitalismo opera. Uma fábrica de margarina, por exemplo: no fordismo, em linhas gerais, havia uma esteira que ia passando e enchendo os potes com a margarina e os trabalhadores ficavam do lado, pegavam os potes e colocavam nas caixas. Havia supervisores que iam avaliando o trabalho de cada um. Se alguém precisa ir ao banheiro, o supervisor autorizava, ele ia, voltava e pronto. Com o toyotismo, essa produção passa a ser dividida em equipes de quatro ou cinco trabalhadores que concorriam entre si: as que enchiam mais caixas ao final de um período eram beneficiadas. Com isso, deixou-se de ter a necessidade de um supervisor – portanto o custo de alguém supervisionar – porque uma equipe concorria com outra. Se você está numa equipe e começa a ir muito ao banheiro, a sua equipe vai ter menos eficiência do que as outras com as quais ela está competindo. A equipe vai sugerir que você seja demitido e que seja trazido alguém que tenha condições de trabalhar no mesmo ritmo. Com a uberização, há uma competição ainda maior entre os trabalhadores e quem estabelece ou avalia a sua continuidade nesse tipo de trabalho é o cliente, o comprador. Ao invés da união buscando o acordo coletivo, o trabalhador está orientado para o acordo individual, a competição com seus pares. Obviamente isso torna ainda mais fracos os trabalhadores diante daqueles que os contratam. Esse rebaixamento não é só econômico, mas também moral e ético.[499]

Em resumo, haverá impactos gigantescos e imprevisíveis de se estimar nesse momento, em virtude do avanço constante, também, dessa tecnologia. Contudo, já é possível prever uma "canibalização" entre os trabalhadores que oferecem seus préstimos por meio de plataformas digitais. Podemos dar o exemplo de aplicativo de música, onde vários professores demonstram interesse em seus serviços, o que fará que o preço da aula seja baixo, devido à enorme concorrência. Ainda assim, a aula terá que ser muito bem ministrada, pois, ao final, o professor pres-

[499] EPSJV – *A uberização leva à intensificação do trabalho e da competição entre os trabalhadores.* [Em linha]. [Consult. 25 Ago. 2018]. Disponível em http://www.epsjv.fiocruz.br/noticias/entrevista/a-uberizacao-leva-a-intensificacao-do-trabalho-e-da-competicao-entre-os.

tador será avaliado, e, caso seja mal avaliado, certamente o aplicativo o excluirá de sua base de dados.

Assim, além dos problemas acima explicitados ao trabalhador autônomo de aplicativos, o rol se expande quando nos deparamos com a possibilidade de os preços dos serviços serem fixados pelos proprietários dos aplicativos, que, reiteramos, ficam com porcentual das receitas, e, ainda, excluem dos serviços aqueles que forem mal avaliados. Ou seja, esse trabalhador assume riscos no negócio, e fica mais enfraquecido e isolado.

Por fim, como se não bastasse toda essa problemática, já existe uma tecnologia denominada *chatbots* que veio desafiar os aplicativos – e há quem diga que os substituirá.

Esta tecnologia, comumente chamada de *bot*, é uma ferramenta *online* provida de *software* que facilita o atendimento ao cliente, isto é, o indivíduo já conversa com máquinas quando, por exemplo, faz consultas bancárias. E essa tecnologia vai além, não será preciso baixar um aplicativo no *smartphone* para pedir uma pizza, tendo em vista que os *bots* serão dotados de inteligência suficiente para perguntar ao consumidor, diante de seus hábitos analisados, se a pizza, semanalmente pedida, será, naquela semana, do mesmo sabor, no mesmo horário, endereço e forma de pagamento, que a pizza pedida na semana anterior.

5.1.5. Nanotecnologia (microeletrônica)

A nanotecnologia é:

> [...] a manipulação da matéria numa escala atômica e molecular. Geralmente lida com estruturas com medidas entre 1 a 100 nanômetros em ano menos uma dimensão, e inclui o desenvolvimento de matérias ou componentes e está associado a diversas áreas (como a medicina, eletrônica, ciência da computação, física, química, biologia e engenharia dos materiais) de pesquisa e produção na escala ano (escala atômica). O princípio básico da nanotecnologia é a construção de estruturas e novos materiais a partir dos átomos. (...) Criada no Japão, a nanotecnologia busca inovar invenções, aprimorando-se e proporcionando uma melhor vida ao Homem.[500]

[500] Wikipedia – *Nanotecnologia*. [Em linha]. [Consult. 25 Ago. 2018]. Disponível em https://pt.wikipedia.org/wiki/Nanotecnologia.

Ultrapassado o seu conceito, adentramos a sua aplicação na vida humana, e talvez um dos exemplos mais espetaculares consiste na utilização de nanorrobôs capazes de monitorar nossa saúde e nos defender, na função de anticorpos, contra doenças.

Os cientistas da Arizona State University e The Chinese Academy of Sciences desenvolveram nanorrobôs hábeis a identificar e eliminar tão somente células cancerígenas, mais precisamente "criam um nanorrobô feito a partir do DNA que rastreia e ataca tumores. O robô viaja pelo fluxo sanguíneo, procurando por tumores, sem agredir nenhuma célula saudável durante sua trajetória".[501]

Ocorre, todavia, que essa fantástica inovação requer atenção, haja vista necessitar estar sempre atualizada com as novidades da medicina, além da necessidade de protegê-la de ataques cibernéticos, senão corremos o risco de "Se eu não atualizar regularmente meu programa antivírus corporal, um dia, ao acordar, vou descobrir que os milhões de nanorrobôs que percorrem minhas veias estão sendo controlados por um *hacker* norte-coreano".[502]

Vale consignar, ainda, que o agronegócio também vem adotando a nanotecnologia, como, por exemplo, em embalagens que conseguem amadurecer as frutas, onde há sensores que se transformam dependendo do incentivo oferecido pelo meio ambiente.

5.1.6. *Big Data*

O *Big Data* é:

> [...] um termo amplamente utilizado na atualidade para nomear conjuntos de dados muito grandes ou complexos, que os aplicativos de processamento de dados tradicionais ainda não conseguem lidar. Os desafios desta área incluem: análise, captura, curadoria de dados, pesquisa, compartilhamento, armazenamento, transferência, visualização e informações sobre privacidade dos dados. Este termo muitas vezes se refere ao uso de análise preditiva e de alguns outros métodos avançados para extrair valor de dados,

[501] STARTSE – *Cientistas criam nanorobôs que rastreiam e matam apenas células cancerígenas.* [Em linha]. [Consult. 25 Ago. 2018]. Disponível em https://conteudo.startse.com.br/tecnologia-inovacao/taina/cientistas-nanorobos-rastreiam-matam-celulas-cancerigenas-healthtech-conference/.

[502] HARARI, Yuval Noah, *op. cit.*, p. 347.

> e raramente a um determinado tamanho do conjunto de dados. Maior precisão nos dados pode levar à tomada de decisões com mais confiança. Além disso, melhores decisões podem significar maior eficiência operacional, redução de risco e redução de custos.[503]

Isto é, há mais dados sobre a sociedade como nunca visto anteriormente, e, para que seja possível a melhor compreensão, e aproveitando do tamanho fluxo de dados, faz-se necessário utilizar tecnologias como a coleta e o armazenamento de dados por meio de tecnologias, como o *big data*.

Os defensores dessa tecnologia entendem que, diante do volume incomensurável de fluxo de dados, o ser humano, nos dias de hoje, encontra-se incapacitado de aprimorar, por si só, a linha clássica do aprendizado composta por fases, informação, passando para conhecimento e alcançando a sabedoria.

Há cientistas que dizem que os dados, para o século XXI, seriam o que o petróleo representou no século XX; eis que os dados nutrem os produtos tecnológicos e, consequentemente, as indústrias da tecnologia, tal como Amazon, que reúne todos os dados de seus consumidores para, então, propor produtos e preços que atendam o seu perfil, sem falar que dados são, incontroversamente, utilizados e avaliados para veicular publicidades direcionadas ao perfil de cada indivíduo, daí sua equivalência metafórica ao petróleo.

Daí a importância dessa tecnologia, por permitir a adoção de melhores e mais rápidas decisões, sejam no setor privado como no público, isto é, "A tomada de decisão automatizada pode reduzir as complexidades para os cidadãos, e permitir que empresas e governos prestem serviços em tempo real e ofereçam suporte para tudo, desde intenções com o cliente até o preenchimento de documentos tributários e o pagamento de impostos".[504]

Isso certamente fará que haja a extinção de algumas profissões, por exemplo, de bibliotecário, em que pese poderão surgir, eventualmente, novas profissões.

[503] WIKIPEDIA – *Big data*. [Em linha]. [Consult. 25 Ago. 2018]. Disponível em https://pt.wikipedia.org/wiki/Big_data.

[504] SCHWAB, Klaus, *op. cit.*, p. 137.

5.1.7. Robótica

A robotização vem fechando com muitos postos de trabalho em todos os setores (agricultura, indústria e serviços), sendo certo que a indústria mais afetada é a manufatureira, ou seja, "para cada robô por mil trabalhadores, até seis trabalhadores perderam seus empregos e os salários caíram em quase três quartos do percentual, de acordo com um novo artigo dos economistas, Daron Acemoglu, de M.I.T., e Pascual Restrepo, da Universidade de Boston".[505]

Trazemos como exemplo o setor de serviços, em que a primeira farmácia robótica do mundo, aberta em 2011, localizada em São Francisco, nos Estados Unidos da América, atendeu dois milhões de receitas sem gerar equívocos, enquanto os farmacêuticos humanos cometeram erros em 1,7% das receitas.[506]

De acordo com a Federação Internacional de Robótica, a Coreia do Sul é a nação com maior número de robôs no setor industrial, sendo que, a cada 10 mil trabalhadores, há 531 robôs trabalhando.

Segundo a mencionada Federação, a mais recente média mundial é de 74 robôs industriais para cada 10 mil trabalhadores, sendo certo que, na Europa, essa média é de 99 robôs para o mesmo número de trabalhadores. Tanto Brasil como Portugal não estão nem perto do *ranking* dos 10 países com maior robotização no planeta.[507]

O Brasil abriu linha de crédito de 9,1 bilhões de reais como um programa de isenção fiscal para importação de robôs e utilização de novas tecnologias. Muito embora seja uma medida interessante, a utilização apenas de robôs não é o cerne da indústria 4.0.[508]

[505] "The industry most affected by automation is manufacturing. For every robot per thousand workers, up to six workers lost their jobs and wages fell by as much as three-fourths of a percent, according to a new paper by the economists, Daron Acemoglu of M.I.T. and Pascual Restrepo of Boston University. It appears to be the first study to quantify large, direct, negative effects of robots". (tradução livre do autor). "Evidence that Robots Are Winning the Race for American Jobs", mar. 2017. New York Times – [Em linha]. [Consult. 25 Ago. 2018]. Disponível em https://www.nytimes.com/2017/03/28/upshot/evidence-that-robots--are-winning-the-race-for-american-jobs.html.

[506] Harari, Yuval Noah, *op. cit.*, p. 320.

[507] IFR – *Robot density rises globally.* [Em linha]. [Consult. 25 Ago. 2018]. Disponível em: https://ifr.org/ifr-press-releases/news/robot-density-rises-globally.

[508] "A indústria 4.0 representa a 4ª Revolução Industrial e se caracteriza por um conjunto de tecnologias que permite a fusão do mundo físico, digital e biológico aos processos pro-

Isso porque a concepção da quarta revolução industrial, como já pormenorizadamente analisado, não se caracteriza tão somente pela robotização e consequente redução de custo de produção. Portanto, a adoção dessa política de incentivo fiscal para aumentar a robotização não consiste, por si só, em programa tecnológico para alcançar a indústria 4.0, pois haverá outros diversos fatores, como especialmente o surgimento de novos empregos e carreiras, além de máquinas que conversem entre si (inteligência das coisas). Mais do que isso, robôs deverão trabalhar ao lado do homem, analisando e obedecendo aos dados armazenados. Portanto, o país terá que conjugar uma série de procedimentos, se realmente pretende fazer parte, como um protagonista, do globalizado processo produtivo digital.

No período entre 1997 e 2017, houve uma perda considerável de trabalhadores portugueses com qualificação mediana, isto é, foram fechados 310 mil postos de trabalho, substituídos pela robótica e demais tecnologias.

Nesse sentido, adverte, com sabedoria, João Gabriel Silva, reitor da Universidade de Coimbra, muito embora carregado de preocupação, de que "As pessoas de qualificação média estão a ser substituídas pela automatização tecnológica, que pode ser menos ou mais humanoide, com é o caso dos robôs. A verdade é que Portugal tem muitos trabalhadores de qualificações médias que teriam emprego e deixaram de o ter".[509]

No Brasil há um estudo do Instituto de Pesquisa Econômica Aplicada (IPEA) divulgado em abril de 2019 estimando que "35 milhões de trabalhadores formais correm o risco de perder seus empregados para a automação até 2050".[510]

Ademais, a Foxconn, empresa chinesa e a maior fornecedora de equipamentos para Apple e a Samsung, substituiu sessenta mil empregados

dutivos, etapas da cadeia de valor, distribuição, entre outras mudanças". [Em linha]. [Consult. 25 ago. 2018]. Disponível em: http://www.mdic.gov.br/index.php/noticias/3133-mdic--e-abdi-lancam-agenda-brasileira-para-a-industria-4-0-no-forum-economico-mundial.

[509] Jornal Econômico – *Em vinte anos, os robôs vieram roubar 310 mil empregados em Portugal.* [Em linha]. [Consult. 25 Ago. 2018]. Disponível em http://www.jornaleconomico.sapo.pt/noticias/em-vinte-anos-os-robos-vieram-roubar-310-mil-empregos-em-portugal-195561.

[510] *Mais da metade dos trabalhadores brasileiros devem perder seus empregos para máquinas nos próximos 30 anos.* Em linha]. [Consult. 04 Ago. 2019]. Disponível em http://www.ipea.gov.br/portal/index.php?option=com_content&view=article&id=34657&catid=9&Itemid=8.

do total de centos e dez mil que possuíam em seus quadros por máquinas, sem falar no fato de que a China pretende produzir 200 mil robôs até 2020.[511]

Em complemento a esse posicionamento, estima-se que Brasil e Portugal, assim como outras nações com índices elevados de baixa qualificação de mão de obra, estarão mais suscetíveis a perdas de postos de trabalho, que serão ocupados por robôs. Ou seja, segundo estudo da Universidade de Oxford, aproximadamente seis empregados em um universo de dez correm alto risco de serem substituídos pelos robôs, o que representa a 58,9% (maior porcentual) dos países da Zona do Euro; enquanto a média da União Europeia é de 54%.[512]

O que já é possível confirmar é que os robôs não só vão substituir o homem em trabalhos manuais, rotineiros e de risco, mas atingirão um nicho de atividade laboral muito sensível, como das relações de trabalho domésticas. Exemplo é o lançamento do robô Pepper pela empresa japonesa Softbank, em 2015, para o qual foram disponibilizadas mil unidades, cada qual ao preço de US$ 1,6 mil dólares norte-americanos, todas vendidas em apenas um minuto[513]. A sensibilidade nas relações domésticas é especialmente sentida em países em desenvolvimento, cuja mão de obra dessa natureza é muito elevada, como por exemplo o Brasil, maior empregador de trabalho doméstico do mundo. Há em torno de 7 milhões de empregados domésticos, segundo a OIT.[514]

Curiosamente, estudo realizado no Brasil pelo Instituto dos Engenheiros Eletricistas e Eletrônicos (IEEE) apontou que:

[511] DINHEIRO VIVO – *Robôs substituem 70% dos funcionários de fábrica chinesa.* [Em linha]. [Consult. 25 Ago. 2018]. Disponível em https://www.dinheirovivo.pt/empresas/robos-substituem-70-dos-funcionarios-de-fabrica-chinesa/.

[512] JORNAL DE NEGÓCIOS – *Os robôs vêm aí e Portugal tem as portas escancaradas.* [Em linha]. [Consult. 25 Ago. 2018]. Disponível em http://www.jornaldenegocios.pt/economia/emprego/detalhe/os-robos-vem-ai-e-portugal-tem-as-portas-escancaradas.

[513] THE FUTURE ISHERE – [Em linha]. [Consult. 25 Ago. 2018]. Disponível em http://thefutureishere.economist.com/transportation/your-plastic-pal-whos-fun-to-be-with.html.

[514] ILO – *Domestic workers across the world:* Global and regional statistics and the extent of legal protection. [Em linha]. [Consult. 25 Ago. 2018]. Disponível em http://www.ilo.org/wcmsp5/groups/public/---dgreports/---dcomm/---publ/documents/publication/wcms_173363.pdf.

> [...] os pais brasileiros que tiveram filhos, a partir de 2010 esperam receber um tratamento diferente do que seus pais e avôs receberam na velhice. É que eles gostariam de contar com plataformas de inteligência artificial quando estivessem idosos, uma opção que vem à frente até mesmo do cuidado dos filhos. A pesquisa batizada de 'Geração AI', ouviu 600 pais e mães entre 20 e 36 anos de idade que possuem pelo menos uma criança de até sete anos. Os dados foram levantados entte os dias 13 a 15 de junho de 2017.[515]

Entretanto, essa substituição pode ser, no mínimo, mitigada, ao menos é o que esperamos, por robôs colaborativos, que interagem diretamente com a pessoa. Isto é:

> Os robôs colaborativos não são totalmente novos. A BMW, uma empresa automobilística alemã, começou a operar em Spartanburg, Carolina do Sul, em 2013. Os números de robôs colaborativos, no entanto, estão crescendo rapidamente. O primeiro robô colaborativo da BMW, apelidado de Miss Charlotte por seus colegas humanos, ainda está montando isolamento acústico nas portas dos carros. Agora, no entanto, ela tem mais de 40 colegas não humanos – e espera-se que esse número exceda 60 até o final do ano. (...) Os robôs colaborativos são projetados, além de trabalhar em equipe com os humanos, para limitar o poder e a força que os robôs podem aplicar. É uma precaução básica para a segurança humana. Se o robô detectar força excessiva, ele cessará, instantaneamente, seu movimento para garantir que não haja risco de causar ferimentos a alguém. Em que pese este desliga e liga possa reduzir a produtividade.[516]

[515] Em linha]. [Consult. 25 Ago. 2018]. Disponível em: https://g1.globo.com/tecnologia/noticia/pais-jovens-preferem-cuidados-de-robos-na-velhice-ao-auxilio-dos-filhos-diz--estudo.ghtml.

[516] "Robots are not entirely new. BMW, a German car company, brought its first into use in its in Spartanburg, South Carolina in 2013. Robot numbers are, however, growing rapidly. Tha original BMW robot, nicknamed Miss Charlotte by her human colleagues, is still mounting sound insulation into car doors. Now, however, she has more than 40 non--human colleagues – and that number is expected to exceed 60 by the end of the year. (...) Most collaborative robots are designed to limit the power and force they can apply. That is a basic precaution. If the robot detects force exceending a safe level, it stops moving instantly, to ensure there is no risk of injury to anyone. Too much of this stop-start can, however, lower productivity" (tradução livre do autor). "For robots to work with people, they must understand people. [Em linha]. [Consult. 25 Ago. 2018]. Disponível em https://

Há uma estimativa de que, nos próximos cinco anos, haja aumento nas vendas de robôs colaborativos na ordem de 40%, e, da mesma forma, aumenta a preocupação com a segurança daqueles humanos irão que interagir com esse tipo de robô, a fim de evitar acidentes de trabalhos.

Dessa feita, devem-se adotar rigorosos protocolos de segurança, e, inclusive, os robôs colaborativos já são projetados de modo que os materiais externos que os compõem sejam moles e lisos, e sejam programados para que seus movimentos sejam mais suaves e com menor intensidade, tudo para evitar riscos de o operador vir a se machucar.

Como se isso não bastasse, está sendo desenvolvido robô colaborativo com a capacidade de ler a mente humana, mais precisamente com características que possibilitam identificar um potencial relacionado ao erro (*error-related-potentials*); isso significa dizer que o cérebro emite avisos quando um indivíduo comete um erro, ou observa outrem cometendo erros. E imagina-se algo mais ousado ainda, em que o robô receberá aviso de um homem quando estiver cometendo um erro.

Reporta-se, por fim, ter alcançado a robótica algo até a pouco tempo inimaginável, ou seja, discussões sobre a proibição ou não de robôs sexuais que existem, muito embora sua tecnologia embarcada ainda seja simplificada. Todavia, o principal argumento para os defensores de sua proibição é no sentido de que os robôs sexuais, com o tempo, perderiam sua identificação com os homens e estes, por suas vezes, tratariam as mulheres da mesma forma que os robôs. É certo que não há ainda estudos científicos que provem tal arguição; são apenas especulações. Outra questão a ser discutida pela comunidade jurídica reside no fato de os robôs e a inteligência artificial adquirirem personalidade jurídica (direitos e obrigações) inclusive cidadania como ocorreu, em 2018, com a robô humanoide (Sophia) em Malta, mas anteriormente a Arábia Saudita, em 2017, já havia concedido a ela o título de cidadã honorária.[517]

www.economist.com/news/science-and-technology/21726686-bots-factory-are-being-taught-how-behave-robots-work-people.

[517] "Maltese robots would not even be the first to gain citizenship. Sophia, the humanoid robot powered by SingularityNET, was granted honorary citizenship by Saudi Arabia in October 2017. The stunt was supposed to spark a conversation about robots in society. Instead, press attention focused on how Sophia seemed to enjoy more rights in Saudi Arabia than actual human women, as she didn't need a male guardian in public". *Robot Citizenship: Why Our Artificial Assistants May One Day Need Passports.* [Em linha]. [Consult. 04 Ago. 2019].

O que se quis demonstrar com essa situação é que a robótica traz outros dilemas sociais complexos, além da empregabilidade.

5.1.8. Impressora 3D

A impressora 3D é definida como:

> [...] uma forma de tecnologia de *fabricação aditiva* onde um modelo *tridimensional* é criado por sucessivas camadas de material. São geralmente mais rápidas, mais poderosas e mais fáceis de se usar do que outras tecnologias de fabricação aditiva. Oferecem aos desenvolvedores de produtos a habilidade de num simples processo imprimirem partes de alguns materiais com diferentes propriedades físicas e mecânicas. Tecnologias de impressão avançadas permitem imitar com precisão quase exata a aparência e funcionalidades dos protótipos dos produtos. Fabricação aditiva é o processo de criar objetos a partir de modelos digitais.[518]

Tamanha é a revolução dessa tecnologia que a Adidas foi a primeira entre as gigantes de artigos esportivos, mundialmente conhecida, que divulgou, em 2017, que iniciaria a produção de tênis em escala, em 2018, por meio de impressora 3D.

O que vimos é a transformação do paradigma de produção, tendo em vista que essa tecnologia permitirá a fabricação de produtos personalizados, sem falar, ainda, que as impressoras 3D produzem muito mais rapidamente do que o sistema convencional, e com muito menor custo de produção, como comprova a famigerada Adidas.[519]

Disponível em https://www.inverse.com/article/53148-robots-may-be-citizens-soon-at--least-in-malta

[518] Wikipedia – *Impressão 3D.* [Em linha]. [Consult. 25 Ago. 2018]. Disponível em https://pt.wikipedia.org/wiki/Impress%C3%A3o_3D.

[519] "A Adidas espera vender 5 mil pares do Futurecraft 4D este ano e 100 mil no próximo ano, com a redução do tempo de impressão de solas de uma hora e meia para menos de 20 minutos por sola. Os calçados serão vendidos por um preço *premium* ainda não especificado, mas a Adidas planeja reduzir os custos com o desenvolvimento da tecnologia. A consultoria Wohlers Associates, especializada em impressão 3D, estima que a indústria vai mais que quadruplicar as vendas para US$ 26 bilhões em 2022, guiada principalmente por encomendas do setor automotivo, de saúde, dentário e de jóias" G1 – *Adidas produzirá tênis com impressora 3D.* [Em linha]. [Consult. 25 Ago. 2018]. Disponível em https://g1.globo.com/tecnologia/noticia/adidas-produzira-tenis-com-impressora-3d.ghtml.

A versatilidade da impressão 3D é fascinante, e pode ser utilizada com diferentes tipos de materiais, como plástico, aço, resinas, alumínio e outros. O mais impressionante dessa tecnologia é que pode produzir tudo aquilo que somente era possível ser feito, no passado, através de uma unidade industrial.

Outrossim, muitos dizem que os químicos assumirão o protagonismo nessa tecnologia, e não mais os engenheiros, vez que aqueles têm a *expertise* necessária para alimentar as impressoras 3D.

Imagina-se que será possível, em um futuro não tão distante, a impressora 3D não só replicar "objetos", mas também órgãos humanos, procedimento conhecido como bioimpressão. Evidentemente, o material utilizado para produzi-los será absolutamente diverso dos utilizados em coisas, até porque a tecnologia para impressão em 3D já vem sendo utilizada na medicina. Isso ocorreu na Grã-Bretanha, em 2013, quando um paciente recebeu prótese facial para reconstruir parte do rosto atingido por tumor maligno.[520]

Em contrapartida, um dos impactos negativos trazidos pela impressão 3D será a perda de postos de trabalho em um modelo fabril tradicional disruptivo, isto é:

> Quase 133 mil impressoras 3D foram vendidas no mundo, em 2014, um aumento de 68% desde 2013. A maioria das impressoras vendidas custava menos de US$ 10.000 e eram, portanto, adequadas para a utilização em laboratórios, escolas, pequenas empresas de manufatura etc. Como resultado, o tamanho da indústria de materiais e serviços em 3D cresceu fortemente, para US$ 3,3 bilhões.[521]

Assim, essa tecnologia não só tende a substituir plantas industriais inteiras com consequente disrupção de milhares de postos de trabalho, como pode ser talvez o maior inimigo da empregabilidade, ameaçando desempregar, também, os robôs, ao fulminar linhas de produção robotizadas.

520 Bbc – *Impressora 3D 'devolve' rosto a britânico.* [Em linha]. [Consult. 25 Ago. 2018]. Disponível em http://www.bbc.com/portuguese/noticias/2013/04/130403_transplante_protese3d_gm.

521 Schwab, Klaus, *op. cit.*, p. 154.

Por último, outro aspecto negativo e muito preocupante dessa tecnologia é o seu uso para imprimir modelos fidedignos de armas de fogos, sendo certo que um juiz federal do Estado de Washington, nos Estados Unidos da América, determinou sua proibição em 31/07/2018. Entrementes, essa polêmica está longe de terminar.[522]

5.1.9. Internet das Coisas

A internet, precursora dos demais avanços tecnológicos que conhecemos, trouxe consigo a possibilidade de criar coisas que serão consideradas inteligentes ao se conectarem à internet, ou seja, serão inteligentes por estarem interligadas entre si pela internet, e, portanto, permitirão uma maior e mais rápida comunicação e acesso a serviços, sem falar que já há uma previsão de que até 2035 haverá no mundo um trilhão de computadores conectados entre si.[523]

Assim, quando se fala em "internet das coisas", a expressão não está restrita a uma casa conectada, em que a automação proporciona o comando das luzes, ventilação, sistemas de segurança e eletrodomésticos, mas sim de cidades inteligentes, como ocorre com Singapura, em que "já estão implementando muitos novos serviços, baseados em dados, incluindo soluções de estacionamento, coleta de lixo e iluminação inteligentes. As cidades inteligentes estão continuamente ampliando sua rede tecnológica de sensores e trabalhando em suas plataformas de dados, que serão o centro de conexão dos diferentes projetos tecnológicos e da adição de serviços futuros, com base na ciência da análise de dados e modelagem preditiva".[524]

Observa-se que esse tipo de tecnologia exigirá mão de obra qualificada, para o seu desenvolvimento, implantação, utilização e manutenção, o que torna os trabalhadores com menor qualificação ameaçados, também, por essa nova tecnologia.

[522] "Are they deadly? Are they free speech? Explaining 3-D printed guns" [Em linha] [Consult. 13 Ago. 2018]. Disponível em https://www.washingtonpost.com/news/post-nation/wp/2018/08/01/are-they-deadly-are-they-free-speech-explaining-3-d-printed-guns/?noredirect=on&utm_term=.bcc2ed824915

[523] "How the wold will change as computers spread into everyday objects" [Em linha] [Consult. 23 Set. 2019]. Disponível em https://www.economist.com/leaders/2019/09/12/how-the-world-will-change-as-computers-spread-into-everyday-objects

[524] SCHWAB, Klaus, *op. cit.*, p. 135.

Tamanha é a veracidade dessas afirmações que, para conseguir emprego de mordomo, não basta mais saber servir um jantar elegante e organizar as baixelas de prata, os pratos de porcelana e a prataria, além de preparar um café da manhã; os mordomos na sociedade digital possuem novos desafios.

Nessa vertente, encontra-se um esclarecedor artigo publicado pelo jornal *The New York Times*, que diz:

> A vida do mordomo foi transformada pela era digital. À medida que as casas dos ricos se tornam preenchidas com novos símbolos de *status* da tecnologia – como escaneadores de retina, bloqueios de portas controlados por iPad, telas ocultas de tela plana e *shows* de iluminação subaquática – os mordomos estão se tornando mais como um homem I.T. departamentos. Os donos de imóveis ricos estão cada vez mais à procura de gerentes de casa e mordomos com experiência em tecnologia corporativa ou graus de engenharia. As escolas de mordomo estão juntando-se com empresas de *software* doméstico para treinar melhor os estudantes, enquanto as empresas de pessoal em casa estão recrutando cada vez mais de departamentos de tecnologia em grandes empresas e cadeias hoteleiras. Os próprios mordomos – que foram transformados em "gerentes domésticos" mais corporativos nas décadas de 1990 e 2000, agora estão lutando para equilibrar seu trabalho principal de cuidar de seus chefes finos com o gerenciamento de sistemas temperamentais de sistemas inteligentes.[525]

[525] "The life of the butler has been transformed by the digital age. As the homes of the rich became filled with new status symbols of technology – such as retinal scanners, iPad-controlled door locks, hidden flat-panel screens and underwater lighting shows – butlers are becoming more like one-man I.T. departments. Rich homeowners are increasingly looking for house managers and butlers with corporate technology experience or engineering degrees. Butler schools are teaming up with home-software companies to better train students, while home-staffing companies are increasingly recruiting from tech departments at big companies and hotel chains. Butlers themselves – who were transformed into more corporate-style "household managers" in the 1990s and 2000s – are now struggling to balance their core job of pampering their finicky bosses with managing temperamental smart-home systems" (Tradução livre do autor).New York Times – Today's Butlers Are Trading Silver Trays for iPads. [Em linha]. [Consult. 25 Ago. 2018]. Disponível em https://www.nytimes.com/2015/12/13/business/todays-butlers-are-trading-silver-trays-for-ipads.html.

Seria impensável, até poucos anos atrás, imaginar que um mordomo precisasse ter conhecimento de tecnologia para conseguir um emprego; porém, já é uma realidade atual, e a problemática que fica é a de que a tecnologia não poupará os profissionais de nenhuma profissão, seja ela manual e repetitiva, seja ela cognitiva: quem não estiver capacitado dificilmente terá oportunidades de trabalho digno.

5.1.10. Biogenética

A medicina do século XX visava curar os pacientes por meio de um tratamento igualitário, baseado em padrão de saúde. Já no século XXI, o que se visa com a medicina é aperfeiçoar o *status* de pessoas saudáveis. Dessa feita, ao pretender aperfeiçoar os saudáveis, resta cabalmente demonstrado ser um projeto da elite social "que rejeita a ideia de um padrão universal e busca dar a alguns indivíduos uma vantagem sobre os outros. As pessoas querem ter memórias melhores, inteligência acima da média...".[526]

Com efeito, aqueles indivíduos que têm medo de perder o emprego – ou até mesmo já o tenham perdido pelas novas tecnologias, e pretendam ter filhos de sucesso nesse novo mercado de trabalho, terão a possibilidade de escolher seu genoma. Essa opção ocorreria, inclusive, para que esse filho não seja eventualmente discriminado por ser portador de deficiência genética transmitida pelos seus pais, e que não venha a ser, futuramente, rejeitado pelo mercado de trabalho como discriminação genômica.

Para melhor entender essa questão, trouxe os ensinamentos atemporais da renomada jurista Stela Marcos de Almeida Neves Barbas, em sua obra de leitura obrigatória, Direito do Genoma Humano, em que:

> O candidato ao emprego que não foi admitido ou o trabalhador que foi despedido ficando sem meios de subsistência, não se verá coagido a ter menos filhos? Quem correrá o risco de ter um filho que padeça da mesma deficiência genética e, que, posteriormente, também, será banido do mercado de trabalho?!... Os bebés passarão a ser previamente analisados e selecionados em função do seu genoma?!... Reedição do eugenismo?!... O mercado é que define os critérios para uma boa força laboral?!...Procriação exclusiva de pessoas com genoma procurado pelo mercado?!... A lei da

[526] Harari, Yuval Noah, *op. cit.*, pp. 350-351.

oferta e da procura a fixar que seres humanos produzir porque o mercado de trabalho os procura, e quais rejeitar porque não consubstanciam uma oferta válida para as necessidades desse mercado?!.."[527]

Constata-se, então, que a classe social dominante, anteriormente ao século XXI, necessitava da classe menos abastada (pobres) para servirem em seus exércitos e serem uma massa consumidora de produtos e serviços cujos detentores eram da elite.

Sem falar, ainda, na desconcertante afirmação de Harari, segundo a qual:

> Algumas pessoas continuarão a ser indispensáveis e indecifráveis, porém constituirão uma elite diminuta e privilegiada de humanos elevados a um grau superior. Esses super-homens serão dotados de aptidões ainda desconhecidas e de uma criatividade sem precedente, o que permitirá que tome muitas das decisões mais importantes no mundo. Eles vão prestar serviços cruciais ao sistema, ao passo que o sistema não os compreenderá e não conseguirá controlá-los. No entanto, os humanos em geral não teriam esse *upgrade* e, consequentemente, se tornariam uma casta inferior, dominada pelos algoritmos computacionais e pelos novos super-humanos.[528]

Vale destacar, ainda, a polêmica existente sobre a realização de testes genéticos, por meio de exames médicos, a serem exigidos pelos empregadores aos seus empregados para a detecção de potenciais ou efetivas doenças (perfil genético) que possam prejudicar ou ser agravados na realização de um determinado trabalho. Isso porque a doutrina e a legislação atualmente vigentes entendem ser uma violação aos princípios constitucionais da privacidade, isonomia e dignidade da pessoa humana.[529]

[527] BARBAS, Stela Marcos de Almeida Neves – *Direito do Genoma Humano*. Teses. Coimbra: Almedina, 2011, p. 599.

[528] HARARI, Yuval Noah, *op. cit.*, p. 349.

[529] "Neste sentido, a Resolução sobre os problemas éticos e jurídicos da manipulação genética, adoptada pelo Parlamento Europeu em 16 de Março de 1989, reclama a proibição de modo judicialmente compulsivo da seleção de trabalhadores com base em critérios genéticos (nº 14), e solicita que os exames genéticos de trabalhadores [...] não sejam permitidos antes da sua contratação, e só devam ser efectuados com carácter voluntário [...]; e as violações, punidas penalmente [...] (nº 16)". A Convenção Europeia dos Direitos do Homem

Assim sendo, nessa nova era digital, a situação da grande maioria dos indivíduos, especialmente os trabalhadores com menor qualificação, se tornará ainda mais desigual em relação à elite social, uma vez que as novas tecnologias suprirão a necessidade de uma massa de trabalhadores supérflua, em que pese pensarmos que, mesmo assim, a elite precisará dos excluídos da era digital para vender seus serviços e produtos.

5.1.11. Construção Automatizada

Outra tecnologia inovadora é a chamada "construção automatizada", que rompe com os padrões normais que conhecemos de construção de imóveis; ou seja, na China já é possível construir um arranha-céu em quinze dias, o que corresponde a construir aproximadamente dois andares por dia, ininterruptamente, utilizando material pré-fabricado que suporta terremotos de altas magnitudes.[530]

Essa tecnologia, também conhecida como construção em contornos (*contour crafting*), utiliza guindastes controlados por computadores, que constroem os edifícios de maneira célere, eficaz, e sem que haja necessidade de trabalho manual.

Há o entendimento de que, em aproximadamente uma década, poderemos fazer que os projetos especificados que estejam em computador sejam desenvolvidos por robôs, ou seja, que estes fabriquem uma casa de concreto, por exemplo, em um único dia, e sem qualquer intervenção do homem, e contendo ideias características de gigantesca de impressora 3D.[531]

e da Biomedicina, adoptada pelo Comitê de Ministros do Conselho da Europa, em 19 de Novembro de 1996, e assinada em 4 de abril de 1997, proíbe toda e qualquer forma de discriminação da pessoa em razão do seu patrimônio genético (artigo 11), e determina que os testes genéticos de predição só podem ser feitos por motivos de saúde (art. 12). Por seu turno, a Declaração Universal sobre o Genoma Humano e Direitos do Homem, de novembro de 1997, consagra que, a cada indivíduo, deve ser assegurado o respeito da sua dignidade e dos seus direitos, quaisquer que sejam as suas características genéticas (artigo 2)". [1] Barbas, Stela Marcos de Almeida Neves. Contratos de trabalho em face das novas possiblidades de diagnóstico. Brotéria Revista de Cultura, V. 150, 2000, p. 595.

530 The Blaze – *Time lapse captures 30-story hotel construction that took just 15 days to build.* [Em linha]. [Consult. 25 Ago. 2018]. Disponível em http.www.theblaze.com/stories/time-lapse-captures-30-story-hotel-construction-that-took-just-15-days-to-build/.

531 Pistono, Federico, *op. cit.*, p. 72.

Outros pontos positivos da construção por contornos orbitam em torno do seu baixo impacto ambiental. Seus defensores apontam que produz pouco resíduos, e, além de diminuir a emissão de gases na atmosfera pela utilização diminuta de veículos e máquinas movidas à combustão, reduz acidentes de trabalho[532], o que a torna, de certa forma, uma tecnologia "verde".

Com efeito, algumas empresas e instituições vêm demonstrando interesse nessa tecnologia, como por exemplo a NASA, que está avaliando a possibilidade de construir suas futuras bases em Marte e na Lua.[533]

Muito embora verifiquem-se, cristalinamente, aspectos positivos da construção em contorno, esta, muito provavelmente, gerará o fechamento de inúmeros postos de trabalho, especialmente daqueles de baixa capacitação (ex. auxiliar de servente e pedreiro), muito utilizados na construção civil. Isso acende uma "luz amarela", indicativa da necessidade de cautela, haja vista as complexas perspectivas dessa mão de obra desqualificada em um futuro próximo.

5.2. Valorização do Princípio Constitucional da Livre-Iniciativa

Muito embora tenha sido pormenorizadamente explicitado ao longo desse ensaio a transformação do paradigma da relação de trabalho como reflexo das inovações tecnológicas, deixamos de apontar, expressamente e propositadamente, por questão didática e cronológica, um novo formato de organização do trabalho, que venho expor agora.

Esse novo modelo é o empreendedorismo, tendência como relação de trabalho, que certamente crescerá nas próximas décadas, mormente porque, com o emprego tecnológico no mercado de trabalho e a ruptura com o paradigma de um emprego para toda a vida, estamos vendo o interesse de muitas pessoas não só de se dedicarem a um único tomador de serviços – até mesmo porque, com a especialização acentuada de cada etapa da cadeia produtiva, seja em qualquer setor da economia,

[532] VITERBI – *Bureau of Labour Statistics*, Census of Fatal Occupational Injuries Summary, 2010. [Em linha]. [Consult. 25 Ago. 2018]. Disponível em http://viterbi.usc.edu/news/news/2005/news_2005111-.htm.

[533] MEDIA – *Massachusetts Institute of Technology*, Colloquim with Behrokh Khoshnevis. [Em linha]. [Consult. 25 Ago. 2018]. Disponível em http:/www.media,mit.edu/node/2277.

haverá dificuldade para aquele que queira empreender para um único tomador de serviços.

Nesse contexto, o Massachusetts Institute of Technology (MIT) vem sendo considerado, nos últimos anos, a melhor universidade do mundo[534], e possui como filosofia o incentivo ao empreendedorismo.

Essa conduta levou a projetos de pesquisas que resultaram na invenção do radar, e-mail, sequenciamento mais célere do genoma humano, da impressora 3D, dentre outras que impactaram nossas vidas.

Tamanha é a importância dessa iniciativa do MIT que, em estudo publicado em dezembro de 2015, identificou-se que foram constituídas 30.200 empresas por formados do MIT, sendo certo que empregavam 4,6 milhões de empregados, e atingiram receitas anuais de US$ 1,9 trilhão, valor muito superior ao PIB de quase todos os países do mundo, ressalvados os desenvolvidos.[535]

Isso demonstra que não se pode desprezar, no século XXI, o empreendedorismo como nova fórmula de geração de trabalho com alta produtividade. Mas, para que isso consiga ter uma propagação de âmbito mundial, os governos deverão abrir os olhos para que as universidades, além de formarem profissionais de altíssima capacitação, tenham incentivos de todas as ordens para empreender, e, consequentemente, inovar, aumentar a produtividade e estimular a geração de novos postos de trabalho, além de reciclá-los, para que a mão de obra cada vez mais possa se encontrar atualizada e conectada com as inovações tecnológicas.

Além disso, entende-se que a automação tomará lugar dos trabalhos repetitivos e manuais como muitos defendem. Portanto, o empreendedorismo se restringirá ao trabalho intelectual, e há, ainda, um ponto positivo para a sua difusão, que diz respeito ao seu caráter universal.

Ou seja, o empreendedorismo pode ser um antídoto contra a discriminação nas relações de emprego, porquanto o contratante dos serviços a serem prestados pelo empreendedor não está, em tese, preocupado com sua religião, raça, sexualidade, tendo em vista que o que lhe

[534] MIT – *QS ranks MIT the word's nº 1 university for 2017-18.* [Em linha]. [Consult. 25 Ago. 2018]. Disponível em http://news.mit.edu/2017/qs-ranks-mit-world-no-1-university-2017-18-0608

[535] MITSLOAN – *Innovation and Entrepreneurship.* [Em linha]. [Consult. 25 Ago. 2018]. Disponível em http://mitsloan.mit.edu/campaign/mit-sloan-campaign-priorities/innovation-and-entrepreneurship/.

importa é a qualidade do serviço prestado, podendo, então, ser uma organização de trabalho das mais democráticas e eficientes do ponto de vista social.

Não obstante, há quem entenda que os novos empregos criados para atender as tecnologias que surgem, além de produzirem poucas vagas, desaparecem quando novas tecnologias são lançadas em substituição à anterior, e o empregado que não estudou e não se preparou para lidar com as novas modalidades tecnológicas perde, então, o seu emprego.

Logo,

> Novos empregos exigem um alto nível de instrução, flexibilidade, inteligência e empreendedorismo, e a maioria das pessoas não foi treinada para ser assim. Com efeito, todo o sistema educacional foi criado logo após a revolução industrial com o objetivo de formar operários fabris. Os trabalhos manuais necessários e repetitivos e nosso sistema educacional não foram suficientemente atualizados desde então.[536]

5.3. Valorização do Princípio Constitucional do Lazer (Direito de Desconexão)

Vimos, no caminhar desse estudo, que o ócio na Antiguidade era:

> [...] considerado fator de elevação do ser humano, do ponto de vista psíquico e espiritual; depois foi relegado à condição de negação ou oposição ao trabalho, taxando-se o ócio por odioso numa sociedade que prega o trabalho com bem maior (sociedade industrial); e, finalmente, vê-se hoje uma tímida revalorização de seu conceito clássico, apontando-se como alternativa à crise do emprego a expansão do caráter econômico do ócio e, ainda, em menor escala, como espaço de expressão do homem, passando-se a adotar ao menos duas dimensões desse fenômeno, uma de perspectiva humana e outra econômica.[537]

Ultrapassada essa menção, nos dias de hoje, o direito ao lazer vem ganhando muito destaque no mundo inteiro, não só por suas três princi-

[536] Pistono, Federico, *op. cit.*, p. 95.

[537] Calvet, Otavio Amaral – *Direito ao lazer nas relações de trabalho.* São Paulo: LTr, 2006, p. 54.

pais características: descanso, divertimento e desenvolvimento[538], como, mais ainda, pela sua relevância como direito humano fundamental.

Isto é, em ordem cronológica, os principais diplomas legais internacionais, além dos nacionais no que diz respeito ao Brasil e Portugal, preveem, de alguma maneira, a proteção ao direito ao lazer.

O primeiro deles é o Complemento da Declaração dos Direitos do Homem (1936), que dispõe, em seu artigo 4º, que:

> O direito à vida é composto: a) O direito a um trabalho reduzido o bastante para deixar lazares suficientemente remunerados, a fim de que todos possam participar amplamente do bem-estar que os progressos da ciência e da técnica tornam cada vez mais acessíveis e que uma repartição equitativa deve e pode garantir a todos; b) o direito ao pleno cultivo intelectual, moral, artístico e técnico das faculdades de cada um (...).[539]

A Constituição da Organização Internacional do Trabalho (Declaração de Filadélfia – 1944) estabelece que "III: i) obter o nível adequado de alimentação, de alojamento, de recreação e de cultura".[540]

A Declaração Universal dos Direitos Humanos de 1948 dispõe, em seu artigo XXIV, que "Todo homem tem direito a repouso e lazer, inclusive à limitação razoável das horas de trabalho e a férias remuneradas periódicas".

Há, ainda, o Pacto Internacional Relativo aos Direitos Econômicos, Sociais e Culturais de 1966, que disciplina, em seu artigo 7º, que:

> Os Estados integrantes do presente Pacto reconhecem o direito de todas pessoas de desfrutar condições de trabalho justas e favoráveis, que garantam sobretudo: d) O repouso, os lazares, a limitação razoável da duração do trabalho e férias remuneradas periódicas, assim como remuneração dos feriados.

[538] *Idem*, p. 60.

[539] Brandão, Adelino – *Os Direitos Humanos*. Antologia de Textos Históricos. São Paulo: Landy, 2001, p. 54.

[540] Constituição da Organização Internacional do Trabalho (OIT) e seu Anexo (Declaração de Filadélfia). [Em linha]. [Consult. 25 Ago. 2018]. Disponível em http://www.oitbrasil.org.br/sites/default/files/topic/decent_work/doc/constituicao_oit_538.pdf.

No tocante ao ordenamento jurídico brasileiro, a Carta Magna de 1988 prevê, em seu artigo 6º, que "São direitos sociais a educação, saúde, o trabalho, a moradia, o lazer, a segurança, a previdência social, a proteção à maternidade e à infância, a assistência aos desamparados, na forma desta Constituição".

A Constituição da República Portuguesa (1976) disciplina, no inciso "d" do artigo 59º, que "Ao repouso e aos lazeres, a um limite máximo da jornada de trabalho, ao descanso semanal e a férias periódicas pagas".

O que se vê é que "o direito ao lazer pode ser tido como o direito fundamental do homem de se desenvolver como ser humano dotado de razão e desejo, na busca de sua elevação física, psíquica, social e espiritual, estimulando e aprimorando seus talentos e capacidades no interesse que bem lhe aprouver".[541]

Desse modo, o lazer assume, na sociedade moderna, caráter existencial, em que o homem volta a se dedicar ao ócio criativo, a refletir qual é o seu papel no mundo e, consequentemente, estabelecer um norte aos seus anseios pessoais, tendo acesso à informação, cultura, conhecimento de modo geral; ou seja, a tudo aquilo que possa fazer sentido ao seu aprimoramento como ser humano.[542]

Nesse aspecto, a França foi o primeiro país, sob forte oposição, a adotar, em 2017, legislação específica, a fim de que o direito ao lazer do empregado fosse resguardado, popularmente conhecido como direito a se desligar ou de desconexão, deixando de atender telefonemas ou de fazê-los, além de não responder ou enviar e-mails profissionais fora da jornada de trabalho.

Em Portugal, ainda não há legislação neste sentido. Entretanto, o governo português vem acompanhando de perto esse tema, e já defende que o direito a desligar seja acordado entre empregador e empregados

[541] Calvet, Otavio Amaral, *op. cit.* p. 76.

[542] "[...] o lazer atende à necessidade de libertação, de compensação às tensões da vida contemporânea e é uma resposta à violência que se instaurou na sociedade, ao isolamento, à necessidade do ser humano de encontrar-se consigo mesmo e com o próximo". Nascimento, Amauri Mascaro – *Curso de direito do trabalho*: história e teoria geral do direito do trabalho: relações individuais e coletivas do trabalho. 26ª ed. São Paulo: Saraiva, 2011, p. 767.

por meio de normas coletivas, não havendo, então, a necessidade de editar lei própria para regulamentar o assunto.[543]

O Brasil, assim como Portugal, não tem legislação específica sobre o tema. Porém, há políticas internas, acordos coletivos e até individuais acordando que o empregado não pode atender e fazer chamadas telefônicas, além de receber e enviar mensagens eletrônicas, fora do expediente de trabalho.

Apesar disso, muito além da legalidade, deve ser estudada a real necessidade de ser editada norma específica sobre o tema, o que pensamos não seja necessário, seja no Brasil ou em Portugal, uma vez que ambos os países possuem arcabouço jurídico suficiente para enfrentar essa questão, sem falar que já há empresas de grande porte, como a Volkswagen, que desativa os seus servidores para que os seus empregados não tenham acesso ao trabalho remotamente fora de seus expedientes laborais.

Luís Gonçalves da Silva, professor da Faculdade de Direito de Lisboa, defende que o direito a se encontrar desligado deve ser estabelecido por convenção ou acordo coletivo, como ele mesmo assevera: "Não creio que seja vantajosa a alteração da lei. Temos um quadro legislativo que nos permite enfrentar a situação. A negociação colectiva é um bom espaço para abordar o assunto".[544]

Finalmente, considerando vivermos em um mundo conectado em que estamos plugados digitalmente e já possuirmos enormes dificuldades para nos desconectarmos, essa precursora legislação francesa é de extrema importância, e serve como modelo paradigmático a ser seguido pelos demais países, não só para proteção do direito ao lazer, direito humano fundamental, como também para assegurar direitos de segurança, higiene e saúde física e mental do trabalhador.[545]

[543] PUBLICO PT – Devemos ter o "direito a desligar" do trabalho? Governo abre debate [Em linha]. [Consult. 25 Ago. 2018]. Disponível em https://www.publico.pt/2017/01/06/economia/noticia/devemos-ter-o-direito-a-desligar-do-trabalho-governo-abre-debate-1757288.

[544] *Idem.*

[545] "Oblitera, ou mesmo prejudica, o revigoramento físico e mental a manutenção de constantes contatos por parte do tomador de serviços, no exercício de poder diretivo, nos períodos de descanso do trabalhador. Além disso, ainda que os contatos não cheguem a se efetivar concretamente, também produz efeitos deletérios similares a exigibilidade de que o trabalhador esteja ininterruptamente para tanto disponível, passível de ser localizado e

5.4. O Paradoxo do Desemprego

O desemprego tem um papel fundamental em nossa felicidade ou na ausência dela, tanto é que há estudos que comprovam a infelicidade do indivíduo quando está sem trabalho, deixando-o mais deprimido do que qualquer outra situação[546], sem falar que degrada as condições de saúde física e psíquica, e tende a levar a pessoa a vícios maléficos, como o alcoolismo, e até mesmo ao suicídio.

Segundo pesquisa de 2013, realizada por pesquisadores das Universidades de Yale e Mason:

> [...] 63% dos americanos acredita que as mudanças climáticas estão acontecendo e que só metade deles está de alguma forma preocupada com suas implicações futuras. Uma pesquisa recente do Gallup coloca as coisas em uma perspectiva melhor. Numa lista de quinze maiores preocupações, mudanças climáticas aparece na décima quarta posição. O primeiro item da lista é a economia, para a grande maioria das pessoas comuns "a economia", óbvio, implica empregos e salários pagos.[547]

Tem-se que, no Japão, há um índice muito elevado de suicídios, a segunda taxa mais alta dos países desenvolvidos, sendo que o:

> [...] desemprego é responsável por 57% de todos os suicídios, sendo o *stress* relacionado ao trabalho (como horas extras prolongadas), fadiga no trabalho e depressão relacionada ao trabalho os outros fatores principais

acionado por meio das modernas tecnologias existentes, nos períodos que deveriam ser destinados ao seu repouso e recuperação da jornada". OLIVEIRA, Christiana D'Arc Damasceno – *Direito à desconexão do trabalhador*: repercussões no atual contexto trabalhista. Revista LTr: São Paulo, v. 74, nº 10, p. 1180-1188, out/2010.

546 JS TOR – *Unhappiness and unemployment. The Economist Journal,* v. 104, nº 424, mai. 1994, pp. 648-659. [Em linha]. [Consult. 25 Ago. 2018]. Disponível em http//www.js-tor.org/stable/2234639.

547 "A 2013 survery by researchers at Yale and George Mason Universities found that about 63 percent of Americans believe climate change is happening, and that just over half are at least somewhat worried about its future implications. A more recent survery by Gallup probably puts things in better perspective, however. On a list of fifteen major concerns, climate change came in at number fourteen. First on the list was the economy, and for the vast majority average people "the economy", of course, really amounts to jobs and wages they pay" (tradução livre do autor). FORD, Martin. *Rise of the Robots technology and the threat of a jobless future,* Basic Books, New York, 2015, p. 283.

que levam ao suicídio. Vale lembrar que emprego não falta no Japão, mas simplesmente a perda de cargo ou emprego leva um japonês a desejar desistir da vida.[548]

Nessa vertente, encontram-se os jovens italianos, haja vista que mais de 32% dos italianos com menos de 25 anos estão desempregados, conquanto o índice médio mundial está em 11%. Portanto, a desilusão de encontrar um empregado se propaga com o avanço das tecnologias, uma vez que as grandes empresas italianas vêm investindo, cada vez mais, em tecnologia nos seus meios de produção. Segundo um empresário italiano, desde a década de 80 do século XX, a produção quadruplicou, e, em contrapartida, o número de empregados apenas dobrou, ou seja: "Somos capazes de aumentar a produção sem adicionar pessoas".[549]

Por essas e outras razões, Portugal vem comemorando a contínua queda na taxa de desemprego, atingindo o índice de 8,5% da população ativa no terceiro trimestre do ano de 2017, segundo o Instituto Nacional de Estatística (INE), que, em comparação com o mesmo período de 2016, houve queda bem acentuada, de 2%. Essa redução na taxa de desempregados é observada desde o ano de 2013, sendo certo que, no terceiro trimestre de 2017, havia 444 mil pessoas desempregadas. Na contramão destes dados estão tanto o índice de jovens desempregados, que aumentou de 22,7% para 24,2%. Além disso, houve, também, um aumento no índice de 10,8% para 11,8% entre o segundo e terceiro trimestre de 2017 relativo aos jovens que não estão trabalhando, nem mesmo estudando.[550]

Há outra razão a ser celebrada por Portugal: segundo dados da Eurostat, o país vê seu melhor desempenho econômico em 17 anos, e

[548] Karoshi – *Morte por excesso de trabalho no Japão.* [Em linha]. [Consult. 25 Ago. 2018]. Disponível em https://skdesu.com/karoshi-morte-por-excesso-de-trabalho/.

[549] "We are able to increase production without adding people." (tradução livre do autor). "Italy is having an election. Most Italians are too depressed to care". [Em linha]. [Consult. 25 Ago. 2018]. Disponível em https://www.nytimes.com/2018/02/27/business/italy-economy-election.html.

[550] PNAD Contínua taxa de desocupação é de 12,9% no trimestre encerrado em abril. [Em linha]. [Consult. 25 Ago. 2018]. Disponível em https://agenciadenoticias.ibge.gov.br/agencia-sala-de-imprensa/2013-agencia-de-noticias/releases/21293-pnad-continua-taxa-de-desocupacao-e-de-12-9-no-trimestre-encerrado-em-abril.html.

cresceu 2,7% em 2017 (acima da média da União Europeia), sendo certo que, de acordo com informações da *Startup* Portugal (parceria pública privada), 46% dos empregos gerados no país estão relacionados às *startups*.[551]

Situação inversa do Brasil, cujo o índice de desemprego, embora tenha recuado um pouco no terceiro trimestre de 2018 para 12,7 milhões de desempregados quando no segundo trimestre de 2018, correspondia a 13,2 milhões de pessoas, mas este problema social não fica circunscrito a este fato, tendo em vista que há 27,5 milhões de pessoas sem trabalho, segundo Instituto Brasileiro de Geografia e Estatística (IBGE), ou seja, o dobro do número de desempregados.[552] E segundo a pesquisa divulgada pelo (IBGE) a taxa de desemprego no Brasil recuou para 11,8% no trimestre encerrado em julho de 2019, o que corresponde a 12,6 milhões de pessoas desempregadas no período de de maio a julho de 2019.[553]

Importante destacar, cronologicamente, a taxa de desemprego no Brasil reduziu para 11,2% (11,9 milhões de pessoas) no trimestre findado em janeiro de 2020, ou seja, houve uma redução em comparação ao trimestre anterior (de agosto a outubro 2019), quando fechou em 11,6%. E consequentemente houve uma redução do trabalho informal (redução de 41,2% para 40,7%) e um acréscimo de 1,5% no emprego formal, ambos dados em comparação com o trimestre anterior.[554]

[551] Zona euro e União Europeia crescem 2,5% em 2017, o maior crescimento pós-crise. [Em linha]. [Consult. 25 Ago. 2018]. Disponível em https://eco.pt/2018/02/14/zona-euro-e-uniao-europeia-crescem-25-em-2017-o-maior-crescimento-pos-crise/.

[552] PNAD Contínua: taxa de desocupação é de 12,1% e taxa de subutilização é de 24,4% no trimestre encerrado em agosto. [Em linha] [Consult. 15 Out. 2018]. Disponível em: https://agenciadenoticias.ibge.gov.br/agencia-sala-de-imprensa/2013-agencia-de-noticias/releases/22665-pnad-continua-taxa-de-desocupacao-e-de-12-1-e-taxa-de-subutilizacao-e--de-24-4-no-trimestre-encerrado-em-agosto.

[553] PNAD Contínua: taxa de desocupação é de 11,8% e taxa de subutilização é de 24,6% no trimestre encerrado em julho de 2019. [Em linha]. [Consult. 06 de Out. 2019]. Disponível em https://agenciadenoticias.ibge.gov.br/agencia-sala-de-imprensa/2013-agencia-de-noticias/releases/25315-pnad-continua-taxa-de-desocupacao-e-de-11-8-e-taxa-de-subutilizacao-e-de-24-6-no-trimestre-encerrado-em-julho-de-2019

[554] Desemprego recua para 11,2% e carteira assinada crescr no tri encerrado em janeiro. [Em linha]. [Consult. 07 de Mar. 2020]. Disponível em https://agenciadenoticias.ibge.gov.br/agencia-noticias/2012-agencia-de-noticias/noticias/26974-desemprego-recua-para-11--2-e-carteira-assinada-cresce-no-tri-encerrado-em-janeiro

Para entender melhor a situação de falta de trabalho, deve-se computar, além dos desempregados, aqueles que estão sendo subaproveitados, tendo mais tempo para trabalhar, e aqueles que desejam trabalhar, todavia, por alguma razão, deixam de procurar trabalho, e outros que não se encontram disponível para trabalhar (força de trabalho potencial).

Neste sentido, o relatório global da OIT de 2020 aponta que aproximadamente meio bilhão de pessoas trabalham menos que pretendiam ou não há acesso ao trabalho formal.[555] E esta situação, além do número de desempregados em todo o mundo, certamente agravar-se-á exponencialmente pós-pandemia Covid-19.

Em uma outra pesquisa (Pesquisa Nacional por Amostra de Domicílios – PNAD), realizada em 2017, foi aferido, pela primeira vez, o grau de desânimo da população que está em idade de trabalhar, contudo não buscam recolocação no mercado de trabalho. Os principais motivos para este desalento concentram-se na ausência de oportunidades, na falta de experiência, na restrição de idade e o fato de não ter trabalho na região em que o indivíduo reside. A pesquisa aponta que há 4,3 milhões de pessoas desalentadas.[556]

Outro dado estarrecedor desta pesquisa é que, no último trimestre de 2017, havia 2,786 milhões de pessoas que buscavam emprego há pelo menos dois anos, o que levou à conclusão de que as pessoas estão ficando mais tempo desempregadas.

Muito embora as notícias não sejam nada animadoras, há uma tendência positiva de geração de postos de trabalho formais, mas se encerra aí o aspecto otimista, uma vez que essas vagas são de baixa qualificação profissional. Para piorar o cenário, devido à grande oferta de mão de obra, estão sendo contratadas pessoas mais capacitadas para estas vagas, agravando ainda mais a situação daqueles que possuem baixa capacitação.

[555] Insuficiência de empregados remunerados afeta quase meio bilhão de pessoas, destaca novo relatório da OIT. Em linha] [Consult. 07 Mar. 2020]. Disponível https://www.ilo.org/brasilia/noticias/WCMS_734838/lang--pt/index.htm

[556] PNAD Contínua Tri: taxa de subutilização da força de trabalho é de 24.6% no segundo trimestre de 2018., agosto 2018. [Em linha] [Consult. 13 Ago. 2018]. Disponível em https://agenciadenoticias.ibge.gov.br/agencia-sala-de-imprensa/2013-agencia-de-noticias/releases/22218-pnad-continua-tri-taxa-de-subutilizacao-da-forca-de-trabalho-e-de-24-6-no-segundo-trimestre-de-2018.html.

Conclusões Preliminares

É tormentoso imaginar que, na economia mundial do século XXI, o ser humano possa ser inutilizado quando se considera a possibilidade de as novas tecnologias virem a ser mais inteligentes no exercício da maioria das atividades exercidas por nós.

Mas não é só. Há quem defenda, como Federico Pistono, que

> A tendência é clara. As empresas do setor manufatureiro estão se automatizando, e a declaração típica de que 'as pessoas vão encontrar outra coisa para fazer' é simplesmente um pretexto para não encarar a realidade da situação – que a mudança está acontecendo rápido demais que a maioria dos trabalhadores substituídos por máquinas não terá tempo para aprender novas qualificações. Supondo-se, é claro, que poderíamos de alguma forma encontrar uma quantidade de novos empregos equivalente ao número de trabalhadores substituídos – duvido muito que o façamos.[557]

Corrobora tal entendimento o fato de o mundo ser composto, em sua maioria, de países pobres e em desenvolvimento, e, portanto, boa parte de sua população – e até mesmo a maioria dela em determinados países – sequer tem acesso à internet. Ou seja, sem acessá-la, o indivíduo, na sociedade digital de hoje, por si só é um excluído social e tecnologicamente dizendo.

No Brasil, por exemplo, na última Pnad, apurou-se que 30% dos brasileiros não têm acesso à internet em casa. Enquanto isso, os países desenvolvidos já estão tratando da implantação de internet 5G, sendo certo que a maior novidade dessa tecnologia não está no aumento da velocidade de transmissão de dados, mas sim na conectividade de um celular com veículos, semáforos inteligentes, porteiros eletrônicos, dentre outros equipamentos.

E, consequentemente, uma população que não tenha acesso à internet em um país sem infraestrutura inteligente, e sem capacitação para trabalhar nessa nova era digital, está fadada a elevar o tamanho do abismo social, e a aumentar a desigualdade. De maneira absolutamente tímida, o governo brasileiro, por meio do artigo 1º, da Portaria nº 621 de

[557] Pistono, Federico, *op. cit.*, p. 67.

06 de agostos de 2018, anunciou a formação de um "Comitê de Estudos Avançados sobre o Futuro do Trabalho".[558]

E, para piorar essas angústias sociais, fica a pergunta: quando a inteligência artificial for plenamente capaz de ensinar, diagnosticar e realizar toda e qualquer atividade relacionada ao setor de serviços, uma vez que nos demais setores sua absorção vem sendo muito mais implementada, o que restará ao homem fazer?

Lembrando-se que o homem possui duas aptidões biológicas, a física e a cognitiva; ou seja, nas anteriores revoluções industriais, as máquinas nos superaram da questão física, mas ainda tínhamos a cognitiva para exercer. Contudo, o que faremos quando a inteligência artificial nos sobrepuser no âmbito da cognição?

Além disso, considerando o fato de que as gigantes em tecnologia (Google, Microsoft, IBM, Amazon, Facebook) estão investindo maciçamente em aprendizado profundo de máquinas (*deep learning*), e que os robôs não são mais simples braços mecânicos desengonçados que precisam ficar em áreas restritas a fim de evitar qualquer risco de acidente ao ser humano, mas sim robôs colaborativos, ou seja, que interagem com o homem com capacidade de se movimentar e de até identificar e reproduzir sentimentos humanos.

Fica outro questionamento. Algum dia os robôs, muito provavelmente, conseguirão entender que trabalham sem nenhuma contrapartida, e, consequentemente, são explorados pelo homem, sem falar que morrerão quando ficarem arcaicos. Sendo assim, quais serão as consequências quando o homem não mais conseguir controlá-los?

Ficam essas questões em aberto, além de outras que ainda não conseguimos mensurar diante de novas tecnologias que ainda surgirão. Eis que não há consenso doutrinário acerca de suas respostas, e somente o futuro dirá, mas é imprescindível que não fiquemos inertes aguardando o futuro nos dizer, devemos agir na tentativa de encontrar essas respostas antes mesmo de esse futuro incerto chegar.

[558] "[...] artigo 1º: Instituir no âmbito do Ministério do Trabalho o COMITÊ DE ESTUDOS AVANÇADOS SOBRE O FUTURO DO TRABALHO".

Segundo Carlos Slim, considerado, em 2017, o sexto homem mais rico do mundo[559], a revolução digital, ao contrário das revoluções anteriores, criará número menor de empregados do que os extintos, e muitos concordam com essa teoria, inclusive os ex presidentes norte-americanos George W. Bush e Bill Clinton, que, por sua vez, defendem a ideia de diminuição da jornada de trabalho, porque, se todos trabalharem menos, haveria maior número de pessoas trabalhando.

Já houve experiência empírica dessa situação, na cidade de Gotemburgo, na Suécia, em um retiro público para idosos, em que houve a redução de 8 horas de trabalho por dia para 6 horas, aumentando a equipe, mas mantiveram os salários daqueles que tiveram redução de jornada. Os resultados, do ponto de vista social, foram positivos, uma vez que melhorou a produtividade e o humor dos funcionários, entretanto, do ponto de vista financeiro, os gastos municipais aumentaram mais do que a economia com saúde e seguro-desemprego.[560]

É uma possibilidade a ser aventada, e, pelo simples fato de não ter dado certo na hipótese mencionada, não quer dizer que não possa funcionar, como surtiu resultado no setor privado, mais precisamente em uma empresa sueca de software que fez a mesma experiência, ou seja, mantiveram-se os salários, reduziram-se a jornada de trabalho, e houve um aumento na produtividade.[561]

Em contrapartida às profecias de que o homem será substituído pelas máquinas, há aqueles que defendem que as profissões deixarão de existir e outras surgirão, especialmente com a robotização, e, para tanto, baseiam-se em dados estatísticos em países com elevado índice de robotização, como Coreia do Sul, Alemanha e Japão, nos quais o número de desempregados é baixo. A taxa de desemprego nesses países variou nos anos de 2015 e 2016, em média, de 2,2% a 6,1% da população economicamente ativa, enquanto no Brasil, por exemplo, há uma elevada taxa de desemprego (11,6% em 2016), com baixíssimo índice de robotização.

[559] Forbes – *The World's Billionaires.* [Em linha]. [Consult. 25 Ago. 2018]. Disponível em https://www.forbes.com/billionaires/list/.

[560] The Guardian – *Sweden sees benefits of six-hour working day in trial for care workers.* [Em linha]. [Consult. 25 Ago. 2018]. Disponível em https://www.theguardian.com/world/2017/jan/04/sweden-sees-benefits-six-hour-working-day-trial-care-workers.

[561] Ycombinator – *Some companies in Sweden are testing a six-hour work day.* [Em linha]. [Consult. 25 Ago. 2018]. Disponível em https://news.ycombinator.com/item?id=10306635.

Portanto, defendem a ideia de que a robotização não é o vilão do desemprego.

Vale consignar, por oportuno, existir, no Brasil, um setor da economia considerado uma ilha de exceção, o agronegócio. Isto é, tal setor ratifica as experiências ocorridas nos três países acima, de que o uso da tecnologia não necessariamente eleva a taxa de desemprego.

Isso porque, segundo um estudo da Fundação Getúlio Vargas, houve redução dos trabalhos informais, e até mesmo de empregados registrados, uma vez que o setor de agronegócio já vem exigindo mão de obra mais qualificada. Assim, alguns podem pensar que isso é ruim para a economia, pois haveria aumento do desemprego; no entanto, o resultado é exatamente o contrário, uma vez que se exige profissionais mais capacitados para lidar com as tecnologias utilizadas nesse setor, e, consequentemente, há um aumento não só de produtividade, mas também de renda. Isso porque empregados mais qualificados são melhores remunerados, e essas características geram mais renda às cidades interioranas, fazendo que cresçam todas as demais atividades em outras secções da economia, que acabam absorvendo a mão de obra não aproveitada pelo agronegócio. As cidades do interior cresceram 3,7% ao ano, já as cidades das regiões metropolitanas atingiram crescimento de 2,5%, e, em âmbito nacional, 3%.[562]

Nesta vertente, a mundialmente conhecida consultoria McKinsey estima que poderá haver a perda de 800 milhões de postos de trabalho no mundo até 2030. No entanto, prevê que haveria a migração de trabalhadores para outras funções na ordem de 375 milhões de pessoas, e seriam criados em torno de 555 milhões a 890 milhões de novos empregos.[563]

Para ebulir as inquietudes em que o mundo do trabalho se encontra, acrescenta-se mais um ingrediente, o excesso de oferta de mão de obra no mundo, sendo certo que essa oferta dobrou em mais de duas décadas.

[562] FGV – *Campo emprega menos e paga mais.* [Em linha]. [Consult. 25 Ago. 2018]. Disponível em http://eesp.fgv.br/noticias/campo-emprega-menos-e-paga-mais.

[563] McKinsey – *O futuro do mercado de trabalho: impacto em empregos, habilidades e salários.* [Em linha]. [Consult. 25 Ago. 2018]. Disponível em https://www.mckinsey.com.br/our-insights/what-the-future-of-work-will-mean-for-jobs-skills-and-wages.

Primeiramente, porque a produção do comércio internacional encontra-se em escala globalizada, o que aumenta por si só a concorrência no mercado de trabalho. E em segundo, fundamenta-se nas novas tecnologias (ex. robótica, inteligência artificial e impressora 3D) inseridas em todos os setores da economia, fazendo aumentar ainda mais a oferta de mão de obra, especialmente a de baixa qualificação.

Segundo Pistono:

> As companhias recém-criadas de vários bilhões de dólares não têm obrigações como as das gerações anteriores, então podem ser concentrar na eficiência desde o início. Grandes empresas com mais de vinte anos são como elefantes velhos, tentando andar num lugar muito cheio. São pesadas e lentas. Têm um 'excesso de bagagem' do qual gostariam de se livrar, mas não podem. As empresas novas não têm esses problemas. São ágeis. Podem contratar os melhores, e apenas os melhores, desde o início. Incentivam a automação, em vez de resistir a ela. Utilizam toda as estratégias possíveis para aumentar a produtividade, ou seja, a receita per capita. (...) O McDonald's foi fundado em 1940, e a receita anual por funcionário é de 60 mil dólares. À medida que avançamos para os tempos atuais, vemos uma diminuição progressiva no número de funcionários (...), e um aumento na quantidade de riqueza que cada empregado gera. Os últimos e mais impressionantes valores são representados pelo Facebook, com apenas 3 mil funcionários, onde cada um está gerando mais de 1,4 milhão de dólares de riqueza para a companhia. (...) Portanto, se as novas indústrias precisam apenas de pessoas altamente instruídos, inteligentes e dinâmicas, e as antigas estão substituindo trabalhadores humanos pela automação, o que faremos com os milhões de indivíduos que não têm educação formal nem os meios para começar a aprender habilidades sofisticadas?[564]

[564] "As companhias recém-criadas de vários bilhões de dólares não têm obrigações como as das gerações anteriores, então podem ser concentrar na eficiência desde o início. Grandes empresas com mais de vinte anos são como elefantes velhos, tentando andar num lugar muito cheio. São pesadas e lentas. Têm um 'excesso de bagagem' do qual gostariam de se livrar, mas não podem. As empresas novas não têm esses problemas. São ágeis. Podem contratar os melhores, e apenas os melhores, desde o início. Incentivam a automação, em vez de resistir a ela. Utilizam toda as estratégias possíveis para aumentar a produtividade, ou seja, a receita per capita. (...) O McDonald's foi fundado em 1940, e a receita anual por funcionário é de 60 mil dólares. À medida que avançamos para os tempos atuais, vemos uma diminuição progressiva no número de funcionários (...), e um aumento na quantidade de

Vaticina, nesta vertente, o professor catedrático da Universidade Lusíada, António Jorge de Motta Veiga, quando afirma que, "na sociedade contemporânea, a evolução tecnológica tende a alargar progressivamente as modalidades de trabalho intelectual e a restringir, também, progressivamente, as formas de trabalho manual".[565]

Enfim, subsistimos em um mundo de ininterruptas transformações e incertezas. Portanto, se a sociedade e os Estados deixarem de discutir imediatamente os impactos das tecnologias, tanto nas relações de trabalho existentes, como em suas novas organizações, isso significaria atestar a condenação das novas gerações e das anteriores, que ainda estão no mercado de trabalho, a um futuro muito sombrio.

riqueza que cada empregado gera. Os últimos e mais impressionantes valores são representados pelo Facebook, com apenas 3 mil funcionários, onde cada um está gerando mais de 1,4 milhão de dólares de riqueza para a companhia". Pistono, Federico, *op. cit.*, pp. 97-98.

[565] *Lições de Direito do Trabalho.* Universidade Lusíada, 5ª ed. 1993, p. 32.

Conclusão Geral

I

Analisando as questões trazidas ao longo deste discurso dissertativo, em que foi indicada a tese dos Impactos das Novas Tecnologias nas Relações de Trabalho do Século XXI, chegamos a uma conclusão que, na realidade, é composta por algumas conclusões sobre as problemáticas trazidas para debate.

Inicialmente, quisemos demonstrar que o Direito do Trabalho ganhou importância como importantíssimo apaziguador das tensões humanas, e não apenas no âmbito da classe dos trabalhadores, eis que foram criadas normas que puderam propiciar condições mais igualitárias entre as pessoas, além de um meio ambiente de trabalho mais seguro e saudável, com intuito de mitigar a desigualdade social, e, consequentemente o abuso da classe dominante sobre a classe dos menos favorecidos.

Além de sua notória importância social, o Direito do Trabalho goza, também, de respeitável *status* na ordem econômica mundial, uma vez que influencia o consumo, a produção de bens e serviços, sem falar no consequente aumento da arrecadação de impostos e de contribuição social que aprovisionam o erário dos Estados que podem, então, diminuir o *déficit* da Seguridade Social, e proporcionar maiores gastos públicos nos setores mais sensíveis da sociedade, como saúde, educação, segurança e habitação.

A discussão que surge, no século XXI, é se o Direito do Trabalho – cujo nascimento se deu para proteger as condições de trabalho e o trabalhador subordinado no modelo clássico da relação laboral consubstanciado em unidades fabris – pode estar desaparecendo, ou enfraquecendo nas últimas décadas, devido não só às recentes crises econômicas, mas, sobretudo, ao avanço desenfreado e sem precedentes das novas tecnologias, e de seus reflexos tantos nos novos modelos de produção, como nas novas formas de organização de trabalho.

II

Para emitir posicionamento sobre a dúvida lançada acerca do enfraquecimento ou até mesmo da desaparição gradual do Direito do Trabalho, analisou-se a perda de empoderamento do princípio da proteção do trabalhador, além de seu valor como norma jurídica e sua constituição em subprincípios que se efetivam por meio de regras jurídicas laborais.

Assim, por seu valor axiológico e generalista como regente ao sistema laboral, o princípio da proteção do trabalhador é considerado um princípio *prima facie*, que sugere uma vertente a ser acompanhada na busca da solução desejada. Por isso, traz valores gerais e abstratos para que se possa atingir uma interpretação mais abrangente possível.

É sabido que o maior valor trazido pelo princípio da proteção do trabalhador ao longo de toda história (intemporal), desde o surgimento do Direito do Trabalho, é a *dignificação do trabalhador* **como ser humano**, o que vale dizer que seu valor está consolidado tanto em valores gerais do sistema jurídico, como em valores particulares do subsistema do direito laboral.

Por essas razões, o princípio da proteção do trabalhador é compreendido como superior aos demais princípios do subsistema laboral; ou seja, é a norma maior deste subsistema.

Com efeito, é considerada norma principal (prevalência valorativa) do sistema laboral. Entretanto, isso não quer dizer que haja, necessariamente, prevalência hierárquica; porquanto um princípio, mesmo fundamental, como é o caso, não tem força suficiente, em si mesmo, para inutilizar regras jurídicas devidamente positivadas pelo poder estatal competente, já que não é absoluto.

Dessa maneira, o questionamento levantado no tópico anterior parece ter sido respondido, quando concluímos que, mesmo havendo inúmeras transformações no Direito do Trabalho, sobretudo pela sua flexibilização, decorrentes de políticas econômico-sociais, além do impacto das tecnologias nessa ciência jurídica, ambos os fatores não têm o condão de desorganizar, fragilizar ou até mesmo destruir os valores fundamentais do ser humano (direito fundamental humano = atemporal e indisponível), consagrados no princípio da proteção do trabalhador, pois se estaria fulminando com o Direito do Trabalho. Como brilhantemente vaticina Guilherme Dray: "Não há Direito do trabalho, enfim, sem princípio da proteção do trabalhador".[566]

III

A revolução digital e seus avanços tecnológicos vêm impactando de forma até então impensável as transformações sociais em todo mundo, e não seria diferente nas relações de trabalho. Eis que saímos de suas características tradicionais rígidas (contrato por prazo indeterminado) para alcançar formas mais flexíveis e inovadoras das organizações de trabalho, como, por exemplo, uma maior horizontalidade, e um maior poder de criatividade e de participação nas decisões empresariais por parte do trabalhador.

Sem embargo, a característica da flexibilização das relações de trabalho no século XXI não pode ser compreendida, necessariamente, como sinônimo de precarização destas.

Assim, cabe aos países utilizarem medidas para que as novas tecnologias não sejam um algoz do desemprego, e, consequentemente da desigualdade social; mas sim uma ferramenta indispensável para proporcionar a integração das tecnologias com todas as formas de trabalho, além de propiciar o desenvolvimento de ambiente de trabalho mais saudável e seguro, a fim de que seja assegurado ao homem a mais importante vertente de sua dignidade, o respeito à vida.

Outrossim, muito embora existam duas correntes doutrinárias controvertidas acerca dos reflexos das tecnologias nas relações de trabalho. A primeira delas defende o desmantelamento de empregos pelas novas tecnologias, enquanto a segunda entende que haverá o fechamento de postos de trabalhos, contudo outros serão criados em diferentes e novas áreas do setor econômico. A única certeza que se pode extrair dessa dicotomia, nesse momento, é de que, sem a existência de uma educação de alta qualidade e continuada, certamente, não haverá geração de tra-

566 DRAY, Guilherme, op. cit., p. 887.

balhos dignos, e, por sua vez, aumentará a preocupação com o desequilíbrio social, já elevado.

Dessa feita, todos os países devem assumir suas responsabilidades, mormente os países subdesenvolvidos, para aperfeiçoarem seus métodos de ensino (em todos os estágios), que devem ir ao encontro de uma educação continuada, profissionalizante e voltada ao conhecimento ininterrupto. Somente dessa maneira, a nosso ver, tais nações, algum dia, deixarão de ser coadjuvantes, e poderão fazer parte do rol dos protagonistas em produtividade e competitividade de bens e serviços no cenário mundial.

Como as transformações em educação levam algumas gerações para começarem a dar resultado, os governantes devem se apressar para iniciar esse processo, sob pena de se verem cada dia mais distantes da locomotiva chamada desenvolvimento socioeconômico.

Concluímos, então, que se deve ter em mente que as tecnologias devem ser desenvolvidas de maneira colaborativa com o trabalho humano, mas o indivíduo precisa estar preparado com competências especificas para lidar com essa colaboração. Para isso, todos os países que desejarem estar minimamente preparados para este gigantesco desafio que já está sendo imposto pela quarta revolução industrial, deverão, necessariamente, disponibilizar uma educação de elevada qualidade em todos as suas etapas, dando ênfase à educação técnica profissionalizante, se não quiserem ver decretado o futuro de suas novas gerações à exclusão social, por ausência da maior riqueza do trabalhador do século XXI, o conhecimento.

IV

Conquanto sejam apenas divagações conflituosas acerca dos impactos das novas tecnologias nas relações de trabalho, temos o entendimento de que as tecnologias digitais reduzirão, de maneira paulatina, o modelo de contrato de trabalho por prazo permanente (indeterminado), cedendo espaço aos contratos atípicos, além de outras modalidades de contratação de mão de obra que não seja de natureza empregatícia, especialmente o empreendedorismo, além do aumento, infelizmente, da informalidade do trabalho nos países mais pobres.

Com efeito, o Brasil foi um dos últimos países a implementar uma profunda reforma trabalhista (Lei nº 13.467/17). Portugal, em contrapartida, já havia aprovado nos últimos anos, introduzindo novas possibilidades de contratações flexíveis de trabalho.

Empoderou-se, nestas reformas, a negociação entre as partes sobre as condições de trabalho (coletiva e individualmente) em detrimento do legislado, o que ainda gera tumulto no mundo acadêmico e judicial sobre a validade dessa prevalência.

Isto é, rompeu-se o paradigma absolutista do direito indisponível reinante no Direito do Trabalho, ratificando, portanto, a hierarquia atual dos contratos de trabalho de natureza flexíveis, em que as partes buscam entre si meios que melhor atendem seus anseios contratuais, e até mesmo de ruptura destes.

Entendemos, desse modo, ser irreversível a flexibilidade das relações laborais. Entretanto, temos que ficar atentos para que esta flexibilidade não propicie precarização das relações de trabalho. Concluímos que a melhor maneira para que isso não aconteça é a adoção de educação continuada e profissionalizante; eis que, somente assim, as pessoas alcançarão o conhecimento e a capacitação necessários para trabalhar de forma digna na sociedade do século XXI.

Concluímos, ainda, não serem sinônimos a flexibilização das relações de trabalho e a sua precarização, mormente se vislumbrarmos que a única saída para evitar esta similaridade é introduzir efetivas políticas públicas de educação voltadas à nossa realidade social do século XXI, bem como requalificar os trabalhadores já inseridos no mercado de trabalho, para que estejam capacitados para confrontar as exigências do novo mercado de do trabalho.

Vale lembrar, por oportuno, que os Estados devem proteger não apenas os empregados regidos por contratos de trabalho permanentes, mas também todos aqueles de estejam sob a égide dos contratos atípicos, e, ainda, sob outras modalidades de trabalho, combatendo a informalidade, tendo em vista que o que importa são as pessoas estarem aptas as condições de trabalho, já que, do contrário, haverá postos de trabalho não ocupados.

Tutelando seus cidadãos, todo e qualquer país tem maiores chances de não só disputar o voraz mercado internacional, como possibilitar uma maior empregabilidade, seja qual for a sua modalidade contratual. Para isso, porém, terá que fomentar a criação e a requalificação de mão de obra altamente especializada e qualificada.

Vale consignar, como demonstrado durante esta tese, que as assertivas e conclusões apontadas não são uma utopia, tendo em vista já estarem acontecendo nos países Escandinavos, que não temem as novas tecnologias e nem mesmo sua integração com o trabalhador.

Destarte, tanto Portugal, como principalmente o Brasil, necessitam avançar de maneira sumária na imposição de um sistema educacional continuado, técnico e profissionalizante, que torne, efetivamente, viável a qualificação da pessoa, dentro de suas melhores aptidões, às várias competências, uma vez que, no meu entendimento, seria a única forma de conseguirmos que uma pessoa conquiste um trabalho digno e com boa remuneração, independentemente de sua forma de contratação (permanente) ou flexíveis (atípicos e outras modalidades sem vínculo de emprego), até mesmo porque a qualificação do trabalhador é a vacina contra a precarização (ex. informalidade) e a desigualdade social.

V

A possibilidade, mesmo imprevisivelmente, de o homem, no século XXI, se tornar um ator coadjuvante em face do protagonismo das novas tecnologias em boa parte das atividades laborativas humanas, por si só traz uma enorme angústia, mormente quando tratamos de países pobres e em desenvolvimento, muitos dos quais sequer têm acesso à internet, o que agrava ainda mais a situação social, pois estão desconectados do mundo em todos os sentidos.

Assim, uma população que não tenha acesso à internet em um país sem infraestrutura inteligente, e sem condições de capacitar o indivíduo para a sociedade digital que vivemos, fatalmente, verá seus índices de pobreza e de desigualdade social elevados.

Se é possível exponenciar estas apreensões sociais, permanecem os questionamentos: Quando a inteligência artificial for plenamente capaz de ensinar, diagnosticar e realizar toda e qualquer atividade relacionada ao setor de serviços, uma vez que nos demais setores sua absorção já vem sendo muito mais implementada, o que restará ao homem fazer? O que faremos quando a inteligência artificial nos sobrepuser no tocante à cognição? Quais serão as consequências quando o homem não mais conseguir controlar os robôs e a inteligência artificial?

Ficam estes questionamentos sem resposta, além de outras questões que ainda surgirão, de acordo com a evolução das novas tecnologias, porquanto não há consenso doutrinário acerca de suas respostas, e somente o futuro nos contará, mas é fundamental não permanecermos omissos aguardando o futuro nos mostrar. Devemos, então, nos antecipar a ele, na tentativa de respondê-las ou de estarmos minimamente preparados para respondê-las quando surgirem.

Posicionamo-nos em sintonia com os defensores de que diversas profissões deixarão realmente de existir, mas outras surgirão, sobretudo com a robotização, e essa afirmação é justificável por meio de dados estatísticos obtidos de países com elevado índice de robotização (ex. Alemanha e Japão), onde o número de desempregados é baixíssimo. Entretanto, a taxa de desemprego em países com baixo índice de robotização é muito alta (ex. Brasil), fazendo que caia, em definitivo, a falsa mítica de que a robotização supostamente seria o vilão do desemprego.

Desse modo, concluímos que o mundo tem excesso de oferta de mão de obra de baixa qualificação, até mesmo porque as tecnologias vêm substituindo esse tipo de mão de obra de trabalhos manuais e repetitivos, o que acarreta outro sério problema aos governantes de todo o mundo, haja vista que as oportunidades se concentrarão naqueles que têm formação intelectual, e não manual.

VI

Concluímos, finalmente, que as novas tecnologias devem ser desenvolvidas com a ideia de serem, também, um pilar de recuperação dogmática do Princípio da Proteção do Trabalhador na sociedade do conhecimento (século XXI).

Para isso, as novas tecnologias devem ser sempre projetadas para colaborar e interagir com o ser humano, e nunca fazer que o homem seja subjugado a elas. Na seara trabalhista, vertente desse estudo, é primordial esse raciocínio, tendo em vista que o princípio da proteção do trabalhador é um direito humano fundamental (atemporal). Portanto, em que pese as relações de trabalho sejam reinventadas e impactadas pelas tecnologias existentes e as que ainda surgirão, é certo que tal princípio nunca perderá sua força normativa constitucional, eis que protege o maior bem de um empregado, ou seja, a sua dignidade como ser humano.

Portanto, as teorias apocalípticas dizem que as novas tecnologias, especialmente a inteligência artificial e a automação, de modo geral, culminarão no aumento massivo de desemprego das classes baixa e média, até mesmo podendo a humanidade desaparecer se um dia as máquinas se rebelarem contra o seu criador, o que somente aconteceria, hipoteticamente falando, se o homem permitir.

Todavia, concordamos com aqueles que advogam que os empregos no século XXI serão induzidos pelas novas tecnologias. Todavia, isso não resultará em desemprego estrutural, em que pese haverá constantes transformações nas organizações de trabalho, onde determinadas funções e profissões certamente desaparecerão, muito embora novas aparecerão.

Assim, temos que ter em mente que o segredo para o surgimento de novas funções e profissões, tanto para a absorção daqueles que tiveram suas atividades laborais substituídas por máquinas, como daqueles que ainda ingressarão no mercado de trabalho, está na elaboração de políticas públicas específicas que conciliem: (i) educação continuada de alta qualidade com viés técnico e profissionalizante, para capacitar pessoas, especialmente os jovens, à nova realidade do mercado de trabalho; e (ii) programas de requalificação, para aqueles que já estiverem empregados e possam, eventualmente, vir a perdê-los.

Vale consignar, por oportuno, que, para que estas políticas públicas possam surtir efeito, se faz necessária a comunhão de governos, sociedade civil e iniciativa privada, inclusive de parceria mais estreita entre as universidades e o setor produtivo.

Isso porque será mais do que nunca obrigatório, em respeito ao princípio constitucional da igualdade, assegurar a todos os cidadãos um sistema educacional moderno, rompendo com o modelo arcaico que conhecemos, para que possam estar aptos às novas oportunidades de emprego que aparecerão diante das novas tecnologias, e, consequentemente, seja possível caminharmos para uma melhor prosperidade social, e evitar o aprofundamento da desigualdade social que, como demonstrado, já é periclitante, em especial nos países pobres e em desenvolvimento.

Reiteramos que a solução para o temor impreciso de que as novas tecnologias substituirão o homem em suas atividades laborais perde força quando falamos em uma robótica, uma inteligência artificial e outras novas tecnologias colaborativas voltadas a uma melhor qualidade e progresso do empregado no trabalho.

Entrementes, isso nada adiantará se os países não adotarem condutas efetivas de implantação de educação continuada e profissionalizante, além de mecanismos de requalificação do empregado, que sirva para capacitar as pessoas às novas profissões e funções que serão exigidas pelas novas tecnologias, já que, mesmo sendo colaborativas, precisam de indivíduos com competências específicas para trabalhar em conjunto com aquelas.

Caso os governantes não estabeleçam como prioritária a adoção de políticas públicas nesse sentido, compartilhamos em parte com o pensamento da doutrina que anuncia o colapso das relações de trabalho, com o advento das novas tecnologias.

Isto é, teremos uma massa de desempregados, que aumentará, mormente pós-pandemia Covid-19, os dados estatísticos de trabalho informal e indigno, com redução de renda. Isso, consequentemente, afetará o poder de consumo, e haverá retração econômica, além de um aumento no déficit da Seguridade Social, que terá mais dificuldades em pagar seus beneficiários, tendo em vista a diminuição da arrecadação; sem falar no existente envelhecimento populacional das maiores economias do mundo, que, por si só, é um grande limitador na referida arrecadação. Sem fonte de custeio, o sistema da Seguridade Social pode, inclusive, entrar em colapso.

Há, também, aqueles que advogam tributar a utilização da robótica e da inteligência artificial a fim de evitar sua disseminação, e, com isso, preservar postos de trabalho, o que, a nosso ver, é um grande equívoco, simplesmente porque já vivemos em mundo conectado, em que as tecnologias não se estagnarão, mas sim evoluirão de forma ininterrupta, sem falar que estar-se-ia tolhendo a capacidade de criação e de desenvolvimento humano.

Assim, reiteramos que a proposta desse trabalho é a adoção imediata de políticas públicas especializadas que atuem como um ecossistema integrado, isto é, que conjuguem a utilização de tecnologias colaborativas ao trabalho do homem, ao desenvolvimento de ensino continuado, técnico e profissionalizante, em todas as suas etapas, para as novas gerações que adentrarão ao incógnito mercado de trabalho; além de um plano de requalificação dos profissionais para aqueles que já se encontram no mercado de trabalho, mas precisam se capacitar de novas competências para estarem aptos às exigências trazidas pelas novas plataformas de produção. Por fim, não podemos esquecer daqueles que serão incluídos nessa nova realidade laboral, e permanecerão desempregados, tudo pensando em minimizar as desigualdades sociais.

Para tanto, em que pese haja o programa QUALIFICA[567], em Portugal, voltado a requalificação de adultos e jovens que não trabalham e não estudam e não tem qualquer formação, cujo intuito é exatamente proporcionar um aumente de seus níveis de capacitações e consequente a empregabilidade, entendo que esse excelente projeto atende parcialmente os desafios impostos pelas novas tecnologias ao mercado de trabalho do século XXI. Isso porque, como é um programa de governo, pode ser cancelado a qualquer tempo, fato que ocorreria se entrasse no poder um novo governo que percebesse essa prática como divergente de seu programa político.

Concluímos, desse modo, a necessidade de uma revisão do texto constitucional português, adicionando-se a expressão "inclusive no desenvolvimento de tecnologias colaborativas ao trabalho humano", ao final da redação da alínea "l" no artigo 81º da Constituição da República Portuguesa de 1976, cuja redação sirva como uma norma programática,[568] que não ficará à mercê de interesses político-partidários, mas sim de uma obrigação constitucional de implementar políticas públicas específicas com o viés de consagrar: **i)** uma educação continuada e também profissionalizante de excelência em todos os seus níveis; **ii)** uma maior integração entre as universidades e o setor privado, como ocorre, por exemplo, na Alemanha e Japão; **iii)** um desenvolvimento obrigatório de todas as tecnologias, no sentido de serem colaborativas ao

[567] EUROPEAN COMMISSION – [Em linha]. [Consult. 25 Ago. 2018]. Disponível em https://ec.europa.eu/education/sites/education/files/monitor2017-pt_pt.pdf.

[568] "A Constituição da República de 1976 é uma constituição programática porque contém numerosas *normas-tarefa* e *normas-fim* (cfr., por exemplo, artigos 9 e 80) definidoras de programas de acção e de linhas de orientação dirigidas pelo Estado. Trata-se, pois, de uma lei fundamental não reduzida a um simples *instrumento de governo*, ou seja, um texto constitucional limitado à individualização dos órgãos e à definição de competências e procedimentos da ação dos poderes públicos. A ideia de "programa" associava-se ao *cárater dirigiente* da Constituição. A Constituição comandaria a acção do Estado e imporia aos órgãos competentes a realização das metas programáticas nela estabelecidas. Hoje, em virtude da transformação do papel do Estado, o programa constitucional assume mais o papel de legitimador da *sociedade estatal* do que a função de um direito dirigente do centro político". CANOTILHO, J.J. Gomes, op. cit., p. 217/218.

trabalho humano, evitando que este seja descartado; **iv)** uma requalificação aos empregados que estejam no mercado de trabalho, para conseguirem se manter em seus postos de trabalho, ou, se assim não for, estejam qualificados para assumir novas profissões e funções; **v)** incentivos fiscais aos empregadores que requalificarem seus empregados na aquisição de novas máquinas colaborativas; **vi)** uma renda mínima mensal para sua sobrevivência (conhecida em inglês como *Universal Basic Income* – UBI), por determinado período, àqueles que não conseguirão ingressar ou serem reaproveitados pelo mercado de trabalho, mas que, para fazer jus a este benefício, deverão comprovar que estão estudando e se qualificando, e os valores seriam provenientes de parte dos tributos arrecadas pela comercialização de todas as modalidades de tecnologias.[569]

Destarte, essa mudança legislativa somente é possível, em Portugal, através da **revisão constitucional** (prevista nos artigos 284º e segs. da Constituição portuguesa de 1976).

Isso porque a Constituição é uma carta de natureza rígida, portanto, "só pode ser modificada através de um *procedimento de revisão específico* e dentro de certos limites (formais, circunstanciais e materiais)".[570]

Como bem asseverou Canotilho, a revisão constitucional é um procedimento especial, e há seus limites que devem ser respeitados conjuntamente.

O primeiro é o formal, composto pela participação da população, uma vez que as modificações constitucionais devem ser feitas pela Assembleia da República, mas necessitam de aprovação direta da população por meio de *referendum*.[571]

Além disso, os limites formais instituem que a revisão necessita ser sempre de forma expressa (art. 287º/1 da CRP), e nunca tácita, quer para supressão, substituição ou aditamento do texto constitucional.

As deliberações legislativas para aprovação da revisão constitucional preveem a necessidade de maioria qualificada, o que corresponde a 2/3

[569] "Um modelo novo que atrai cada vez mais atenção é o da renda básica universal (RBU). A RBU propõe que os governos tributem os bilionários e as corporações que controlam os algoritmos e robôs, e usem o dinheiro para prover cada pessoa com um generoso estipêndio que cubra suas necessidades básicas. Isso protegerá os pobres da perda de emprego e da exclusão econômica, enquanto protege os risocs da ira populista". HARARI, Yuval Noah, *op. cit.*, p. 62.

[570] CANOTILHO, J.J. Gomes, *op. cit.*, p. 215.

[571] CANOTILHO, J.J. Gomes, *op cit.* 1061.

dos Deputados, para as revisões ordinárias (art. 286º/1 da CRP). Para as revisões extraordinárias, se faz obrigatória maioria de 4/5 dos Deputados (art. 284º/2 da CRP).[572]

No que diz respeito aos limites temporais, a Constituição de 1976 estabeleceu que, para que haja consolidação da legalidade, só se poderia falar em revisões ordinárias após um período de 5 anos entre elas (art. 284º/1, da CRP); já as revisões extraordinárias, como é a proposta da tese, pode se dar a qualquer tempo (art. 284º/2, da CRP).[573]

Há, ainda, limites circunstanciais, que determinam a proibição de revisão constitucional em situações de anomalia constitucional.

Por conseguinte, têm-se os limites materiais divididos em inferiores e superiores, sendo aqueles caracterizados pela inexistência de restrição sobre matérias que podem ser objeto de revisão, enquanto estes impõem restrições ao poder de revisão, eis que determinadas normas constitucionais não são passíveis de revisão.

Ultrapassados os limites legais para configurar o poder de revisão constitucional, destaca-se que esta pode ser parcial, quando se trata de substituições, supressões ou aditamentos de norma constitucional, ou total, quando se fala na comutação integral do texto constitucional por um absolutamente novo.

Diante do exposto, a conclusão a que chegamos é que a tese proposta atende a todos os limites formais e materiais do poder de revisão constitucional extraordinária e parcial, porquanto só vem reforçar, através de aditamento da norma, os ditames dos princípios constitucionais do direito à dignidade, ao trabalho, à educação, à igualdade, ao desenvolvimento social, econômico e científico.

No Brasil, a nossa conclusão está insculpida no conteúdo da lei ordinária a ser editada para regulamentar o inciso XXVII, do artigo 7º, da Constituição Federal Brasileira de 1988, o qual prevê "proteção em face da automação, na forma da lei".

Isto é, essa construção constitucional é um dos subprincípios formadores do princípio da proteção do trabalhador, e, quando o constituinte o elaborou, pensou em deixar para norma infraconstitucional criar "condições de defesa do trabalhador diante do grande avanço da tec-

572 *Idem*, p. 1062.

573 *Ibidem*.

nologia, que o ameaça, pela substituição da mão-de-obra humana pela de robô, com vantagens para empresários e desvantagens para a classe trabalhadora".[574]

Contudo, não se deve interpretar que o referido princípio constitucional da proteção do trabalhador em face da automação a ser regulamentado venha a ser um inibidor da utilização das novas tecnologias no meio ambiente de trabalho, como pretendeu a Lei nº 9.956/2000,[575] que, desde sua sanção, proibiu o funcionamento de bombas de autosserviço em todo território nacional, sob pena de aplicação de multa.

Isso porque o sentido que deve ser dado a esse princípio constitucional é de que as novas tecnologias devem ser adotadas de maneira colaborativas ao trabalho do ser humano, excluindo, evidentemente, toda aquela que possa colocar em risco a saúde e a segurança do trabalhador.

Em que pese tenha feito, em 05 de outubro de 2018, trinta anos de negligência do Poder Legislativo em regulamentar tal norma constitucional de eficácia limitada programática (art. 7º, XXVII, da CFB), temos a esperança de que haja uma sensibilização em relação a essa matéria de vital importância para o país.

Desse modo, concluímos pela edição de uma norma ordinária que venha regulamentar a mencionada norma constitucional, positivando o fomento, por meio de políticas públicas específicas de desenvolvimento de tecnologias colaborativas ao trabalho humano, proibindo a utilização de toda e qualquer tecnologia que venha a comprometer a saúde e a segurança do trabalhador.

Sendo certo, ainda, que as empresas, tanto as fabricantes como as adquirentes das tecnologias colaborativas que vieram manter seus empregados mesmo em outras funções, terão incentivos fiscais pela fabricação e pela aquisição dessas tecnologias, bem como o Estado coparticipará do custeio de cursos de aperfeiçoamento da mão de obra

[574] SILVA, José Afonso – *Curso de Direito Constitucional Positivo*. 35ª ed. São Paulo: Malheiros, 2012, pp. 562-563.

[575] "Art. 1º Fica proibido o funcionamento de bombas de auto-serviço operadas pelo próprio consumidor nos postos de abastecimento de combustíveis, em todo o território nacional.
Art. 2º O descumprimento do disposto nesta Lei implicará aplicação de multa equivalente a duas mil UFIR ao posto de combustível infrator e à distribuidora à qual o posto estiver vinculado".

daqueles empregados que não serão demitidos por conta da utilização das novas tecnologias.

Para aqueles que estão desempregados, o Estado compromete-se a requalificá-los com dinheiro proveniente de parte dos tributos das vendas de tecnologias colaborativas. Para aqueles que se iniciarão no mercado de trabalho da sociedade digital, o Estado se compromete, no prazo máximo a ser fixado, a realizar uma transformação estrutural de todo o sistema educacional, em todos os seus níveis, a fim de implementar uma educação continuada e voltada à profissionalização, e maior integração das universidades com o setor privado, potencializando a efetividade do art. 6º, do Decreto nº 9.283/2018 (Marco Legal da Ciência, Tecnologia e Inovação).[576]

Assim, fica a dúvida se os atuais e futuros governantes estarão cientes de que a prosperidade de uma nação, nessa nova era digital, passa imperiosamente pelo avanço de uma educação inovadora e de excelência em todas as suas etapas, inclusive em cursos técnicos profissionais, de modo que só com investimento correto, sem demagogias eleitoreiras e ideológicas, é que se pode ter esperança, em um país competitivo, pela produtividade e capacitação do trabalhador, que, consequentemente, possa proporcionar uma melhor condição de vida.

[576] "Art. 6º A administração pública direta, as agências de fomento e as ICT poderão apoiar a criação, a implantação e a consolidação de ambientes promotores da inovação, como forma de incentivar o desenvolvimento tecnológico, o aumento da competitividade e a interação entre as empresas e as ICT".

REFERÊNCIAS

ACCORSI, Andre. *Automação bancária e seus impactos: o caso brasileiro*. Revista de Administração, São Paulo, v. 27, nº 4, out./dez. 1992.

AMADO, João Leal. *Breve apontamento sobre a incidência da revolução genética no domínio juslaboral: a resposta da Lei portuguesa, in* Temas Laborais Luso-Brasileiros, Coordenadores Auta Madeira, Nilo Correia, Paula Forjaz e J.A. Ferreira da Silva, LTr, 2006.

ANDRADE, José Carlos Vieira de. *Os Direitos Fundamentais na Constituição Portuguesa de 1976*, 5ª Edição, Almedina, 2012.

ANGRANDO, Carlos Henrique da Silva. *Automação, novas tecnologias e a proteção ao trabalhador: contribuição para regulamentação do inciso XXVI do art. 7º da Constituição Federal*. LTr: revista legislação do trabalho. São Paulo, v. 64, nº 12, pp. 1538-48, dez. 2000.

ANTUNES, Ricardo. *O Continente do Labor*, Boitempo Editorial, 2011.

ANTUNES, Ricardo. *Proletariado digital, serviços e valor*. Riqueza e Miséria do Trabalho no Brasil IV trabalho digital, autogestão e expropriação da vida. Boitempo, 2019.

AZEVEDO, André Jobim. *Relações contemporâneas de trabalho: observações, in* A Valorização do Trabalho Autônomo e a Livre-Iniciativa, coordenação Yone Frediani, LexMagister, 2015.

BARBAS, Stela Marcos de Almeida Neves. *Direito do Genoma Humano*, Teses, Almedina, 2011.

–. *Contratos de trabalho em face das novas possiblidades de diagnóstico*. Brotéria Revista de cultura, vol. 150, 2000.

BAUMAN, Zygmunt, *Modernidade Líquida*, Rio de Janeiro, Zahar, 2017.

BECKER, Gary. *Human capital*. New York: Nacional Bureau of Economic Research, 1961.

BELL, Daniel (1973). *O advento da sociedade pós-industrial: uma tentativa de previsão social*, São Paulo: Editora Cultrix.

BELLI, Rafalello. *L'automazione del servizio affari legali. Anali ed evoluzione del caso. Informatica e Diritto*, Firenze, v. 17, nºs 1-3, gen./dic. 1991. BC.

Bittencourt, Sidney. *O exercício do direito de preferência na contratação de bens e serviços de informática e automação pela Administração Pública federal.* Fórum de Contratação e Gestão Pública, Belo Horizonte, v. 10, nº 115, jul. 2011.

Borba, Joselita Nepomuceno. *Configuração jurídica da subordinação e sua importância na requalificação do trabalho. Trabalho subordinado e trabalho autônomo, in* A Valorização do Trabalho Autônomo e a Livre-Iniciativa, coordenação Yone Frediani, LexMagister, 2015.

Canotilho, Jorge Joaquim Gomes. *Direito Constitucional e Teoria da Constituição.* 7ª edição, Almedina.

Castells, Manuel (2002). *A Sociedade em Rede*, Lisboa: Fundação Calouste Gulbenkian.

Chehab, Gustavo Carvalho. *Desafios para a proteção da privacidade de empregados e empregadores em face da internet, redes sociais e novas tecnologias da informação.* Revista Trabalhista: Direito e Processo. Brasília, v. 11, nº 42, pp. 43-65, abr./jun. 2012.

Coelho, Alexandre Baptista. *Visão luso-brasleira da crise econômica e seus reflexos na justiça do trabalho, in* Análise Contemporânea do Direito em face da Globalização e da Crise Econômica, Almedina, 2010.

Cordeiro, Wolney de Macedo. *Novas tecnologias e o processo do trabalho.* Revista do Advogado. São Paulo, v. 30, nº 110, pp. 161-73, dez. 2010.

Cruz, Maria Helena Santana. *Novas tecnologias e impacto sobre a mulher. Universidade e Sociedade.* Brasília. v. 11, nº 27, pp. 115-26, jun. 2002.

Dray, Guilherme. *A Globalização e as novas tendências do mercado de trabalho, teletrabalho e deslocalização do trabalho*, o caso português, *in* Análise Contemporânea do Direito em face da Globalização e da Crise Econômica, Almedina, 2010.

–. *O Princípio da Proteção do Trabalhador*, Teses, Almedina, 2015.

Duarte, Ana Maria. *As faces precárias da flexibilização, Precários em Portugal entre fábrica e o "call center"*, Organização de: José Nuno Mattos, Nuno Domingos – Rahul Kumar, Edições 70, 2012.

Duarte, Diogo Pereira. *Análise contemporânea em face da globalização e da crise econômica: Mecanismos de flexibilização do tempo de trabalho, in* Ánálise Contemporânea do Direito em face da Globalização e da Crise Econômica, Almedina, 2010.

Ebel, Karl H. *Los trabajadores en las fábricas automatizadas.* Revista Internacional del Trabajo, Ginebra, v. 108, nº 4, 1989.

Engels, Friedrich. *A situação da classe trabalhadora na Inglaterra*, Colecção Síntese; 22, Lisboa: Editorial Presença, 1975.

Falcão, Luiz José Guimarães. *O livre-exercício do trabalho como forma de inclusão social e econômica em consonância com os primados constitucionais, in* A Valorização do Trabalho Autônomo e a Livre-Iniciativa, coordenação Yone Frediani, LexMagister, 2015.

FARIA, James Magno Araújo. *Direito Constitucional do Trabalho, Sociedade e Pós Modernidade*, LTr, 2015.

FERNANDES, António Monteiro. *Os sentidos de uma revisão <<flexibilização>> das leis do trabalho*. Questões Laborais, Coimbra Editora, Ano VI – 1999, p. 50.

FERNANDES, Jorge Ulisses Jacoby. *Informática e automação*. Fórum de Contratação e Gestão Pública, Belo Horizonte, v. 9, nº 103, jul. 2010.

FLEURY, Afonso Carlos Correa. *Automação na indústria metal-mecânica: tendências da organização do trabalho e da produção*. Revista de Administração, São Paulo, v. 24, nº 3, jul./set. 1989.

FERRARI, Irany. *A automação e o direito do trabalho*. Arquivos do Instituto Brasileiro de Direito Social Antônio Ferreria Cesarino Junior, São Paulo, nº 22, 1994.

FIGUEIREDO, Marcelo. *A duração do trabalho e temas correlatos no contexto da globalização econômica*, *in* Análise Contemporânea do Direto em face da Globalização e da Crise Econômica, Almedina, 2010.

FORD, Martin. *Rise of the Robots*: technology and the threat of a jobless future, Basic Books, 2015, pp. 76 e 283.

FRANCO FILHO, Georgenor de Sousa. *Novas tecnologias e uma parte do novo mundo do trabalho*. LTr: Legislação do Trabalho. Suplemento Trabalhista. São Paulo, v. 47, nº 69, pp. 353-57, 2011.

FREDIANI, Yone. *Relações de trabalho no terceiro milênio e seus reflexos no mercado de trabalho*, *in* A Valorização do Trabalho Autônomo e a Livre-Iniciativa, coordenação Yone Frediani, LexMagister, 2015.

FREY, Carl B.; OSBORNE, Michel A. *The future of jobs*: how suscetible are jobs computerizarion? Working Paper – Oxford Martin School, set. 2013. Disponível em: http://3278as3udzze1hdk0f2th5nfl8c1.wpengine.netdna-cdn.com/wp-content/uploads2013/09The_Future_of_Employment_OMS_Working_Paper.pedf.

GARCIA, Maria. *Fundamentos da ordem econômica: o princípio da livre-iniciativa*, *in* A Valorização do Trabalho Autônomo e a Livre-Iniciativa, coordenação Yone Frediani, LexMagister, 2015.

HARARI, Yuval Noah – *HOMO DEUS Uma breve história do amanhã*. (tradução Paulo Geiger), 3ª reimpressão, São Paulo: Compainha das letras.

HARARI, Yuval Noah – *21 lições para o século 21*, São Paulo: Compainha das letras.

HERNANDEZ ALVAREZ, Oscar. *As novas tecnologias e o direito do trabalho*. (resumido e trad. por CORREA, Claudio Henrique). Synthesis. São Paulo, nº 9, pp. 32-4, 1989.

HILL, Steven. *Raw Deal How the "uber Economy" and runaway capitalismo are screwing American workers*. New York, St. Martin's Press, 2015, pp. 256-257.

KELLER, Werner, *O Direito ao Trabalho como Direito Fundamental instrumentos de efetividade*, LTr, 2ª edição, São Paulo, 2016

KOVÁS, Ilona *et al. Temas Atuais da Sociologia do Trabalho e da Empresa*, Almedina, 2014.

LEAL JÚNIOR, João Carlos *et al. Da fiscalização do e-mail em ambiente de trabalho*: um *enfoque à luz do direito empresarial e suas relações com as novas tecnologias da informação*. IOB – Repertório de Jurisprudência: Trabalhista e Previdenciário. São Paulo, v. 2, nº 17, pp. 571-564, set. 2010.

MACHADO, Maria João. *O Contrato de Trabalho a Termo*, Vidaimoboliária, 2014.

MADEIRA, Auta de Amorim Gagliardi. *De Sísifo à Caixa de Pandora da tecnologia brasileira, in* Temas Laborais Luso-Brasileiros, Coordenadores Auta Madeira, Nilo Correia, Paula Forjaz e J.A. Ferreira da Silva, LTr, 2006.

MAGALHÃES, Célio *et al. Automação de coleções biológicas e informações sobre a biodiversidade da Amazônia*. Parcerias Estratégicas, Brasília, nº 12, set. 2001.

MANNRICH, Nelson. *Reinventando o Direito do Trabalho: novas dimensões do trabalho autônomo, in* A Valorização do Trabalho Autônomo e a Livre-Iniciativa, coordenação Yone Frediani, LexMagister, 2015.

MANNRICH, Nelson. *Futuro do Direito do Trabalho, no Brasil e no Mundo*. LTr: revista legislação do trabalho. São Paulo, v. 81, nº 11, p. 1293, nov. 2017.

MARTINS, Ives Grandra. *A dualidade da iniciativa econômica na Constituição e a valorização do trabalho, in* A Valorização do Trabalho Autônomo e a Livre-Iniciativa, coordenação Yone Frediani, LexMagister, 2015.

MAROCCO, Manuel. *I regolamenti regionali in materia di incontro tra domanda e offerta di lavoro. Prime indicazioni sul nuovo status di disoccupazione*. Rivista Giuridica del Lavoro e della Previdenza Sociale, Roma, v. 56, nº 3, lugl./sett. 2005.

MAIS, Domenico de. *Futuro do Trabalho – fadiga e ócio na sociedade pós-industrial*, José Olympio Editora.

MASQUIETTO, Leonel. *Direito ao descanso nas relações de trabalho*, O Trabalho aos Domingos como Elemento de Dissolução da Família e Restrições ao Direito ao Lazer, LTr, 2015.

MASSONI, Tulio de Oliveira. *Novas tecnologias no processo jurisdicional do trabalho*. LTr: revista legislação do trabalho. São Paulo, v. 69, nº 10, pp. 1212-28, out. 2005.

MELEGA, Luiz. *Política nacional de informática. Capacitação e competitividade do setor de informática e automação. Lei 8.248/91 dec. 792/93. Incentivos fiscais*. LTr: legislação do trabalho. Suplemento Tributário, São Paulo, v. 29, nº 27, 1993.

MONTEIRO, António Pinto et al. *Direitos Fundamentais e Direito Privado*. Uma Perspectiva de Direito Comparado. Almedina, 2007.

MOREIRA, Teresa Coelho. *As novas tecnologias de informação e comunicação e o poder de controlo electrónico do empregador*. Scientia Ivridica: Revista de Direito Comparado Português e Brasileiro. Braga, v. 59, nº 323, pp. 553-79, jul./set. 2010.

–. *Algumas questões sobre as novas tecnologias da informação e comunicação e a responsabilidade do empregador por atos dos seus trabalhadores*. Scientia Ivridica: revista de direito comparado português e brasileiro. Braga, v. 61, nº 329, pp. 451-68, maio/ago. 2012.

NASCIMENTO, Amauri Mascaro. *Novas tecnologias, internet e relações no trabalho*. Revista do Tribunal Regional do Trabalho da 15ª Região. Campinas, nº 38, pp. 45-52, jan./jun. 2011.

NASCIMENTO, André Pestana. *O impacto das novas tecnologias no direito do trabalho e a tutela dos direitos de personalidade do trabalhador*. Centro de Estudos Judiciários, Prontuário de Direito do Traballho, Coimbra Editora, Janeiro – Dezembro de 2008, pp. 236, 243-244.

OLIVEIRA, Luísa e CARVALHO, Helena. *Regulação e Mercado de Trabalho Portugal e a Europa*, Edições Sílabo.

OLMOS, Cristina Paranhos, *Discriminação na Relação de Emprego e Proteção contra a Dispensa Discriminatória*, São Paulo, LTr, 2008.

OLMOS, Cristina Paranhos, *Direito da personalidade nas relações de trabalho, limitação, relativização e disponibilidade*, São Paulo, LTr, 2017.

OTERO, Paulo. *Instituições Políticas e Constitucionais*, volume I, Almedina, 2009.

PEREIRA, Claudio José Langroiva. *Globalização Econômica e Direitos Fundamentais, em face dos conceitos de flexisegurnaça, in* Análise Contemporânea do Direito em face da Globalização e da Crise Econômica, Almedina, 2010.

PEREIRA, Sónia. *Imigrantes e Precariedade Laboral*: O caso dos Trabalhadores de Origem Africana, *in* Precários em Portugal entre fábrica e o "call center", Organização de: José Nuno Mattos, Nuno Domingos – Rahul Kumar, Edições 70, 2012.

QUEIROZ, Maria Cidália. *Precariedade e Risco Crescente de Exclusão, in* Precários em Portugal entre fábrica e o "call center", Organização de: José Nuno Mattos, Nuno Domingos – Rahul Kumar, Edições 70, 2012.

RAMALHO, Maria do Rosário Palma. *Da Autonomia Dogmática do Direito do Trabalho*, Almedina, 2000.

REDINHA, Maria Regina Gomes. *A relação laboral fragmentada (estudo sobre trabalho temporário)*, Coimbra Editora, 1995.

REIS, Jair Teixeira. *Reforma do mercado de trabalho no Direito Internacional, in* Temas Laborais Luso-Brasileiros, Coordenadores Auta Madeira, Nilo Correia, Paula Forjaz e J.A. Ferreira da Silva, LTr, 2006.

RIBEIRO, Ademar. *Automação e direito do trabalho*. Revista Nacional de Direito do Trabalho, Ribeirão Preto, v. 4, nº 37, maio 2001.

RIFKIN, Jeremy. *End of work: the decline of global labor force ante the dawn of the post-market era*. Little, Brown & Co, 1995.

ROBORTELLA, Luiz Carlos Amorim. *O impacto das novas tecnologias nas condições de trabalho e de emprego*. Revista LTr: legislação do trabalho e previdência social. São Paulo, v. 51, nº 7, pp. 788-92, jul. 1987.

–. *A flexibilização no Direito do Trabalho: crise econômica, novas tecnologias e política social do Estado*. Revista LTr:

legislação do trabalho e previdência social. São Paulo, v. 54, nº 4, pp. 430-4, abr. 1990.

RODRIGUEZ, Américo Plá. *Princípios de Direito do Trabalho*. LTr, 1993.

ROESCH, Sylvia Maria Azevedo; ANTUNES, E.D. O *just-in-time e a emergência de um novo cargo: o operador multifuncional*. Revista de Administração, São Paulo, v. 25, nº 4, out./dez. 1990.

ROMÃO, Miguel Lopes. *Novas tecnologias e inovação nos sistemas de justiça: a experiência portuguesa e o trabalho desenvolvido pela Conferência de Ministros da Justiça dos Países Ibero-americanos*. Revista da Faculdade de Direito da Universidade de Lisboa. Lisboa, v. 51, nº 1/2, pp. 281-91, 2010.

SANTOS, Elisson Mesa dos; CORREIA, Henrique. *Súmulas e Orientações Jurisprudenciais do TST – Comentadas e Organizadas por Assunto*, Editora Jus Podivm, 2012.

SARLET, Ingo Wolfgang. *A eficácia dos direitos fundamentais*, 6ª ed., Livaria do Advogado: 2006.

SILVA, Marco Antonio Marques da. *A escravidão contemporânea, valorização do trabalho e dignidade da pessoa humana*, *in* Análise Contemporânea do Direito em face da Globalização e da Crise Econômica, Almedina, 2010.

SMITH JUNIOR, Donald P. *The role of automated legal research in today's courts. Law and Technology*, Washington, v. 23, nº 4, 1990.

SUPIOT, Alain *et al. Transformações do Trabalho e futuro do Direito do Trabalho na Europa*, Coimbra Editora, 2003.

VASCONCELLOS, Eduardo. *Política industrial e tecnológica para o setor de instrumentação e automação*. Revista de Administração, São Paulo, v. 26, nº 1, jan./mar. 1991.

VIEIRA, Darli Rodrigues. *Capacitação tecnológica na indústria brasileira. Revista de Administração*, São Paulo, v. 26, nº 4, out./dez. 1991.

VILAÇA, José Luís da Cruz *et al. Carta dos Direitos Fundamentais da União Europeia Comentada*, Almedina, 2013

WACHOWICZ, Marcos. *Os impactos das novas tecnologias da informação no contrato de trabalho celebrado pela internet*. Revista do Direito. Santa Cruz do Sul, nº 28, pp. 51-82, jul./dez. 2007.

ZANGRANDO, Carlos Henrique da Silva. *Automação, novas tecnologias e a proteção ao trabalhador: contribuição para regulamentação do inciso XXVI do art. 7º da Constituição Federal*. LTr: revista legislação do trabalho, São Paulo, v. 64, nº 12, dez. 2000.

ZYLBERSTAJN, Hélio. *Uma interpretação econômica para a crise do paradigma*, *in* A Valorização do Trabalho Autônomo e a Livre-Iniciativa, coordenação Yone Frediani, LexMagister, 2015.

Sítios Eletrônicos Consultados:

www.tribunalconstitucional.pt
www.stj.pt
www.stf.gov.br
www.stj.gov.br
www.tst.gov.br
www.trtsp.jus.br
www.trt3.jus.br
www.trt4.jus.br
www.trt15.jus.br
https://esaj.tjsp.jus.br
www.planalto.gov.br
www12.senado.gov.br
www.oit.org.br
www.ilo.org/
www.ibge.gov.br
www.agenciadenoticias.ibge.gov.b
www.eurofound.europa.eu/pt
www.jn.pt/
www.bnportugal.pt
www.inep.gov.br
www.ipea.gov.br
www.lefigaro.fr/
www.lemonde.fr/
www.inverse.com
www.infopedia.pt
www3.weforum.org/
www.mdic.gov.br
www.brasildefato.com.br
www.theverge.com
https://leginfo.legislature.ca.gov
https://cnnespanol.cnn.com

Periódicos Consultados:

Revista: Veja
Revista: Exame
Revista: *Forbes*
Revista: *Time*
Jornal: O Estado de São Paulo
Jornal: Folha de São Paulo
Jornal: Publico
Jornal: Correio da Manhã
Jornal: Diário de Notícias
Jornal: Diário Econômico
Jornal: *The Economist*
Jornal: *The New York Times*
Jornal: *The Wall Street Journal*